读书与实践

姜洋资本市场思考笔记

姜洋 著

中信出版集团 | 北京

图书在版编目（CIP）数据

读书与实践 / 姜洋著 . -- 北京：中信出版社，2023.3
ISBN 978-7-5217-4994-6

Ⅰ.①读… Ⅱ.①姜… Ⅲ.①资本市场－研究－中国 Ⅳ.① F832.5

中国版本图书馆 CIP 数据核字 (2022) 第 222975 号

读书与实践

著者：姜洋
出版发行：中信出版集团股份有限公司
（北京市朝阳区东三环北路 27 号嘉铭中心　邮编　100020）
承印者：北京诚信伟业印刷有限公司

开本：787mm×1092mm 1/16	印张：33.25　　字数：390 千字
版次：2023 年 3 月第 1 版	印次：2023 年 3 月第 1 次印刷

书号：ISBN 978–7–5217–4994–6
定价：88.00 元

版权所有·侵权必究
如有印刷、装订问题，本公司负责调换。
服务热线：400-600-8099
投稿邮箱：author@citicpub.com

目 录

自 序 I

第一篇 资本、大数据与碳中和时代 001

我国资本市场的建立及发展历程 003

资本、大数据与新产业 014

迎接大数据思维新模式 028

数据素养是21世纪的必备素养 037

加快建设我国碳排放权交易市场 047

加快碳市场建设，全面推动绿色发展 055

加快碳期货市场建设，促进新能源汽车产业发展 063

中国碳减排可圈可点 073

第二篇　证券机构监管　083

中国资本市场"穿透式"监管制度　085

证券商监管初探　101

从"四个三"看香港证券商监管　107

对净资本监管的思考与行动　122

监管框架与内部控制　131

对证券经营机构监管重点的分析　146

我国证券经营机构危机的处理　155

基金管理公司监管的比较分析　172

忆周正庆金融监管二三事　182

第三篇　石油、期货与金融衍生品　195

石油与资本市场　197

石油与战争、地缘政治　207

石油让海湾国家百年混乱　215

创新是期货市场发展壮大的不竭动力　225

市场不会自动存在　236

一个机缘，两个差异，三个目的　245

发展壮大期货市场，保障国家经济安全　260

实事求是地认识金融衍生品　270

金融衍生品的发展与监管　279

第四篇　境外金融监管　283

期货市场监管的境外经验　285

国际期货市场监管经验的一堂课　296

从美国股指期货看中国股指期货的发展　308

看不见的手缘何失灵　318

发生在美国债券衍生品市场的几个故事　328

市场不是万能的　338

听听美国证监会前主席莱维特的心里话　350

"屁股决定脑袋"　360

预则立，不预则废　371

沃尔克其人其事　381

第五篇　金融法律法规　393

《商业银行法》与金融分业经营　395

《证券法》的颁布与证券公司监管　405

谈2007年版《期货交易管理条例》修改的意义　419

一次意义重大的修改　424

美国金融监管改革与启示　434

2011年版美国《商品交易法》的启示　442

中央对手方是守住风险底线的保障　456

期货和证券分开立法的必要性　467

加快立法推进期货市场法治化进程　480

推进期货法立法的三次政协"提案"与有关部门的三次回应　491

至关重要的三个关键性表述　501

一本理解《期货和衍生品法》的好读物　512

后　记　519

自 序

这是一本以财经类书刊读书笔记为主的文集。我从1982年大学毕业开始工作到2022年，40年的工作主要在经济金融领域。先是在经济日报社做记者，从事经济宣传工作，1990年调到中国人民银行从事金融监管，1998年证券监管体制改革"人随业务走"到中国证监会从事证券经营机构监管，2001年受派遣到上海期货交易所组织市场交易，2006年调回中国证监会分管期货市场监管工作，2018年成为全国政协委员、经济委员会委员，"参政议政"，大部分工作经历在资本市场。我开始在中国人民银行从事监管工作时，我国金融市场刚刚建立，金融监管在中国属于起步阶段，要做好监管工作，对我来说具有挑战性。自1978年我国改革开放大幕拉开后，金融体系的市场化建设成为体制改革的重要内容。我国资本市场从20世纪90年代初开始建设，我有幸在这个市场几乎还是一张白纸的情况下成为金融系统的一名工作人员。国家领导人在20世纪80年代就开始思考在社会主义中国如何建设资本市场的问题。1986年，我国改革开放的总设计师邓小平在北京人民大会堂会见了美国纽约证券交易所董事长范尔霖，并赠送上海飞乐音响股票。此前在1985年，时任国家主席李先念去美国参观考察芝加哥商业交易所（CME），听取该交易所主席利奥·梅拉梅德介绍期货交易机制。同时，一些专家学者开始就建立资本市场的问题向国家领导人建言献策。经中共中央、国务院批准，从1990年底开始，我国相继在上海、深圳、郑州、大连等城市分别建立了证券交易所和期货交易所，我国的证券期货市场从此走上历史舞台。经过早期开拓者、建设者的探索试点，以及后来者不断的努力与奋斗，30多年后的今天，中国证券期货市场已经成为在全球名列前茅的资本市场。

"学而不思则罔。"我国资本市场，是在学习和借鉴国外先进经验的基础上，结合中国国情，通过市场各方的思考和实践，创造性地建设和发展起来的。对于我们这些在20世纪90年代参与金融市场监管的工作人员来说，需要"摸着石头过河"去探索。由于没有经验，许多东西我们需要向发达国家学习。看书了解国际金融市场的情况，成为我们"摸石头"的途径之一。

人类的知识和经验来自两个渠道，一个是当代亲身实践形成的直接经验，另一个是根据前人或他人实践的间接经验形成的知识。间接经验一般可以通过书籍传播。我们在中国金融市场从事资本市场监管工作，一开始是一张白纸，没有多少直接经验可言，只好寻求间接经验，阅读国外书籍和参考资料是寻找和发现经验的不二法门。

围绕不同阶段的工作需要，我选择性地读了一些财经类书籍，做了一些笔记，形成了一些思考与评论，并将这些思考形成文字，陆续在媒体上刊发，以期与同行交流和探讨。

比如，20世纪90年代，监管证券公司是新东西，与商业银行监管是不是一样，我们胸中无数。通过阅读国外有关这方面内容的书籍，我发现间接融资的中介机构和直接融资的中介机构在监管方面是有区别的，防范风险和处理危机的方式也不同。因此，在阅读相关书籍、查找相关资料后，我撰写了好几篇学习体会和相关论文，以向关心者分享国外经验。进入21世纪后，我的工作从证券领域转到了期货领域，对这方面知识的补充成为我阅读的重点。比如，在参与修订《期货交易管理条例》和起草《中华人民共和国期货法（草案）》的过程中，大家就某些条款入不入法，有许多不同的观点，为了搞清楚国外的相关情况，我细读和研究了美国的相关法律与相关书籍，基本清楚了国外为什么要把这些制度在法律中加以规定，为此写了多篇读后感（如《2011年版美国〈商品交易法〉的启示》《中央对手方是守住风险底线的保障》等文章）并在报刊发表，同时送给起草法律法规的相关者参考。在面对与管理金融风险、应对金融危机等相关的问题时，我阅读了美国财经领域一些知名人士的传记，如美国不同时期的财政部长（包括鲁宾、保尔森、盖特纳），美联储主席沃尔克、格林斯潘，美国证监会主席莱维特等，并写了笔记和阅读体会（《看不见的手缘何失灵》《市场不是万能的》《听听美国证监会前主席莱维特的心里话》）。通过对这些财经高官传记的阅读，去书中寻找看待风险、处置危机的灵感与办法。比如，为了说服方方面面支持建设上海国际化原油期货市场，我阅读了一些国际能源专家的著作（《石油大博弈》《美国的石油战争》等），通过撰写读书笔记，介绍书中的主要内容，以宣传建立国际化的人民币原油期货市场对中国崛起的重要性。总之，我通过阅读这些书籍，为自己从事不同阶段的工作寻找经验、教训、思考以及处理方法。多年来的体会是，这些书籍有力地帮助了我的工作，使我受益匪浅。看书引发的灵感与思考，结合国情形成了我的一些监管思路，并运用到了具体的监管实践中。尤其是在中国期货市场的制度建设上，在总结我国期货市场试点探索、稳步发展、规范发展、创新发展等不同阶段实践的成功经验的基础上，我们结合书里的一些国际市场经验教训，通过广泛调研、讨论、协商，最终影响了政策措施、法律法规等的制定，充实和完善了中国特色社会主义市场经济体制的具体内容。

本书汇集了我阅读财经类书刊、资料的部分读书笔记，以及为一些图书所作的序。绝大部分已在报刊公开发表过。全书分为五篇。第一篇是综合性内容，第二篇涉及证券机构监管，第三篇涉及石油、期货与金融衍生品市场，第四篇涉及国外监管者的经验，第五篇涉及金融法律法规。2018年出版的《发现价格》一书，许多灵感和知识就来自我的财经阅读笔记，因为这些国内外管理的间接经验和知识，是我多年监管工作的参考。现在结集出版《读书与实践》，是为了让感兴趣的读者了解当初我读这些书或文件的原因，以及对我的工作有什么样的启发与帮助，因此，我特别在每篇的开头写了一段话进行说明，为有兴趣了解这些书籍梗概的读者提供索引和一孔之见。以此为序。

第一篇

资本、大数据与碳中和时代

我国资本市场的建立及发展历程

2021年5月底,组织上抽调我参加中央党史学习教育指导工作,并担任中央党史学习教育指导组第23组组长,负责国务院所属民政部、应急管理部、退役军人事务部等九个部委党史学习的教育督导工作。我平时对党的历史学习不够,担此重大任务,深感自己的知识储备不足。为了顺利完成任务,我认真学习了习近平总书记重要讲话、中央规定的学习文件和相关党史书籍。在中央指定学习的书籍中,有四本是历史书,即《中国共产党简史》《中华人民共和国简史》《改革开放简史》《社会主义发展简史》,这四本书从不同的角度,记录了中国共产党在不同时期带领中国人民进行中华民族伟大复兴的探索并取得巨大成绩的历史。我们第23组的6名成员来自不同的行业和领域,每周都有一次碰头会,或是讨论工作,或是围绕一个与自己的工作相关的主题来交流党史学习体会并进行讨论,要求人人都有一个主题发言。这里的读书笔记是我在小组碰头会上联系党史、结合资本市场改革发展工作进行的发言,供小组交流讨论。2022年临近春节,我们的工作告一段落,除留守一人在国二招宾馆办公地点外,其他人回原单位办公。春节后紧接着新冠肺炎疫情反复,待新冠肺炎疫情有一定缓解后，2022年6月8日，中央党史学习教育领导小组召开会议，中央领导同志出席了会议，并为中央党史学习教育做阶段性总结，25位指导组组长和中央党史学习教育领导小组成员参加了当天的会议。我们的工作画上了阶段性句号。

· · ·

《中国共产党简史》《中华人民共和国简史》《改革开放简史》这三本书（由于《社会主义发展简史》没有提及中国资本市场发展问题，这里省略）对中国资本市场的建立和发展都有所提及，但着墨不多。不过在一本30多万字的历史书里，我国资本市场能有一席之地也实属不易。由于在资本市场工作的时间比较长，我对几本书中涉及资本市场建立和发展的叙述特别关注，做了一些梳理，笔而记之，留下点滴体会。

《中国共产党简史》对20世纪90年代初我国建立证券期货市场的改革举措进行了积极肯定，书里说"改革开放持续推进，并在一些领域取得重大突破。证券交易所的建立，是深化改革具有标志性的举措"[①]。上海证券交易所和深圳证券交易所分别于1990年和1991年先后开业，形成了全国性的沪深两个证券交易市场，推动了股份制的发展。《中国共产党简史》一书中还表示，"1990年10月，郑州粮食批发市场开业并引入期货交易机制，成为中国期货交易的开端。沪深两个证券交易所的成功开业及期货交易机制的引入，向世界发出了中国改革开放将坚定不移地向

[①] 《中国共产党简史》，人民出版社，中共党史出版社，2021年第一版，第277页。

前推进的强烈信号"①。书里还写到了2018年11月，习近平主席在上海指出，"在上海证券交易所设立科创板并试点注册制"②。

在《中华人民共和国简史》中，对证券交易市场的叙述与《中国共产党简史》中的大同小异，但没有如《中国共产党简史》那样提到期货市场，而对证券发行市场即股票一级市场进行了比《中国共产党简史》更详细的叙述。比如，书里说"1989年稳步试行以公有制为主的股份制，股份制企业的发展，特别是股票的公开发行，必然推动股票市场的产生"。

也许是专史的缘故，《改革开放简史》对资本市场的叙述比前两本书的内容要详尽得多。主要描述的段落有两处。一是有关中国企业股份制改革的内容，讲到了企业发行股票的事情，讲到了"中国改革开放第一股"上海飞乐音响股份有限公司发行股票的事情，讲到了邓小平会见美国纽约证券交易所董事长范尔霖并赠送股票的事情。二是讲我国资本市场20多年的改革和发展成就，谈到了2004年《国务院关于推进资本市场改革开放和稳定发展的若干意见》（简称"国九条"）的发布、2006年股权分置改革基本完成、2009年创业板市场的推出，对证券期货市场20多年改革探索实践进行了充分的肯定，叙述的主要是党的十八大之前资本市场的情况。

遗憾的是，这里没有提到证券市场上的融资融券推出和股指期货上市等改革成果。不过，在这样权威性的书里对资本市场有较多的文字表述并有这样的评价，实属不易。

---

① 《中国共产党简史》，人民出版社，中共党史出版社，2021年第一版，第277页。
② 同上，第489页。

对党的十八大后新时代的改革开放的描写是从全面的角度进行的，因此对资本市场这样一个具体的子领域着墨不多，但其中提到上海证券交易所科创板的建立和股票发行注册制试点改革，就足以说明对资本市场的重视程度。

这三本书对我国资本市场建立和发展的描述是提纲挈领的。如果系统地捋一捋，可以使这些抽象的语句更具体化。

改革开放中探索建立资本市场

资本市场在社会主义中国的建立是一件具有里程碑意义的事情。

《改革开放简史》说："建立和完善社会主义市场经济体制，作为前无古人的伟大创举，是中国共产党人对马克思主义的重大创新，是社会主义发展史上的重大突破。"[1] 那张1986年11月邓小平在北京会见美国纽约证券交易所董事长范尔霖的照片，透露出中国将建立股票市场的信息，说明了党中央对推进改革开放的坚定决心。邓小平赠予范尔霖一张1984年上海飞乐音响股份有限公司发行的股票，后来听说，没过几天范尔霖就去了上海，在中国工商银行信托投资公司证券营业部里对这张股票进行过户登记，将股票换上了自己的名字并带回了美国，陈列在纽约证券交易所内。在那场会面替邓小平做翻译的高志凯先生后来告诉我，1974年邓小平去美国纽约参加联合国大会时，曾经在一个星期日去了华尔街，想看看股票交易所，遗憾当时纽约证券交易所

---

[1] 《改革开放简史》，人民出版社，中国社会科学出版社，2021年版，第92页。

未开市。我这里有两张照片，一张是 1985 年时任国家主席李先念在美国芝加哥商业交易所的参观台上，认真听取该交易所主席利奥·梅拉梅德介绍期货交易的情况的照片；另一张是时任国务院副总理李鹏在人声鼎沸的期货交易池里观看交易的照片。据早期参与中国证券期货市场筹备的一些人士回忆，在 20 世纪 80 年代中期，国家领导人已经在思考如何在中国建立资本市场的问题了。《中国共产党简史》中说，"国家在地方试点基础上，探索企业所有权与经营权的进一步分离，开始对企业进行股份制改革"，同时也在考虑建立集中的证券交易场所进行股票交易。

资本市场在中国的建立并不是一帆风顺的。在 20 世纪 90 年代初，在世界舆论普遍认为中国改革开放会停步的情况下，我国则加大了改革开放力度。1990 年开始，试点建立了上海证券交易所、深圳证券交易所，并在郑州、深圳、上海、大连等地建立期货市场。但国内也有不同的声音，对改革开放持怀疑态度，认为建立资本市场不符合社会主义原则，主要表现在对社会主义国家能不能发行股票、股份制姓"资"还是姓"社"、国有企业改制上市是不是搞私有化、会不会造成国有资产流失等问题的认识不清上。一些人左右观望，对改革犹豫不前。1992 年邓小平南方谈话为继续改革开放注入了动力。邓小平在南方谈话中表示："改革开放迈不开步子，不敢闯，说来说去就是怕资本主义的东西多了，走了资本主义道路。要害是姓'资'还是姓'社'的问题。"这种思想和认识上的顾虑与分歧，在很大程度上制约了中国证券期货市场的发展。邓小平在南方谈话中讲到资本市场时说："证券、股市，这些东西究竟好不好，有没有危险，是不是资本主义独有的东西，社会主义能不能用？允许看，但要坚决地试。看对了，搞一两年对了，放开；错了，纠正，关了就是了。关，也可以快关，也可以慢关，也可以留一点尾巴。"邓小平对我国建立资本市场的试点探索进行了肯定性的表态。我在几本史书里都读到，"邓小平南方谈话阐发的一系列全新思想，犹如一股强劲的东风，驱散了思想上的迷雾"。那时报纸上有篇报道题为《东方风来满眼春》，记述了邓小平发表南方谈话的过程。在邓小平南方谈话精神的指引下，在我国建立资本市场是否恰当的争论基本平息，资本市场由探索试点开始逐步向规范稳定、健康发展的道路走去。1992年10月，党的十四大确立了建立社会主义市场经济体制的目标，党的十四大报告明确提出，"积极培育包括债券、股票等有价证券的金融市场"。中共中央、国务院决定，成立国务院证券委员会和中国证券监督管理委员会，统一监管全国证券期货市场，同时将发行股票的试点由上海、深圳等少数地方推广到全国。1993年11月，党的十四届三中全会审议通过了《中共中央关于建立社会主义市场经济体制若干问题的决定》，明确提出资本市场要积极稳妥地发展债券、股票融资，规范股票的发行上市，并逐步扩大规模。1997年9月，党的十五大报告指出，"股份制是现代企业的一种资本组织形式，有利于所有权和经营权的分离，有利于提高企业和资本的运作效率"。1998年5月，时任中共中央总书记江泽民同志为中国证监会主席周正庆牵头编撰的《证券知识读本》一书撰写批语，他指出，"实行社会主义市场经济，必然会有证券市场。建立发展健康、秩序良好、运行安全的证券市场，对我国优化资源配置，调整经济结构，筹集更多的社会资金，促进国民经济的发展具有重要作用"①。在中共中央、国务院的大力推动下，我国资本市场从试点探索、盲目发展、清理整顿到规范发展，再到中共中央、国务院的大力推动发展，已经成为社会主义市场经济的重要组成部分。

改革开放中发展壮大资本市场

为什么要在中国发展资本市场？如何发展中国资本市场？这是国家和资本市场建设者一直都在思考的问题。

对于为什么发展资本市场的问题，邓小平同志和江泽民同志已经说得非常清楚了。我们的理解是，发展资本市场对完善社会主义市场经济体制，实现全面建成小康社会目标，促进产业结构调整和社会资源的优化配置，维护我国金融安全，推进企业建立现代企业制度，满足社会公众和各类机构进行投资和分享经济增长成果，以及我国积极参与国际金融市场活动等，具有战略性意义。

对于如何发展资本市场的问题，中共中央、国务院已经明确部署。2002年11月，党的十六大报告指出，"推进资本市场的改革开放和稳定发展"。2003年10月，党的十六届三中全会通过的《中共中央关于完善社会主义市场经济体制若干问题的决定》要求，"大力发展资本和其他要素市场。积极推进资本市场的改革开放和稳定发展，扩大直接融资"。2004年初，国务院发布的《关于推进资本市场改革开放和稳定发展的若干意见》明确

---

① 周正庆主编，《证券知识读本》，中国金融出版社，2006年版，第1页。

指出,"大力发展资本市场是一项重要的战略任务,对我国实现本世纪头 20 年国民经济翻两番的战略目标具有重要意义"。国务院文件对资本市场的发展做出了全面规划,进一步明确了资本市场改革发展的指导思想和任务,提出了推进资本市场改革发展的政策措施和具体要求。2005 年 10 月,党的十六届五中全会通过的《中共中央关于制定国民经济和社会发展第十一个五年规划的建议》也提出,"积极发展股票、债券等资本市场,加强基础性制度建设,建立多层次市场体系,完善市场功能,提高直接融资比重",这是中央文件首次全面阐述资本市场发展目标、方向和主要内容。

对于如何发展资本市场的原则、方针、政策,中共中央、国务院已经确定,具体实施需要资本市场的建设者开拓思路、不断创新、积极进取。《改革开放简史》一书中提到,"到 2012 年,我国资本市场实现跨越式发展,沪深两市上市公司的数量大幅增加,商品期货市场成交量居世界第一位,铜、铝、大豆等基础产品期货价格已具备一定的国际影响力。到 2012 年 8 月 23 日,沪深两市总市值已达 21.76 万亿元,是 2002 年同期的 4.68 倍。我国资本市场不仅实现了规模扩张,也实现了质量和结构的提升"①。

一级市场完成股权分置改革、设立创业板,二级市场上允许建立融资融券和股指期货的做空交易制度,这些改革举措对促进证券市场规模发展壮大、完善市场机制具有重要作用,是资本市

---

① 《改革开放简史》,人民出版社,中国社会科学出版社,2021 年版,第 161 页。这里对证券期货市场进行了非常积极的肯定与评价。

场的重大改革成果，并对实体经济、科技企业的创新发展起到了重要的促进作用。

改革开放新时代的资本市场

2012年11月，党的十八大召开。新一届党中央深化改革开放，资本市场迎来创新发展的新时期。以习近平同志为核心的党中央高度重视资本市场改革发展。习近平总书记对资本市场做出了一系列重要指示批示，深刻回答了新时代需要什么样的资本市场、怎样建设好资本市场的重大课题，赋予了资本市场新的定位和使命，为新时代资本市场改革发展指明了方向。

2013年11月，党的第十八届三中全会通过了《中共中央关于全面深化改革若干重大问题的决定》，明确提出"健全多层次资本市场体系，推进股票发行注册制改革，多渠道推动股权融资，发展并规范债券市场，提高直接融资比重"。2015年11月，《中共中央关于制定国民经济和社会发展第十三个五年规划的建议》明确提出，要"积极培育公开透明、健康发展的资本市场，推进股票和债券发行交易制度改革，提高直接融资比重，降低杠杆率"。2017年7月，习近平总书记在第五次全国金融工作会议上指出，要紧紧围绕服务实体经济、防控金融风险、深化金融改革三项任务，完善金融市场体系，把发展直接融资放在重要位置，形成融资功能完备、基础制度扎实、市场监管有效、投资者合法权益得到有效保护的多层次资本市场体系。2017年10月，党的十九大报告指出，"提高直接融资比重，促进多层次资本市场健康发展"。2018年11月，习近平主席在首届中国国际进口博览会开幕式上指出，将在上海证券交易所设立科创板并试点注册制。2018年12月召开的中央经济工作会议首次提出，"资本市场在金融运行中具有牵一发而动全身的作用，要通过深化改革，打造一个规范、透明、开放、有活力、有韧性的资本市场"。2019年10月，党的十九届四中全会通过了《中共中央关于坚持和完善中国特色社会主义制度 推进国家治理体系和治理能力现代化若干重大问题的决定》，明确提出"加强资本市场基础制度建设，健全具有高度适应性、竞争力、普惠性的现代金融体系"。2020年10月，党的十九届五中全会通过了《中共中央关于制定国民经济和社会发展第十四个五年规划和二〇三五年远景目标的建议》，明确提出"全面实行股票发行注册制，建立常态化退市机制，提高直接融资比重"。2022年3月，国务院总理李克强在《政府工作报告》中明确，要在2022年全面实行股票发行注册制。

党的十八大以来，资本市场开放的步子越来越大。虽然几本书中没有具体指出，但梳理发现开放成果多多。从证券市场开放看，沪港通、深港通、伦港通开通，中国股票进入国际股票指数篮子。从机构开放看，证券公司的股权结构，从2001年我国加入世界贸易组织时仅允许外资参股33%，经营范围限于股票和债券承销、B股经纪、债券经纪和自营等业务，到党的十八大以后外资证券公司股比逐步从允许持股51%发展到允许境外资本可以独资在我国建立证券公司，期货公司股比也是如此，允许我国证券、期货经营机构到境外设立机构开拓业务。从期货市场开放看，2012年修订的《期货交易管理条例》取消了对境外投资者交易境内期货市场品种的限制，规定境外投资者可以经证监会批准，直接交易我国期货市场特定期货、期权产品。2018年3月26日，原油期货成功上市，成为我国第一个允许外国投资者直接交易的特定品种。此后，一批具备条件的期货、期权品种，陆陆续续被中国证监会批准成为允许境外交易者交易的特定期货产品。

我国改革开放40多年，其中发展了30年的新中国资本市场现已成为世界上名列前茅的市场，无论是股票、债券还是期货市场，都实现了历史性突破和跨越式发展，为服务我国实体经济发展挑起了重担，成了中国特色社会主义市场经济体系中不可或缺的重要组成部分。

2021年4月，中国证监会编辑出版了《中国资本市场三十年》一书。我认为阅读该书可以加深对中国资本市场改革开放成果的理解，它是辅助党史学习的一个非常好的教材。中国资本市场何以取得如此成就？正如中国证监会主席易会满在《中国资本市场三十年》一书的序言中总结的那样，资本市场取得的成绩，得益于四个方面，那就是始终坚持党对资本市场工作的全面领导，始终坚持服务实体经济发展的根本宗旨，始终坚持市场化、法治化、国际化的改革方向，始终坚持人民立场。①

---

① 中国证券监督管理委员会编著，《中国资本市场三十年》，中国金融出版社，2021年版，第2~3页。

资本、大数据与新产业

近年来，随着我国电子商务和数据产业的发展，金融机构和科技公司的融合不断增强，在金融创新中出现了金融机构利用其业务活动积累的大数据向金融领域外渗透，科技公司利用其业务活动掌握的大数据向金融渗透的现象，出现了一些模糊地带。在调研中，我常常遇到一些利用大数据开展金融业务的企业强调自己是科技公司，而非金融企业。从监管者的角度看，这是一种本末倒置、混淆金融本质的"障眼法"，以规避金融监管。我认为，大数据科技仅是实现金融功能的技术手段，但金融的杠杆性、涉众性、风险性并没有因为采用的技术手段而有所不同。金融机构采用大数据来完成金融功能，与大数据公司采用技术手段完成金融功能没有本质的不同，应该采用同样的金融监管标准。2021年春天，应浙江一家民营企业的邀请，我在西子湖畔与这个企业的高管进行了与资本、大数据和企业发展相关的交流。下文是这次交流时的一个发言。

当前，新一轮科技革命和产业变革孕育兴起，带动了新兴数字技术的强势崛起，促进产业数字化、数字产业化加速发展。回顾历史，展望未来，金融与科技深度融合是促进社会经济生活深刻变革的强大动力。

历史感知未来——资本助推科技成果转化为生产力

大数据被一些人称为21世纪的新能源。有专家认为，它将对重塑世界经济格局产生革命性影响。这与20世纪初石油能源工业的崛起有异曲同工之妙。

20世纪初，新技术、石油开采与资本结合，爆发了能源革命，推动了一系列新工业制造产业崛起。100多年来，因为钻探新技术、消费新市场的出现，石油成为新经济的新能源，导致石油行业迅速崛起。20世纪号称"石油世纪"，石油的地位变得越发重要，石油价格的变动对一国经济政治、国际经济政治影响巨大。尽管今天清洁能源已经涌现，但石油的地位目前还无可撼动，它仍然在全球经济中起到举足轻重的作用。如今我们许多产业的原材料都与石油紧密相关，包括许多企业产业链上的多种产品。

美国石油业的崛起中，高科技与资本市场都起到了巨大的促进作用。高科技主要是指当时的勘探、开采新技术。这里主要说资本市场的作用。

一是风险资本。这是一种风险极高的投资。从石油业的诞生与发展可以看出其意义重大。无论是 20 世纪初对石油的勘探，还是 20 世纪 30 年代对中东石油的投资，抑或是今天美国的页岩油革命，皆为风险投资所成全。正是风险资本"逐利"本能的推动，为人们的生活和工业社会的发展提供了源源不断的动力。但不是每一次投资都是成功的，"90% 的钻探将归于失败"。即使那些后来回过头看是成功的冒险，也都是在运气的眷顾下完成的，在彻底崩溃放弃之前成功出油。风险投资不易，要让人相信并且去冒险，只有少数人才能做到。万一失败，风险为冒险者承担；而一旦冒险成功，早期的艰辛与风险往往容易被旁人忘记。与传统石油开发一样，页岩油开发也有巨大风险。只是与之前相比，现在有比较完备的资本市场，有一批风险投资基金为冒险者提供支持。20 世纪 80 年代，美国在能源危机的推动下开始研究页岩油的提炼技术。经过长达 30 多年的努力，目前美国的页岩油已大量开采。今天中国许多高科技项目都在寻找风险投资，但小心谨慎往往让投资人与好项目失之交臂。

二是资本所有权的标准化即股份制。股份制在推动石油工业发展和石油企业扩张中发挥了重要作用。以洛克菲勒的美孚公司为例。19 世纪 60 年代，洛克菲勒希望引进更多的资金，但又不希望危及控制权，为此，洛克菲勒采取了将合作关系转变为股份公司的形式。从洛克菲勒创建股份制的美孚公司开始，石油公司的发展进入了一个新的时代。美孚公司利用股份制的形式融入了更多资金投入石油业的发展，美孚公司在美国石油的采、运、炼等环节的垄断地位形成。

三是资本市场方便了企业的并购重组。马克思在《资本论》中告诉我们，资本集中比资本积累更容易使公司做大做强。一部世界石油工业史，就是一部石油企业资本并购和集中史。石油工业发展的每一个关键时刻、每一个重要阶段，都伴随着石油企业的兼并与重组。石油行业的公司通过兼并重组进行重新组合，彻底改变了传统的发展方式。兼并重组成了世界石油工业发展的一大推动力。

四是有效利用资本流动的好场所——股票交易或二级市场。到了20世纪80年代，股票市场已经成为石油公司之间进行石油大战的新战场。这时候，股票价格对于石油公司来说非常重要。当一个石油公司的股票价格不能完全反映该公司的油气储备在市场上的买卖情况时（所谓"价值差"），这一类公司就变成最不牢靠的了。股票价格的波动促使整个石油行业出现巨大动荡，结果是一场接一场的石油大战，华尔街的投资银行家也纷纷出场参战。投资人可以通过在市场上买卖股票来"用脚投票"，实现资本的优胜劣汰。这种流动性帮助大公司之间的兼并与收购、重新投资和股票回购等活动顺利进行，把大量的资金返还到个人投资者、养老基金及其他股东的口袋里，股东们最终赢得了利益。

五是利用期货市场建立全球原油定价中心。原油产业的发展，使美国期货交易所的石油定价在全球经济贸易中广泛使用，美国原油期货价格已经同黄金价格、利率和道琼斯指数一样，成为世界经济每日发生变化时相当关键且必须密切关注的因素，影响着国际政治经济，成为美国软实力的重要组成部分。

总而言之，风险投资支持了石油工业的崛起，兼并重组促进了石油行业做大做强，股票市场与期货市场对石油行业的变革和重塑起到了积极作用。更多独立的石油公司在股票市场的支持下，通过兼并重组而壮大，改变了过去石油行业的结构。石油期货市场的发展和强大,则塑造了美国的软实力。

当前,"石油世纪"仍未过去,但越来越多的人都在说"大数据"将成为21世纪的新能源,21世纪将成为"大数据世纪"。我们是否应该未雨绸缪?

从大数据企业看金融和科技的结合如何提升产业层级

目前,国内许多金融企业和互联网企业通过对大数据的运用推动业务发展,产生了很强的渗透效应,但也引来一些新的监管盲区。下面,我们从平安和腾讯两个企业来看大数据如何推动金融公司和互联网公司的产业升级。

先说平安。平安集团是金融企业,由金融进入互联网,提升了自己的核心竞争力,从而提升了产业层级。平安集团成立于1988年,从保险起步,向证券、信托、消费金融、银行、资产管理、不动产等金融业务全方位渗透,2020年位列《财富》世界500强企业前30名,是全球最大的综合性金融集团。从2003年开始,平安把分散在全国超过300个城市的运营平台的数据统一整合到了上海张江数据中心,搭建了大数据平台。2004年后,平安通过资本市场融资,把融资所得大量注入集团内的高科技板块,比如科技、互联网、智能技术等,同时很好地利用了综合金融业务产生的大数据。截至2019年底,平安集团的数据量覆盖8.8亿人。从2010年开始,平安用了7年时间,将平安科技业务板块研发人员的数量从3 000人发展到了3万人。平安建设的互联网和AI(人工智能)后援平台积累的大量数据,使其在金融科技竞争中具有独一无二的大数据资源。目前,在金融科技应用方面，平安已经走在全球最前列，成为超越传统金融业务的大数据科技公司。这些公司为平安的各项创新业务提供新能源，在智慧城市、医疗健康、环境保护等高科技产业中取得了不俗的成绩。

在平安集团的发展中，资本、科技的作用都非常重要。就资本的作用来说，有人总结出三点。一是借力股份制和资本市场，逐步建立起有效的公司治理结构，促进了企业内部体制机制的健全，保障了经营管理的健康有序。平安很早就进行混合所有制改革，实现了股权结构的多元化。平安董事会规定，平安一律按股份制企业原则办事，股东无论大小，都秉持"三不"原则，即不干预日常经营管理、不派管理层、不与平安发生关联交易。经过多年的探索，平安逐步形成了党的领导、股东大会、董事会、监事会及执行管理委员会"五位一体"、各司其职、规范运作的治理结构，保障了平安集团管理层决策的有效性、执行层的准确性、绩效的可靠性。这个制度保持多年没有大改动，支持了平安的发展壮大。

二是借力资本市场筹措资金，使发展资金源源不断地注入，让平安在新经济领域开疆拓土。平安先后在中国香港和上海股市灵活运用IPO（首次公开募股）、再融资、可转债、并购重组等资本市场工具，获得开展综合金融、科技板块业务所需的巨量资金。此外，提前布局大数据平台，为迎接"数字经济"的挑战打下了资本金基础。

三是资本市场促进内部硬约束。透明度、中介机构、投资者、舆论监督、监管部门等外部监督，促使平安内部约束得到贯彻。

再说腾讯。腾讯则是另一种模式，从互联网起家，涉入金融业。其发展得益于资本市场，无论是初期的风险创业投资还是后来的公开上市融资，资本市场的推动使这些互联网科技公司实现了超常规的发展，依靠掌握的"大数据"，腾讯成为世界排名靠前的互联网科技企业。腾讯通过大数据迅速向金融业渗透，其金融业务包括理财、支付、证券、金融创新等。有的互联网公司还涉及信贷、消费金融、资产管理、支付结算等金融业务，其实也是综合性金融业务的提供者，与平安的金融业务跨度不相上下。这些互联网公司开展金融业务，利用大数据轻松解决了传统金融业务很难解决的问题，比如贷款对象信用评估、消费金融的支付问题等，是金融革命性变革的前奏。但是，这些从互联网端进入金融服务业的高科技公司，必须接受与其他金融机构同样的监管，没有例外。

平安和腾讯都是依靠资本市场、互联网、大数据和人工智能在世界上崛起的。它们的标杆作用，无疑会激励更多的中国企业奋起而追，从而依靠大数据推动产业升级，逐步改变各自业务领域的业态。

大数据对金融产业影响深刻，将改变金融业态

近年来，大数据在金融领域得到快速发展和应用，在以"A（人工智能）、B（大数据）、C（云计算云存储）、D（分布式记账或区块链）、E（电子商务）"为代表的新技术中，最重要的是大数据。大数据是所有这些科技的支点，也是金融服务的基础。而随着大数据在金融领域的快速发展和应用，传统金融将向数字

金融转化。大数据将改变金融的思维和行为方式,影响金融的未来,大数据可以重塑金融业。我国已经进入互联网、大数据、人工智能和实体经济深度融合的阶段。"新旧交织、破立并存",随着5G(第五代移动通信技术)、人工智能、现代物流等先进生产力的不断发展,传统的思维和政策制度已难以适应发展需要。

大数据作为21世纪的"石油",将推动金融业态发生革命性变化。

第一,对间接金融的影响。对传统金融机构信贷模式产生了影响。大数据颠覆了传统的金融机构贷款模式,数据在消费信贷领域已经开始发挥关键作用,市场买卖行为的交易数据与社交图片数据,经过数据公司的挖掘与分析建议,越来越多地影响着金融机构的信贷决定。许多数据服务公司也开始经营信贷业务,它们利用贷款人的消费方式、工作态度、社交活动等大数据,多维度评估贷款人的信用,然后确定是否发放贷款,这和传统银行审查获得贷款的方式并不一样。通过分析客户个人交易、消费等数据来评估用户的信誉度,从而判断该客户是否具备信贷资格。金融科技公司通过大数据可以向那些不能获得传统银行贷款的潜在客户提供信贷,为无法充分利用银行服务的人群提供服务。大数据改变了传统银行贷款信用的评级方式。在大数据的指导下,这些金融科技公司的业务开拓更加大胆,对贷款人的信用判断更加准确,市场份额扩张更加迅速。大数据让许多过去不能在银行获得贷款的小企业主、创业大学生等,以及没有银行信用记录的人能够方便快捷地获得所需贷款,颠覆了传统银行评估贷款人信用的方式。大数据对个人信用的评估,对于金融机构来说可能更加真实、准确、安全、快捷。利用大数据的金融科技公司比传统银行更具有竞争力。

大数据金融在贷款业务上最典型的平台非 P2P（互联网借贷平台）莫属。按照资产结构划分，利用大数据的国内网络贷款业务模式有信用卡模式、类资产证券化模式、类担保债权模式三种。从 2013 年开始，P2P 贷款兴起，网贷行业的业务模式主要有消费金融、产业链金融、农村金融、金融产品收益权等。网贷行业一方面丰富了我国金融市场的产品体系，比如平安集团旗下的陆金所运行的 P2P 业务比较成功。另一方面有大量的 P2P 出现问题，乱象丛生，促使监管加强，全面整顿 P2P 行业。国外网贷行业与我国基本是同时起步的，但中国网贷行业发展最快。目前，美国的网贷规模只有中国的 1/4。[①] 据保守估计，2017 年我国 P2P 贷款余额为 2 万亿元人民币左右。而普华永道预计，2025 年美国网贷行业规模才能达到 1 500 亿美元。

第二，对直接金融的影响。互联网大数据导致资本市场出现了一系列变化，目前最突出的是股权众筹融资、大数据财富管理新模式。

一是股权众筹。股权众筹是一种高风险、期限较长的投资行为。股权众筹依托于互联网技术，能够为小微企业募集资金，同时，相对较低的进入门槛能够降低小微企业融资成本。股权众筹是我国多层次资本市场的自然延伸。股权众筹融资于 2009 年在美国兴起，我国在 2011 年出现股权众筹融资平台。由于出现诸多风险，因此目前仍处于谨慎探索之中，需要从法律法规、监管机制、投资者权益维护、公司治理和信用体系建设等方面进行完善。

---

① 本书出版时，我国 P2P 网贷规模已下降。

二是财富管理。金融科技被越来越多地引入投资顾问价值链的各个环节中，财富行业管理出现了去中介化的趋势，为传统投资顾问领域带来了新变化。其一是互联网社交投资平台。这一平台集社交、移动、交易等功能于一身，是信息共享功能与金融投资策略结合在一起的财富管理模式。其二是智能分析平台。智能分析是利用自然语言处理、深度学习和知识图谱等人工智能技术，分析宏观经济、公司业绩、网络舆情等数据，判断事务之间的关联性，提供细分的金融投资咨询服务，如股票推荐、公司收入预测等。其三是量化（程序化）交易平台。利用计算机程序执行投资决策已经十分普遍。从交易方式看，量化交易已经成为西方金融衍生品市场交易的主流方式。从交易量占比看，量化交易占衍生品市场总交易量的70%以上。西方资本市场上的高频交易也属于这一类。近年来，我国证券期货市场也出现了高频交易。其四是第三方支付和资产管理结合的理财方式。依靠期限错配和流动性错配，通过"T+0"赎回使用户的余额宝余额当天转换成现金或银行账户余额。利用大数据把客户在支付平台上沉淀的短期资金集合起来对货币市场进行投资，其收益大于银行活期存款利息，竞争力大大超过传统的货币市场基金，基金规模增长迅速，对传统银行和证券业都是一个巨大的挑战。其五是智能投资顾问平台。其基本原理是利用大数据分析、量化投资模型以及智能化算法，根据投资者风险承受能力及相关要求，为投资者提供投资建议。智能投资顾问把需要金融知识和经验判断的工作交给了大数据、双核模型，旨在为客户提供与风险偏好相匹配的投资组合建议。智能投资顾问带来投资服务新变革。从2014年起，智能投资顾问产品在我国逐步出现，如京东智投、平安一账通、弥财投资等。

以前,证券投资顾问通过提供投资咨询建议受到人们的信任和尊敬。证券经纪人经常向客户提供有关投资途径的指引,推荐投资组合,投资者往往是根据他们提供的意见进行投资决策的。然而,随着大数据的出现,传统的证券投资顾问行业遇到了巨大的挑战。在股票交易中,经纪人对客户的不透明造成的赚取价差的盈利模式可能成为历史,因为巨大的数据量可以向客户提供前所未有的透明度,从而保护投资者的利益。这对于资本市场的监管也是一个非常好的趋势。过去的投资顾问职业很可能被计算机取代。

第三,对金融支付方式的影响。大数据带动的金融支付结算方式在世界上具有强大的生命力。目前在这个领域,中国走在世界前列,比如我们广泛使用的微信支付和支付宝。在数字货币领域,中国也走在世界前列。中国人民银行在大力推动数字货币的使用。数字人民币与其他货币最大的区别在于,它实现了一种新的数字化支付方式,具有数字货币和电子支付的双重特点。数字货币可以像纸币、硬币等现金一样进行点对点支付,但又与纸币、硬币不同,数字货币是一种数字化的交易媒介。同时,数字货币与基于银行体系的电子支付不同,数字货币可以在没有特定第三方参与的条件下,在交易双方之间直接支付。同时,中国的第三方移动支付非常发达。随着中国人民银行数字人民币试点的扩大,以及第三方移动支付等大数据支持的金融工具的普遍使用,中国科技金融可能对改变整个世界的金融格局都具有非常重要的影响。

一是数字人民币的使用,可能导致纸币、硬币等实物现金逐步退出历史舞台。在全球范围内，移动支付带动数字化货币营运机构——如商业银行、信用卡网络、第三方支付机构、手机制造商等——经历深刻的创新过程，夯实了数字化货币发展的基础，推动更多国家进入无现金社会。

二是第三方支付机构产生的广泛影响。第三方支付是指非银行金融机构作为收款人和放款人的支付中介所提供的网络支付、预付卡、银行卡收单等。网络支付和移动支付都是依托金融科技的支付方式，但相对于网络支付，移动支付以智能手机等移动终端为媒介，是一种运用蓝牙、红外线、射频识别等技术，通过移动通信网络，实现资金由支付方转移到收款方的支付方式。许多过去就已经领先的金融服务，在新冠肺炎疫情发生后迅速普及全国。在边远的农村山区买菜，几毛钱的交易也普遍出现了用手机支付的情况，现金使用大幅减少。据《经济日报》报道，2020年第二季度ATM（自动取款机）的售卖较第一季度减少了3万余台，原因就是通过微信或支付宝交易的市场越来越大，使ATM的使用减少。中国中小城市和农村交易者直接跳过信用卡，利用微信、支付宝在手机上交易。近年来，网络技术和移动支付快速发展，以商业银行存款货币为基础的支付工具逐步实现电子化和数字化，但商业银行存款货币无法替代法定货币发挥价值尺度或记账单位功能。不过移动支付的普及为数字人民币的推广使用打下了非常好的群众基础。而现金使用的减少，可能对今后的纸币发行产生影响。

第四，对美元的影响。发达国家对数字人民币普遍保持警觉。它们担心数字人民币迟早会走出国门，进入其他国家的流通环节。数字货币不同于现金，用户的消费地点以及所有的转账记录都会被管理者掌握。2021年6月，G7（七国集团）开会，对数字人民币的推进表示担忧。日本银行行长黑田东彦说，央行数字货币应该颁布基本原则。如果G7以外的国家不能像G7成员国那样，在透明、守法、健全的经济治理能力的基础上发行数字货币，恐将引发问题。海外有媒体指出，数字人民币可能摧毁美元霸权，这也挑动了美国的神经。通过"一带一路"经济圈，数字人民币或将在"一带一路"沿线国家流通。这样一来，相关国家就可以绕过美国控制的国际结算体系开展贸易，数字货币就可能成为抵制美国利用美元霸权进行金融制裁的手段。

由于货币现金形式的消失和支付方式的网络化，未来可能的情景是，每个人（企业）都同时有虚拟货币账户和（在银行的）法定货币账户；不同网络社区的虚拟货币可以互相交换，跨网络社区交易和支付非常方便；虚拟货币与法定货币之间的兑换很灵活，趋向可相互交易；虚拟货币不仅用于网络经济活动，也广泛参与实体经济活动；将出现虚拟货币的金融产品和金融交易，比如基于虚拟货币的股票、债券、信用透支等。

那么如何应对金融业态变化？

首先，从个人角度看，需要建立大数据思维。在《大数据和我们》一书中，作者安德雷斯·韦思岸试图用自己的实践和思考告诉人们，大数据会在21世纪影响经济社会生活的方方面面。他认为，随着智能手机等电子设备的普遍运用，通过这些电子设备产生的数据以前所未有的规模迅速扩大，被一些数据公司收集汇聚、挖掘开发，并生产出大数据产品和服务进行销售以获得利润。利用大数据形成的商业模式，被一些经济学家称为"数字经济"。韦思岸认为，数据越来越多地介入经济社会生活，已经成为一种不可阻挡的进步趋势，这种趋势将会重塑社会经济活动的游戏规则。数字经济对金融的影响是深刻而广泛的，大家必须有所准备。

其次，从国家角度看，必须抓紧建立与大数据金融相关且清晰的法律框架，营造公平竞争的环境，该透明的一定要透明，该保护的一定要保护，取消数据采集过程中的霸王条款，规范集团内部出于商业目的使用个人信息和企业信息的行为，严防隐私和商业秘密被滥用。此外，完善金融监管体系，明确哪些金融服务是需要采取牌照管理的，有效管理金融控股公司，明确银行与非银行金融机构的业务边界，对于相同的金融业务采取相同的金融监管措施等。

最后，从企业的角度看，应该未雨绸缪，及时着手研究金融新业态出现后的应对方式。

迎接大数据思维新模式

  2020年新冠肺炎疫情发生后，我待在川黔交界处赤水河畔的山里凉爽之地，读了一些关于数字经济的书籍。数字经济这个词在网络上出现的频率很高。我离开一线岗位，已在全国政协参政议政两年有余，如果不去了解最新的经济动态及相关信息，不跟上时代，就不能很好地完成政协岗位的使命，加之我们小组有几位数据经济方面的专家和企业家，比如工业和信息化部下属的赛迪研究院院长卢山（2022年已任浙江省副省长）、百度创始人李彦宏、联通研究院院长张云勇（2022年已任中国联通云南省分公司总经理）等，因此找机会请教非常方便。同时我也找了一些数字经济方面的专著阅读，其中吴军的《智能时代》和安德雷斯·韦思岸的《大数据和我们》等读起来通俗易懂，似乎觉得自己看明白了一些，便有感而发，直抒己见。过去这方面的书读得少，今次属于扫盲性阅读，可能理解得不是很到位，但把所读所感写出来也算是一种加强阅读记忆的方法。这两篇文章分别载于2020年6月20日和6月23日的《中国证券报》。

天有不测风云。2020年6月6日北京把新冠肺炎疫情防控等级由二级下调到三级没几天，病毒突然从新发地农产品批发市场窜出，把北京的防控等级又拽回二级。6月8日我们从北京飞回老家乡下山里想凉快几天，哪知11日深夜当地警察和医护人员根据机票信息追踪到家里，把我们拉去50公里外的县医院做核酸检测，然后天天两次上门测体温，自我隔离14天，我深感大数据之厉害。借此机会看了几本书，包括中信出版集团的《智能时代》。该书作者是大数据科普作家吴军博士，他出版过几本有关大数据的科普著作。作者在书中用通俗易懂的语言，对大数据和机器智能对未来的影响进行了充分的揭示，文字振聋发聩，诸如"数据密集型科学""机械思维""大数据思维"等新观点，让人耳目一新。吴军既是大数据科学家，又曾任数据服务商高管，因此书中夹叙夹议，既有科学理论，又有实践经验，让人读起来无晦涩之困，有通俗之感。作者阐述了大数据科学发展的前因后果，概述了科学研究发展经历的四个范式：一是描述自然现象的实验科学，二是以牛顿定律等为代表的理论科学，三是模拟复杂现象的计算科学，四是目前的数据密集型科学。第四个范式是大数据时代的决定性因素，会与以前每一阶段的工业革命一样，给经济社会带来巨大变迁。作者认为，虽然数据在上面四个科学阶段都存在，但只有今天，随着互联网的宽带化和移动电子设备技术的应用，以及数据量的爆炸性增长和科学家对数据的深度挖掘分析，以大数据为特征的数据密集型科学才得以形成。

第一篇
资本、大数据与碳中和时代

数据密集型科学推动思维革命

《智能时代》提出了"数据密集型科学"这一概念，说它将推动人类的思维革命。为了说明这一点，作者吴军让我们重温了科学技术引导人类经济社会进步的历史。世界经济发展史上的每一次技术革命，都是围绕着一个核心技术展开的。第一次工业革命是蒸汽机，第二次工业革命是电气化，第三次工业革命是以计算机和半导体芯片为主的信息化，第四次工业革命是大数据和机器智能引领的智能革命。作者预言，第四次工业革命将彻底改变当下我们所有人的生活，其标志是人类思维方式的革命性变革。传统上人类决策是靠逻辑推理，而大数据和机器智能不是靠逻辑推理，而是靠大数据和智能算法帮助我们决策。这不可避免地会对未来经济产生巨大影响。《智能时代》对过去商业模式的历史变迁进行了总结：一是技术革命导致新的商业模式诞生；二是生产过剩，需求拉动经济增长的模式不可逆转；三是商业模式既有继承性又有创新性。第一次工业革命导致产品需要靠展示推销才能卖出去；第二次工业革命导致广告业兴起，展示推销的方式变成了广告，并促使商业链出现；第三次工业革命是信息革命，商业链得到发展，服务业的重要性凸显。以数据密集型科学为指导思想的大数据时代，毫无疑问会推动现存商业模式的改变，大数据和机器智能将引领第四次工业革命。蒸汽机、电气化、信息化是这样，大数据时代仍然会是这样，这是经济发展的规律。这种变化是革命性的，是震撼人心的。为了让读者更直观感性地认识这一点，吴军在书中与我们一起回顾了2017年5月23日至27日那场智能机器人战胜世界段位高手的围棋比赛。智能机器人以3∶0战胜人类顶尖棋手，靠的就是大数据和计算机算法。从经济角度思考这场围棋比赛，那就是大数据和智能机器人将会对现存经济模式产生深刻而广泛的影响。作者分析了机器人取胜的原因：其一，它采用的是机器学习与神经系统科学结合的学习算法；其二，它在强大的云计算系统中，通过统计模型在极短的时间内学习分析了几千万局围棋棋谱和围棋比赛的巨量数据，对于不同局势下该如何行棋拥有比人类更为准确的估计，找到了比基础棋谱更好的大数据棋路。这是人类大脑无论如何也无法完成的。机器智能里有两个关键技术是人脑无法获得的，第一个关键技术是把棋盘上当前的状态变成一个获胜概率的数学模型，是完全靠数据训练出来的；第二个关键技术是启发式搜索算法。作者认为下围棋这个看似智能型的问题，从本质上讲是一个大数据和算法的问题。在机器人的背后，是数据中心强大的服务器集群，它们获得智能的方法不是和我们人一样靠逻辑推理，而更多是利用大数据。因此，思维方式上逻辑推理"一霸天下"的历史或将改写。

机械思维将靠后站

机械思维是一种依靠逻辑推理的思维方式。如果机器人利用逻辑推理和围棋手对弈，是战胜不了人类的，但它另辟蹊径，用大数据把人类顶级棋手比下去了。智能机器人在下棋时没有用机械思维思考。作者认为，机械思维是前三次工业革命的科学方法论。它们和因果关系息息相关，是一种由"因"根据三段论推出"果"的逻辑推理方式。作者认为，机械思维是过去三个多世纪里人类总结出的最重要的思维方式,是现代文明的基础。西方把机械思维归功于牛顿的科学方法论,内容包括:第一,世界变化的规律是确定的;第二,世界变化的规律不仅可以被认识,而且可以用简单的公式或语言描述清楚;第三,这些规律"放之四海而皆准"。机械思维方式导致了工业革命。从牛顿时代开始接下来的三个多世纪里,人类越来越习惯于用机械思维描述一切、抽象一切,即抽象个体然后进行标准化,形成了用一个通用的方案来解决所有问题的方法论。作者认为,工业革命是牛顿提供了方法论,即机械思维,而瓦特则是利用机械思维方法论发明了蒸汽机,开启了西方工业革命的大门。因此,蒸汽机的成功不仅是技术的成功,更重要的是机械思维方法论的成功。从牛顿开始,人类社会的进步在很大程度上得益于机械思维,但是到了计算机信息时代,机械思维的局限性也越来越明显。人们发现,世界本身存在着很大的不确定性。吴军认为,机械思维的核心思想可以概括成确定性或者可预测性和因果关系。它促使人类历史上涌现了很多重大发明和发现。寻找因果关系是机械思维的一个特征,但事实上,人类找到真正的因果关系是一件很难的事,里面的运气成分很大。机械思维具有两面性——善于把握确定性而难以解决不确定性问题。由于数据之间的相关性在某种程度上可以取代原来的因果关系,因此可以帮助我们得到我们想知道的答案。由于近30年来互联网宽带和移动通信设备迅速发展,由此产生的海量数据和计算机算法改变了机械思维300多年的习惯思维,大数据和计算机算法的结合不可避免地产生了大数据思维。因此在"人机大战"中,机器人战胜了人类顶尖棋手。

大数据思维引领新时代

大数据思维可以帮助人们解决在机械思维状态下不能解决的一些问题。人机大战中机器人的取胜说明，未来是可预测的，不确定可以转化为确定。因此，大数据思维在新的工业革命中将引领新时代。吴军认为，大数据的基础是数据和信息的收集与汇聚，它们三者既有联系，又有区别。

首先，在谈数据前，吴军讲了数字和数据的联系与区别。他认为，数字仅是数据非常小的一部分，数据的范畴比数字要大得多，但它们是有联系的。互联网上的文字、图片和视频等是数据，医院里包括医学影像在内的所有档案是数据，公司里的各种设计图纸是数据，出土文物上的文字、图示也都是数据。人类发明了文字，记录了人类活动并留传后世，形成文明的传承。以语言和文字形式存在的内容是全世界各种信息处理中最重要的数据，在20世纪90年代互联网兴起之后，数据的获取变得非常容易。

其次，吴军区别了数据和信息。吴军认为，数据和信息还是稍有不同的。信息是关于世界、人和事的描述，它比数据来得抽象。人的大脑是一个信息源，从思考到找到合适的语句，再到通过发音说出来，是一个编码的过程，通过媒介如声道、空气、电话线和扬声器等传播到听众的耳朵里，经过了一个长长的信道，最后听众把它听懂，这是一个解码的过程。随着人类的进步以及处理数据和信息的能力不断增强，人类从数据中获取有用信息的本事越来越大，对数据和信息进行处理后，人类就可以获得知识。知识比信息更高一个层次，也更加抽象，它具有系统性的特征。而数据是知识的基础，只有善用数据，我们才能得到数据背后的信息。数据中隐藏的信息和知识是客观存在的，但是只有具有相关领域专业知识的人才能将它们挖掘出来。人类文明的进程伴随着"获取数据—分析数据—建立模型—预测未知"这一过程。虽然数据在文明进程中具有重大作用，但过去数据的作用常常被人们忽视。这里有两个原因，一方面是过去数据量不足，积累大量的数据需要的时间太长；另一方面是数据和所想要获得的信息之间的联系通常是间接的，只有通过不同数据之间的相关性才能体现出来。

最后，吴军区别了数据和大数据。前面已经说到数据的概念是指所有输入计算机并被计算机程序处理的符号介质的总称。大数据则不仅是数据体量大并能及时获得，同时还具有多维度、多样性、全面性、完备性等特征。从现象中观察总结数据、汇总数据并运用数据，是衡量人类文明发展水平的方式之一。随着人类的进步以及处理数据和信息的能力不断增强，人类从数据中获取有用信息的本事越来越大，这就是大数据应用的基础。数据在计算机时代记录了人类的行为，靠计算机去发掘、分析而得出人类没有写明的，存在于多次重复行为中的数据。这样的行为，仅有数据做不到，只有计算机也难成，需要两者结合才可以。这个加入计算机算法的数据被称为大数据。计算机信息技术和电子移动设备使我们可以从足够多的数据中发现各种事物的相关性，并把握事物发展的轨迹，依靠大数据提高对未来不确定性的把控能力。采用大数据的方法能够使计算机的智能水平大大提高，帮助人类解决许多问题。决定今后20年经济发展的是大数据和由之而来的智能革命，因此，从方法论的层面上看，大数据与300年前产生的机械思维一样,在大数据和机器智能大规模运用的情况下,会形成一种全新的思维模式,即大数据思维,从而完成思维模式的一次革命。

大数据思维会带来什么

按照大数据思维模式,我们做事情的方式与方法需要从根本上改变。回顾历史,展望未来,大数据引发的智能革命将以一种全新的方式展开。蒸汽机、电气化等技术革命都是生产力单点突破,从而带动社会全面变革,今天的大数据正面临这样一个突破,大数据和机器智能的普及会带来新一轮经济社会生活的全面变革。大数据思维所具有的解决不确定性的能力,可以为经济社会发展做出贡献。在大数据思维的指导下,数据科学家可以把过去解决不了的问题变成大数据问题来处理。温故而知新。吴军说,在历史上,一项技术带动整个社会的变革通常遵循一个公式,即"现有产业+新技术=新产业"。第一次工业革命是"现有产业+蒸汽机=新产业",第二次工业革命是"现有产业+电气化=新产业",第三次工业革命是"现有产业+摩尔定律=新产业",而第四次工业革命将用两个公式简单概括,即"现有产业+大数据=新产业""现有产业+机器智能=新产业"。大数据思维将带来一场新技术革命。大数据思维的核心是,通过数据之间相关性的演算分析,取代机械思维下的因果推理。但大数据思维和原有的机械思维并非完全对立,它更多是对后者的补充,是对逻辑思维办不到的事情提供有益的补充,消除事物的不确定性,从而解决问题。大数据和机器智能将从供给侧推动许多新产业的诞生，带动产业升级换代，满足人类社会的多样化、个性化需求，促进我们整个社会的升级和变迁。

这本书给我们提了个醒，面对即将到来的大数据时代，无论是国家还是个人，都应该建立大数据思维方式。跟上去则适者生存，掉下来则淘汰没落。凡事预则立，不预则废。普华永道预测，到2030年，大数据和人工智能将为全世界GDP（国内生产总值）贡献15.7万亿美元。数据是开发高级神经系统的必要条件，有数据才有可能更好地理解语言、识别物体并提出有用的见解。中国是世界第一制造大国，同时还拥有8亿~9亿网民，以及10亿以上的智能手机使用者，产生的海量数据是世界上独一无二的，这样的数据背景为中国发展大数据和机器智能提供了巨大的优势条件。基于这种数据优势，我们在第四次工业革命中存在非常大的弯道超车机会。目前，在大数据和机器智能领域，中国与世界先进水平的距离已经缩短，有些方面还略微领先，比如金融移动支付等。因势利导地用大数据思维完成中国新经济模式的变革是完全有可能的。在这种背景下读一读《智能时代》一书，可以帮助我们更好地理解即将到来的大数据思维新时代。

数据素养是21世纪的必备素养

2020年"两会"期间,我所在的全国政协经济界35组有半天是围绕"数字经济"这个话题讨论的。由百度创始人李彦宏委员进行主题发言,其他人也踊跃跟进、热烈讨论。会前,我正好看过中信出版集团2016年出版的安德雷斯·韦思岸所著的《大数据和我们》一书,对"数据经济"中的"大数据"有了一些初步的了解,根据自己的看书体会也做了发言。这本书的作者曾经是亚马逊的首席科学家,他试图用自己的实践和思考告诉人们,大数据会在21世纪影响经济社会生活的方方面面。他认为,随着智能手机等电子设备的普遍运用,通过这些电子设备产生的数据,会以前所未有的规模迅速扩大,被一些数据公司收集汇聚、挖掘开发,并生产出大数据产品和服务进行销售以获得利润。

在20世纪末至21世纪初,一些创业者开始利用大数据来创立新的商业模式并获取巨大利润。这些利用大数据形成的商业模式,被一些经济学家称为"数字经济"。在这本书中,韦思岸从2016年之前的大数据发展情况谈起,就培养数据素养、数字身份与真实身份、社交图谱与信任系数、传感器数据大爆炸的时代、计算隐私效率与数据回报、让数据为你服务、把未来创造出来7

个方面，阐述和总结了自己多年来在商业教育、医疗旅游和经营领域做咨询的经验，并在此基础上提炼出大数据如何更好地服务于普通大众的观点。

他认为，数据越来越多地介入经济社会生活，已经成为一种不可阻挡的进步趋势。这种趋势将会重塑社会经济活动的游戏规则。书中出现了很多新概念，这些概念是基于大数据而产生的。阅读此书，可以把我们生活和工作中的经历与这些概念贯通起来，获得一些大数据时代的基本认识，以便我们更好地面对未来。

· · ·

数据素养必不可少

韦思岸提出了数据素养这个概念。这一概念在书中频频出现。人们需要培养一种新知识，即数据素养，才能适应数字经济时代的生活与工作。他说，数据科学家日复一日地运用各种算法，追踪智能手机等电子设备上 10 亿以上人口留下的纷繁复杂的数字痕迹。[1] 每天，我们都会面对各种数据产品和服务，收到基于社交数据的各种评论排序和推荐信息。为了全身心地投入数据革命，我们不可以不加选择地全盘接受，而是要变身为积极的社交数据创造者。卖家与买家之间，银行与借贷方之间，公司与员工之间，医生与患者之间，教师与学生之间，正在通过拉锯式

---

[1] 根据美国咨询公司的数据，2018 年智能手机用户数量，中国 13 亿多，印度 5 亿多，美国 2 亿多，已远超过 10 亿。

对垒形成势均力敌的状态,这为数据由取之于民到用之于民创造了条件。数据为人类造福的需求,具有无以复加的重要性。作为21世纪最重要的原材料,数据就是新石油。因此,从现在起,建立每个人的数据素养十分重要。数据素养,包括了解数据服务商的工作机制、知道哪些参数可变或不可变、善于改正错误、了解不确定因素,以及预测分享社交数据可能带来哪些结果等技能。在当今世界,数据服务商的推荐意见与分析结果对我们的大多数决策都有引导作用。因此,作者认为,数据素养必不可少,是否具有数据素养是21世纪的人有无竞争力的标志。

在个人空间范围内,只有具备数据素养,我们才可能有意识地利用各种网站查询工作满意度排名、了解就业机会、申请学校、购买商品、网上就诊、申请贷款、投资证券、获取各种评论等,通过获取这些信息和数据来帮助我们进行个人决策。在公共空间范围内,只有具备数据素养,政府和其他组织才可能有意识地利用大数据帮助经济、社会和行政管理活动,比如进行城市规划(包括修建桥梁隧道、增加新道路、加装红绿灯等),为建设新的公立医院等选择合适的地点,为城市交通、社会治安等提供决策参考。在工商企业范围内,大数据的利用更是空间广大。

如果具备数据素养,就可能让我们从纷繁复杂的数据中辨别正确的信息,从而做出取舍判断。数据服务商推荐的意见与分析对我们大多数的决策都具有引导作用,有利于我们提高决策的正确性。虽然数据公司的推荐意见不一定都是正确的,仍然需要你进行选择判断,数据服务商不应该代替你做决定,但大数据有可能帮助你降低犯错的概率。我们可以分析丰富的历史数据,从中发现规律并预测趋势。

数据服务商不可或缺

韦思岸认为，数据服务商是数据产品和服务的提供者。数据服务商是收集汇聚数据，并对数据进行深度挖掘，生产和销售数据产品和服务的商人。韦思岸认为，对于数字经济来说，数据服务商是不可或缺的。许多商业机构通过收集数据来生产产品并提供服务，帮助商家改进工作、提高效率、增加利润。数据为商家带来了探索和优化的机会。一些创新公司利用掌握的数据进行深度开发获得盈利，形成了大数据生产经营的新商业模式。这是一个近10年来才兴起的新型行业。

然而，并不是所有数据都是有用的，只有精炼数据才能成为数字经济的支撑。韦思岸认为，数据分为原始数据和精炼数据。原始数据是没有挖掘分析过的数据，精炼数据是经过挖掘整理过的数据，而精炼数据就是大数据。原始数据本身并无多大用处，只有经过数据服务商的收集、挖掘、分析，并进行比较后产生的数据产品和服务才具有价值。而这种经过数据服务商有意识深度挖掘开发的数据，则被数据科学家称为精炼数据。这个说法与大数据科普作家吴军的解释有异曲同工之妙。吴军在《智能时代》一书中说过，数据是指输入计算机程序中的具有一定意义的数字、字母、符号和模拟量等符号介质的总称，但数据还不能称为大数据，因为大数据不仅仅是信息量大、堆积多，它还具有多维度、全面性等特征，同时大数据还是经过数据服务商深度挖掘开发后的数据。吴军认为，采用大数据的方法能够使计算机的智能水平产生飞跃，因此在很多领域，计算机将获得比人类智能更高的智能水平。当计算机的智能水平赶上甚至超过人类时，我们的社会就要发生翻天覆地的变化,这就是大数据在当今社会的竞争力所在。

成为大数据的关键是计算机的算法,计算机算法可以发现人类不借助计算机就无法发现的规律,有助于我们做出决策。韦思岸认为,计算机算法体现了原始数据与精炼数据在价值上的差异。而数据服务商则是利用计算机算法对原始数据进行深度挖掘后生产销售精炼数据的生产经营机构。脸书、谷歌、腾讯等都是在原始数据的基础上对数据进行深度加工出售精炼数据的服务商。它们的核心竞争力就是算法,所以它们被称为高科技公司或数据公司。它们是收集汇聚和深度挖掘数据的中间商,属于数据原材料的加工行业,是大数据生产和服务的生产经营者。

大数据产业与汇聚数据的电子设备息息相关。如今的智能手机、计算机、电视等电子设备在使用中积累了大量的数据。经营电视节目、电子商务、游戏服务等的企业,在提供服务的同时,也在向用户索取数据,不配合者得不到服务。但不是所有的收集数据者都是数据服务商,只有对收集汇聚的数据进行深度挖掘,并由此生产出产品和服务并销售的商人才可被称为数据服务商。

数据服务商与互联网紧密相连。尽管在互联网之前已有数据中间商出现,但它们与大数据时代的中间商获取数据的方式完全不同。过去的数据中间商是通过人工调查来获取数据的,然后对数据分类,编制不同的客户群体标签,其手段笨拙而低效。现在的数据中间商跨入社交数据领域,它们利用各种电子设备信息网络收集数据。比如,智能手机是数字经济时代最便捷、最普遍的数据收集工具。世界上每天都有无数的人在产生和分享社交数据,无论是被动分享还是主动分享,无论是强制还是自愿,无论是非常精确还是粗略估计。作者认为，手机已成为数据收集的跟踪器。这些数据包括人际关系、经济、教育、医疗等在内的各个方面，便捷而高效。它们收集数据的方式与传统数据中间商不可同日而语。许多数据中间商从众多的电子设备中收集数据，在数据公司的深度挖掘下，这些数据可以多元使用。新型数据服务公司的特点不是储存数据，而是致力于深度挖掘数据，并根据客户的兴趣、偏好及当前状况向他们推荐产品和服务。数据服务公司对大量决策活动提出建议，以产品或服务的形式推荐给需求者，并对其进行收费。

获取数据与保护隐私

韦思岸把这本书的副标题定为"如何更好地从后隐私经济中获益"。我认为，后隐私经济这个提法是相对于隐私权不可让渡的前隐私经济时代而言的。这个标题很有指向意义，作者想说明的是让渡隐私权可以获利。

后隐私经济与大数据紧密相关。如果想获得大数据服务，就必须让渡隐私权。作者认为，数据的获取与隐私权的保护是矛盾的。数字经济需要依靠数据来支撑其新模式的运行，与传统经济模式不一样，需要为数字经济制定新的游戏规则。过去人们比较注重隐私权保护，不愿意付出自己的数据。在数字经济时代，情况变了，后隐私经济能够让具备数据素养的人从中获益。在后隐私经济时代，数据公司躲在暗中窥探你隐私的同时，也为你打开了一扇利益之窗。为此，作者在书里举了许多例子来说明，你只有付出自己的隐私权，才可以享受到大数据带给你的利益。这种隐私权与数据共享权的置换，是21世纪数据对传统思维的一场颠覆性革命。这场所谓数据革命的出现，与每个人的利益息息相关。如果你不愿意放弃隐私权，你享受的数据产品和服务就会受到限制。如果你想从网上获取数据服务，就必须先为它提供数据隐私。

前面提到数据是21世纪的新石油、原材料，是支持后隐私经济的新能源。如果你能够得心应手地利用数据，就能够在21世纪的竞争中立于不败之地。这些年人们利用大数据的经验已经说明，你从数据服务中获得的价值，通常使你拥有更强的决策能力，帮助你在进行交易谈判、购买产品与服务、申请贷款、寻找就业机会、获取教育资源、寻找医疗资源时，做出更加明智的决定。这种决策能力是你依托数据公司提供的数据产品或服务而产生的，是你付出隐私权后获得的回报。后隐私经济时代，你必须适应新规则。

后隐私经济就是以个人隐私权换取个人收益的经济模式。保护隐私权的旧章程已经过时，应该确定新的游戏规则了。作者强调，个人从后隐私经济中获利是大数据时代的特点，但需要平衡好隐私权保护与数据透明度的关系。如何让收获与付出之间协调平衡，是数字经济面临的一个非常重要的问题，尽管已经采取了许多措施，但效果却不尽如人意。因此，需要为后隐私经济时代确立原则和新规则、新法律，以适应新形势下隐私权的保护和大数据的利用。每个人都应当在真正了解数据用途的同时表明立场，以便能够获得利益并清除由此产生的不良后果。

大数据影响金融未来

　　韦思岸在《大数据和我们》的最后部分谈到了大数据对金融的影响。

　　首先是对间接金融的影响。韦思岸主要谈论对传统金融机构信贷模式的影响。大数据颠覆了传统的金融机构贷款模式。数据在消费信贷领域已经开始发挥关键作用。市场买卖行为的交易数据与社交图片数据，经过数据公司的挖掘与分析建议，越来越多地影响金融机构的信贷决定。许多数据服务公司也开始经营信贷业务，它们利用贷款人的消费方式、工作态度、社交活动等大数据，来多维度评估贷款人的信用，然后确定是否发放贷款，这和传统银行审查贷款的方式是不一样的。通过分析客户个人交易、消费等数据来评估客户的信誉度，从而判断该客户是否具备信贷资格。韦思岸认为，金融科技公司通过大数据，可以向那些不能获得传统银行贷款的潜在客户提供信贷，为无法充分利用银行服务的人群提供服务。大数据改变了传统银行贷款信用的评级方式。在大数据的指导下，这些金融科技公司的业务开拓更加大胆，对贷款人的信用判断更加准确，市场份额的扩张更加迅速。作者列举了蚂蚁金服通过淘宝、支付宝的数亿用户的海量数据来计算芝麻信用得分，从而确定是否给用户发放贷款的例子。大数据让许多过去不能在银行获得贷款的小企业主、创业大学生等，以及在银行没有信用记录的人能够方便快捷地获得所需贷款，颠覆了传统银行评估贷款人信用的方式。大数据对个人信用的评估，对于金融机构来说可能更加真实、准确、安全、快捷。为此，韦思岸在书里举了很多例子，金融科技公司对大数据的利用，使它们比传统银行更具有竞争力。

其次是对直接金融的影响。在资本市场投资领域，受大数据影响最大的是证券投资顾问行业。以前，证券投资顾问通过提供投资咨询建议受到人们的信任和尊敬。证券经纪人经常向客户提供有关投资途径的指引，推荐投资组合，投资者往往是根据他们提供的意见进行投资决策的。然而，随着大数据的出现，传统的证券投资顾问行业遇到了巨大的挑战。金融科技公司通过数据挖掘，可以提前预测分析，并可以通过投资软件向客户提供更为高效准确的预测方案与投资组合，这些软件不仅增加了信息的透明度，还可以分析出每个投资者的投资组合绩效，并将其与交易型开放式指数基金（ETF）和其他低成本投资产品进行对比。比如，一些对冲基金利用数据公司收集的大型购物中心和商场周边的交通流量数据，早在这些零售商发布季度销售额之前，就已经做好了买入和抛售股票的决定。另外，在股票交易中经纪人对客户的不透明造成的赚取价差的盈利模式可能成为历史，因为巨大的数据量可以向客户提供前所未有的透明度，从而保护投资者的利益。这对于资本市场的监管来说也是一个非常好的趋势。过去的投资顾问职业可能被计算机取代。

最后是对金融支付结算方式的影响。书中对这个问题谈论不多，我认为，目前这个领域主要是中国领先，中国的支付宝、微信支付已经享誉全球。作为美国人，作者对这方面没有较为深入的研究，文中落墨不多。尽管作者利用在复旦大学任教的机会近距离研究过中国的第三方支付结算业务，不过由于时间短暂，难免隔靴搔痒。不过作者也根据掌握的材料，非常明确地揭示了大数据带动的金融支付结算方式在世界上具有强大的生命力。我认为，随着中国人民银行数字货币试点的扩大和区块链的不断推广，以及大数据支付方式在国际国内的普遍使用，中国科技金融可能对改变整个世界的金融格局都具有非常重要的影响。

　　新冠肺炎疫情使我国无论是政府管理、企业经营还是个人生活领域，都在推广大数据的使用。大数据在迅速地改变宏观管理、微观生产经营、个人工作生活。相信在疫情之后，数字经济会让全世界对中国又一次刮目相看。

加快建设我国碳排放权交易市场

进入 21 世纪的第二个 10 年，中国成为世界第二大经济体、第一制造业大国，但是空气质量出现问题。城市频繁出现雾霾，对正常生产、生活秩序造成日益严重的影响。为应对大气污染，促进低碳经济转型，服务生态文明建设，中国开始探讨建立碳排放权交易市场的问题。中国证监会根据国务院的统一部署，高度重视碳排放权交易市场的建设工作。由于分管期货市场工作，我曾经牵头组织中国证监会系统力量，收集国际市场相关资料，并就相关问题开展实地调研。2010 年，中国证监会期货监管一部牵头成立了期货市场"十二五"规划"低碳经济与期货市场"子课题组，对国内外碳排放权交易市场开展跟踪研究。为顺应政策和市场发展形势的需要，2011 年 8 月，中国证监会成立了由我担任组长的碳交易推进工作领导小组并下设办公室，办公室设在中国证监会期货监管部一部，并从中国证监会下属的相关期货交易所抽调人员充实办公室力量。经过几年的努力，碳交易推进工作领导小组组织力量对国际碳市场运行规律、机制、特点和监管体系，国内碳交易试点发展情况，以及开展碳排放权期货的可行性进行了系统研究，形成了一系列专题分析研究报告，得到了有关方面的充分肯定。为持续推进我国碳现货及碳期货市场发展，碳交易推进工作领导小组对过去几年的研究成果进行了梳理和总结，编印了一本30余万字的研究报告集，分为国际碳市场研究、国内碳现货市场研究、碳期货必要性及可行性研究三部分。2014年，研究成果以《中国碳市场发展初探》为名，由中信出版集团出版。

中国证监会期货监管部在编著该书时，翻出了2012年11月16日我应邀在财新传媒举办的"2012财新峰会"上发表的一篇相关内容的演讲稿，经我同意将这篇演讲稿作为该书的序言。现在的标题《加快建设我国碳排放权交易市场》是我在整理本书书稿时新加上的。下面是演讲稿全文。

· · · ·

建立碳交易市场是实现低碳经济转型、促进科学发展的客观需要

低碳经济是一种新兴经济发展模式，本质是经济发展方式转变，与可持续发展理念、实现资源节约型和环境友好型社会的要求一致。过去30年来，以劳动力和资源环境的成本优势为基础的经济增长模式，为我国发展成为世界第二大经济体提供了动力，但同时也为此付出了高碳排放、资源耗费和牺牲环境的代价。在国际金融危机和国际气候谈判对世界经济格局造成双重打击的背景下，更凸显出发展低碳经济的重要性和紧迫性。

实现低碳经济转型是中国经济发展的内在要求

近年来，极端气候引发的自然灾害和原油、煤炭等基础能源价格高企备受关注，这个现象的背后是对生存环境恶化和自然资源耗竭的担心。作为全球最大的发展中国家，多年来，我国以第二产业为主体的经济结构，使我国在工业化、城市化进程中对化石能源有巨大需求。大量化石能源的消耗，造成我国温室气体排放总量迅速增长。再加上"富煤、贫油、少气"的能源分布特点，煤炭在我国能源消费中一直占据较高比重，这进一步加重了我国经济增长的高碳特征。

由于能源消费结构不合理和能源利用效率不高的现实状况，我国经济发展结构、转换方式的压力日益加大。实现经济稳定、健康和可持续发展，推动经济向以低能耗、低污染、低排放和高效能、高效率、高效益为标志的低碳经济转型，已成为我国自身经济社会发展的迫切要求。

实现低碳经济转型也是国际社会的共同诉求

自 2003 年英国政府在《能源白皮书》中首次提出"低碳经济"的概念以来，低碳的经济发展模式已经引起国际社会的广泛关注。近年来，各国政府纷纷采取措施，鼓励采用低碳经济发展方式应对气候变化。虽然国际气候谈判依然在艰难中前行，但低碳发展已经成为不可逆转的全球性趋势。

作为国际社会的主要成员之一，我国一直重视节能减排工作。在 2009 年底的哥本哈根世界气候大会上，中国政府向国际社会做出了到 2020 年我国单位国内生产总值二氧化碳排放比

2005年降低40%~45%的承诺。《"十二五"控制温室气体排放工作方案》进一步明确,"到2015年全国单位国内生产总值二氧化碳排放比2010年下降17%"。但自然条件复杂、经济发展正处于工业化和城市化进程中的客观事实,使我国温室气体排放已位居世界前列。在这种情况下,努力完成能源使用去碳化和加速向低碳能源体系过渡,实现经济发展方式向低碳转型,是我国对国际社会对绿色、低碳、环保诉求的最好回应。

发展碳交易市场是推动实现低碳经济转型的重要手段

低碳发展可以通过法律、行政和市场等多种手段来实现,但实践证明,以碳交易为主的市场手段是效率较高、机会公平、鼓励创新和国际共识较多的手段,对实现低碳经济转型有巨大的推动作用。从经济学的角度看,温室气体排放问题是环境外部性问题,可以概括为成本和收益、稀缺和价格、权利和义务、行为和结果的脱节或背离,是由于市场失灵或政府失灵或二者结合造成的。

要矫正环境负外部性,就要使外部成本内部化。政府需要发挥作用使排放主体承担社会成本。根据科斯定理,在清晰界定产权的前提下,市场交易形成的价格能够客观反映社会成本,从而有助于解决外部性问题。这就是碳交易的理论基础。通过建立碳排放权交易市场,不仅可以满足减排成本不同的企业的需求,还能利用市场价格信号,激励社会资本向低碳科技和低碳项目倾斜,吸引社会资金支持环保产业的发展。因此,碳交易具有社会成本低、灵活度大、内生动力强等优势,是实现温室气体减排的有效手段之一。

国际碳交易市场的发展及其特有的运行规律

碳交易市场发展的时间不长。作为一类新兴的市场形态，国际碳交易市场自2005年《京都议定书》生效以来，发展非常迅速，2011年末，市场规模已经达到1 760亿美元，是2005年正式引入碳排放交易时的15倍，特别是以欧盟碳配额为主的交易一直保持较快发展。当前，美国部分州以及加拿大、澳大利亚等国正在积极推进基于强制减排的碳交易。研究碳市场发展的特有规律，对做好我国碳市场发展的顶层设计具有重要参考意义。

碳排放权是一种权利凭证

碳排放权是一种权利凭证，通常年初发放，年底集中核查、注销，具有中远期特性，市场价格波动明显，参与者具有较强的避险需求。碳排放需要独立的碳排放权配额登记系统来记录碳排放量，证明碳排放配额及碳减排量的存在。与普通大宗商品不同，碳排放权容易标准化，兼有商品和金融的双重属性，美国将碳排放衍生品归入金融衍生品进行监管。对碳排放权属性的界定，对于厘清碳现货和碳期货的界限和规划碳市场的发展路径具有重要意义。

碳交易市场具有强烈的政策属性

二氧化碳排放是一种典型的具有负外部性的商品。也就是说，企业或个人因生产、生活活动排放二氧化碳，由此造成的环境污染却由全社会承担。为纠正市场失灵产生的碳排放权交易，只有在政策驱动下才能形成。政策对碳交易具有决定性作用。首先，作为交易对象的碳排放权由政策创造，依靠行政力量分配。其次，可交易的排放数量由政策制定的减排目标决定，减排目标的松紧程度决定了碳交易的市场规模和价格。最后，碳交易参与者囿于有权在排放登记系统中开户的经济主体，政策为碳交易设定了准入限制。在碳市场的建立和发展过程中，必须充分考虑这种政策因素对市场的影响以及风险防控应对之策。

碳交易具有多层次的市场结构

虽然《京都议定书》为碳交易市场提供了指导原则，但由于发展程度和强制减排的态度与认识方面的差距，不同国家和地区形成了特点鲜明、形态各异的碳交易市场。从碳市场建立的法律基础看，碳市场可分为强制减排型和自愿减排型。根据碳排放权的来源，可分为配额型交易市场和项目型交易市场。从市场组织形式看，碳市场可分为现货市场和期货市场。国际碳市场发展经验表明，自愿减排型的碳市场公益性强，对减排的约束力较弱；实行强制减排型的配额型交易市场利用市场机制最充分，实现减排效果最好。

对稳步推进我国碳交易市场建设的思考

"十二五"规划明确提出要"逐步建立碳排放交易市场"。2011年，国务院印发的《"十二五"节能减排综合性工作方案》已经将全国节能减排指标分解到各地，为区域减排工作树立了明确的目标。2012年，国家发展和改革委员会印发的《温室气体自愿减排交易管理暂行办法》为开展区域性碳交易提供了政策依据。各地开展碳交易的积极性很高，试点省市纷纷组建区域性碳交易市场。我们应当借鉴国外碳排放交易体系建设的经验，总结碳排放权交易市场发展的一般规律，探索符合中国自身国情的碳排放权交易市场路径，培育现货和期货、场内与场外相结合的多层次碳排放权交易市场体系。

支持各碳交易试点在符合国家有关规定的前提下规范发展

2011年11月，国务院印发《关于清理整顿各类交易场所切实防范金融风险的决定》，对开展集中交易的标准化合约交易的大宗商品中远期交易市场进行整顿规范。2012年7月，国务院发布《关于清理整顿各类交易场所的实施意见》，其中明确包括了碳排放权交易。目前，北京、上海、天津等七省市正在开展碳排放权交易试点，部分省市已陆续公布了试点方案。对此，我们将保持密切关注，继续配合国家发改委，支持碳排放权交易试点在符合国家有关规定的前提下规范发展。一是坚持在市场总体规划的框架下推进区域性试点工作，同时为构建全国统一碳市场预留空间，最终实现"地方粮票"全国通用。二是初期立足现货交易，以企业参与为主，不盲目发展大众投资者，特别是不要发展成为类期货市场。三是通过区域试点，以交易为龙头，促进市场能力和基础设施两个方面的建设。

有序推进多层次碳排放权交易市场体系建设

2005年《京都议定书》生效后，欧洲市场就同时推出了碳期货和碳现货交易，经过几年的发展，碳期货、碳现货市场都取得了快速发展，目前期货市场规模已经超过现货市场规模。

尽管国际碳市场的经验表明,碳现货市场和碳期货即衍生品市场共同构成完整的碳市场交易体系,能更充分地发挥市场机制在合理调节碳排放资源分配、优化碳资源配置中的作用,但当前国内碳交易试点刚刚起步,碳排放权登记注册系统正在建设,排放权核定核查的第三方审定机构需要时间培育和发展。在这种情况下,我国碳交易市场的发展应当先以现货交易为基础,同时对开展铜期货的可行性进行研究论证。目前,中国证监会和国家发改委共同开展了相关课题的合作研究。

注重发挥金融机构在碳排放权交易市场中的作用

碳排放作为国际社会面临的共同问题,需要国际合作和协调。在国际碳市场中,银行、基金等金融机构是跨国碳交易的主要组织者,对实现碳资源全球配置起到了推动和促进的作用。在欧美碳市场中,金融机构也是市场的重要参与者,围绕碳排放设计开发出了一系列碳金融工具,为市场的流动性提供了保障和支持。在我国碳交易市场的发展过程中,也应该认真研究金融机构参与碳市场的途径和方式,充分发挥金融机构在市场建设和产品创新中的积极作用。同时,碳交易的货币化程度越来越高,有望成为继石油之后又一种新的价值符号。目前,欧元是碳交易的主要计价结算货币,应积极研究发展以人民币为碳交易的计价结算货币,争取我国在碳排放国际交易中的定价影响力。

加快碳市场建设，全面推动绿色发展

2019年11月24日，国际金融论坛（IFF）第16届全球年会在广州召开。论坛主题之一是全球绿色发展。在第一天大会后，分论坛举行了有关气候问题的圆桌会议，德国、英国、法国和欧盟的一些前高官对这个话题非常感兴趣，气候分论坛由法国前总理洛朗·法比尤斯主持。作为国际金融论坛的副主席，我参加了气候分论坛的发言与讨论，并以"加快碳市场建设，全面推动绿色发展"为题发言，并就相关问题与大家进行了互动。下面是我的发言稿。

....

近年来，全球气候变化、水资源短缺、生物多样性锐减、海洋污染等问题已经超越国界，对人类社会发展形成重大挑战。加强环境保护，减缓气候变暖，控制温室气体排放已经越来越成为国际会议和国家元首会晤商谈的重要议题。坚持绿色发展，实现人与自然和谐共生，正逐步成为全球共识。中国作为世界第二大经济体，长期粗放式的发展方式使资源环境与经济持续发展的矛盾更为突出。妥善处理好自然环境承载力、自然资源利用和可持续发展三者之间的关系，在维护地球生态环境方面发挥更重要的作用，更为迫切地需要从根本上改变高耗能、高排放、高污染的经济发展方式，加快实现绿色发展转型。

中国坚持推进绿色发展取得了显著成就

党的十八大以来，以习近平同志为核心的党中央把生态文明建设纳入中国特色社会主义"五位一体"总体布局和"四个全面"战略布局，坚持绿色发展道路，不断深化完善环境保护各项体制机制，开创了生态文明建设和绿色发展的新局面。2018年，中国单位国内生产总值二氧化碳排放较2005年累计下降了45.8%，累计减少的二氧化碳排放量居世界第一，提前完成了2020年下降40%~45%的目标；非化石能源占一次能源消费比重已经达到14.3%；森林蓄积量比2005年增加45.6亿立方米。在过去的10年里，中国已经成为全球可再生能源领域的最大投资国；2000年以来，中国新增绿化面积占全球新增绿化面积的1/4。

控制减少碳排放是实现绿色发展的关键环节。一方面，碳排放是大气温室效应的重要源头，控制减少碳排放能减缓全球气候变暖。另一方面，人类活动导致的碳排放主要来源于化石能源消耗，控制减少碳排放能提高化石能源利用效率，减少能源资源过度开发，促进新能源创新利用。控制减少碳排放对节能减排有直接推动作用，是打赢污染防治攻坚战的重点战役，也是中国履行应对气候变化国际义务的集中体现。

在此，围绕绿色发展峰会主题，我想就碳市场在促进节能环保、实现低碳转型方面发挥的作用，以及建设中国碳市场等方面谈几点看法以供参考。

建立碳市场是推进实现绿色发展的有效手段

从经济学的角度看，碳排放是经济活动外部性引发的问题，是排放的成本和收益、权利和义务、行为和结果脱节或背离的结果。控制减少碳排放，需要把排放造成的外部社会成本内部化。在政府发挥作用，界定排放权责，向承担控排减排的主体发放排放权，让排放主体承担社会成本的前提下，碳市场通过交易形成碳排放价格信号，让低排放的主体获得收益，让高排放的企业支付成本，进而激励社会资本向低碳科技和低碳项目倾斜，引导产业企业低碳环保转型发展。与行政手段实现控排减排相比，碳市场具有促进节能减排效率高、社会成本低、激发减排内生动力强、鼓励节能创新等优势，是国际共识较多的环境政策工具。

国际碳市场发展情况以及市场自身的运行规律

国际碳市场发展并不是一帆风顺的。从 2005 年《京都议定书》生效到 2011 年末，国际碳市场发展迅速。2011 年，全球碳市场的交易额已达到 1 760 亿美元，是 2005 年碳市场正式启动交易时的 15 倍。其间，欧盟、美国、加拿大、澳大利亚、印度先后建立了碳市场，服务各自的减排和环保政策目标。其中，欧盟碳市场建设起步早、体系完备、参与人数众多、交易活跃、影响力大，是全球碳市场的代表。

2012年以来，国际气候谈判陷入僵局，欧盟碳排放总量设定过宽以及管理规则制度不完善的弊端暴露，造成欧盟碳市场交易量和交易价格持续下滑。2013年，欧盟碳价格从20欧元/吨左右一度跌至1欧元/吨，市场陷入长期低迷。

2018年，通过扩大控排主体范围、提高有偿分配比例、实施"市场稳定储备"（Market Stability Reserve，MSR）机制等一系列制度改革，不断增强碳排放权稀缺性，欧盟碳价格突破连续6年在个位数徘徊的局面，第三季度碳价格达25欧元/吨，市场交易重新活跃，市场再度发挥应有的功能。

国际碳市场发展经历表明，碳市场有独特的运行规律。

一是政策对碳市场运行发展有决定性作用。碳市场是政策创设的市场，市场交易对象是依循减排政策设立的碳排放权利凭证，依靠行政力量分配；政策预设减排目标的宽松程度和划定减排主体的范围直接决定了碳排放权的稀缺性，直接影响碳价格和市场规模。2002年以来，欧盟出台一系列法律，对减排目标、排放权分配管理、排放量监测核查方法以及违反法案处罚措施等进行了明确规定，为欧盟碳市场运行提供了根本的保障和依据。

二是建设碳市场需要具备一定的基础条件。除了减排政策法规外，碳市场建设发展还必须具备完善的碳排放核定核查方法和碳排放权登记注册系统等要件设施。其中，碳排放核定核查方法为分配排放权和确认实际排放结果提供依据，是市场公信力的保证；碳排放权登记注册系统是存放碳排放权的账簿，记载碳交易流通数据和结果，是碳交易清算的基础设施。2011年，因登记注册系统出现漏洞，欧盟发生了黑客盗取碳排放权的事件，导致碳排放权拍卖被迫暂停，引发碳价大幅波动。

三是期货是碳市场体系的中心。碳市场是由现货、期货共同组成的市场体系。碳现货交易集中在排放权分配和集中履约两个时期，起到临时调节排放权余缺的作用。期货交易机制与排放权标准化、电子化和中远期使用的特性契合，在为减排主体提供转移排放风险有效工具的同时，产生的碳期货价格弥补了碳现货交易价格不连续、信号和资源引导功能弱的缺陷，成为公认的碳价格的代表，是政府企业制定减排决策的重要依据。一直以来，欧盟碳期货的交易量占总交易量的90%以上。

四是做好风险防控是维护碳市场健康发展的关键。碳市场平稳运行是保障碳价格客观反映社会排放成本的前提，是市场高效率、低成本实现减排目标的基础。与其他市场相比，碳市场价格波动大，政策对碳市场运行和价格形成的影响更为直接显著。为维护市场运行平稳，一方面，欧盟注重从政策层面优化细化减排目标、排放权分配方式，从供给端增强碳排放权稀缺性，提高碳排放权商品属性；另一方面，其市场监管机构注重与碳排放权管理部门的信息共享，大力构建风险监察防范制度体系，严厉打击市场违规行为。

中国碳市场建设发展已经取得积极进展

2015年11月30日，习近平主席在气候变化巴黎大会开幕式上的讲话中表示，"中国将把生态文明建设作为'十三五'规划重要内容，落实创新、协调、绿色、开放、共享的发展理念，通过科技创新和体制机制创新，实施优化产业结构、构建低碳能源体系、发展绿色建筑和低碳交通、建立全国碳排放交易市场等一系列政策措施，形成人和自然和谐发展现代化建设新格局"。

作为推进绿色低碳发展的重要内容，中国从试点起步，持续稳步推进全国统一碳市场建设。2011年，根据国家发改委印发的《关于开展碳排放权交易试点工作通知》，北京、天津、上海、重庆、湖北、广东及深圳先后组建碳市场，开展碳排放权现货交易试点，为建立全国统一的碳排放权交易市场打下基础。截至2018年底，7个试点碳市场覆盖了电力、钢铁、水泥等行业近3 000家重点排放单位，碳排放权合计成交近3亿吨，成交金额超过60亿元。试点地区碳排放总量和强度实现双降，碳市场在控制温室气体排放、促进地方低碳发展方面的作用已经显现。同时，各试点地区在政策制度、市场基础、交易规则体系等方面的差异，也导致试点碳价格差异明显。在防范产品金融化以及过度投机等市场风险方面，试点地区的考虑也相对较少。

在试点的基础上，全国碳市场正抓紧建设。2017年底，国家发改委印发《全国碳排放权交易市场建设方案（发电行业）》，标志着全国碳排放交易体系正式启动。2018年4月，按照中共中央、国务院关于机构改革的决策部署，国务院碳交易主管部门及其主要支撑机构由国家发改委转隶至生态环境部，进一步为加快全国碳市场建设提供了更有力的机制保障。当前，全国碳市场在法规制度体系建设、基础设施建设、能力建设和系统建设等方面都已经取得积极进展。

对中国碳市场建设发展的思考和建议

碳市场体系必须包括碳期货和碳现货，才能实现碳价格形成、交易流通和风险对冲三个核心功能，才能充分发挥碳市场的作用。在国际碳市场的建设中，碳期货与碳现货市场同时起步、相互促进、共同发展。借鉴国际碳市场建设发展经验，把碳市场运行规律与中国国情实际相结合，加快推进我国碳市场建设。

加快启动全国统一碳市场交易

启动以减排政策、排放核定核查方法、系统平台三个方面的统一为标志的全国碳市场交易，将有效解决各试点地区因排放权总量确定及分配、排放核定核查方法、交易制度规则等方面的不统一造成的碳价格差异，全面提升碳市场配置资源的效率和能力。

鉴于碳市场政策属性强、市场基础要求高的特点，有如下建议。一是尽快出台《碳排放权交易管理暂行条例》，并积极推动该条例向立法过渡，为碳市场建设发展打下坚实的法律制度基础。二是注重碳排放权稀缺性，进一步拓展完善碳排放权分配制度，研究纳入更多行业企业。三是加强碳排放核定核查机构的人员培育选拔，带动市场能力建设不断提升。

加快启动广州碳期货市场建设

加快启动碳期货市场建设，有利于实现碳期货和碳现货市场协调发展，增强碳市场整体效率，更好地服务于低碳经济，在国际碳市场争取更大的话语权和影响力。2019年2月，中共中央、国务院印发的《粤港澳大湾区发展规划纲要》明确提出，"支持广州建设绿色金融改革创新试验区，研究设立以碳排放为首个品种的创新型期货交易所"。选择广州建设以碳排放为首个品种的创新型期货交易所，能与深圳证券交易所、香港交易所共同构建起面向国际，具备直接融资、风险管理的立体式、多功能资本市场体系，为发挥沿海开放区位优势、推动粤港澳金融深度合作、提升区域竞争力、打造国际金融枢纽提供重要的平台支撑。

鉴于当前碳排放权市场立法和基础设施建设已基本形成，开展碳期货交易必需的前提基础已经备齐，广州雄厚的经济基础和良好的区位条件，能为设立创新型期货交易所提供良好的外部环境。因此，建议加快启动广州以碳排放为首个品种的期货交易所建设。

研究建立碳期货市场的风险防控体系

与现货交易相比，期货交易对信息更敏感。碳期货价格对碳排放权发放分配、产业企业实际排放、核证核查、履约注销等信息的反应更为直接和强烈。建设碳期货市场，必须守住不发生系统性风险的底线，切实做好风险防控，维护市场平稳运行。

多年来，中国期货市场建立了中国证监会领导的"五位一体"监管体系，借鉴国际市场成熟经验，立足中国实际，形成了涨跌停板、交易保证金和手续费调整、强行平仓、市场准入等风险管理制度，建立并完善了保证金安全存管、期货公司净资本管理、投资者适当性等基础制度。在这套制度机制的安排下，国内期货市场在推出新期货品种和期权工具、实现对外开放、应对外部冲击、保障平稳运行等方面，始终守住了不发生系统性风险的底线。建议在期货市场已有成熟的监管和风控制度体系的基础上，研究制定投资者准入制度，加大对碳市场运行的监测监控，出台有针对性的监管措施，切实保证碳期货市场平稳运行。

加快碳期货市场建设，
促进新能源汽车产业发展

发展新能源汽车是生态文明建设的重要内容。新能源汽车这个题目切口小，影响大。工业和信息化部、国家发改委等正在进行中长期新能源汽车规划的编制。从我国政治制度特有的协商民主看，凡是国家规划，在党中央决策之前都要与全国政协协商。2020年，全国政协副主席万钢牵头对发展新能源汽车规划这个课题进行研究，我参加了全国政协课题中的一个调研项目。出发前，调研组开会，明确有几个问题需要认真研究。第一，对汽车行业要有正确的研判。美国原来是最大的石油进口国，现在是最大的石油生产国。这种变化会导致美国对全球减排不感兴趣。商业模式的变化也会使对汽车的需求发生变化。因此，要研判好形势，这是我们选题的出发点。第二，目标的设定。规划中对目标提得这么具体也是一个问题，需要研究。第三，创新体制机制问题。创新是一件大事，需要有创新的机制，以及个人在创新中的利益、资金来源使用等风投安排。第四，政策问题。政策问题包括如何推动新能源汽车替代燃油汽车，涉及碳权、路权等，以及碳市场的建立及其交易机制。结合我们在吉林、海南两地对新能源汽车的调研情况，以及行前万钢副主席的讲话要求，从我熟悉的专业角度，写了一篇从碳期货交易促进新能源汽车发展的文章作为这次调研活动的成果。

· · ·

碳市场建设有利于推动新能源汽车产业发展

　　加快新能源汽车产业发展，是推动节能减排、改善生态环境的紧迫任务。我国是传统汽车的产销大国，2007—2019 年，机动车平均增长率达到 10.8%，截至 2019 年第二季度，全国机动车保有量达到 3.4 亿辆。由于汽车燃料的完全或不完全燃烧，排放出碳氧化物、碳氢化合物、氮氧化物和颗粒物等污染物，机动车污染已成为我国空气污染的重要来源。根据英国石油公司和国际能源署的统计，中国因交通运输燃料燃烧导致的二氧化碳排放量逐年上升，从 2010 年的 5.1 亿吨上升至 2016 年的 8.5 亿吨，占中国二氧化碳排放量的比重也提升至 9% 左右。根据生态环境部发布的《中国移动源环境管理年报（2019）》，2018 年全国机动车四项污染物排放总量初步核算为 4 065.3 万吨，其中，一氧化碳 3 089.4 万吨，碳氢化合物 368.8 万吨，氮氧化物 562.9 万吨，颗粒物 44.2 万吨。据统计，如果到 2050 年中国的新能源汽车占汽车总保有量的比例达到 60%，就可以替代 2014 年全国汽车消耗的石油量，并且与全部采用燃油的汽车相比，可以减排二氧化碳 25%~30%。

　　新能源汽车产业是贯彻习近平总书记绿色发展理念，建设清洁美丽世界,推动全社会向绿色低碳转型升级的主要发展方向之一。为促进新能源汽车产业发展,中央和地方政府给予了一系列政策支持。从最初的"863计划",到"十城千辆节能与新能源汽车示范推广应用工程",再到购车补贴政策以及购置税减免政策等,都是意在加快推广应用新能源汽车,有效减少机动车污染物排放,推动形成绿色生产生活方式,并带动相关产业的发展。截至2019年8月,我国新能源汽车产量和销量已累计达到383.8万辆和378.3万辆,占世界新能源汽车保有量的50%以上。在"2019世界新能源汽车大会"上,工信部副部长辛国斌表示,新能源汽车的推广应用,共减少成品油消耗2 425万吨,减少二氧化碳排放7 045万吨,对缓解环境压力起到了十分重要的作用。

随着新能源汽车市场的发展,以政府补贴等行政手段为主的产业支持政策或难以满足行业发展的需求。第一,政府补贴带来较大的财政压力。根据财政部及工信部历次新能源汽车推广应用补助资金审核情况,截至2019年3月,中央对新能源汽车厂商累计发放补贴958亿元,若加上地方补贴,补贴规模已超千亿元。第二,政府补贴会抑制行业创新能力的提升。新能源汽车厂商对补贴形成依赖,通过技术革新降低自身成本的动力不足,甚至会产生套补、骗补等产业投机行为。第三,政府补贴的效果正逐步下降。2019年7月,新能源汽车销量为8万辆,较上年同期下降5%,为2017年1月以来的首次负增长,补贴对于促进新能源汽车产业发展的不可持续性已经开始显露。

政府补贴等行政支持手段在行业起步阶段有着积极作用,但这种作用不可持续,尤其是在新能源汽车产业从政策驱动切换至市场驱动的重要时期,更需要引入市场化机制,对产业发展形成正向激励作用，其中关注较少但作用明显的就是碳市场。将汽车行业引入碳市场，利用碳交易市场，形成碳价格，通过价格传导机制协调传统汽车厂商、新能源汽车厂商和消费者之间的产、销、购三个环节，将推动新能源汽车产业市场化。相关经验可参照美国加利福尼亚州。加州空气资源委员会于2009年正式执行美国加州"零排放汽车计划"（Zero-Emission Vehicle Program）。该计划要求加州汽车企业年销量在4 500辆以上的，其零排放车辆的销量必须达到一定比例，并以此确定汽车企业的零排放汽车积分要求。汽车企业每销售一辆零排放汽车，即可获得一定积分。高于零排放汽车积分要求的企业，可将多余的积分储存起来供未来使用，也可向其他汽车企业出售积分。未达到零排放汽车积分要求的汽车企业，则需要通过向其他汽车企业购买零排放汽车积分以达到合规要求。若无法满足要求，对于每个未达标零排放汽车积分，汽车企业将被处以5 000美元的罚款。在这种机制下，加州新能源汽车得到了快速发展。《福布斯》杂志统计，美国电动车比例最高的十个城市中，加州占据八席。我国也有类似的新能源汽车双积分制度。2017年9月工信部公布了《乘用车企业平均燃料消耗量与新能源汽车积分并行管理办法》，该办法中使用的积分制与美国加州相似。

  这种积分模式与碳市场交易的理念是一致的，但是后者更加灵活、高效。从国际情况看，碳市场在推进节能减排方面已经非常成熟，比如促进电力行业向清洁低碳方向发展。电力行业是温室气体排放的主要行业，也是碳市场覆盖的重点行业，澳大利亚、新西兰等国，以及欧盟碳排放交易体系（EU ETS）、美国区域温室气体减排行动（RGGI）均将电力行业纳入碳市场中。根据国际能源署的数据，通过将电力行业纳入碳市场，目前全球发电平均碳强度比2010年降低了10%。借鉴国际经验，适时把汽车行业纳入碳排放总量控制体系，利用碳市场促进环保技术替代非环保技术，将推动新能源汽车产业发展市场化。

我国新能源汽车产业发展快速、形势良好，但距离2020年新能源汽车销量达到500万辆以及2035年占全球新能源汽车市场份额50%的目标，仍有不小的差距。新能源汽车产业的健康持续发展，需要碳市场建设等市场机制的推动。

建设碳市场是促进节能减排的重大创新

在世界各国减少碳排放、推进节能减排的诸多实践中，碳市场是最有效的市场经济手段之一。碳市场是通过市场手段促进二氧化碳等温室气体减排的机制，基础的两种交易产品是碳排放配额和碳减排项目产生的抵消信用。欧盟于2005年在全球最先引入强制性碳排放交易机制，使之成为全球范围内的可交易商品，在多个平台交易。随着碳现货交易市场的开展，欧盟也开展了碳期货、期权等衍生品交易。目前，全球碳市场主要集中于欧盟碳排放交易体系、美国区域温室气体减排行动、英国碳排放交易体系（UK ETS）、澳大利亚新南威尔士州碳排放贸易计划等。根据《国际碳行动伙伴组织全球碳市场进展报告2019》，当前全球27个不同级别的司法管辖区共运行着20个碳市场，这些碳市场覆盖的碳排放量占全球碳排放总量的8%，对节能减排已经起到了积极的推动作用。比如，欧盟自2005年碳排放权交易市场启动以来，二氧化碳的排放量呈现出波动下降的趋势；美国区域温室气体减排行动覆盖范围的碳排放量在2009—2016年共下降了35%；英国可再生能源发电量在2018年创下历史新高，占发电总量的35%，而燃煤发电比例则创历史新低，仅为5%，同时英国二氧化碳排放量连续6年下降，达到了1888年以来的最低水平。

为应对节能减排的迫切需求，我国也在逐步开展对碳市场的探索。我国在2009年宣布，到2020年单位国内生产总值二氧化碳排放比2005年下降40%~45%，并将其作为约束性指标纳入国民经济和社会发展中长期规划。党的十八大以来，习近平主席在多个国内国际会议上代表中国做出一系列郑重承诺，向世界传递我国坚定走绿色、低碳、可持续发展道路，共同建设清洁美丽世界的决心。2011年起，我国陆续选择在7个省市开展碳交易试点，将碳排放量较大的企业纳入碳市场。目前，各试点均取得了不错的节能减排成果，碳市场初见成效。以北京为例，截至2018年，北京万元GDP能耗和二氧化碳排放较试点前分别下降22.5%和28.2%，能源利用效率位居全国首位。从全国来看，2018年在上海举办的第二届绿碳发展峰会上，中国气候变化事务特使解振华提到，我国2017年碳强度相比2005年累计下降约46%，提前完成了2020年碳强度下降40%~45%的承诺。截至2019年5月，我国碳交易试点配额累计成交二氧化碳量达3.1亿吨，累计成交额约68亿元。

当前，我国正稳步推进全国碳排放权交易市场的建设，这为将汽车产业纳入碳市场提供了较好的基础。2017年12月，国家发改委印发《全国碳排放权交易市场建设方案（发电行业）》，正式宣布将建立国家碳排放交易体系（China ETS），并公布了该体系的目标与路线图。2019年4月，生态环境部发布《碳排放权交易管理暂行条例（征求意见稿）》，这是我国碳排放权交易管理的基础性文件，全国统一的碳排放市场建设将进一步加快。2019年8月，生态环境部应对气候变化司司长李高表示，下一步将重点推动出台《碳排放权交易管理暂行条例》，同时加快印发《全国碳排放权配合总量设定和配额分配方案》《发电行业配额分配技术指南》，以及重点排放单位温室气体排放报告管理办法、核查管理办法、交易机构管理办法等，全国碳排放权注册登记系统和交易系统已经有了初步建设方案，同时生态环境部也在考虑扩大参与碳市场的行业范围和主体范围，增加交易品种，为将其他行业纳入碳市场做好相关准备工作。

加快碳市场体系建设，注重发挥期货在碳市场中的重要作用

从国际上看，碳市场有自身的运行规律和特点。一是碳市场是政策创设的市场，政策属性强。碳市场交易对象是依循减排政策设立的碳排放权利凭证，依靠行政力量分配，政策预设的减排目标和纳入减排的对象直接决定碳市场的规模和参与者。二是碳市场建设基础要求高。减排政策法规、排放量核定核查方法和碳排放权登记注册系统是碳市场建设发展的基础要件。政策法规赋予碳排放权内在价值，创造供求关系；排放量核定核查方法是市场公信力的保证；登记注册系统是存放碳排放权的电子账簿，是碳交易过户清算的必要设施。三是碳市场健康发展需要有力的风控措施。碳市场影响因素多、价格波动大。2011年，黑客盗

取碳排放权，导致欧盟暂停碳排放权拍卖，引发碳价大幅波动。2013年，对碳排放权发放政策的不确定，导致欧盟碳价从20欧元/吨左右一度跌至1欧元/吨。为保障市场平稳运行、健康发展，欧盟市场监管机构注重加强与碳排放权管理部门的信息共享，调整强化风险监察防范制度规则，加大违规查处力度。四是碳期货是碳市场体系的中心。碳市场是由碳现货、碳期货共同组成的市场体系。碳现货交易集中在排放权分配和集中履约两个时期，起到临时调节排放权余缺的作用。碳期货交易机制与排放权标准化、电子化和中远期使用的特性契合，产生的公开、透明、连续的碳期货价格，弥补了碳现货交易价格缺乏连续性、信号和资源引导功能弱的缺陷，为政府和企业制定减排决策提供了重要依据。同时，碳期货市场也为企业转移控排风险提供有效工具。一直以来，欧美碳期货的交易量占总交易量的90%以上。

因此，建设碳市场体系应加快发展碳期货市场，注重发挥期货在碳市场中的重要作用，尤其是期货在制度、监管以及系统等方面的优势。一方面，提升交易效率，降低交易成本，以公开、透明、连续的碳期货价格为引导，强化市场化的减排激励约束机制；另一方面，通过锁定排放权未来收益，优化企业财务成本，帮助平衡排放与生产之间的矛盾，在全社会范围内把零星分散的节能减排收益聚合起来，引导向低碳环保新能源产业项目倾斜。

建设发展碳期货市场应该遵循两个原则。一是以服务生态文明建设为根本宗旨。期货市场是资本市场体系的重要组成部分，服务实体经济和国家战略是其存在发展的根本意义和内生动力。生态文明建设是建设中国特色社会主义"五位一体"总体布局中的一项重要内容。以服务生态文明建设为宗旨发展碳期货市场，有利于树立以促进绿色发展、促进节能环保为目标的市场发展观，有利于增强打赢污染防治攻坚战的主动性，有利于强化构建应对气候变化和生态文明建设重要工具和手段的自觉性。二是要守住风险底线，坚决维护市场稳健运行。与现货交易相比，期货交易对信息更敏感。碳期货价格对碳排放权发放分配、产业企业实际排放、核证核查、履约注销等信息的反应更为直接和强烈。维护碳期货市场平稳运行，是市场功能正常发挥的基石和生命线。因此，建设碳期货市场，必须牢固树立依法治市理念，守住不发生系统性风险的底线，切实强化监管，确保市场平稳运行、健康发展。

加快碳市场建设，推动新能源汽车健康发展的政策建议

为利用碳期货市场功能，加快推进新能源汽车健康发展，我们有如下建议。

一是研究把新能源汽车产业纳入碳排放体系。研究通过核证减排的方式，把新能源汽车产业纳入碳市场，利用碳市场形成鼓励低碳环保的正向激励机制，引导更多社会资金和资源进入新能源汽车产业。

二是加快全国碳市场建设。一方面，按照计划，有序推进全国统一碳市场建设；另一方面，加快启动碳期货市场建设，加快落实《粤港澳大湾区发展规划纲要》有关碳期货市场建设的要求，启动广州创新型期货交易所的建设。

三是发展碳期货市场要注重构建市场风险防范机制。引入投资者适当性制度，把合适的产品卖给合适的投资者；做好风险防

控机制安排，增强预防应对市场各类运行风险的能力；加强投资者教育，引导市场形成合理预期，防范期货价格非理性大涨大跌，切实维护碳期货市场稳定运行。

中国碳减排可圈可点

2022年7月三伏的某一天，又是一个40摄氏度的高温天。在凉爽的空调房里，我从书柜里找出了中信出版集团2021年出版的《气候经济与人类未来》一书阅读起来。这是微软创始人比尔·盖茨写的书，他书里所讲的，就是当下人类正在遭遇并且会继续遭遇的困境，如果不采取解决措施，人类将面临巨大的气候危机。有消息说，我国进入三伏天后，中央气象台已经连续发布十几天的高温预警。而中国各地民众从6月开始，已经经历了持续40多天的高温。国家气候中心的监测数据显示，6月以来到7月16日入伏前，中国平均高温日达5.3天，为60多年来（1961年以来）历史同期最多。2022年夏天，北半球多地气温突破历史最高纪录。在美国，自6月以来，多个地区经历了四波热浪袭击。英国召开紧急内阁会议，讨论有史以来第一次因极端红色高温警告导致的"国家紧急状态"。达沃斯世界经济论坛从2006年起，连续16年发布《全球风险报告》。2022年发布的报告同过去5年一样，把"极端天气"持续列为全球面临风险的第一位。也就是说，气候变化已经是人类社会面临的最大风险，适应气候风险也是人类的重大挑战。

盖茨在这本 20 多万字的书里提到的问题，比我们从新闻报道中看到的和听到的要具体得多、详细得多。他用生动的文字、扎实的数据、清晰的逻辑、流畅的行文，把温室气体的危害及人类的对策娓娓道来，此时此刻阅读此书真是"别有一番滋味在心头"。书里涉及的内容繁多、覆盖面广，我仅就书中的四个观点写下心得。

· · ·

国家经济社会的发展、人们的衣食住行，无不涉及温室气体排放。温室气体排放的多寡与全世界每个人的生活都息息相关。比尔·盖茨认为，温室气体排放已经成为人类社会面临的最大风险。比尔·盖茨在物理学、化学、生物学、工程学、政治学和经济学等领域专家的支持下，花了 10 年时间研究气候变化的成因和影响，探讨了科技创新与绿色投资机会，给世界提出了解决方案，他把自己的研究成果撰写成书，题为《气候经济与人类未来》。

人类社会面临温室气体的严峻挑战

2021 年 8 月联合国政府间气候变化专门委员会发布报告称，随着气候危机的发展，预计会出现更极端（和更强烈）的气象现象，如热浪、暴雨、水灾、干旱，问题在于采取措施扭转这一趋势的时间已经越来越少。这种变化的确与气候变化有关，是由人为造成的全球气候变暖，也就是说，是由人类燃烧石油、天然气和煤炭时排放的温室气体引起的。极端高温是气候危机最明显的痕迹之一,但平均气温也有所上升,已经比工业化前高出 1.2 摄氏度。①

全球气候变暖已是人类的重大危机。关于气候变化的现状,盖茨告诉我们两个触目惊心的数字。第一个是"510 亿",即全球每天向大气中排放的温室气体的大致吨数;第二个是"0",即人类躲避气候灾难需要达成的温室气体"0"排放的目标。两个数字的巨大差额警告我们,如果不加以控制,人类若干年后可能遭遇灭顶之灾。有消息说,在下一个 10 年或 20 年,气候变化对经济造成的破坏相当于每 10 年暴发一次与新冠肺炎疫情规模相当的流行病。人类不断地向大气中排放二氧化碳,致使地球温度越来越高,温度越高,人类的生存越困难。如果我们这个世界仍然延续当前的温室气体排放模式,那么到 21 世纪末,情况会更加糟糕,因而很难再谈人类的繁荣发展。

气候变暖对地球物种的生存影响巨大。盖茨认为,气候变暖会导致地球出现六个方面的变化。一是异常炎热的天气会增加;二是风暴会越来越强,干旱、暴雨、飓风、洪水会层出不穷;三是火山爆发将会更多、更频繁;四是海平面上升将会加快,沿海低洼地带将被淹没;五是会对动植物繁衍生长产生负面作用;六是对农作物生长产生恶劣影响,从而导致粮价上涨。这些年来,全世界的居民已经充分感受到了这些影响。

盖茨认为,要想阻止全球气候变暖,要想避免气候变化的最坏影响,人类目前需要痛下决心,采取有效措施停止向大气排放温室气体。他在书中表示,"18 世纪中期以前,地球上的碳循环

---

① 西班牙《国家报》,2021 年 7 月 25 日报道。

可能处于大体平衡的状态"。但自此以后，西方工业化国家开始燃烧化石燃料。化石燃料是由储藏在地下的碳构成的。人们把它挖出来燃烧使用，排放了额外的碳，增加了大气中的碳总量。人类文明与经济发展需要燃烧越来越多的化石燃料。书里说，从19世纪50年代开始，英美等西方工业化国家的碳排放大幅增加，"世界上最富裕的16%的人口产生了全球近40%的排放量（这还不包括在其他地区生产但在富裕国家消费的那部分产品的排放量）"。如果越来越多的人像最富有的16%的人那样生活，这个世界将会发生什么？后果难以想象。而实际情况是，由于许多发展中国家逐步富裕起来，按照测算，到2050年，全球能源需求还将增加50%。即使富裕国家能够奇迹般地出现零排放，也无济于事，因为世界上希望过上好日子的国家还会依循富裕国家曾经走过的碳足迹，继续进行碳排放。

工业化和追求富裕生活是碳排放增加的主因

盖茨认为，人们追求富裕生活是温室气体增加的主要原因。他概括地从西方近代以来工业化进程中的电力生产与存储、生产和制造、种植和养殖、交通运输、制冷和取暖五个方面来讨论发达国家在追求富裕生活的道路上，其温室气体总排放量对大气产生的影响。盖茨设定温室气体的总排放量为100%，其中电力生产与存储占27%，生产和制造占31%，种植和养殖占19%，交通运输占16%，制冷和取暖占7%。100多年来，西方少数先富裕起来的国家的工业化，通过这五个方面向大气排放了大量温室气体。西方工业革命后，许多过去用水力、马力等作为动力的设备变为电力后,电力驱动机器、汽车、轮船、火车等运行,减轻了人的劳动强度,提高了劳动生产率;空调、电冰箱、私家车的普及在提升人们生活水平的同时,也向大气排放了大量的温室气体。好生活的一个重要指标是,人们可以随心所欲地使用电,这在我们日常生活中已经习以为常。但是当前全世界发电的主要原料是煤、天然气和石油等化石燃料,它们所产生的二氧化碳、甲烷等是碳排放增加的主要驱动力。目前,化石燃料发电占全球发电量的2/3,要在不改变生活方式的条件下减少碳排放,任务艰巨。在富裕国家,由于电价低廉,人们用起电来毫无节制。比如美国等富裕国家,90%以上的家庭都装有空调设备,而在世界上最炎热的发展中国家,这个比例还不到10%。

19世纪90年代以前,化石燃料在世界能源消耗中的占比还未超过50%,主要是西方富裕国家在使用,它们通过使用化石能源而完成了能源转型,早于中国等后起工业化发展中国家起码100年。在这一过程中,西方富裕国家向地球排放了大量温室气体。那时候,发展中国家的主要能量来源是可以帮人干活的动物,比如牛、马等活物,以及燃烧的植物。中国直到20世纪60年代才完成这一能源转型。在亚洲和撒哈拉以南非洲地区的一些地方,这一转型甚至还没有开始。贫穷的发展中国家在进行工业化、追求富裕生活的过程中,遇到了一个已经被西方富裕国家排放的温室气体严重污染的地球。在过去几十年里,中国完成了一个壮举——让数亿人脱贫,而这一成就部分得益于廉价建造燃煤电厂。中国企业大幅度降低了燃煤电厂的建设成本,降低幅度达到惊人的75%。今天中国正在积极发展清洁能源,为世界做出贡献。从人均水平看,美国人使用化石燃料提供电力的占比在全世界最高。盖茨在书中表示,"就人均二氧化碳排放量而言,一个肯尼亚人仅相当于一个美国人的1/56"。

结合历史来考虑减排义务才是道德而合理的

一些西方富裕国家要求发展中国家执行和它们一样的减排份额显然是不合理的,也是不道德的。那么如何处理?盖茨认为,一是开发创新技术使用清洁能源,二是从历史的角度来看待发展中国家的差别性减排。碳排放是随着人们的生活变好而增加的,许多发展中国家都想借助制造业来助推经济发展。盖茨认为,如果这些国家就像其他富裕国家已经做过的那样选择建造燃煤电厂,那么必将迎来一场气候灾难。因此,他建议富裕国家帮助发展中国家通过技术创新来增加新的能源供应,比如推广清洁能源。他认为,美国等西方富裕国家通过创新推广清洁能源达到"零碳"目标相对容易,但发展中国家这样做就显得任务非常艰巨,需要富裕国家在资金和技术上给予支持。电力是改善人们生活的一个重要指标,全球还有8.6亿人没有用上电,其中一半生活在撒哈拉以南非洲地区。增加这些人的电力供应,是改善他们生活的一个重要内容。盖茨认为,在不考虑人口增长和世界富裕国家增多的情况下,到2050年,世界电力供应将需要增加3倍以上。鉴于今天地球上的温室气体排放总量中,有相当一部分是西方富裕国家100多年来积累的,如果今天在减排义务上把发展中国家与西方富裕国家放在同一个标准上,显然会让发展中国家无法通过工业化走向富裕,这是不道德的。

盖茨认为,应该从历史的角度进行富裕国家和贫穷国家的减排义务安排。从全球看，一些贫穷的发展中国家正在进行工业化，它们在走向富裕的过程中还会像西方富裕国家那样排放温室气体。在多次关于气候谈判的国际会议上，美国等一些西方国家在温室气体减排义务上不讲历史，只讲增量不讲存量，简单要求发展中国家与它们的减排标准一样，如果是这样，那就是试图阻断处于经济阶梯底层的人的上升通道，这种做法是不道德的，也是不符合实际的。不能因为富裕国家已经排放太多的温室气体，就要求贫困的发展中国家不发展工业和制造业，而让这些国家继续穷下去。西方富裕国家应该通过资金支持、技术创新推动使用清洁能源，帮助发展中国家工业化，让低收入群体沿着经济阶梯向上攀爬。盖茨在书里表示，为了让发展中国家在工业化过程中减少排放，需要通过创新、开发清洁能源来减少排放，即富裕国家可以在不加剧气候变化的情况下，通过技术创新来帮助贫困人口提高自身的生活水平。盖茨认为，这个世界上的贫困人口基本没有做任何导致气候变化的事情，但他们所承受的气候变化带来的冲击却最大，而这个冲击是西方富裕国家的工业化过程造成的。对美国和欧洲地区相对富裕的农民来说，气候变化带给他们的只是一些麻烦，而对非洲和亚洲地区的低收入农民来说，气候变化的后果可能是灾难性的。因此，为了避免灾难发生，世界上的碳排放大国（一些富裕国家）必须在2050年之前实现净零排放。西方富裕国家是问题的主要制造者，它们工业化在先，碳排放的历史悠久，因此更有道义和责任帮助贫困国家，而不是同它们一道拉平减排责任。

中国碳减排努力可圈可点

盖茨在书里对中国在碳减排上的担当和努力进行了积极评价。他说，碳排放的减少在非洲和亚洲最为艰难。它们正在工业化过程中，制造业需要消耗大量的化石能源。为了减少温室气体排放，中国付出了艰巨的努力。盖茨认为，中国在制造业发展中对温室气体的减排是负责任的。比如，在治理大气污染方面，"自2014年起，为应对各大都市市区不断恶化的雾霾问题和飙升的有害空气污染物的排放量，中国政府发起了多项行动计划，包括为降低空气污染设定新的目标，禁止在人口密集城市周边建设新的燃煤电厂，以及对大城市内非电动车的使用施加限制，等等。短短几年时间，在特定类型污染方面，北京降低了35%，拥有1 100万人口的保定降低了38%"。同时，在恢复生态系统方面，中国也走在世界前列。他表示，"中国已经把大约1/4的陆地划为关键自然资产，并将在这些地区优先推进保育和生态系统保护工作"。书中还说："2008年，中国出台了4万亿元的经济刺激'一揽子计划'，其中很大一部分投向了绿色项目。"在推动绿色发展的过程中，中国的努力与成果显而易见。

中国在清洁能源创新上做出了努力和贡献。盖茨认为，继续在化石能源结构下实现碳的"零排放"是不可能的，但通过改变燃料结构，以新的清洁能源替代一部分化石能源，使碳排放逐步减少，形成"近净零排放"是有可能的。中国在清洁能源创新上花了大力气，成果可圈可点。盖茨认为，中国利用技术创新在清洁能源方面取得了巨大成功，比如中国大规模投资风能发电、太阳能发电等。到2030年，中国很可能成为全球风能发电第一消费大国。中国在太阳能发电上也发展很快，核能建设也卓有成效，水能发电也多有建树。中国在创新使用清洁能源上下了不少功夫。另外，鉴于盖茨书中的观点，参考国内专家的建议，我形成了以下几点思考。

第一，在碳减排上我国体现了"人类命运共同体"倡导者的大国担当和作为。2020年9月，在第七十五届联合国大会一般性辩论上，中国国家主席习近平向世界郑重宣布，中国二氧化碳排放力争于2030年前达到峰值，努力争取2060年前实现碳中和。我国主动提出"双碳"目标，将使碳排放出现历史性转折，这也是促进我国能源及其相关工业升级，实现国家经济长期健康可持续发展的必然选择。在"双碳"目标指引下的能源革命，意味着要将传统的以化石能源为主的能源体系转变为以可再生能源为主导、多能互补的能源体系。

第二，抓住能源转型的机会，促进我国清洁能源新型工业体系的形成。中国的地下资源禀赋决定了能源供给以煤炭为主，在能源消费中占比约为56%，石油消费占比20%，天然气消费占比8%，新能源消费占比16%，形成以煤炭为主的"一大三小"格局。有专家指出，未来实现碳中和目标时，我国能源发展将以新能源为主，力争实现中国"能源独立"。太阳能、水能、风能、核能、海洋能、地热能、生物质能等新能源，将是与人类赖以生存的地球生态环境相协调的清洁能源和未来能源的基石。预计21世纪中后期，世界将全面进入新能源时代。我国可以依靠"洁煤、稳油、增气、强新"推动能源转型，建立风能、太阳能、地热能、氢能、海洋能、储能、碳工业、智慧能源等新型工业体系。有报道认为，清洁能源工业体系的关键技术主要包括四种：一是地热工业体系；二是建设以绿氢为核心的氢工业技术体系；三是建立碳工业体系，以碳捕集与封存/碳捕集、利用与封存为核心的碳工业技术体系，包括碳捕集、碳运输、碳驱油、碳封存、碳产品、碳金融等全新产业；四是可控核聚变。通过能源转型，从目前化石能源占比大于 80%，努力争取到 2060 年形成新能源占比 80% 以上，煤、石油和天然气等化石能源占比低的"三小一大"结构，实现两个"80%"的历史性转换。

第三，抓紧完善碳排放权交易市场建设。碳排放权交易市场的建立和运行，将是利用市场机制推动"双碳"目标的积极行动。西方一些富裕国家的碳排放权交易市场已经运行了 30 年。10 年前，我国就对利用市场机制来推动温室气体减排进行了试点。一些城市开办了地方性碳排放权现货交易市场。2021 年全国性的碳排放权交易市场已经上线交易，碳排放权交易市场包括现货市场和衍生品市场。目前，我国已拥有全球规模最大的碳排放权现货市场，但相关的期货、期权等衍生品市场还没有出现。据悉，碳排放权期货、期权等衍生品交易市场正在广州期货交易所中紧张准备，希望能够在控制风险的前提下开展碳排放权的相关衍生产品交易，促进碳排放权交易的对冲和风险管理机制早日完善。

第二篇

证券机构监管

中国资本市场"穿透式"监管制度

到 2016 年,我国证券市场的开放,已由合格境外投资者逐步发展到境外投资者通过香港交易所直接交易内地上市公司股票的阶段。香港交易所和上海证券交易所、深圳证券交易所合作完成的沪港通、深港通,分别于 2014 年 11 月 17 日、2016 年 12 月 5 日开通。但关于采取何种监管模式,内地和香港地区的监管机构和交易所一直都在探讨,中国证监会、境内交易所坚持对北向交易实施"穿透式"监管。但香港证监会、香港交易所有不同看法。香港媒体也多有报道。在两地监管机构、交易所层面多次沟通、协调后,双方达成了共识。香港交易所于 2017 年 11 月发布沪港通、深港通北向"穿透"方案,并宣布于 2018 年 9 月 26 日正式实施,即先在境外投资者购买沪深证券交易所的"北上"资金账户上实行"穿透式"监管。香港证监会行政总裁欧达礼对媒体表示:"这对于维护市场廉洁和加强对两地市场投资者的保障至关重要。长远而言,我们亦计划为所有在香港联交所进行的交易实施投资者识别码制度。此举与全球其他主要市场所采取的类似措施相符。"也就是说,香港完全同意中国内地证券市场的"穿透式"监管模式,并将在香港全面实施这一模式。针对市场上一些人士对证监会和交易所采取"穿透式"监管的不了解，我在资本市场学院组织的证券公司高管培训班上多次宣讲过这个内容。下面是我于2018年10月18日在资本市场学院一次证券公司高管培训班上宣讲的录音整理稿。

· · ·

2015年6月底，香港交易所一位高管在上海陆家嘴金融论坛上对我国内地资本市场实行"穿透式"监管进行了一番评论，一个月后，他在网上发表《中国特色国际惯例市场结构内外观》一文，较为系统地阐述了他对"穿透式"监管的不同看法。这位高管在文章中表示，所谓"穿透式"市场，是指内地独有的"一户一码"制度。在这种市场结构下，所有投资者（包括散户）的交易、结算户头都集中开在交易所、结算公司及托管公司的系统内，作为中间层的券商通常不像国际投资银行那样可以管理投资者的股票、钱财及保证金，投资者的财物都在集中的统一系统中托管。从场内监管层面而言，这种市场结构容许监管当局一眼望穿，每个账户在交易什么都一目了然，参与者在股票账户和资金账户层面的违规操作空间有限，市场藏污纳垢的空间不多，理论上这种制度在监管方面是直接高效的。反观在多层次的国际市场中，监管机构与交易所只有通过券商或大型机构才能查阅终端投资者账户，对监管者而言可谓相对缺乏透明度。若单从这个角度看，内地在独特的历史路径下形成的"穿透式"账户制度可以算是对监管者"最透明"的场内市场结构。但他又认为，在这种制度下，内地市场却缺失了像香港这样的国际化市场中的多层次、多元化、专业化的机构投资者，也欠缺了各自以专业优势、业务特点判断市场的中介机构，导致内地市场由散户主导价格形成机制，往往容易导致强烈的羊群效应，形成单边市场趋势。我认真拜读了此文，觉得文章有许多可取之处，但也存在一些误解。

我们认为，我国资本市场建立20多年来，在经历初期的混乱和清理整顿阶段后，借鉴国际经验，结合国内实际，探索出了一套符合国内市场实际的"穿透式"监管模式。"穿透式"是一种形象的说法。直观地讲，"穿透式"就是市场上发生了什么事情，监管机构和交易所能够在中间没有遮挡的情况下定位问题的源头，便于监管机构"看得清、道得明、管得住"。我国资本市场的"穿透式"监管模式，通过为每一个投资者（交易者）开立证券（期货）账户、对每一笔交易进行实时监控，使证券交易所（或期货市场监控中心）可以及时掌握每一个投资者（交易者）的交易行为并迅速采取监管措施。这种监管模式在中国资本市场上有效好用，提供了保护投资者合法权益的合适而有力的监管工具，契合我国社会主义市场经济条件下的资本市场特点。这位高管的这篇文章涉及内地"穿透式"监管模式是否在香港交易所与内地交易所的沪港通、深港通产品中使用的问题，与我分管的工作（分管中国证监会市场部和联系沪深证券交易所）有关，因此我想通过简要介绍我国和国际上对"穿透式"监管的探索，来说明"穿透式"监管模式在我国资本市场运用的必要性、有效性和时代性。

四个故事

故事一

2010年5月6日,美国市场发生"闪电崩盘"(Flash Crash)。当天,道琼斯工业平均指数突然急挫近千点,跌幅最高时达到9.2%,纳斯达克当日振幅达10.2%。美国股市市值瞬间减少近1万亿美元,创1987年股灾以来最大日内跌幅。事后经过数月的调查,美国证券交易监督委员会、美国商品期货交易委员会没能针对"闪电崩盘"提供确切的解释,只是给出一系列可能的猜测,包括错误指令、交易系统缺陷、自动止损交易、过度频繁撤单、ETF卖空、E-mini(迷你合约)标准普尔期货合约价格波动等。美国商品期货交易委员会专员吉尔·索莫斯表示:"我认为很可能我们永远不会知道5月6日到底发生了什么。"这个故事说明,美国的监管机构对于市场发生的情况说不清楚。

故事二

2013年8月16日11时5分,上证指数出现大幅拉升,大盘一分钟内上涨超5%,最高涨幅5.62%。中国证监会快速查明异常波动原因,发现光大证券在进行ETF申赎套利交易时,因程序错误,其所使用的策略交易系统以234亿元的巨量资金申购180ETF成分股,实际成交72.7亿元。8月16日下午,光大证券将所持股票转换为180ETF和50ETF后卖出。13时至14时22分,光大证券卖空IF1309、IF1312股指期货合约共6 240张,获利7 414万元。这对其他投资者构成不公平交易,违反了法律法规。事件发生后，上海证券交易所、中国金融期货交易所短时间内就摸清了事件的基本情况。通过数据分析，还原了整个事件的过程。中国证监会判定光大证券的行为构成内幕交易，并进行了行政处罚。但一名当事人不服，状告中国证监会至北京市中级人民法院，北京市中级人民法院在审理中进行了广泛调查和分析，中国证监会提供的证据获得司法机关认可，北京市中级人民法院一审判决维持中国证监会的行政处罚决定。但该当事人不服，上诉至上级法院，经历了二审、三审后，最高人民法院维持了中国证监会的行政处罚决定。如果没有"穿透式"监管模式，举证就会困难很多，投资者的合法权益也不能得到有效保护。

故事三

香港交易所发布投资者调查报告。2017年7月，香港交易所发布《现货市场交易研究调查2016》。该报告主要介绍香港交易所投资者结构，包括投资者类型、来源地、成交金额等。该报告获取数据的方式为发放调查问卷，但发出的问卷没有全部反馈。香港交易所共向559个经纪商发出调查问卷，收回446份，反馈比例约80%。该报告时效性比较差，上一年的投资者结构要等半年才能算出来。此外，数据可能不准。抽样调查中样本的选择是很讲究的，不同的人有不同的观点，找的人不一样，可能导致结果不同。和"穿透式"模式比较起来，它存在办事效率低、数据不准确、决策不科学等问题。

故事四

贵州茅台的前十大股东是谁？西方资本市场的"综合账户"，

是证券交易的一种间接持有制度，即所有客户的交易明细账目在证券公司等中介机构那里，要发现费时费力。但我国资本市场的"穿透式"监管模式，只需要三步就可以找到前十大股东名单，以及准确的持股比例：一是打开行情软件，二是输入股票代码，三是按F10键就会出现股东名单。这种方式简单、便捷、准确，能够帮助交易所、上市公司等高效率地处理问题。如果资本市场有操纵市场等异动，监管部门能比较容易地对市场异动原因进行分析，从而有利于防范风险，保护投资者的合法权益。

四个故事的启示

以上四个故事说明，对于监管机构和交易所落实保护投资者合法权益、防范市场风险、打击市场操纵的监管目标来说，"穿透式"监管的有效性是不言自明的。从监管者的角度看，实施"穿透式"监管，更容易达到监管目标。从市场机构的角度看，没有"穿透"的情况，对自身经营效益更加有利。因为，在没有"透明度"的情况下，市场机构更容易利用信息的不对称来获得投资者交易报价和实际成交价的价差收益，这会给投资者带来直接伤害。"有一利必有一弊"，"穿透式"监管模式利弊皆有，但利大于弊。立法者在设计市场制度规范时，需要平衡好各方利益。《中华人民共和国证券法》第一条规定："为了规范证券发行和交易行为，保护投资者的合法权益，维护社会经济秩序和社会公共利益，促进社会主义市场经济的发展，制定本法。"每个国家的证券市场立法者都会把投资者利益保护放到重要位置上，但如何把保护投资者合法权益落到实处，真正能够操作，需要具体的监管模式，"穿透式"是中国资本市场探索出来的能够进行具体操作的监管模式。

"穿透式"监管的国际背景

从西方200多年资本市场的发展历史看，先有"咖啡馆"，后有"高大上"的证券交易所。1773年，进行股票交易的英国乔纳森咖啡馆演变为伦敦证券交易所。1792年，华尔街24个经纪商签署《梧桐树协议》，成为纽约证券交易所的雏形。交易所实行会员制，由会员代理客户交易，这是一个利益小圈子，会员利益优先是圈子里的潜规则。西方交易所的会员制，一开始是保护交易所会员的利益。从交易所业务安排来看，它们大多实行间接持有体系，投资者的证券登记在经纪商名下，交易所一般只能掌握经纪商层面的信息，不能实时了解投资者层面的交易信息。在间接持有制度下，证券公司同时作为客户的经纪商和交易商而存在。趋利动机使会员寻找投资者报价与成交价之间的价差收益。证券公司接受投资者的买卖委托后，首先在自己的交易池里与不同的投资者进行交易，剩下的头寸才到证券交易所交易，同时，一只股票可以在多家交易场所进行交易，对于把客户订单发送到哪一个交易场所进行撮合，经纪商有很大的决策权，客户一般并不清楚自己的订单的执行方式。这种制度导致投资者不知道自己的报价是在何种价位上实现的，证券公司清楚而投资者不清楚，在这种信息严重不对称的情况下，经纪商很容易占有客户报价和市场实际执行价的价差。除了私有制的会员制度决定了交易所对"穿透式"监管的排斥态度外，从技术条件看，境外交易所建立初期，撮合及成交确认都需要人工操作，无法支持大规模的交易，在这种情况下，"穿透式"监管是不可能的。因此，历史上，西方的证券期货交易所没有搞过"穿透式"监管。

我国交易所是改革开放的产物，没有经历西方的那种过程。尽管一开始也参照西方交易所的模式建立了证券、期货交易所，但它不是由私人会员自发建立起来的，会员都是由国家投资的证券公司（以后才逐步有了多种所有制混合、民营、上市的证券公司），保护投资者合法权益是监管部门和交易所的第一要务，这种监管要求和会员结构，为实行"穿透式"监管提供了制度条件。而我国证券交易所一开始就采用电子化交易方式，为"穿透式"监管提供了技术条件。

"穿透式"监管已成为国际监管共识

有一种观点认为，中国的"穿透式"监管模式是世界上绝无仅有的，西方的这种间接持有模式是一种分层次的市场结构，即便在2008年金融危机之后，也仍然坚持这种制度。其实这种看法不太准确。

20世纪末至21世纪初以来，西方不少监管者都在呼吁改变这种有损投资者利益的不合理的间接持有制度。但由于存在利益集团阻碍，迟迟搞不定，并不是"穿透式"一眼望穿的监管没有存在的合理性。比较有名的呼吁者是1993—2001年担任美国证监会主席的莱维特，他于1963年成为股票经纪人，并成为桑迪·威尔创立的经纪公司的合伙人，担任过多年大银行和证券交易所的董事长。应该说，莱维特对美国证券市场各个环节的情况都是非常清楚的。

从担任美国证监会主席那天开始,莱维特就一直推动改变美国的证券交易间接持有制度,但效果不佳。2002年,他从证监会主席的位置上退下来后,写了一本叫《散户至上》的书,记述了他40多年来在美国证券市场的所见所闻,揭示了间接持有制度损害投资者利益的问题,呼吁美国改变这种证券交易的间接持有制度。他对美国证券市场看得比较透彻,认为这种制度损害了投资者利益。他在书中用许多篇幅揭露了美国证券公司是如何通过间接持有交易制度损害投资者利益的。他在这本书的致谢中说,此书是想"帮助成千上万的美国投资者了解更多的圈套——这些圈套有可能降低他们投资成功的概率"[①]。他认为,"投资者利益高于一切"。但200年来,西方证券市场的各项设计基本基于间接持有制度,这种制度已经形成很大惯性,调整起来会触动多方利益,监管者面临很大压力。一旦"穿透",经纪商很难无偿占有客户报价和市场实际执行价的价差,交易所的利益也会受到影响。莱维特努力8年,但改革建议受到华尔街利益集团的竭力反对,屡战屡败,一事无成。他抱憾离开了美国证监会,"投资者利益高于一切"只能写在书里。

2008年金融危机后,西方证券市场监管压力增大,尤其是程序化交易的快速发展,给二级市场实时监管和事后调查分析带来很大的挑战。监管者认识到间接持有体系的问题必须彻底解决,认识到"穿透式"监管的重要性,希望改变现状。西方证券市场的监管者也逐步开始实施"穿透"模式。为此,境外市场分别形成各自的"穿透式"监管安排。

---

① 阿瑟·莱维特、葆拉·德怀尔,《散户至上》,中信出版集团,2005年版。

先看美国的做法。2016年11月，美国证监会宣布建立综合审计追踪系统（Consolidated Audit Trail，CAT），每个客户被分配唯一客户识别码，每笔订单将包含识别码信息。交易所等自律性组织及其成员必须将订单和交易数据发送至中央存管机构。美国证监会认为，CAT若要发挥应有的作用，应当满足几个条件：一是数据精确，二是数据具备完整性，三是数据具有可获得性，四是数据报送及时。然而，这一改革计划实施起来困难重重。2017年11月15日，路透社报道说，美国证监会积极推动的"穿透式"监管遭遇行业新的阻力。11月13日，纽约证券交易所、纳斯达克、芝加哥期权交易所等联名要求美国证监会延迟原计划于2017年11月15日推出的CAT。在华尔街的游说下，美国国会也对美国证监会提出的计划表达了担忧。美国证监会表示将继续与各交易所合作，解决它们所担心的问题，通过持续磨合来推进CAT计划。这项改革实际上停了下来。

再看欧盟的做法。2014年4月和5月，欧洲议会和欧盟委员会通过金融工具市场指令2（MiFID Ⅱ）和金融工具市场法规（MiFIR），重点加强了交易前后的信息披露透明度。该指令于2018年1月起实施。规定要求，证券公司应当尽快向主管机关披露完整、准确的交易细节，不得迟于下一个工作日结束。

国际证监会组织决定由中国牵头，会同美国、沙特阿拉伯起草专题报告。2017年，中国证监会代表参加了国际证监会组织第二委员会工作会议，向各成员介绍了中国"穿透式"监管的经验、成果和意义，受到与会成员的高度重视，部分国家的监管机构表示希望借鉴相关经验。可以说，不仅中国证券市场在使用"穿透式"监管，西方证券市场也在推动实行，不过资本集团力量强大，利益所致，它们通过游说国会，阻止监管机构实行这种真正能够保护投资者利益的制度，使"穿透式"监管实施起来阻力重重。2017年11月和2018年5月，中国证监会的代表在国际证监会组织的两次会议上对"穿透式"监管制度做了专题介绍，引起了与会者的高度关注，并获得了好评。在国际货币基金组织和世界银行2017年12月联合对中国开展的"金融部门评估规划"（FSAP）评估报告中，特别提到中国的监管做法总体符合国际证监会组织发布的《证券监管目标和原则》，一些手段颇具创新性，堪称先进，特别是比较有代表性的"穿透式"监管，可供新兴市场参考。而在期货市场，欧美发达国家多次到中国期货市场监控中心，考察了解期货市场的"穿透式"制度。

"穿透式"监管模式的优点

境内外证券市场环境存在较大差异。我国证券期货市场的建立背景与西方发达国家不同。我国资本市场的建立与社会主义市场经济体制的建立基本同步，不是市场经济发展到一定阶段自发产生的，而是为了改革开放的需要，由国家推动建立起来的，带有非常明显的"新兴加转轨"特征。不同于西方成熟市场以机构投资者为主，我国证券市场以中小投资者为主。

我国资本市场在起步阶段没有经验，派出很多人赴境外学习，大家把各自学到的经验拼凑起来，形成了最初的制度。从20世纪90年代中后期开始，我国资本市场在建立和发展过程中结合国情，在交易所层面逐步形成了"穿透式"监管制度，并以此思路建立了交易、结算等市场运行基本制度和基础设施。以

1999年《中华人民共和国证券法》的施行为标志，以"账户实名制""直接持有""一户一码""集中存管"等制度为基础，初步形成"穿透式"监管框架。但在2015年以前，"穿透式"监管主要是业务技术层面的术语。

2015年的股市异常波动带给全市场一个教训，交易所要发挥一线监管的作用，会员的积极性也要调动起来。2016年以来，"穿透式"监管发展成为一种监管理念、监管工具。中国证监会确立了依法全面从严监管的理念，进一步完善"穿透式"监管相关制度安排。"穿透式"监管日益成为防范风险、加强监管的重要抓手。

"穿透式"制度的主要内容：为每一个投资者开立证券账户，并对每一个市场的每一笔交易进行实时监控。交易所将实时数据用于市场监察，主要包括三类信息：一是账户信息（身份信息、开户信息、联系方式等），二是交易信息（委托、撤单、成交情况等），三是持仓信息（持有的证券类型、数量及变化情况等）。建立专门的市场监测及运行统计机构，加强对跨境、跨交易所、跨账户的交易监测。

"穿透式"监管制度有以下优点。

第一，确保证券、期货客户的资金不被挪用。初期，证券公司往往私自挪用客户的交易结算资金（保证金），规模很大。1998年，证券公司监管权从中国人民银行移交到中国证监会，中国证监会集中精力清理证券公司挪用客户结算资金的问题，挪用资金规模逐渐下降，但2001年后出现反弹，2003年达到5.3%。84家公司存在1 648亿元流动性缺口，其中34家公司的资金链随时可能断裂。2004年8月至2008年8月进行券商综合治理。

为从源头上防范挪用问题，2005年开始正式推出资金第三方（银行）存管，要求2007年全面实施。证券全部集中托管在中国证券登记结算公司，实现了证券账户的"穿透"。期货与证券不一样，期货市场的保证金不适合进行第三方存管。期货市场是"双穿透"的，既"穿透"资金，又"穿透"头寸。期货交易所结算部门每天要盯住头寸和资金的匹配度。2006年，由于建立了期货保证金监控中心对期货保证金进行监测监控，期货市场基本消除了挪用客户保证金的顽疾。

第二，完善上市公司治理。"穿透式"监管有利于加强上市公司治理，便于开展投资者关系管理。例如，上市公司可以直接从中国证券登记结算公司查询股东名单，在公司决策一些重大事项之前，可以与股东开展事前沟通，能够更好地达成一致意见。交易所在上市公司收购及权益变动中"穿透"监管，对上市公司要求"穿透"信息披露内容。一是"穿透"披露产权结构，对于合伙型、契约型等非法人类私募基金，信托计划、QFII（合格境外机构投资者）和RQFII（人民币合格境外机构投资者）管理的私募产品、证券期货经营机构管理计划、其他资管产品等金融产品，合伙企业等特殊投资主体，要求披露至最终出资人的具体内容。二是"穿透"资金来源，对5%以上股东或第一大股东要求向上"穿透"披露到来源于相关主体的自有资金或者金融机构借款。

第三，提高市场监察效率。有利于盘中实时监控。交易所无须向证券经营机构调阅客户资料，就能够直接、及时、准确地定位具体的投资者，在盘中进行调查分析并采取有针对性的监管措施，有利于发现违法违规线索、遏制异常交易行为、防范市场风险，有利于对违法违规行为进行调查取证。针对大股东和实际控制人，有助于及时发现关联交易、利益输送、市场操纵、内幕交易等违法违规行为，较大限度地提高了行政处罚和司法取证的便利程度，缩短了案件的侦查和审理周期。

第四，加强市场风险监测。在"穿透式"监管制度下，监管机构可以较为全面地了解投资者结构变化、资金流入流出情况，为研判市场风险提供重要参考。交易所可以及时采取自律管理措施，遏制市场投机炒作行为，维护资本市场稳定运行。虽然监管机构能看清楚交易行为，但按照交易所会员责任，券商应该管的还得管，监管机构不能代替券商的职能，监管机构要检查券商管得好不好、效果怎么样。要形成分级管理的模式，这样有助于提高效率，而不是由交易所直接管客户。面对1.4亿投资者，交易所是没有资源直接进行管理的。

第五，防范系统性风险。在"一户一码"制度下，只要有人挪用资金或证券，监管机构就能看见，看见以后就及时跟踪追击，有利于保障客户的合法权益。在20世纪90年代，以及2001—2004年，挪用资金累计达到很大规模，给客户造成严重损失。

中国证监会推进"穿透式"制度的工作

2016年以来，中国证监会在强化"穿透式"监管方面开展了很多工作。中国证监会发文，要求证券期货交易所全面加强一线监管。一是要求证券期货交易所加强异常交易行为监管，打击拉抬打压股价、虚假申报、对倒对敲等异常交易行为，及时从严采取监管措施，维护市场秩序。2017年，沪深交易所采取的自律管理措施、上报的违法违规线索数量均大幅增长。二是全面加强账户实名制监管。交易所全面清理场外配资账户，落实账户实名制。要求开户代理机构加强对账户实际使用情况的日常核查和现场检查。三是建立关联账户管理和重点监控账户管理制度。对关联账户进行管理，一方面，根据实质重于形式的原则，以行为人对他人账户交易决策是否具有重大、实质性影响为关联账户认定标准，主要由投资者申报；另一方面，交易所根据开户信息、资金账户信息、交易行为特征等信息进行疑似关联账户的识别和验证。重点监控账户管理，对于有重大异常的交易账户和频繁发生异常交易的账户，交易所定期向会员发布名单，会员须对名单中的客户及时开展合规培训、签订交易委托补充协议、重新核查基本情况、设置专门监控指标及审慎开户等。四是加强资管产品"穿透式"监管。明确资管产品账户"先备案、后开户"，要求产品管理人报送受益权和份额持有人信息，强化产品账户的管理人责任，识别资金的真实来源与最终投向。

"穿透式"在香港证券市场的实现

内地的一些投资者企图利用内地和境外市场监管模式的差异，进行证券市场违法违规活动，中国证监会在案件的调查中时有发现，比如"唐汉博"等案件表明，由于香港地区市场不能"穿透"，一些内地投资者企图借道利用香港市场，在A股市场从事违法违规活动。2017年，香港特区行政长官林郑月娥到北京拜访中国证监会时，我向她介绍了"穿透"的优点和对沪港通、深港通的积极作用，林郑月娥听后表示非常理解，支持中国证监会的想法，希望香港证监会和交易所与中国证监会和沪深证券交易所加强沟通，在监管方式上协调一致。2017年11月，香港交易所正式发布方案，为所有参与北向交易的投资者分配识别码，已于2018年9月26日正式推出。香港方面认为，香港地区的市场操纵行为也不少，希望中国证监会配合实施南向"穿透"。

启 示

首先，党的十九大报告提出，"坚持以人民为中心"是新时代坚持和发展中国特色社会主义的基本方略之一。"穿透式"监管是"坚持以人民为中心"在资本市场的生动体现，我国股市约有1.4亿散户投资者，直接关乎上亿家庭、数亿人的切身利益，在制度设计和操作执行中必须处处体现出保护中小投资者的合法权益。实践证明，"穿透式"监管制度与我国资本市场结构特点相适应，实施多年来，成为监管机构切实落实法律、保护投资者合法权益的有效工具，有力地维护了市场秩序。

其次，在我国"新兴加转轨"的特殊环境中，建设和发展资本市场，照抄照搬国际"一般性"是行不通的，需要依据我国国情的"特殊性"，实事求是、创造性地去寻找和探索适合我国证券期货市场的发展道路，寻找一条把"一般性"和"特殊性"结合起来的路子。"穿透式"监管制度一开始是国外没有的，但在中国发展出来后，国际上给予了认可，我们要有制度自信。

最后，发出中国声音。在国际社会主动发出中国声音。所谓国际惯例，是集各国成功经验之大成后，贡献自己的民族性特色并为国际所接受。所谓的影响力、话语权就躲藏在这些具体的规则中。

证券商监管初探

2001年5月，我即将离开北京去上海工作之前，中国金融出版社出版了我的《中国证券商监管制度研究》一书。这本书记录了从1996年初到2001年，世纪之交的前后6年时间里，我在中国人民银行、中国证监会从事证券经营机构监管工作的实践与思考。

我在证券经营机构监管的初期摸索中积累了一些工作经验，并随时记录一些工作体会和感悟，久而久之，有了一些内容。1996年，我在职攻读西南财经大学曾康林教授的博士时，把这些体会和感悟从理论上进行了一些概括和提炼，并作为博士论文的选题。通过博士生论文答辩后，有人建议我把论文扩展成一本书，此言甚合吾意。利用业余时间，我开始了这本书的写作。出版时，我的导师曾康林教授和中国证监会顾问梁定邦先生为此书作序。

书中内容是因工作需要，学习借鉴国外成熟经验，结合中国国情，探索我国证券公司监管几年来的总结与体会。最近，整理书柜，再度浏览，觉得该书2001年出版至今已逾21年，囿于当时监管实践时间短，同时我国还没有实行证券公司客户交易结算资金银行第三方存管制度，书中的看法难免失之肤浅和幼稚，但作为我国证券商监管起步阶段的一些思考和做法，或许对有意阅读者有一定的参考价值。全书37万字，特把书中卷首的内容提要摘录于后，以飨读者。

. . .

《中国证券商监管制度研究》一书从中国证券商的创立和发展开始，对中国证券商在中国金融体系中的地位和作用以及存在的问题进行了论述，进而与国外证券商进行了横向比较，并从经济学和法学的角度分析了对证券商监管的必要性和现实性，从普遍性的角度概述了证券商监管制度的一般内容，纵向地评价和分析了中国证券商监管制度的演变过程，提出了中国证券商监管制度的阶段性构想，同时对开放环境下的中国金融监管制度的完善进行了探讨。这本书有几个比较明显的特点。

从经济学与法学结合的角度对证券商监管制度进行研究

这体现在两个方面。一方面，从监管理论基础看，本书从经济学角度提出，由于存在"市场失灵"，需要政府干预经济，从而提供市场不能提供的"公共产品"，以矫正"市场失灵"。另一方面，从法学角度则提出，以法的本位论为基础，围绕"公平、公正、公开、效率"这四个法理基础，建立证券商监管制度。自由经济提高了效率，促进了社会发展，但造成了公平问题。在倡导私法、保护私权的自由市场经济国家，极端的私法自治导致了权力滥用、贫富悬殊、社会不公、经济危机和社会矛盾加剧的现象。因此，需要法律在维护私人利益的同时，强调国家对经济生活的参与、协调与介入，以维护社会利益，调整各种关系，通过国家税收、法律等制度来促进公平正义，缓解社会矛盾。从监管的具体方法看，由于证券商行为的差异性，对证券商监管应该采取两种不同的方法：一种是审慎性监管，另一种是行为监管。审慎性监管是偏重于经济学意义上的监管，是对能力不足、经营失败导致金融风险产生，从而祸及他人、损人不利己的行为的监管。行为监管偏重于法学意义上的监管，是对为了自己的利益而明知故犯，不惜侵害他人的损人利己行为的监管，比如操纵市场、内幕交易、挪用客户资金等。但这两种监管方法的目标都是保护投资者的合法权益。

对商业银行监管和证券商监管进行了区别分析

虽然二者都是金融机构，但各自承担的职能不同，使得对其进行监管的方法有所不同。首先，商业银行监管不需要客户资产与银行资产相隔离。银行对存款者的负债，同时又表现为银行的资产，客户的钱存入银行，银行可以随便处置，因此银行既是存款者的债务人，同时又成为贷款者的债权人。而客户委托证券商进行证券交易的证券交易结算资金，是托管在证券商处的托管资产，而不是证券商对投资者的负债。因此，对商业银行监管不要求银行资产与客户资产隔离，对证券商监管必须要求客户资产与证券商资产隔离。其次，商业银行监管的重点在于维持银行的持续经营能力，证券商监管的重点在于确保证券商的清偿能力。银行的资产主要是贷款，负债主要是客户存款。因此，当客户需要取回存款时，可能出现银行资产不能马上变现的流动性风险问题。与此同时，由于风险的传染性，一家银行的支付风险会导致"多米诺骨牌效应"的系统性风险。因此，银行监管是强调银行的持续经营能力，防止银行走向破产。证券商监管则不同，因为证券商的资产主要是高流动性的证券资产，随时可以变现；同时，从理论上讲证券商资产和客户资产是隔离的，不能混合操作，因此，证券商破产时，只要对证券商进行有序清偿，投资者的资产是能够得到保护的。再次，银行监管制度中有公共安全网机制，证券商监管制度则没有此机制。当银行出现危机时，可以通过安全网机制减轻危机带来的社会动荡。这个机制主要由存款保险制度和中央银行再贷款救助机制组成。格林斯潘在美国《银行家》杂志1998年第5期上发表文章指出，"抵御系统性风险的责任应在中央银行身上"。因此，当商业银行出现系统性风险时，中央银行要以最后贷款人的身份出面解决问题。而当证券商遇到危机时，没有安全网机制的制度设计。最后，证券商的外部性弱于商业银行的外部性。主要原因有三点。第一，证券商的制度安排是非存款机构，其所面对的客户是证券投资者，其证券和资金是客户放在证券商账户中的委托资产，其资金理论上讲是必须托管于银行信托账户中的资产。依据隔离原则，证券商不得混用客户资产，因此即使证券商倒闭，这部分资产也是受到信托制度保护的。而银行客户的资产是作为银行的负债被银行全权使用的，从而形成银行的资产，客户能否按要求取回自己的资产要视银行的流动性而定。第二，由于客户资产隔离制度的存在，从理论上讲，单个证券商的破产不会引起客户的挤兑恐慌，从而导致传染性挤兑风潮。加上对证券商的流动性采用净资本监管，其清偿能力理论上讲是有保障的。而银行的资产和客户资产是不分的，单个银行挤兑可能会产生"多米诺骨牌效应",从而导致挤兑危机,引发系统性风险。二者相比,银行的负外部性远大于证券商的负外部性。第三,中国证券商在过去法律制度不健全、监管制度不完善、监管乏力、自律意识差的情况下,做了许多银行业务,因此,具体到我国证券商,其外部性作用比成熟市场经济国家要大得多。

以国际性、本土性、效益性"三性"为指导原则,构建中国证券商监管制度

首先,在考虑国际性时,注意到了金融全球化、金融功能一体化和金融创新,因此,设计制度要有前瞻性。其次,在考虑本土性时,注意两个特点。一是经济制度特点。我国现阶段实行以公有制为主体的基本经济制度,证券商监管是我国市场经济体制中的子系统,因此,必须考虑我国经济制度的特点。二是社会文化特点。我国从半殖民地半封建社会跳跃式发展到社会主义,没有经历资本主义。而在资本主义经济社会中,在大工业、专业化协作过程中形成的特有文化观念——法治观念、契约观念、信托观念、自律观念、协作观念、系统观念等,因为跨越式发展而出现缺陷。这是建立市场经济的一个重要的文化背景。经济形态超前而使我们在市场经济建设中遇到了许多不协调与挑战。因此,在构建我国证券商监管制度时,这个特有的文化现象应成为制度设计的重要参数。最后,在考虑效益性时,应强调其原则在于不能不计成本地搞监管。监管是有成本代价的,包括直接成本和间接成本。当监管的产出远远低于成本支出时,监管是失败的。因

为监管是一种"公共产品",具有非排他性而难以度量。但至少监管机构的直接成本是可以计算的——直接成本应该包括证券监管部门的费用支出以及其他附加成本,如证券商应付检查、按监管部门规定动作而负担的各种费用,还有其他消耗等。有鉴于此,证券商监管制度设计应该考虑以上三个原则。

《中国证券商监管制度研究》这本书就是按照这三个原则来构架理论逻辑、叙事框架并组织调研成果的。

从"四个三"看香港证券商监管

从20世纪90年代末开始,中国证监会和香港证监会有相互派人到对方实习的计划,以了解各自在资本市场监管上的情况,从而加强双方监管上的合作。2000年8月,我作为中国证监会机构部主任被派往香港证监会进行工作实习。我的工作岗位被安排在香港证监会中介团体和产品监管部,他们的业务与中国证监会机构部的业务基本相同,我在该部工作实习了3个月。在香港证监会为我安排的独立办公室里,他们为我安装了电脑,向我开放了他们的部分监管信息,在授权下我可以查阅与证券商监管相关的数据与内部文件,了解部分证券商非现场检查的信息。在香港时,我也随同他们的检查小组到证券商所在办公地点进行现场检查活动。通过实地调研,同时阅读了香港关于证券商监管的法规、监管资料等,我对香港的证券商监管工作有了初步了解。回到北京后,我根据所见所闻撰写了这篇调查报告,并发表在中国证券业协会2000年的《证券业》(现已改名为《中国证券》)杂志上。下面是调查报告全文。

我国香港地区作为一个国际金融中心，有许多值得我们学习和借鉴的经验。本文仅就香港证券商的情况做简要介绍，我将其概括为：证券商的三个特点、银行经营证券业务的三种方式、证券商监管的三个特点、影响香港证券市场的三项改革。同时，谈了四点启示。

证券商的三个特点

香港法律中没有证券公司的概念，仅有证券交易商和投资顾问的概念（美国的证券法律中也没有证券公司的概念，日本的证券法和中国台湾的相关规定中有证券公司的概念）。香港人习惯上称从事证券业务的商号、商行和有限公司为证券商。由于香港的证券法律规定，一种业务注册一个牌照，领一个牌照只能从事一种业务，因此一些拥有许多子公司开展不同类别的证券业务的控股金融公司也被称为证券商。

第一，证券商形式多样。香港的证券商分为独资商号、合伙制商行和有限公司三种形式。在名称上没有统一要求，凡是经香港证监会批准进行证券交易和证券投资顾问业务的，都可以称为证券商。独资和合伙商号规模较小，交易量不大，员工一般3~5人，多的达10人左右。这两类商号或商行只需到税务机关登记，并且在香港证监会取得证券交易商牌照，最少有1名经香港证监会认可资格的交易董事和1名交易代表，即可开业。这两类公司一般业务比较单一，主要从事证券经纪业务，服务对象也主要是街坊邻居、亲戚朋友，这两类公司是香港历史上遗留下来的，有150家左右，占香港700家证券交易商的21%（在香港，人数在50人以下的证券商有560多家）。它们的管理方式落后，交易设备陈旧，竞争力差。

香港证券商的第三种形式是有限公司，分上市公司和非上市公司两种。采取有限责任公司形式的证券商一般规模较大，属于香港中大型证券商，主要是海外的金融集团在香港的子公司，本地的证券商相当一部分通过在海外的一些免税的小岛国注册一家公司后，以这家公司再返回香港投资成立一家金融控股公司，在控股公司下面按照不同的证券业务类别设立不同的子公司开展业务，这类公司也属于外资公司。目前，香港的外资证券商有246家。这类公司虽然数量不多，但是所占市场份额大，市场的90%以上是它们控制的。

第二，在组织结构上，采取在金融控股公司下面设立多家子公司从事证券业务的模式。根据香港的证券条例，任何机构从事证券业务都需要向香港证监会注册并领取牌照，一般是一个牌照只有一种业务，因此，许多控股公司都是在下面设立若干个子公司，每个子公司领取一个牌照，从事一项业务。比如领取投资顾问牌照，设立一个企业融资顾问公司，或者设立一个基金管理公司，从事证券的包销、基金和资产管理等投资银行业务；领取证券交易商牌照，设立证券公司，从事证券的交易和经纪业务；领取期货交易商牌照，设立期货公司，从事期货业务（香港没有商品期货，主要是恒指期货，用于和现货市场的对冲）；领取杠杆外汇买卖牌照，设立外汇杠杆买卖公司，从事外汇杠杆合约的买卖。在这些公司的上面是一个金融控股公司，这个金融控股公司是不受香港证监会监管的。另外在金融控股公司下还有一些不受香港证监会监管的子公司，比如设立的从事证券自营买卖、风险投资等直接投资业务的子公司，设立代理分红、派息、股权登记的代理人公司等。实际上，这个金融控股公司有点类似于内地的综合类证券公司（只是内地法律规定，综合类证券公司不能从事证券业务以外的业务和投资）。目前，无论是美国的摩根士丹利、高盛，还是英资的怡富证券，香港的汇丰、汇富证券，以及内地的中银国际、国泰君安，都是采取这种在金融控股公司下面设立多家子公司从事证券业务的模式，这些子公司在法律上虽然是独立核算、单独纳税的，但是在公司的内部管理当中，都把它当作一个部门来管理，所有的子公司都在建立"防火墙"制度的基础上共享控股公司的财务管理、人力资源、房屋设备资源、信息资源。而控股公司一般通过收取管理费和租赁费等方式，把各子公司创造的收入的一部分转移成为控股公司的收入。

第三，按照证券商的类别，可分为交易所会员证券商和非交易所会员证券商。交易所会员证券商是指在香港交易所有交易席位的证券商，非交易所会员证券商是指在香港交易所没有席位的证券商。截至2000年4月30日，在700家证券商中，有188家为非交易所会员证券商，约占总数的27%。非交易所会员证券商称为介绍经纪人或"驳脚"经纪。它们从事证券交易的模式是：先接受客户的委托，然后将所有的委托再委托香港交易所会员证券商进场交易。它自己成为会员证券商的客户。按照客户量的大小，会员证券商将佣金收入的一定比例支付给介绍经纪人。取得豁免资格的银行从事证券业务主要是以这种方式进行的。

银行经营证券业务的三种方式

在香港，银行可以经营证券业务。银行主要采取以下三种方式介入证券业务。

第一，银行直接从事证券业务。以这种方式从事证券业务不需要向香港证监会申请注册，不用进行严格的审查。香港证券条例规定，银行是从事证券业务的豁免机构。银行申请从事证券业务，香港证监会审查手续比较简单，一般都给予认可，即获豁免资格。目前，香港154家银行中，有90多家从事证券业务。银行直接从事证券业务，一般都是设立一个证券部进行。

银行在从事证券经纪业务时，证券部接受客户的交易指令后交给在证券交易所有席位的证券商去代理交易。银行的营业网点分布比较广，存款客户比较多，银行的证券业务客户主要是它的存款客户，银行通过个人理财的方式，向这些客户推荐证券买卖业务。有证券投资需求的客户通过自己的存款银行开立证券买卖户口，通过银行下单买卖指令，买卖完成以后，通过自己在银行的资金户口完成结算。由于银行在香港交易所没有交易席位，因此，仅是把在银行进行证券投资的客户委托证券买卖投资的指令介绍给香港交易所会员证券商，由后者进场进行交易，在这里，会员证券商面对的客户是银行，而不是银行背后的投资者。香港银行最大的介绍经纪人是中银集团，中银集团通过下属的12家银行的500多家分行，吸收了香港证券市场上散户的30%，这些客户中的80%由中银集团下属的各分行介绍给中银国际控股公司下面有交易商牌照和交易所席位的子公司，由该公司接盘后进场交易。因此，银行的证券经纪业务类似于介绍经纪人。

银行开展的投资顾问业务主要体现在私人银行服务中。另外，银行还可以开展证券包销业务。

第二，银行设立独立的子公司从事证券业务。以这种方式从事证券业务必须向香港证监会申请牌照，取得相关牌照后才能从事相关业务，并接受香港证监会的监管。这类公司一般是在一个金融控股公司下面按照不同的业务种类设立不同的子公司，其办公设备、高层管理人员和业务人员与银行完全分开，如前面所介绍的证券商特点的第二种模式。中银集团下的中银国际控股公司就是在下面设立若干子公司从事证券业务和其他一些投资业务。在香港，无论是外国银行还是本地银行，大都采取这种方式从事证券业务。

第三，银行申请一个独立的证券交易商或投资顾问牌照，成立一个子公司。可以说是第二种方式的变种，但与第二种方式不同的是，所有的办公设备、高层管理人员和业务人员全部由银行租赁给这家公司，银行向这家公司收取管理费和租赁费，实际上只是一个法律意义上的公司，仅仅是一个公司牌照。这类公司一般规模较小，例如，由阿拉伯国家某财团控股的香港港基银行集团下属的港基银行的子公司港基证券公司就是这种类型。这家证券公司的14名员工名义上都是港基银行的职员，由港基银行出租给港基证券公司，办公室和交易需要的各种设备也是由银行租赁给证券公司的。港基证券公司向港基银行支付人工租赁费、房屋设备租赁费、管理费等。港基银行的一位副总裁是这家证券公司唯一的交易董事（也就是最高负责人），他同时分管银行的房屋抵押贷款业务和银行的投资业务。在公司每年进行核算时，他的报酬由这三个部门各提供1/3。当客户需要其代理交易股票时，他代表证券公司，是股票经纪人；当客户在股票交易中需要进行保证金融资时，他代表银行，是保证金融资人，对客户发放股票质押贷款。证券公司除了向他提供报酬外，还要提供一笔人工租赁费给港基银行。这类公司直接受香港证监会的监管。

证券商监管的三个特点

目前香港的金融监管机构主要有香港金融管理局、香港证监会和香港保险业监理处，分别对银行、证券和保险业进行监管，并辅之以各监管当局间的综合协调。在证券商监管当中主要有以下三个特点。

第一，以机构的行业类别进行分业监管。凡是以独立法人身份存在的从事证券和投资顾问业务的公司，无论其所有者是银行还是非银行金融机构，都由香港证监会监管。但是如果银行直接从事证券业务（而不是以子公司的方式），就由香港金融管理局根据证券条例和参照香港证监会的有关守则进行监管。目前香港金融管理局银行监管部下设专门小组，共有10人，对直接（而不是以子公司的方式）从事证券业务的银行进行监管，监管方式和香港证监会对证券商的监管大同小异，主要是对具有获豁免交易商或获豁免投资顾问资格的认可机构的证券业务进行审查，主要审查它们的证券交易活动（包括中介服务和股票保证金融资）、投资顾问业务和个人银行服务中包含的上述两类业务活动。另外，银行在包销证券方面，必须符合香港金融管理局的银行包销证券守则。守则要求，银行在包销证券之前，必须向香港金融管理局递送证券包销的文件，经香港金融管理局审查同意后，银行才能从事证券包销。由于香港金融管理局监管银行的资本充足率和香港证监会监管证券业务的财政资源规则方面存在矛盾，从事证券业务的银行不能同时符合银行和证券两个监管部门的不同规定，因此许多银行都喜欢以独立的子公司的方式从事证券业务，其子公司直接由香港证监会监管，其风险控制直接在香港证监会的财政资源规则的监管之下。

另外，香港金融管理局和香港证监会对银行介入证券业务的监管建立了综合监管协调机制，以此防止出现监管的真空和漏洞、减少监管的重叠。具体的约束是双方签订监管谅解备忘录，在备忘录中明确双方的责任和权力，明确监管信息交流的内容、监管行动合作的方式等。

第二，以不同的证券业务类别分别发牌分开监管。在香港，香港证监会是按不同的业务向申请者颁发不同的业务牌照的，如前所述，对每一类业务都分别发牌，并有不同的要求，分开监管。比如，在财务的稳健性方面，要求证券交易商的速动资产不得低于300万港元，或者占总负债的5%；对投资顾问公司要求有形资产净值不得少于零；对保证金融资公司要求注册资本金不得低于1 000万港元，速动资产不得低于300万港元。近期香港证监会在制定企业融资顾问操守准则时，对从事证券上市保荐人和包销业务的公司提出了新的监管要求。以上的一些证券业务都是在一个金融集团下面由不同的子公司来进行的，但是目前香港证监会仅监管从事以上各类业务的子公司，而对其母公司没有监管权，只有当这些母公司的财政安排出现问题，影响到这些从事证券业务的子公司的财政稳定性，或进行内幕交易和操纵市场等违反法律的行为时，香港证监会才会对这些母公司进行交涉和展开调查。另外，这些母公司在申请注册开展证券业务的子公司时，香港证监会如果发现这些公司不符合法律和香港证监会的守则，就会拒绝它们的申请。

第三，以从业人员为重心进行监管。在香港，所有从事证券业务的人员都必须持牌上岗。任何要从事证券业务的人员，都必须向香港证监会提出申请，香港证监会受理后，按照法律和规定对申请人进行审查，对审查合格者，颁发执业牌照。自然人持牌人分交易董事和交易代表、投资顾问或顾问代表。没有牌照从事证券业务是犯罪行为。

严把入门关。对申请持牌的个人，必须在以下几个方面满足香港证监会的要求：一是个人要有良好的财务状况，不是一个还在欠债的破产人；二是要有适当的学历和资历；三是能有效及公正地执行职能；四是有信誉，品格可靠。每一个申请持牌的人员，都在填写申请表时被警告，如果在填写香港证监会的各项要求中弄虚作假，是犯罪行为，最多可以判5年以下的徒刑。

对已持牌的个人提出持续培训的要求。证券市场日新月异的变化，各种金融创新的出现，使香港证监会有一种紧迫感，通过提高从业人员的素质来适应这种需要，以巩固香港国际金融中心的地位。因此，香港证监会发布若干规定，对已经持牌的从业人员进行考核，以判断其是否还是合适的人选。其中一个规定便是，个人注册人必须接受持续培训。培训的方式可以是从业人员参加由香港证监会认可的机构举办的课程、研习班，或是自修课程、进行业内研究、出版论文、发表演讲等。对高级管理人员，由于要确保他们对公司实行有效的监控，每年必须对他们进行一定时间的培训。培训有如下一些内容：有关证券市场的法律法规、业务操守和职业道德、业内新推出的金融产品和关联风险系统、风险管理和监控策略、计算机知识、宏观及微观经济分析及财务汇报、定量分析。对于一般从业人员，也必须保证恰当的培训时间，以保证对法律法规、道德品质、新产品和相关联的风险系统、新的技术手段和基本的业务理论有所掌握。对所有的培训必须有记录，并保存3年以上，以供香港证监会随时查询，如果作假，香港证监会可对其进行纪律处分，甚至可以暂时吊销或撤销其牌照。

对有问题的持牌人进行处分。香港证监会通过各种渠道掌握持牌人的状况，如果发现有违反法律以及香港证监会规定的行为，要进行调查处理。处分的形式有：香港证监会谴责、暂时吊销或撤销牌照。尤其对在申报资格上弄虚作假的人，一经发现，除了吊销牌照以外，还要移送警方追究刑事责任。例如，香港证监会吊销过一位隐瞒犯罪记录、骗取牌照的从业人员的牌照，并向法院进行了起诉。不久后，香港法院判处此人6个月监禁，缓刑两年。

影响香港证券市场的三项改革

为了保持香港国际金融中心的地位，1999年，香港特区政府提出了证券市场的三项改革措施，目前改革已经开始。三项改革措施是：修改和调整法律，将过去有关证券市场的10个法例，合并为一个法律；合并证券交易、期货交易以及相关的结算公司，组成香港交易及结算所有限公司并上市；加强证券市场的科技基础设施建设，升级证券交易系统的电子化技术水平。

这三项改革对香港证券市场的影响是巨大的。下面，仅从对证券商的影响这一角度归纳一下。一方面是证券商的组织形式和组织结构发生较大变化，从而带来证券商的兼并与重组；另一方面是在监管方面香港证监会的权力加大，对证券商的违规处罚加重。

促进香港本地证券商的重组与兼并。第一，新的法律要求证券商只能以法人的形式存在，因此，无论是独资的个人证券商号还是合伙制的证券商行，都必须注册为有限公司。第二，香港交易所合并上市后，将在2000年10月完成电子交易系统的技术改造，这就要求证券商的委托交易系统实现计算机化，这笔投入较大，一些交易委托系统的中小证券商承担不了这笔开支，据有关媒体报道，香港有30多家中小证券商发起成立业务合作社，目前已有165名经纪商参与（相当于香港500名证券经纪商的33%），共同集资建立共用的电子交易平台，以开展网上交易。第三，香港交易所将在2002年取消证券经纪的最低佣金（0.25%）。第四，2000年6月颁布执行的《保证金融资条例》要求，所有从事保证金融资业务的证券商的最低注册资本金必须由现在的300万港元增加到1 000万港元。这些改革将促进证券商的重组与兼并，一些中小证券商将在未来的2~3年内被兼并而退出市场。

香港证监会权力加大，对证券商的违规处罚加重。新的法律赋予了香港证监会更多的权力，比如，过去香港证监会对违法违规的证券商只有纪律的处理权，即对违法违规的证券商只有采取公开谴责、暂停和撤销牌照的权力，新法律规定，香港证监会有罚款权、刑事起诉权等；交易所合并上市后，香港交易所监管会员证券商的职能移交到香港证监会，香港证监会由过去主要监管非香港交易所会员的证券商，变为监管所有的证券商。同时，新法律还加重了对证券商的处罚。比如，对证券商市场失当行为的范围，延伸到市场人士在香港以外市场的交易。过去由纪律处分的一些市场失当行为转为刑事处罚，新的法律将向有关监管机构提供虚假材料的行为定为罪行，非法卖空活动定为刑事罪行，提高了对非法卖空活动的刑罚，从而监管进行卖空人士的活动。

启 示

香港证券市场的监管有许多值得我们学习的内容，这里仅就证券商方面的问题谈谈看法。

首先，香港的证券商组织结构有利于证券商的持续发展和创新，给人带来启发。香港现行证券法律规定，任何个人或公司要开展一种业务，就需要申请一个牌照，因此许多从事证券业务的金融集团都是采取在控股公司下设立多个子公司从事不同的证券业务的模式。各个子公司有独立的法律地位，一个子公司从事一项或多项证券业务，有发展空间。这种组织结构仅仅是证券业务受到监管，集团其他非证券业务不在香港证监会的监管之列。风险也是以各个独立的子公司的资产承担有限责任，有"防火墙"，值得借鉴。目前，我国内地的证券公司实现单一发牌制度，按照《证券法》的规定，分综合类证券公司和经纪类证券公司两种。综合类证券公司经中国证监会批准可以开展所有的证券业务。同时，法律也指明证券公司是经营证券业务的公司，不得超出范围经营其他业务，因此我国内地的证券公司是不能经营证券业务以外的其他业务的。目前，内地一些证券公司提出要独资或合资建立其他经济实体，或进行风险投资等，但存在法律障碍。作为一个企业，看到一些投资机会，以其自有资金从事风险投资本来是企业自己的事情，由企业自己决定，但是作为一个金融机构，它就可能把自己的这种冒险的损失分摊给投资者和其他交易对手，这是不恰当的。如果把从事证券业务的部分和非证券业务分开，以各自独立的子公司形式进行，把涉及投资者利益的业务和自己作为其他实业投资者的投资分开，后者带来的风险由集团控股公司自己承担，不会直接给集团内其他从事证券业务的子公司带来损失。监管当局仅仅监管证券经营业务。香港这种在一个金融集团控股公司下设立若干子公司从事不同业务的方式，既有利于证券商的发展，也有利于监管。香港证监会只对这些金融控股公司的下属子公司的证券期货业务进行监管，在控股公司从子公司抽取资金影响证券商的流动性时，即证券商的速动资产比例低于香港证监会的规定时，香港证监会就会要求证券商马上补足，否则，香港证监会就会要求证券商停牌或清盘。目前，可以选择1~2家证券公司进行控股公司下设立从事证券业务子公司的试点，即把证券公司现有的证券业务和拟从事的风险投资业务分别设立子公司，在这些公司上面设立控股公司，证监会仅监管其下属的从事证券业务的子公司。这种方式可以和今后在金融控股公司下面分别设立银行、证券、保险等从事不同业务的金融业混业经营模式相衔接。

其次，银行从事证券业务的方式可以借鉴。国际潮流是银行综合经营，限于目前的实际情况，我国内地还不具备混业经营的环境，但可以积极创造条件，早日和国际接轨。目前，可分为两步走。

第一步，近期内可以让内地的银行像香港的银行那样以介绍经纪人的方式和证券公司开展合作，即银行利用自己的存款客户资源、网络资源和信息平台，向证券公司介绍证券投资者并提供相关服务。

第二步，当法律法规比较完善，银行业和证券业的从业人员素质提高，监管能力在质量和数量上都得到增强后，可以在金融控股公司的下面设立子公司从事银行、证券、保险业务，例如中银集团下的中银国际、中信集团和光大集团。目前，可以对中信集团和光大集团的模式进行研究，在此基础上进行试点，探讨适合我国国情的从事综合经营金融业务的集团控股公司模式。

再次，完善我国证券从业人员的管理制度。1995 年，我国颁布了关于证券业从业人员的任职资格管理办法，1998 年发布了《证券经营机构高级管理人员任职资格管理暂行办法》，这两个办法为规范我国内地证券从业人员的业务和职业道德提供了一个基本的法规框架，但较之于香港，还是太粗略，需要进一步细化和完善。可以将这两个办法进行修改、补充、合并，以适应市场的需要。建立系统化、网络化、电子化的从业人员档案管理系统、跟踪系统，同时，制定证券从业人员持续培训的规定，指导证券业协会开展各种形式、不同档次的证券从业人员的培训。对证券公司的监管，重点放在对证券从业人员尤其是高级管理人员的监管上。

最后，建立投资者风险教育中心。投资者是证券市场中很重要的一部分。他们的投资意识、风险意识关系到市场的稳定和发展。香港证券市场上散户占 40%，香港证监会为了提高投资者的自我保护意识，特别重视对投资者的风险教育。在香港证监会主席办公室下设立了一个投资者教育科。这个科有8个人，主要工作是接受投资者的投诉，开展多种形式的证券市场知识教育，具体方式是开设热线电话接受咨询，通过不同的媒介宣传证券知识，在香港证监会的网站上开辟专栏，到中学和大学去开讲座，编印小册子等。在这方面，我们还很薄弱，需要在资源上给予适当配置，并建立一套完整的对投资者持续教育的计划，以提高投资者的金融知识水平和风险意识。

对净资本监管的思考与行动

《证券监管目标和原则》是国际证监会组织发布的一个文件,该文件是对所有成员的证券市场监管机构提出的原则性要求。1992年成立的中国证监会在1995年加入该组织,成为其正式成员后,逐步按照该组织的要求,结合国情来制定我国证券监管的相关政策,其中对证券市场中介机构的净资本监管就是主要内容之一。1997年,亚洲金融危机发生后,国际证监会组织根据新情况、新问题,对《证券监管目标和原则》进行了修改,其中重要的是对证券商的净资本监管内容的修改。1998年该文件的修改版颁布后,国际证监会组织和世界银行在加拿大蒙特利尔为新兴市场国家的证券监管人员组织了一次为时半个月的培训,以讲解证券公司净资本监管内容。当时我担任中国证监会机构部主任,参加了这次学习培训,通过课堂学习讨论,有些学习心得体会。学习归来后,在证监会顾问梁定邦、吴伟聪等人的帮助下,我组织了证监会机构部的同事,开始结合学习内容和新情况起草新的证券公司净资本计算规则。为了让中国证监会监管干部、证券公司高管了解新的净资本规则和证券公司净资本的相关情况,2000年9月在北京举办培训班,对证券业监管干部和证券公司高管人员进行培训。

2000年9月14日上午,我在第一期培训班结束时,结合学习《证券监管目标和原则》的体会,根据自己的思考与实践工作,做了总结发言并同与会人员进行了交流讨论。下面是当时的讲话整理稿。

. . .

根据国际惯例,在证券公司监管上,净资本标准是一个非常重要的监管指标,如商业银行监管中的《巴塞尔协议》规定的资本充足率监管,是国际证监会组织提供给所有成员的证券经营机构监管标准。中国证监会是国际证监会组织成员,今后将参考《证券监管目标和原则》来制定中国证券公司净资本监管标准,从而实现证券公司的财务稳健性和稳定经营,防范市场风险,保护投资者合法权益,促进资本市场健康稳定发展。

加入国际证监会组织,证券公司净资本监管有例可循

1995年,中国证监会加入国际证监会组织。1996年,中国证监会参考国际证监会组织的《证券监管目标和原则》的要求,结合国情制定了净资本计算规则。《证券监管目标和原则》规定,监管机构"对证券公司应有初始资本要求……资本要求应保持稳定,并应定期向监管机构或主管自律组织报告。持续资本要求应与中介机构从事的业务性质及数量直接挂钩"。国际证监会组织认为,制定净资本标准的合理性在于,"对持续资本标准的充足率适当监督,可以增强对投资者的保护和金融系统的稳定性。资

本充足率标准能够增进金融市场信心。该标准的制定应使证券公司在市场出现较大不利走势时,能够负担某些亏损,同时使证券公司在较短时间内准备压缩业务,而不至于给其客户或其他公司的客户造成损失,也不至于破坏金融市场的有序运行。资本标准应使监管机构有时间干预从而实现有序停业的目的。证券公司应确保其拥有充足的财务资源,以满足其业务承诺要求并承受其业务面临的风险。……资本充足测试应根据证券公司的性质及业务量来检测公司面临的风险"。

虽然1996年中国证监会就制定了证券公司净资本监管标准,但是刚刚起步的证券公司净资本监管工作也面临挑战。这种挑战不仅仅是和发达市场的差距,更重要的是国内的证券公司监管是分散的,证券公司的分散监管,影响了证券公司净资本规则的执行。当时的情况是,中国人民银行负责证券公司的市场准入、持续性(财务稳健性)监管以及退出监管,中国证监会负责证券公司证券业务的资格审批,如证券的承销、包销、自营资格等,证券公司的经纪业务是中国人民银行批准的牌照中自带的。由于监管权存在分割,中国证监会对证券公司的资本充足情况不了解,对证券公司财务资源维持业务的能力也胸中无数。而中国人民银行对证券公司的业务情况也不清楚,对其财务资源的监管也是无的放矢。由于两家监管机构信息沟通不畅,监管协作无力,证券公司监管出现了"一些事情抢着管,一些事情无人管"的状况,给证券市场的稳定带来巨大的风险隐患。由于证券公司的基本财务数据在两个监管机构之间不能共享,所以中国证监会计算出的净资本不准确。比如,1998年中国证监会对证券公司实施集中统一监管后,1999年计算出的净资本为负数的证券公司,比按之前的净资本计算公式测算为负数的证券公司增加了22家，这种状况不利于掌握证券公司真实的净资本情况。同时，中国人民银行对证券公司的监管是按照《巴塞尔协议》对商业银行资本充足率的要求，而不是根据国际证监会组织的标准，这对直接融资中介机构（既没有吸收存款，又没有创造货币的证券公司）来说，加大了企业的财务负担，不利于证券业的发展。在分散监管的体制下，真正实施净资本监管是困难的。因此，虽然有国际标准可循，但在多头监管的体制下，净资本监管原则在证券公司监管上无所作为。

证券业集中统一监管，净资本计算规则实施成为可能

　　证券业的分散管理，使证券公司净资本监管流于形式。无论是中国人民银行还是中国证监会，对证券公司证券在业务发展中需要什么样的资本充足率皆胸中无数，这种情况不仅会带来系统性风险隐患、增加市场主体的成本，还会给证券公司的业务发展带来负面影响。市场各方呼吁国家进行证券监管体制改革，授权中国证监会对证券公司实行集中统一监管。1997年，东南亚爆发金融危机，资本市场无序发展是这些国家产生危机的普遍问题，证券经营机构分散监管，监管不科学、不到位是重要问题之一，这对加快我国证券监管体制改革起到了极大的催化作用，促使中央下定决心改革证券监管体制。1997年12月，中共中央、国务院发布《关于深化金融改革，整顿金融秩序，防范金融风险的通知》，通知指出，"理顺和完善证券监管体系，进一步整顿和规范证券市场秩序。中国证券监督管理委员会统一负责对全国证

券、期货业的监管，包括证券、期货公司的审批和高级经营管理人员、从业人员的资格审查，以及上市公司质量和证券、期货市场监管等。建立全国统一的证券、期货监管体系，理顺中央和地方监管部门的关系。充实证券业监管力量"。1998年，国务院印发《中国证券监督管理委员会职能配置、内设机构和人员编制规定》，该规定表示，根据《国务院关于机构设置的通知》，"设置中国证券监督管理委员会。中国证券监督管理委员会为国务院直属事业单位，是全国证券期货市场的主管部门"，将中国人民银行履行的证券业监管职能划入重组后的中国证监会。国务院授权中国证监会对中国证券公司实行集中统一监管。这一年的6月，中国证监会集中统一监管体制形成，为实施证券公司净资本监管落到实处创造了良好的外部条件。

这次改革有几路人马合并到中国证监会机构部，从事证券公司集中统一监管工作。一路是中国人民银行的证券经营机构监管人员，包括非银行金融机构司、外资局、稽查局等，以非银行金融机构司人员为主；另一路是中国证监会证券经营机构监管人员，包括证监会原机构部全体、信息中心部分人员，一共30多人重组成了新的证监会机构部，同时，中国人民银行省级（和计划单列市）分行的证券经营机构监管人员也全部划入了中国证监会。这次改革，重组了我国证券经营机构的监管组织，充实了监管力量，实现了中国证券业的集中统一监管，为净资本计算规则实施到位提供了可能性。中国人民银行和中国证监会两股监管力量合流后，经过一段时间的磨合，开始按照1998年国际证监会组织发布的《证券监管目标和原则》和我国证券经营机构监管权调整后的新情况、新问题修改1996年中国证监会制定的净资本计算规则，重新起草净资本计算规则，并出台新的净资本计算规则，以适应集中统一监管证券公司新形势的需要。

实施新净资本计算规则需解决好五个关系

2001年将实行新净资本计算规则，该规则的实施，必然会对证券公司产生很大影响，在这里，我想说说在新规则执行中，需要我们监管部门高度关注的一些问题，可以从长远和近期两个方面看。

从长远来看，随着中国即将在2001年加入世界贸易组织，对外开放的步子会加快，新净资本计算规则对能否适应加入世界贸易组织后的新形势、能否与国际接轨并经受国际资本市场的严峻考验，将产生重大影响。我们要落实加入世界贸易组织的承诺，允许外国证券公司或投资银行以一定比例与中国证券公司建立合资公司。因此，这种影响要从两个方面看。一方面，国外证券公司或投资银行要进入中国市场，它们在选择合作伙伴时要进行选择和比较，净资本指标将提供一个比较平台；另一方面，国外证券公司进入会相应引进国外通行的规则和做法，学习国外同行很重要的一点就是学习它们先进的技术和管理方法，如果没有国际公认的标准，没有一个按此标准建立起来的风险管理体系，要实现与国外同行的交流、合作乃至竞争是不可能的。因此，为适应对外开放，迎接加入世界贸易组织的挑战，需要实行净资本规则。

从近期来看，证券公司有五个方面的关系需要处理与解决。

第一个是新净资本计算规则与处理历史遗留问题的关系。按照新净资本计算规则，很多证券公司净资本状况令人担忧。根据对89家证券公司1999年末的资产负债的统计，按新净资本计算规则标准，这89家证券公司净资本总额是-24亿元，平均每家证券公司净资本额为-2 760万元。其中，净资本额为负数的有31家，占总数的34.8%，比按原有净资本计算公式测算的净资本为负数的证券公司增加了22家（中国人民银行和中国证监会分散监管证券经营机构时的情况）。净资本额名列前5位的首先是中信证券，为28.8亿元，其次是国信证券22.5亿元、广发证券14.4亿元、江苏证券12.2亿元和东方证券9.1亿元，净资本最差的5家全为负数，它们是南方证券（-30.8亿元）、华夏证券（-30.1亿元）、国泰君安证券（-24.9亿元）、鞍山证券（-21.8亿元）和珠海证券（-15.0亿元）。如果严格按照新净资本计算规则衡量，很多证券公司的自营、承销和资产管理业务将难以继续开展。而且，这种情况一旦为社会所知晓，将影响这些公司的声誉，出现客户大量转移，甚至会发生挤提保证金，引发系统性风险。因此，对净资本指标的运用，要十分慎重并实事求是地加以处理。追溯起来，许多证券公司出现净资本不能达标的一个重要原因是，存在大量的历史遗留问题，如固定资产、在建工程等非证券类资产和逾期债权金额过大，这直接影响到证券公司的资产质量。存在这些问题的证券公司应该采取有效措施，通过各种方式消化处理，将实物资产剥离出去，尽快扭转净资本指标差的状况。

第二个是新净资本计算规则与证券公司上市的关系。随着国内改革开放的深入和国际环境的变化，证券公司上市已经成为一种必然选择。一是证券公司在近几年已获得很大发展，但要进一步发展，需要通过资本市场发行股票融资以迅速扩大规模。二是加入世界贸易组织在即，应对国外证券公司的竞争压力，国内证券公司迫切需要通过上市提高资本规模和改善法人治理结构。三是在国际上混业经营的趋势与国内分业经营的现状下，证券公司上市可为其与国外证券公司公平竞争提供一个良好的阶梯。四是证券公司上市有利于改善上市公司结构，为市场注入新的活力。我们对证券公司上市是抱着积极支持态度的。目前，已经有好几家证券公司向中国证监会提出了发行上市申请。证券公司上市应该按照上市公司的标准来要求，证券公司独特的行业特性和面临的风险，决定其上市的标准应更高。净资本既是一个监管指标又是一个衡量指标，证券公司上市前，在需要中国证监会机构部出具的监管意见函中，净资本状况是一个重要内容，达不到标准就不能上市。

第三个是新净资本计算规则与风险控制的关系。推行新净资本计算规则是提高证券监管机构监管水平，实现监管法治化、规范化、国际化的需要。通过跟踪、观测、监控证券公司净资本及其变动情况，能及时发现证券公司财务风险，突出重点，以便监管机构有的放矢地督促证券公司采取措施化解财务风险，以达到保护投资者合法权益和降低系统性风险的监管目标。实行新净资本计算规则，还有利于构筑一个完整的证券公司风险监控体系。中国证监会在推行净资本计算规则的基础上，还将陆续出台《证券公司内部控制指引》《证券公司检查制度》，建立起"证券机构监管信息系统"，它们将形成一个以净资本为核心，点面结合，监管指标与监测指标相配套，自下而上的、完整的、相辅相成的监控网络，以实现最大限度保护投资者的目的。

第四个是新净资本计算规则与证券公司业务发展的关系。净资本状况如何，是取得证券公司业务资格的重要条件。承销情况、自营规模和实业投资等业务的开展直接导致净资本的增减，净资本与业务发展存在互相制约、互动的关系。实行新净资本计算规则后，中国证监会将重新调整和修订业务指标，借鉴国际通行做法，将净资本与证券公司业务发展挂钩。对达不到相关标准的，建立退出机制，予以停牌，并建立综合类和经纪类证券公司的转换通道。像实现《证券监管目标和原则》的要求那样，证券公司应确保其拥有充足的财务资源，以满足其业务承诺要求并承受其业务面临的风险，应根据证券公司的性质及业务量来检测公司的净资本能否承受所面临的风险，其业务发展规模与种类，应该与净资本要求相匹配。

第五个是新净资本计算规则与高管人员的关系。今后我们对证券公司的监管将重点转移到对人员的监管上。证券公司管理层要高度重视净资本规则的执行，法人代表要负起责任来，通过完善法人治理结构，提高经营管理水平，积极想办法，尽快扭转净资本指标不达标的状况。管理层在任职期间，净资本状况如何，是否符合标准，是否改善，将作为证券公司年度考核和业绩评价的重要指标。

以上五个方面是我们在实行新净资本计算规则时需要处理好的关系。

为了促进资本市场健康稳定发展，规范证券公司经营，防范风险，中国证监会将于2000年12月试行《关于颁布新的净资本计算规则的通知》中规定的新净资本计算规则，并于2001年1月正式实行。这项制度的实行对于中国证券业来说意义重大而深远。

监管框架与内部控制

1998年5月，国际证监会组织发布了《证券公司内部控制指南》，对证券公司的经营环境、从业人员等都提出了要求。2000年，美国的《金融服务现代化法案》对证券公司的内部控制制度做了规定，并将监管范围扩大到证券公司的控股公司和子公司。中国证监会在2001年颁布了《证券公司内部控制指引》，该文件的颁布使证券公司内部的控制管理有了更为明确的方向。为了加深证券公司相关人员对《证券公司内部控制指引》的理解，2001年4月，中国证券业协会在北京举办了首期《证券公司内部控制指引》培训班，100多位证券公司高管参加了培训。该文件由中国证监会机构部牵头制定，且机构部是具体的监管执行者。受中国证券业协会的邀请，我在培训班上做了一个发言。此发言的整理稿在2001年第4期的《证券业》（现已改名为《中国证券》）杂志上以《监管框架与券商内部控制》为题刊登。[①]

---

① 该文编入本书时，作者稍有删减。

内部控制建设是金融机构监管框架中不可或缺的重要组成部分。法规制度、行政监管和行业自律管理是外部输入的约束，内部控制是金融机构的内部约束，是包括证券公司在内的金融机构规范经营的基础，外因是条件，内因是根本，内因是事物变化的决定性因素。外因通过内因起作用，这是辩证法。内部控制建设的关键是证券公司的领导层给予重视。就目前的情况看，证券公司的管理层对内部控制制度的重视程度是不平衡的。据我们调查，可以分为五类，即很重视、比较重视、重视、不重视、根本不重视。如果董事长、总经理等高层领导不重视，即使建立了完善的制度，不落实到具体的执行上，也是枉然。听证券公司一些内部控制制度的具体执行者说，他们找公司领导汇报内部控制情况时，领导说："你别烦我，耽误我挣钱。"如果证券公司所有的领导都是这样的态度，那么证券公司就永远走不远，就可能因小失大。英国巴林银行因内部控制制度执行不到位出现重大交易风险而破产就是前车之鉴。钱是永远赚不完的，人的生命是有限的，一个公司的生存空间也是有限的，一旦内部控制不严，出了事情，人完了，公司也完了。巴林银行这样一个百年老店倒了，消失了，肇事人尼森进了监狱。一个人搞垮了一家大银行，教训不可谓不深刻。应该说巴林银行的内部控制制度是健全的，问题在于制度没有得到各个层级管理人员和操作人员的有效执行。巴林银行破产，是内部控制出现问题的典型案例。最近，中国证监会颁布了《证券公司内部控制指引》，它的颁布使证券公司内部控制管理有了更为明确的方向。为了加深证券公司高管和具体执行者对《证券公司内部控制指引》的理解，我们特别在这里举办培训班，以提高证券公司的重视程度。

证券公司对内部控制的管理是有区别的，也是有层次的。内部控制制度管理得好，证券公司的发展就会健康稳定。不能说证券公司发展快、扩张快就是好的，首先要看证券公司是否合规守法，是否建立了保护投资者合法权益和减少风险的内部管理系统，其管理不善是否危及社会公共利益。因此，不能说哪家公司一时规模大、利润高，就一定是一个好公司，而应该看它的发展是否可持续。由于目前法制还不健全，监管上还存在空白点，市场有很多空子可钻，很多人敢冒风险违法违规赚大钱。乍一看，这些公司发展很快，但这种做法是"兔子尾巴长不了"，不可持续发展。相反，一些依法守规的公司增长没有它们快，利润收入没有它们高，但它们步履稳定、机体健康，能够走得远、走得久。因此，犹如"龟兔赛跑"，证券公司的发展要看长远，不要看一时一事，那些违法违规经营的公司迟早是要被淘汰的。

我国证券公司开始规范发展

证券市场越往规范方面发展，对证券公司内部控制的要求就越高，这是我国证券市场开始走向成熟的标志。经过前段时间的清理整顿，我国证券公司开始走向规范发展。我用"一下一上"两个指标来说明证券公司规范发展的问题。

第一个指标是，客户交易结算资金挪用比例大幅下降。1997年交易结算资金挪用的比例是23%，1998年是18%，1999年是16%，2000年是2.33%。客户交易结算资金挪用比例的下降说明，我们正在走向规范化。从法律上讲，客户的一分钱也不能挪用。中国证监会即将发布《客户交易结算资金管理办法》，这个办法对于防止挪用客户交易结算资金有很详细的规定。作为监管，最重要的一个内容就是保护客户资产，要运用一系列监管手段、合适的监管框架来保障证券公司资产与客户资产隔离。这个指标下降的同时，我们还看到证券经营机构规范中的几件大事。第一是清理非法证券网点，这项工作已经取得较大成果，已经撤掉300个非法证券网点。第二是远程交易服务，对此我们进行了规范。第三是信托投资公司和证券的分业经营，2000年有大约1/3的信托投资公司的证券营业部转让，分出了300多家证券营业部，中国证监会批复了1/3的信托投资公司的分业方案，还有1/3的信托投资公司尚未上报分业方案。按照国家清理整顿信托投资公司的时间表，2001年底前要完成信托投资公司的清理整顿工作，把证券营业部从信托投资公司中彻底分出来。第四是采取了限制分红、增资扩股、剥离资产等一系列措施，使挪用客户交易结算资金的证券公司数量大幅下降。

第二个指标是，证券公司的净资本大幅度上升。这也是标志着证券公司规范化发展的一个指标。1998年我国证券公司的净资本总体上是负数，风险很大。许多证券公司的不良资产比例较高，经过两年多的努力，通过增资扩股、剥离资产，加上股票市场较好，许多证券公司的净资本发生了很大变化。1999年全国证券公司的净资本总额由负变正为20多亿元，2000年则增长为200多亿元，是1999年的10倍。证券公司抵御风险的能力大大增强。

上面这"一下一上"说明，我国证券公司正开始走向规范。

规范是发展的前提。证券公司要真正做到规范，内部控制显得尤为重要。讲内部控制之前，先讲一下监管框架。考虑到我国证券公司的特点，有必要先分析一下我国的证券监管框架，这样有利于我们加深对证券公司内部控制重要性的认识。

监管框架与内部控制的关系

我国的证券监管可以分为三个层次。

监管的第一个层次是中国证监会的行政监管。我国《证券法》第七条、第一百六十七条、第一百六十八条，以及1998年国务院批转中国证监会的《证券监管机构体制改革方案》，从法律法规的角度授权中国证监会集中统一监管包括证券经营机构在内的证券市场。法律规定，中国证监会行使证券市场如下职责：规章、规则制定权；证券公司及其分支机构的设立和业务范围审批权；证券业务活动的监督管理权；制定并监督从业人员的资格标准、行为准则；证券市场违法违规的执法权，包括调查权、行政处罚权、建议权和移送权。国务院还授权中国证监会的派出机构对证券市场进行监管，目前全国各地有36家中国证监会派出机构。

监管的第二个层次是中国证券业协会和证券交易所的行业自律管理。我国《证券法》规定，中国证券业协会对证券商实行自律管理。其管理职责有五项：教育并组织会员公司（法律规定证券商应该加入证券业协会）执行证券法律、行政法规；维护会员公司合法权益，向证券监督管理机构反映会员公司的建议和要求；调解会员公司纠纷；研究行业发展，制定会员公司应遵守的规则，组织培训等；监督检查会员公司的行为，对违法违规和违反协会章程的给予纪律处分。中国证券业协会接受中国证监会的指导与监督。按照《证券法》的要求，中国证券业协会是作为监管主体的一个部分来发挥作用的。

证券交易所也是自律性组织，按照《证券法》的规定，证券交易所对证券交易进行实时监控，对异常交易向中国证监会提出报告，制定交易所会员管理规则，接受中国证监会的监督管理。

监管的第三个层次是证券公司的内部管理。政府监管和自律管理都是外部的，内部的管理才是最重要的。外因是变化的条件，内因是变化的根据，外因只有通过内因才能起作用。因此，证券公司必须建立自我监控的内部控制机制，这样才能保障监管的法律法规得到贯彻落实。这是证券商监管框架中的决定性因素。只有在证券公司内部实施有力有效的风险管理和控制，才能促进资本市场的稳定。美联储主席格林斯潘说："监管不可能总是正确的，也不可能对所有的监管目标都行之有效。外部监管永远不可能替代银行自身的谨慎管理以及市场对银行的监督。"这句话也可以运用于证券商的监管。即使监管机构执行监管的原则和对证券公司的审查监督程序都是最佳的，它们也只是证券公司风险的第二道防线。一般我们说的证券商监管是一种外部监管，真正起作用的则是证券公司的内部管理。

内部管理中，内部控制占有极其重要的地位。内部控制有两层意思，一层是内部控制机制，另一层是内部控制制度。内部控制机制是相互制约、相互制衡的一种结构，光有制度没有制衡机制不行。一个人的思想再好，品德再高尚，也架不住天天在利益面前"烧烤"啊！"烧"多了，"烤"多了，最后就可能利令智昏、铤而走险，这就需要通过机制来约束。制度是机制建设的依据，机制是制度执行的保障。光有制度，没有机制约束，制度就会流于形式，是花瓶。因此，搞好内部控制包括建设制度和建立机制两项内容，这就包括如何完善法人治理结构，如何发挥董事会、经营层以及监事会、党委的作用。

我国证券商监管框架的特殊性——财政、审计部门的介入

我国证券监管的特殊性体现在，除了中国证监会的监管外，还有国家财政、审计部门对证券公司的监管。现阶段我国证券公司的股东大多是国有企业，而国有企业的最终所有者是政府财政。国有证券公司要接受财政部门的监管，是所有者对经营者的监管，其重点在于公司的财务，也可以说是财务监管，区别于中国证监会的业务监管。目前，我国证券公司除中国银河证券是中央财政所有，由国有重点金融机构监事会监督外，其余都由各地财政部门对地方证券商的财务活动进行监督检查。《证券公司财务制度》规定，证券公司"接受主管财政机关的监督检查"。财政部明确规定，地方财政部门财务监管对象是经金融机构监管批准设立的各地方的金融机构，了解地方金融机构的防范风险能力。中央政府对证券公司进行财务监督的机构是国有重点金融机构监事会。国务院2000年发布的《国有重点金融机构监事会暂行条例》规定，监事会对国有金融机构的资产质量及国有资产保值增值状况实施监督；对国有金融机构的财务活动及董事、行长（经理）等主要负责人的经营管理行为进行监督，确保国有资产及其权益不受侵犯。监事会履行的职责包括，检查国有金融机构贯彻执行国家有关金融、经济的法律、行政法规和规章制度的情况；检查财务，验证其财务报告、资金运营报告的真实性、合法性；检查经营效益、利润分配、国有资产保值增值、资金运营等情况；检查高级管理人员的经营行为，对经营管理业绩进行评价，提出奖惩、任免建议。目前，这样的公司只有中国银河证券一家。

除财政部门从财务角度对证券公司进行监督外，国家审计机关还要依法对证券公司进行审计监督。1998年通过的《证券法》第九条规定："国家审计机关对证券交易所、证券公司、证券登记结算机构、证券监督管理机构，依法进行审计监督。"1994年通过的《审计法》第十八条规定："审计机关对国有金融机构的资产、负债、损益，进行审计监督。"1996年发布的《审计署关于国有金融机构财务审计实施办法》规定，对证券业进行审计监督，对证券公司的资产、负债、损益的真实、合法和效益进行审计监督，对证券公司的内部管理与控制制度、部门或专业管理控制制度的健全性、相关性、制约性和有效性，以及各项内部管理控制制度执行的情况进行测评。对证券公司审计监督的主要内容有：审计投资资金来源，投资项目与内容的合法性和效益性，投资项目的管理，投资风险准备金的计提与核销，证券回购和证券的买空卖空，有价证券和保管单的真实存在，投资业务所占的比例情况，审计各项投资收益的回收等。

证券公司常常抱怨，除了中国证监会来检查外，一会儿财政来检查，一会儿审计来检查。这种抱怨是不了解中国的证券商监管框架。按照法律规定，它们的检查各有分工、各有侧重。它们的检查是有法律依据的，即使是股份制证券公司，大部分公司的大股东是国有企业，背后是国家。因此，按照法律法规对证券公司进行检查无可非议。

中国证监会与财政、审计部门在监管上的异同

共同点：一是三者都受政府的监督管理，二是三者都要求证券公司业务经营的合规性和财务的稳健性。财政、审计部门作为股权所有者和法定监督者，应该督促证券商符合证券监管机构的要求，督促证券商保证按照中国证监会的净资本规则行事。当券商流动性出现问题时，应该采取措施，以降低对客户的不利影响。

不同点：一是监管角色的不同，二是监管角度的不同，三是监管广度的不同，四是监管手段的不同。从监管角色来说，中国证监会是证券市场的裁判员。根据游戏规则进行监管，同被监管者没有利益关系。而财政、审计部门是运动员（证券公司）的"老板"，与被监管者有利益关系。在此，我用1998年对四川证券公司严重违反财税和金融法纪问题的查处来说明两者的区别。财政部处理的方式是，查处"小金库""账外经营"等违反财税法规的问题；全额没收"小金库"资金，并按发生额处以1倍以上的罚款；对公司部门经理以上干部分得的"小金库"资金，如数退回，上缴国库。中国证监会的处理方式是，查处股东资格的合法性和挪用客户交易结算资金等违反证券法规的问题。从监管角度来说，中国证监会是从保护广大中小投资者的合法权益的角度对证券公司进行监管的，而财政、审计部门则是从保护国有大股东的所有者权益的角度对证券公司实施监督的。从监管广度来说，中国证监会是从减少证券市场系统性风险的角度进行监管的，而财政、审计部门是从国有资产保值增值的角度进行监管的。从监管手段来说,中国证监会根据法律要求采取具体手段来保证证券商的资产与客户资产隔离,以确保客户资金和证券不被挪用。中国证监会制定净资本规则,要求券商必须保证资产的流动性,以确保券商破产时对客户有足够的支付能力。

监管框架与内部控制制度的关系

中国证监会要求证券公司建立有效的内部控制,是从保护投资者合法权益、减少系统性风险的角度提出的,证券公司的内部控制是监管框架三个层次中最基础的环节,中国证监会的监管是督促证券商按照证监会颁布的内部控制指引去建立内部控制制度及机制。而财政、审计部门和国有重点金融机构监事会要求证券商建立内部控制制度,是从所有者的角度,保证所有者的权益不受侵犯和保值增值。另外,作为所有者,应该要求证券公司管理层严格按照证券法律法规和证券监管机构的监管要求办事,督促管理层合法经营,保护投资者的合法权益,防范化解金融风险。

证券公司内部控制存在的主要问题

毛泽东主席在《反对本本主义》一文中说:"没有调查,没有发言权。"之前,我做了一点调查,发现许多证券公司在内部控制方面存在一些问题。

第一,管理层思想认识不到位,内部控制形同虚设。虽然差不多每家证券公司都有整套的内部控制制度,但在实际运作中并没有得到很好的执行。例如,许多证券公司都设置了内部风险控制委员会或投资决策委员会等机构,但在从事重大资产管理、自营业务或做一些影响公司的重大决策时，根本没有按既定的决策程序运行，往往由董事长或总经理全权决定，风险控制部门只是装装样子。比如，有一家证券公司出现透支案，重大问题没有经过集体决策程序，总经理一个人说了算，从而给公司和个人带来严重后果。这家公司2000年9月下发《关于证券营业部"T+0"业务管理的通知》，允许营业部客户在当天使用一定的资金额度，并确保在当天收市前归还该部分资金，以这种方式吸引客户。这个文件没有经过总经理开会讨论，而是由总经理个人签字后下发，内部控制制度被抛于一旁。该文件实质是允许证券营业部向客户透支买卖股票，明显违法。经中国证监会及时发现并干预，该公司停止了该项业务。该事件的主要责任人——公司总经理引咎辞职，中国证监会也对有关责任人员通报批评。这个案例说明，内部控制制度不仅要制定，更要落实。

发行体制改革，即实行证券发行上市的核准制，加大了券商的责任，主要体现在推荐企业发行上市上。据了解，一些证券公司承包了投资银行业务，这存在很大的风险，是与内部控制背道而驰的。在利益的驱动下，承包者可能滥用权力，从事投资银行业务的人可能会不择手段地掩盖问题，骗过内核小组，将不合格的公司推出发行上市，最终出现的问题由公司来承担，这是很危险的。总经理是从公司的角度来全面考虑问题的。然而，一旦投资银行业务承包给部门或者个人，承包者的目标就是把项目做成，为此可能会出现种种违规行为，因为其考虑的是个人或部门绩效，不会考虑公司可能承担的风险。因此，部门或者个人考虑问题的角度与总经理是有区别的。但最终违规的风险却要由公司来承担，会给公司的整体利益和长远发展造成极为不利的影响。

再如，许多具有承销资格的证券公司虽然都成立了内核小组，但经常是大部分前期工作已经完成了才让内核小组去复核，项目的成本费用已经发生，内核工作只能流于形式，而不能从源头上把好关。比如，有一家证券公司在2000年担任主承销商时，其承销团中有两名成员和承销费不符合中国证监会的规定，却在信息公开披露时作假。这说明公司的内部控制存在很大问题。

第二，公司领导层尚未认识到内部控制指引的重要性。有些人认为内部控制指引太超前、太理想化，思想上不够重视，不认为健全内部控制是公司防范风险、可持续发展的重要工作。满足于应付中国证监会的检查。相信许多证券公司都有一套装订整齐、印刷精美的有关内部控制的规则制度汇集本，等待着中国证监会的检查。但这些纸上的东西有多少落到实处呢？公司的领导层应该对所定下的制度有常态化的检查，对相关制度的落实要有相关机制配套，这样内部控制才能真正起到作用。一些公司的领导对风险控制不够重视，以利润为优先，对内部控制敷衍了事。

第三，许多证券公司董事会、监事会不起作用，内部人控制，总经理权力过大，内部决策机制不顺畅。有的证券公司董事会不健全，重大决策往往由董事长一人决定，公司领导层无相互约束、相互牵制机制。还有的证券公司连《公司法》规定的监事会也没有。

第四，公司管理层重短期利益、轻长远发展。为了激发内部各部门的积极性，公司过分强调各核算部门的经济利益，往往忽视了公司的长远发展目标。部分营业部不惜背着公司总部从事一些违法违规活动，埋下了种种风险隐患。比如，有的证券公司证券营业部的效益工资简单地依赖于营业部的业绩，忽视了会计利润内在的局限性和片面性。

第五，证券营业部管理不规范。证券营业部除经纪业务外，在公司授权或未授权的情况下还不同程度地经营其他如自营、资产管理等业务。例如，有的证券公司的部分资产管理业务由营业部直接同客户签订资产管理委托协议，并全权操作受托资金，公司原则上规定营业部的受托资金只能从事新股申购，事实上并非如此。又如，有的证券公司授权营业部从事以国债为主的自营业务，有的营业部未经授权直接从事股票自营和资产管理业务。

第六，重要岗位管理不规范。一些证券公司未执行《证券公司内部控制指引》规定的重要岗位如营业部经理、财务主管、电脑主管等实行公司总部委派和定期轮换制度。总公司对营业部的控制流于形式。

第七，公司内部没有设立"防火墙"。《证券法》规定，证券公司的自营和经纪业务在人员、资金、账户上要隔离，分开操作。但一些证券公司的自营、经纪、资产管理业务全部由一个老总负责。这样无论是在物理空间上还是心理空间上，都没有进行"防火墙"隔离。西方国家的证券公司在这方面的要求非常严格。证券业是一个专业性很强的行业，法律对证券从业人员有从业道德的要求。这是心理上的"防火墙"，是道德规范，是一种观念。

公司各层人员在落实内部控制指引中的作用

首先是高级管理层的作用。高级管理层内部控制的重点是控制风险。具体说，就是防止交易结算资金挪用，防止违法违规事件发生，加强财务风险管理以确保净资本符合监管要求。关于净资本，我讲一位老总给我讲的故事。他说，净资本对他们公司的影响挺大的，原来他们打算买一栋楼，但实行净资本规则后，他问财务人员买楼对公司净资本有何影响，财务人员告诉他，如果买了楼，其资产就不能计算在净资本中，会让公司的净资本下降几个点，这样会影响公司的业务拓展，因为净资本和证券公司的业务发展挂钩。财务人员还告诉他，在目前的情况下，"租楼比买楼合算。因为租金随经营成本走掉了"，不影响净资本的变化。最后，这位老总决定租楼而放弃了买楼。由于这位老总尊重财务人员的专业知识，认真听取了意见，选择了对公司发展最有利的思路，所以控制住了可能发生的业务风险。

其次是中层管理者的作用。中层管理者要为高层管理者出谋划策，提醒高层管理者合法合规经营。"光挣钱"是不行的，要提出执行内部控制的具体意见。要发挥上传下达、组织落实制度的中坚作用。中层是整个内部控制的操作枢纽，是一个关键环节。内部控制制度要靠他们去贯彻落实，执行的情况要靠他们去检查报告，出现问题需要他们去处理。如果没有中层管理的内部控制，是无法把高层管理者的意图传递到基层岗位上的。好的制度必须让全体员工掌握，并融化在行动中，这样才能真正起到作用。

最后是普通员工的作用。普通员工是落实内部控制指引的基础，是风险控制的第一道防线。教育普通员工认真遵照执行内部控制指引，要有严格的制度要求他们遵守，有严格的惩罚制度约束他们遵守。

内部控制不严对公司和个人的影响

首先,是对证券公司的影响。公司内部控制失误,导致公司犯错误。按照相关法律法规规定,中国证监会和证券自律性组织可以根据情节轻重,采取九种办法进行处理:一是谈话提醒,二是证券公司内部批评,三是公开批评,四是警告,五是罚款,六是没收违法所得,七是责令停业,八是暂扣或者吊销营业许可,九是给予行政处罚或刑事处罚。以上的处理办法对证券公司的发展会产生不同的后果和影响。

其次,是对证券公司个人的影响。一是在一定时间之内取消从业资格,二是终身取消从业资格,三是罚款,四是行政处罚,五是追究刑事责任。以上各项处理都会对从业人员的个人职业生涯产生各种影响。因此,大家从业时要依法依规、遵操守、讲道德,不要走"聪明反被聪明误"的道路。

讲了这么多的内部控制问题的重要性,目的就是希望引起证券公司和从业者足够的重视,不做法律法规、自律纪律、道德操守不让做的事情,这样才有利于证券公司稳定健康发展。

对证券经营机构监管重点的分析

证券经营机构的监管，对 20 世纪 90 年代的监管者来说是一个新课题。1998 年证券监管体制改革前，证券经营机构的监管职责在中国人民银行，具体执行机构是非银行金融机构司，我担任该司副司长，在司里负责证券经营机构的监管工作。那时候，商业银行监管刚起步不久，证券经营机构的监管基本按照商业银行的模式进行。证券公司监管理论和实践在国内几乎是一片空白。因工作需要，我查找了西方一些研究证券经营机构和监管经验的书籍和文献以资借鉴，但由于外语水平有限，甚是费力，加之工作繁忙，对有关证券经营机构监管的系统知识收获渺渺。1995 年，中国人民银行五道口研究生部聘请我作为兼职教授，指导硕士研究生的论文写作。正好，借机可以把我的所思所想作为指导研究生论文的内容。当第一个研究生何川向我征求关于论文方向的建议时，我给出了一个"证券经营机构与商业银行异同及其监管重点"的题目。围绕题目，我与何川进行了深入的交流和探讨。何川按照这个题目与探讨的思路开始了对这一课题的研究。他查阅了大量境外资料，比较了资本市场中介与货币市场中介的不同。在指导过程中，我们多次围绕这个主题进行讨论。经过一年多的努力，他写出了二万多字的硕士论文，题目为《对证券经营机构监管重点的分析》，并顺利通过了硕士论文答辩。之后，为了让更多的人了解这一研究成果，我们二人合作，把论文压缩成3 000多字，在1998年第2期的《金融研究》上发表。下面是这篇文章。

资本市场中介与货币市场中介

商业银行与投资银行都是媒介资金盈余方与短缺方之间资金流动的金融中介。不同的是，商业银行是间接金融中介，而投资银行（我国则是证券公司）是直接金融中介。资金短缺方借入资金的方式主要有：一是发行对本单位的债务或产权凭证，即发行初级证券；二是通过二级证券即金融机构的负债凭证来获取资金。在第一种方式下，投资银行通过承购包销初级证券，在资金的盈余方与短缺方之间进行直接的资金转让，发挥直接金融中介的功能。在第二种方式下，金融机构主要是存款中介机构（包括商业银行等）及合作制金融组织，通过发行针对自己的债务凭证筹集资金，然后用所筹集的资金购买初级证券，完成资金由投资者向筹资者的流动，从而发挥间接金融中介的作用。由于投资银行的承购包销活动一般是在资本市场上完成的，所以往往被看作资本市场中介；而传统上商业银行的间接融资活动常常是短期的，属于货币市场的范围，因此常常被界定为货币市场中介。当然，目前这种限制已逐渐打破，商业银行与投资银行的业务都已互有交叉，但这两类机构的业务重点仍然有很大的差别，监管机构对其监管的重点也相应有所不同。

资金来源与运用分析

为详细了解商业银行与投资银行（证券公司）在资金来源和运用方面的差别，以及对监管机构的监管造成的影响，我们在下文对美国某商业银行（1994年）与某投资银行（1992年）的资产负债表进行分析。从表2-1可以看出，这家商业银行的资金主要是通过发行针对自己的债务凭证和存款筹集起来的。其中来自公众和企业的存款占全部资金来源的75%，这部分资金具有变动性大、影响面广等特点，对商业银行来说，潜在风险较大，从而要求其在资金运用中必须注意安全性。该商业银行的资金运用主要集中在贷款方面，占总资产的65.28%；证券投资尽管也达到了19.23%，但都是比较安全的政府债券。从这个例子可以看出，由于资金来源方面的较大风险，商业银行在资金运用方面往往采取审慎经营策略，将资产业务的安全性放在首位，因此，传统商业银行主要从事短期的货币市场业务。此外，商业银行也从事支付等中间业务以获取可靠的手续费收入，且来自这部分业务的收益所占的比例正越来越大。毫无疑问，这部分业务风险也较小。从表2-2可以看出，投资银行的资金来源中来自公众的比例很小，"应付客户款项"只占10%，大部分资金都是通过各种方式，如"回购协议"等，从其他金融机构融入的，具有较为稳定的特点，风险相对较小。由于资金来源方面风险的高低往往决定了资金运用策略，因此投资银行在资金运用中常常承担较大的风险。例如，1992年美林证券的资产负债表反映，它持有的证券存货达到30%，这也保证了它能获得较高的收益。事实上，在投资银行传统的三项业务中，承销、自营业务的风险都比较大，而投资银行在新兴业务中往往也追求"高风险、高收益"，如在给企业并购计划充当财务顾问的同时还提供"过桥贷款"等。

表2-1 某商业银行1994年资产负债表

单位：百万美元

资产	金额	负债及所有者权益	金额
现金及同业存放	11 388	存款	99 755
证券投资	25 566	其中：个人存款	42 431
其中：政府及市政债券	11 191	工商业及政府存款	35 660
其他证券	14 375	同业存放	21 664
贷款	86 779	支票及传递中项目	365
其中：住房抵押贷款	26 767	代客户承兑保证款项	4 796
个人及信用卡贷款	13 372	其他负债	18 580
工商业及政府贷款	46 640	非控制性附属权益	175
其他	9 195	次级债务	3 016
客户承兑保证款项	4 796	所有者权益	6 241
固定资产	1 200	其中：优先股	1 100
其他资产	3 199	普通股	1 839
		留存收益	3 302
合计	132 928	合计	132 928

表2-2 美林证券1992年资产负债表

单位：%

资产	百分数	负债及所有者权益	百分数
现金	1	短期借款	18
上缴储备金	3	应付经纪人和交易商款项	1
证券存货	30	应付客户款项	10

续表

资产	百分数	负债及所有者权益	百分数
转售合同	23	应付未购回证券	14
应收款		回购协议	30
客户净值	10	其他负债	13
纪经和自营	3	长期借款	10
利息和其他	2	股东权益	4
其他投资	25		
固定资产净值	1		
其他资产	2		
合计	100	合计	100

对系统风险影响的不同与监管重点的确定

商业银行不仅是信用中介，为经济发展筹集资金，而且是支付中介，能创造信用工具，使社会经济能够以最低的成本、最容易的方式运行。这种作用是投资银行与其他金融机构不能取代的。但如上所述，由于其具有资金来源中公众存款比重较大的特点，因此整个银行体系的安全性严重依赖公众的信任。往往个别银行的倒闭会引起一系列债权债务关系的破坏，同时造成公众对所有银行的信任危机，诱发挤兑风波，危及金融体系安全。这种一家银行倒闭殃及整个银行体系的"多米诺骨牌效应"，以及其对经济运行的巨大破坏作用，要求政府对商业银行监管的重点放在单个机构的安全保障及限制其系统性风险方面。因此，政府往往采取审慎监管原则，要求商业银行在经营中力求谨慎，尽量降低风险，保护存款人利益，维护金融系统安全。

而投资银行鉴于资金来源的涉及面较窄，即使某一家机构处于困境，因一般不会损害投资者对整个金融体系的信任，所以带来的系统性影响要小得多。当然，如果处于困境的投资银行规模较大，对证券市场的行情还是有影响的，但相对来说系统性风险小多了。另外，对监管机构来说，限制承担风险的人所遭受的损失要更容易一些，而承担损失的机构因一般已对其持有的证券进行分散化操作，足以防止对经济产生重大的反馈作用。因此，对投资银行的监管往往更加着重于投资者的保护和资本市场的一体化方面，而单个机构的安全与可靠则可以放在较次要的位置上。当然，国外近来因为投资银行与商业银行的界限日益模糊，单个投资银行的安全性正越来越被监管机构重视，这又另当别论。

对我国证券经营机构监管重点的分析

以上是以美国为例，对规范的商业银行与投资银行的资金来源和运用业务进行分析。但对于中国目前的证券经营机构来说，因其在资金来源和运用方面与国外投资银行存在显著差异，我国证券监管部门对其监管相应也要有所差别，而不仅仅限于投资者保护等方面，更需要注重单个证券经营机构的安全性。下面，我们对此问题进行详细分析。以 1996 年某证券公司资产负债表为例（见表 2-3），该证券公司的资金有相当一部分来自客户，如"应付代理证券款项"占全部资金来源的 30%，远高于美林证券的 10%。这部分资金实际上多是个人资金和机关、企业等机构的存款，其性质非常类似于银行吸收的社会公众存款，影响面广，风险较大。另外，该公司还有近 50% 的资金来自金融同业，这部分资金期限往往较短，稳定性差（从某种意义上讲，较差的稳定性与政府对证券经营机构融资合规性监管的阶段性加强有一定关系）。这些都说明我国证券经营机构在资金来源方面存在的风险与商业银行颇为类似，从而要求其在资金运用方面应与银行一样审慎经营，把安全性放在第一位。但我们从表 2-3 可以看出，该公司的资金运用仍过多集中在风险较高的业务上：证券自营占总资产的 14.6%，远高于所有者权益，说明有相当一部分资金是挪用客户的；应收账款占总资产的 32.7%，其中极可能隐藏了许多风险较高的业务。

表 2-3　某证券公司 1996 年资产负债表

单位：百万元人民币

资产	金额	负债及所有者权益	金额
流动资产		流动负债	
现金及银行存款	2 438	同业存放	7 883
存放中央银行款项	327	同业拆入	358
存放同业	1 302	应付代理证券款项	6 308
拆放同业	367	卖出回购证券款	2 206
应收款项（净额）	6 928	应付款项	2 267
自营证券	3 085	应付工资、福利费	19
代理证券	1 133	应交税金及利润	218
买入返售证券	2 982	流动负债合计	19 259
流动资产合计	18 562		
长期资产	2 518	长期负债	129
其中：长期投资（净额）	1 660		
固定资产	858	所有者权益	1 802
无形及递延资产	110		
合计	21 190	合计	21 190

从表 2-4 可以看出，由于前段时间证券业务的高收益及信托公司其他方面的业务遇到困难，目前我国信托公司普遍已将业务重点转移到了证券业务上。不过，信托公司的资金来源中社会公众的占比更大，中国工商银行信托投资公司的"委托存款"占到了资金来源的 40%，性质类似于银行，风险更大，对资金运用的安全性要求也更高。但实际上，从某种程度上讲，我国信托公司已经成为集商业银行和投资银行于一体的"全能型银行"。一方面，信托公司从事了大量高风险的证券业务；另一方面，信托公司的某些其他业务往往风险更高，都与上述安全性的要求不符。

表 2-4　中国工商银行信托投资公司 1994 年资产负债表

单位：万元人民币

资产	金额	负债及所有者权益	金额
流动资产	433 374	流动负债	375 543
现金及银行存款	17 470	短期存款	93 307
缴存央行准备金	29 089	央行借款	10 000
拆放同业	59 290	同业拆入	21 650
短期贷款	49 256	委托存款	241 397
委托贷款	202 647	应付账款	8 789
买入返售证券	31 300	长期负债	177 116
应收账款	6 526	所有者权益	49 823
其他应收款	37 796	实收资本	43 480
长期资产	168 025	盈余公积	177
其他资产	1 083	未分配利润	6 166
合计	602 482	合计	602 482

综上所述，在我国，无论是证券专营机构（证券公司）还是证券兼营机构（信托公司），资金运用高风险的状况都是普遍的。联系到如上所述其在资金来源方面的特点，证券经营机构发生支付危机时，对金融体系、社会经济整体的影响也与商业银行程度相当。并且，证券经营机构与银行体系之间存在的资金联系也加大了其对系统性风险的影响。另外，由于我国证券市场并不发达，投资者仍存有几十年计划经济中形成的思维定式，即认为金融体系是以国家信誉作为安全保证的。这种信任既有好处，也有负面作用，那就是公众信任的受损，以及容易把单个证券经营机构的危机扩大到整个证券市场乃至金融体系上去。

以上所述的我国证券经营机构的特殊情况，必然会对证券经营机构的监管操作造成影响。事实上，鉴于其在经营安全性要求及系统性风险影响方面所表现出的与银行的相似性，监管的重点也应考虑单个证券经营机构的安全性。并且，由于我国证券经营机构作为先天不足的新生事物，内部控制较为薄弱，因此其比商业银行更容易陷入困境之中。这就要求对证券经营机构安全性的监管，不仅应使用与对银行监管一样的严格标准，在操作上还应该更加严格一些。

我国证券经营机构危机的处理

1998—1999年,是中国证监会探索证券经营机构监管最为重要的时期。1998年,中国人民银行向中国证监会移交了对证券经营机构的监管权。在移交过程中,国务院要求审计署对全国证券公司进行一次全面的审计,以摸清其风险,便于中国证监会接手监管权后清理整顿、化解风险。审计署在对全国97家证券公司中的88家1997年度的情况进行审计后发现如下问题。一是账外经营,隐瞒转移收入,会计报表不真实。违规账外交易,隐瞒利润或亏损。虚假增资扩股,将公司资产转化为私人资本。二是大量违规融资,造成证券公司支付困难。三是挪用客户保证金。同期,中国证监会的调查显示,证券公司存在三大风险:一是兑付风险,即违规融入资金、居民债务及挪用客户保证金三块资金兑付,总计267亿元;二是有343亿元的非证券类资产的风险缺乏流动性;三是信托公司证券营业部融资形成的债务风险向证券市场转移。中国证监会提出了化解风险的三条措施。第一,在拓宽资金渠道方面,允许规范经营、资本实力强的大型证券公司增资扩股,以吸收一部分风险;允许符合条件的证券公司发行债券,以置换卖空国债代保管单和兑付挪用的客户保证金;允许符合条件的证券公司进入银行间同业拆借市场融资，通过合法合规经营来稳定市场，化解风险。第二，鼓励证券经营机构之间重组。对证券公司实行分类注册、分类监管，对不符合条件的，一律并入规范后的证券公司。第三，加快信托投资公司与证券业务分离，积极推动中国人民银行与所办的证券公司脱钩。中国证监会按照这个思路向国务院进行了请示。

1999年5月12日，朱镕基总理在中国证监会关于规范和推进证券市场发展的请示上批示："证券公司融资要严格防范风险，千万别为那些大量挪用客户保证金和亏损累累的'证券公司'大开方便之门，转移风险，加深隐患。应制定一系列的严格审查制度。关键是对证券公司要彻底整顿，该关的要关，决不徇情，消除隐患。"[1] 这一年，朱镕基总理对证券公司防控风险、加强监管、规范发展方面多次批示，为中国证监会监管证券公司起步定下了基调，明确了这一阶段监管证券公司的方向。在此期间，我要求1998届硕士研究生王华研究证券公司危机处理问题。我将他的硕士论文题目定为《我国证券经营机构危机的处理》。完成论文后，我们把主要内容压缩改写，并以我们两人的名义在中国人民大学主办的《经济理论与经济管理》2000年第2期上发表。下面是这篇论文。

· · ·

我国证券经营机构的风险及其监管

虽然我国证券经营机构经过10余年的发展，在数量和质量

---

[1] 《朱镕基讲话实录》（第三卷），人民出版社，2011年版，第263页。

上都有提高，但也存在许多问题。主要问题如下。

第一，数量偏多，规模偏小，注册资本少，抗风险能力弱，国际竞争力低，不能适应市场发展的需要。目前，我国共有证券经营机构300多家，证券营业部2 600多家，机构数量相对过剩，表现在一个项目众人争和业务淡季收入入不敷出两个方面。从规模看，虽然近年来我国不少券商都实施了增资扩股，但若将我国的证券经营机构与注册资本达22亿美元、总资产超过2 000亿美元的美国美林证券相比，则有天壤之别。证券经营机构的注册资本与其发展规模不相适应，一旦市场发生变化，损失就会极其严重。

第二，定位不准，业务单一，竞争不足与竞争过度并存。由于规模小，证券经营机构缺乏开拓新业务的能力。我国证券经营机构的业务主要集中在经纪、自营、承销等传统领域，没有适当分工，没有自己的特色。收入来源主要靠经纪、保证金利差和自营等，这三块占总收入的86%，另外14%为股票承销、国债承销、国债交易等其他收入。于是，在新兴业务领域里存在竞争不足的现象，而在传统业务领域里，则存在过度竞争的现象。过度竞争导致市场秩序混乱、成本上升、社会效益下降等弊端。

第三，内部管理混乱，风险控制不严，内部控制制度不健全。有些证券经营机构没有建立起包括人员管理、财务管理在内的完善的规章制度；在经营决策方面，没有建立科学的相互制约的决策权限体系，存在严重的"内部人控制"问题；公司总部对证券营业部管理不严，有些未达到实质控制，对营业部干部任免、资金调度等重大事项，公司总部无实质控制权，存在承包、出租营业部的现象。这几个方面都是证券经营机构在业务活动中出现失控的主要原因。

第四，资产质量低下，流动性差，风险大。风险管理制度不完善、风险管理不严格的直接后果就是资产质量较差。主要表现在：一是部分证券经营机构由于前几年盲目进行股权投资和房地产投资，形成的呆滞资产较多；二是应收账款占流动资产的比重较大；三是高风险证券占证券类资产的比重过高。目前，我国证券公司的流动性资产中，相当一部分是证券类资产，而且证券资产的种类单一，80%以上是股票。

第五，违章违规经营普遍。有些证券经营机构缺乏自律和风险意识，片面追求利润，违规操作行为屡屡发生；还有些证券经营机构无视法律法规，蓄意违规，牟取暴利。这些违规行为都在暗地操作，缺乏监管，包含着巨大的风险，一旦暴露，将严重影响社会经济秩序和社会稳定。

第六，法人治理结构不合理，"内部人控制"严重与行政干预过多的现象并存。证券经营机构的内部治理结构基本是经理垄断型，风险极其不对称。证券经营机构的负债风险和破产风险由股东承担，而股东却无监督动机；该机构的收益由经理人员控制，所以经理人员为获得高额收益，敢于涉足高风险行业或项目。

第七，证券从业人员素质有待进一步提高。近年来，证券经营机构发展很快，证券从业人员迅速增加，加上这一新兴行业产生时间短，从业人员的培训工作也没有跟上，表现在证券经营机构的经营管理水平低，以及从业人员的业务素质差、职业道德偏低。

基于中国证券经营机构的特性和证券市场的共性，我国证券经营机构必然面临诸多风险。从性质上来划分，这些风险分为两类：一类是外生风险，另一类是内生风险。外生风险包括政策风险、市场缺陷引发的系统风险。内生风险包括经营风险、管理风险、组织结构风险和违规风险等。由于证券经营机构面临着巨大风险，监管机构一直十分重视对证券经营机构的管理。

  监管机构对证券经营机构风险的控制主要包括三个方面：市场准入监管、日常监管和危机监管。市场准入监管是指在证券经营机构成立时，监管机构严格控制其出资人的资格审核，确保合格的参与者进入证券业，防止有风险的出资人直接进入证券业。日常监管包括业务监管和财务监管两个方面，监管机构通过对证券经营机构的现场检查和非现场检查，控制其日常经营中的风险。危机监管是在危机出现后，监管机构采取措施妥善处理危机，防止危机扩散。这三个方面相互影响，共同构成了证券经营机构的外部安全网。市场准入监管可以保证企业进入市场的质量，防止企业因先天不足而出现危机。日常监管则可以促使企业按照法律法规要求，依法经营，减少企业因违规经营而出现危机的可能性。虽然这两道防线在预防风险上起到了一定的作用，但不能百分之百地保证证券经营机构不发生危机。因此，建立一套针对证券经营机构的危机处理机制是完全必要的。西方国家对证券经营机构的监管包括事前监管（市场准入监管）、事中监管（日常监管）和事后监管。但它们主要将注意力放在市场准入监管和日常监管上，对证券经营机构危机的监管并不太重视。它们认为，对危机的监管是对市场的明显干预，西方国家对此比较谨慎，除非危机将对整个金融体系产生严重影响并危及经济，政府一般是不愿意介入的。

危机监管的方法

我国危机监管的宏观环境和微观环境

我国经济体制改革的目标是，建立中国特色社会主义市场经济体制。现阶段我国还未建立起全面、完善的市场经济机制。西方国家实行市场经济模式，政府也没有放松对证券业的监管。我国作为正在向市场经济过渡的发展中国家，市场机制的不健全将导致严重的市场失灵现象。为保障我国证券市场的顺利发展，政府对证券业的监管必然要严于西方国家。西方国家可以利用其发达的市场经济模式、完善的市场机制解决证券业相关问题，在我国现阶段市场机制还不能发挥有效作用的情况下，问题仍需要由政府来解决。

虽然各国证券市场的投资者都分为个人投资者和机构投资者，但我国的具体情况还有所不同。我国证券投资者中大部分都是中小投资者（散户），参与交易的机构投资者、个人投资者大户是投资人群中的少数。虽然从平均资金量上比较，机构投资者比中小投资者实力强得多，但是中小投资者是用自己的钱进行投资的，风险自负，损失自担，而机构投资者中的相当一部分主要是用国家的钱来投资的（主要是证券公司自营业务和三类企业的投资），这两者的性质是完全不同的。机构投资者凭借雄厚的资金实力，在证券市场中起主导作用。从实际情况看，中小投资者与机构投资者在投资机会、投资成本和投资收益方面都不平等，中小投资者处于被动地位。但是社会公众投资者是证券市场的基础和最有效的部分，这使证券市场上的公平原则等同于保护中小投资者的合法权益。证券监管必须以保护广大中小投资者的合法权益为出发点，以建立和维护中小投资者的信心为着眼点。这就是几乎所有证券法规都以保护中小投资者的合法权益为目标的原因。

危机处理方法的选择原则

第一，稳定是选择危机处理方法的首要原则。这里的稳定不是指单个证券经营机构的稳定，而是指整个证券业的稳定和公众对金融体系信心的稳定。第二，监管机构应尽可能使用市场化手段来解决市场失灵问题。第三，根据证券经营机构的实际情况及危机出现的原因来选择处理方式。第四，危机处理必须果断。

危机处理的方式与种类

危机监管一般有两个阶段，一是紧急处理阶段，二是最终处理阶段。监管机构在遇到突发性事件或一直未能确定危机的最终处理方式时，就可以采取临时政府措施，暂时控制危机进一步发展，初步稳定市场。这些临时政府措施包括：资金援助、接管或临时关闭。从濒危证券经营机构最终的延续性来讲，最终的处理方式不外乎以下三类：破产清算、并购和自立重组。这几种方法并没有优劣之分，但是针对某一特定情况，它们之间就出现了差异。合适的处理方法能够有效地使用有限的资金，将危机的影响减小到可接受的范围。查尔斯·古德哈特从《金融时报》《经济学人》等报刊，以及各种官方渠道收集到了104个外国金融机构处理危机的案例，大部分广泛使用了这些危机处理方法。

紧急处理方法有三种。

一是资金援助。在危机出现后，如果没有及时的外来资金支援，一般就要宣布破产，所以对紧急融资的要求是迅速、充足。但是中国比较特殊，一方面，政府不希望证券经营机构破产；另一方面，债权人和股东也希望政府出面保障他们的利益，这样就使我国证券经营机构危机处理发展缓慢。随着市场化、法治化和国际化的发展，危机处理逐步与国际惯例接轨，要求监管机构建立紧急融资机制。在这种机制下，中央银行和证券业保险体系将发挥主要作用，因为只有这两者能够迅速做出反应。

二是接管。接管就是通过整顿和改组的措施，对被接管人的经营管理、组织结构和财务状况进行必要的调整，在接管期限内，恢复被接管人的信誉和经营能力，防止金融机构破产从而避免客户损失利益。被接管的金融机构和债权债务关系不因接管而变化。从各国的情况看，实施接管主要有两种类型：一种是由监管部门接管；另一种是由存款保险组织接管，如美国、加拿大的存款保险公司都有权对交易失败的投保金融机构实行接管和清理。

三是限期停业整顿。在证券经营机构违规经营，已经或即将发生信用危机时，监管机构可以责令其停业整顿。这种方法主要在危机起源于违规经营的情况下使用。与接管相比，停业整顿将给客户造成较大影响，但它也能较有效地解决危机机构内部存在的问题。

最终处理方法有四种。

一是自立重组。这是指发生危机的金融机构在经过调整和获得帮助后，重新获得了偿还能力，金融监管机构中止了紧急处理措施，该金融机构又可以在市场上按照独立法人资格继续经营。自立重组的前提是重新获得偿还能力，基础是这家金融机构已经有了良好的变化，这些变化可以包括不称职的领导人被调换、不充足的资本得到补充、不合理的融资结构得到改变、不安全的资产价格得到调整等，这些变化要足以使监管机构相信该机构已获得再生能力。自立重组方法主要包括两个方面：一方面是解决暂时性的支付问题，另一方面是解决根本性的风险防范问题。支付问题可由紧急处理中的资金援助来解决，而风险防范则要通过财务结构的调整和内部管理的加强来解决。财务结构的调整，对于发生流动性危机的机构来说，主要是调整其资产、负债的内部结构，增加流动性资产，将一部分长期资产变现，以满足偿付流动负债的需要。发生债务清偿危机的机构则要增资扩股，弥补已有的损失。

　　二是并购。一般来说，并购是指一家健康的金融机构用现金或股票按商定的价格购买陷入困境的金融机构的全部或大部分股权，这一方式也广泛应用于金融机构破产后破产资产的清算工作。它能够保全危机金融机构的基础，总体上保证向社会和公众提供金融服务的连续性，而且对危机金融机构的客户不会造成太大的损失，可以减少甚至消除危机金融机构对公众信心的影响，将危机对市场的不良影响降到最低。因此，并购成为各国监管机构处理危机的首选方式。在古德哈特收集的104个案例中，有49例使用了并购方式。采用并购方式的关键是找好并购方。在监管机构介入的并购中，能够作为并购方的主要有两类：国内金融机构和国内普通企业。首先，我国法律规定金融业实行分业经营，金融机构中只有证券经营机构才能兼并收购濒危机构。在这种情况下，濒危机构的法人地位无法保留，它只是成了并购方新成立的证券经营机构的一部分（吸收合并或新设合并）。这种方式的优点是，并购方对证券经营机构的管理有经验，可以提高并购的成功率。其次，普通企业兼并濒危证券经营机构，目的是利用濒危证券经营机构的"壳资源"进入证券业，所以濒危机构的法人地位将得到保留。但是，对一般企业来说，立即拿出大笔流动资金注入被收购的证券经营机构是比较困难的。不管怎么样，监管机构都应该找一个实力雄厚、有丰富经营管理经验的并购方。兼并收购的价格就由兼并方与被兼并方根据资产评估结果和兼并方式谈判确定。兼并方式主要有两种：股权换股权和现金换股权。兼并方可以用自己增发的股票按照一定的比例交换被兼并方股东的股权，这种方式对兼并方的流动性要求不高；兼并方也可以用现金按一定价格购买被兼并方股东的股权，这种方式一般都是在金融机构作为兼并方时采用的。兼并程序结束后，监管机构的责任并没有结束。监管机构要密切关注产生的新的证券经营机构，直到它的经营走向正轨。监管机构应特别要求这家证券经营机构按月上报财务报表，掌握该机构的财务状况；随时与该机构的管理层保持联系，了解在经营中出现的新问题、新情况，在必要时还可以通过中国人民银行和保险机构申请资金援助，以确保兼并成功。

三是破产关闭清算。由于破产对市场投资者和同业机构的影响巨大，所以破产是监管机构最不愿意使用的一种方法。但是，作为市场竞争规律"优胜劣汰"最直接的实现方式，破产又是不可缺少的。在古德哈特收集的104个案例中，最终清盘的有31例，约占30%。所以说，只要能够采取措施将破产机构的负面影响控制在可接受的程度内，我国监管机构就可以使用破产方法来处理证券经营机构的危机。我国证券经营机构破产的影响主要有三个方面。第一，对市场的影响主要是破产财产中大量有价证券变现，会扰乱市场价格形成机制。第二，对个人的影响主要是客户保证金被挪用，造成客户损失。另外，证券经营机构违规变相吸收存款，存款人的存款不能全额收回。第三，对同业证券经营机构的影响是不能完成证券现金交割，给同业机构带来麻烦。破产机构参加同业拆借、国债回购等，也会给同业机构造成大量的呆滞账款。如何将这些影响控制在可承受的范围内，就是监管机构要考虑的问题。采用破产方法来处理证券经营机构危机，关键是最大限度地维护债权人和投资者的利益，确保处理过程的公开性和公正性，严格按照我国法律和国际惯例办事，不搞暗箱操作。对于破产财产不能以马上卖掉为处理原则，要想办法为债权人争取最大的利益，切实保护中小投资者的合法权益。

四是行政关闭。证券经营机构如果违反法律、行政法规，造成严重的信用危机，监管机构可以依法责令其关闭，由有关机关组织股东、债权人及相关专业人员成立清算组进行清算，并分配财产，最终解散。行政关闭是一种较为极端的做法。在关闭之后，监管机构等也就成为该机构的财产管理人，其主要工作有两项：一项是成立清算组，开始清理资产；另一项是选好财产托管人。由于托管人负责对被关闭机构的资产负债进行清理，被选中的托管人一定要有能力完成这项工作。监管机构可以考虑托管人的分支机构的设置范围、业务能力与经验等要素。值得注意的是，托管人没有代付或垫付被托管人债务的责任。我国监管机构在选择托管人时，还应与危机最终处理联系起来，寻找有实力、有收购兼并意向的证券经营机构来担当托管人。

危机监管的资金来源

危机监管的资金来源总体情况

危机监管过程中，由于濒危证券经营机构已造成了巨大损失，所以监管机构需要向其投入较多资金。因此，资金问题成了监管中的一个关键问题，如何筹集危机处理资金也成为监管机构面临的最大难题。古德哈特收集的外国案例中所使用的资金来源如下。在使用两种以上资金来源的案例中，存款保险使用频率最高，为38.5%。其余三种资金来源的使用频率相差无几，都在24%~27%。但是这三种来源就具体使用情况来看差别巨大：中央银行资金90%以上都是在联合出资中使用的，财政资金在2/3的情况下是单独使用的，而商业银行资金36%是单独使用的，正好与财政资金相反。

从我国的实际情况看，资金来源需要坚持三个原则：强化责任原则、谁受益谁出资原则和能力原则。强化责任原则是指，对危机的产生负有重大责任的当事人在危机处理中负有提供处理资金的义务。谁受益谁出资原则是指，从危机监管中获得利益收益的当事人也支付一定的处理资金，以体现公平。能力原则是指，根据危机的规模，有能力的资金提供者可以多提供一些资金。另外，确定资金来源还需要具体分析我国可能的筹集渠道。财政部门，可以以直接拨款、减免税和抵押担保的形式为危机监管提供资金；中央银行，一般地说，其只对发生流动性危机的金融机构提供援助，而且中央银行受到双重职能的约束，在很大程度上影响了其提供援助的能力，因此，中央银行只能为危机监管提供少量的资金；股东，普遍看，证券经营机构的股东要对危机的产生负相当一部分责任，因此，股东应向濒危证券经营机构追加出资；同业机构，在证券经营机构中是危机监管的直接受益者，但我国证券经营机构普遍存在资本金少、规模小的弱点，对于中小证券经营机构来说，它们根本没有能力参加挽救行动，经营稳健的少数大型证券经营机构，可以以证券业联合的形式出面参加危机处理融资活动；证券业保险体系，它综合了各家证券经营机构的力量，可以避免"心有余而力不足"的尴尬状况。为了化解我国证券经营机构的风险，保障我国证券市场健康稳定发展，我国必须建立一个符合国情的、行之有效的证券业保险制度。

证券业保险制度

由于我国证券市场是一个尚未成熟的市场，系统性风险和非系统性风险都比较大，而且我国证券经营机构是以特定的方式产生于特定环境中的，运作不规范，权责不明确，存在许多问题。因此，随着竞争的加剧，兼并、破产、倒闭现象必然逐步增多。在这种情况下，建立一个切实可行的证券业保险制度是监管机构可以选择的一个思路。建立证券业保险制度，最重要的是建立一个专门的、非营利性的证券业保险机构。它的最高机构是董事会，包括代表各方利益的成员，如财政部代表、中国人民银行代表、证券经营机构代表和证券交易所代表等，从而保持了证券业保险基金监管一定程度上的灵活性和独立性。建立证券业保险制度，必须建立专门的、由证券业保险机构管理的证券业保险基金。证券业保险基金的来源包括投保证券经营机构交纳的保费、外界的赠款和投资收益。由于证券业所面临的问题巨大，法律应该规定每一家证券经营机构都必须参加证券业保险体系。证券经营机构交纳的保费分为两种：一种是一次性交纳的初始保费，按证券经营机构的注册资本金或证券业务部门的运营资金的一定比例交纳；另一种是分期交纳的维持保费，在证券经营机构评级制度建立前，按照证券经营机构营业收入的一定比例交纳，评级制度建立后，可以按照不同档次的费率向不同级别的证券经营机构收取保费，以体现谁受益谁出资原则。法律中也应规定，在出现紧急情况时，证券业保险基金可以通过对证券机构的接管，从财政部得到一定数额的资金援助，并可以从中国人民银行得到一定数额的再贷款。保险基金收到保费后，应按一定比例分别投资各类金融资产。保险基金主要在两个方面使用：一方面，在证券经营机构破产后使用，向其个人客户赔偿一定损失；另一方面，为了防止证券经营机构破产，促成兼并收购和债务重组，证券业保险机构可以动用保险基金进行财务援助。

　　证券业保险机构特殊的资金来源使其成了各方都能接受的处理危机的专门机构。它的特殊操作目标，一是确保中小投资者的利益不受损害，二是将危机及危机处理对市场的影响降到最低，三是高效率地使用资金，四是使危机处理成本相对较小。证券业保险机构在危机处理中的具体工作如下。接管濒危证券经营机构，清理债权债务关系。为证券经营机构提供流动性支持，折价购买证券经营机构的不良资产，协助证券经营机构缩小资产负债规模，为证券经营机构再生创造条件。在兼并中，为兼并方提供融资额度，剥离被兼并方企业不良资产，为兼并形成新的证券经营机构提供融资担保和损失担保等，以推动兼并的顺利实施。破产关闭处理是证券业保险机构工作中的重头戏，由于破产关闭会对市场和社会造成巨大打击，所以在进行破产处理时一定要小心谨慎。在宣布破产或关闭之后，证券业保险机构在资产追收与变现、负债的偿付工作中要将破产清算对市场和投资者的影响最小化与债权人利益最大化结合起来考虑。在资产清算中，壳资源和证券营业部可以随同足额客户保证金一起拍卖，这样可以保证对中小投资者不造成太大影响。如果破产证券经营机构的银行存款及现金不足以支付客户保证金，由证券业保险机构从保险基金中在最高垫付限额内拨付凑足。证券业保险机构的垫付款的清偿，应优先于普通债权。对于证券经营机构的自营证券，可先由保险基金管理，在一定时期内，逐步分批出售变现，也可以以协议的方式按市价或协商价转让给证券投资基金。对于其他高风险、低流动性的资产，证券业保险机构可采用拍卖的形式或折价出售的形式转让给金融资产管理公司或其他单位。如果立即变现资产会使价值损失巨大，证券业保险机构也可以先估计一个预计收回额，按预计收回额参加分配。在破产资产全部处理完之后，若实际收回额超过预计收回额，保险机构可对未补偿的债权进行追加分配。如果数额太小，可以直接计入保险基金。在清偿债务时，证券业保险机构应按照破产法的要求，按公平原则，对各种债务进行清偿。

证券经营机构风险预警机制

证券经营机构风险预警机制属于风险预防措施，也可以当作证券经营机构风险评级制度。监管机构应确保评级体系的合理性、评级分析与判断的可靠性和评级工作的客观性，来提高评级质量的准确性。通过这套制度，证券监管机构对证券经营机构的问题做到心中有数，随时掌握证券经营机构超越警戒范围的异常经营趋势，以便加强对证券经营机构的监管，并迅速采取进一步的行动防止形势恶化。根据西方发达国家的经验，通过实施风险预警机制，监管机构能及时有效地预知发生问题的证券经营机构，然后运用有限的人力加强证券经营机构监管。按照我国实际情况，我国证券经营机构风险评级体系应以财务比例审查为主，以业务能力、管理能力和控制系统评估为辅，以非现场检查为主，以现场检查为辅，并利用定量分析与定性分析相结合的原则来建立。由于国内证券业缺乏可比较的破产倒闭的样本，因此我国的评级缺乏的主要是经营状况的对比和国外经验。

监管机构应在重点监管证券经营机构自营业务的同时，加强对证券经营机构非证券类高风险资产的控制，形成覆盖资本充足度、资产质量和资产流动性的财务指标体系。按照不合格指标的数目和偏差度，将我国证券经营机构分为五类，即1（良好）、2（正常）、3（有问题）、4（高风险）、5（无法继续经营）。每一等级可用"+""-"进行微调。除此之外，监管机构还必须根据证券经营机构的业务能力、管理能力、人员素质等来调整证券经营机构的评级。证券经营机构的业务能力指标包括资本金、总资产、利润额、一级市场占有率、二级市场占有率、资本收益率和资产收益率等。对证券经营机构经营管理的评估和对内部控制及内部审计的评估，需要通过现场稽核的方式进行。监管人员根据"有效、审慎、全面、及时、独立"的要求来评估证券经营机构的内部控制系统，检查券商是否建立了严格的直接向董事会汇报的内部审计系统，进而评估证券经营机构的经营管理水平、员工素质水平及其财务报表的可信度。监管机构获得最终的证券经营机构风险等级后，可以将其运用到监管工作中。评级为1或2的证券经营机构是正常机构，评级为3的券商是有问题的机构，评级为4或5的券商是发生危机的机构。这种内部掌握的证券经营机构风险评级，对监管机构的主要帮助有如下几点。

一是监管机构通过每年的检查评级过程，及时掌握各券商的经营概况及主要风险，制定针对各证券经营机构的特别监管方案及实施方法，及时有效地采取方法化解和防范风险。二是证券业保险机构按照各等级风险的大小制定出差别费率，并实行限额保险，以形成促进证券经营机构安全稳健经营的内在动力和外在压力。三是监管机构在受理证券经营机构开设分支机构、营业部及开办新兴业务申请时，必须考虑申请人的风险等级。一般说来，监管机构批准2级以上的证券经营机构的申请，支持其发展；限制3级及以下的证券经营机构开设分支机构等。另外，监管机构只准许2级以上的券商参与危机处理中的兼并收购。四是监管机构根据证券经营机构的风险水平，对其采取不同的监管方法，以有效准确地运用监管力量，达到事半功倍的效果。

基金管理公司监管的比较分析

20世纪90年代前后,证券类机构的监管权在中国人民银行,由于对改革中的试点探索没有经验,中国人民银行许多省级分行越权审批了70多家证券投资基金。1997年亚洲金融危机后,中共中央、国务院决定把证券类机构的监管权从中国人民银行移交到中国证监会,第一步先移交证券投资基金及其基金管理公司的监管权,第二步移交证券经营机构的监管权。国务院要求中国人民银行在移交之前,先牵头与国务院证券委组成联合调查组,摸清证券投资基金的底数,提出方案经国务院批准后再实施移交。我作为中国人民银行的代表担任了证券投资基金及其基金管理公司现状及风险调查组组长,在广东、深圳、山东等地调查研究。我们发现,证券投资基金及其基金管理公司大部分都在做银行业务,存在很大风险。由于涉及的资金量不算大,调查结束后,在国务院的协调下,中国人民银行在1997年完成了把证券投资基金及其基金管理公司的监管权移交给中国证监会的工作。1998年6月,中国人民银行进行了证券类机构监管权移交工作的第二步,我也从中国人民银行"人随业务走"到中国证监会从事证券经营机构监管工作。在中国人民银行时,证券公司和证券投资基金的监管都在非银行金融机构司。而监管权转移到中国证监会后，中国证监会则把证券公司监管和基金公司监管分成两个部门，即机构部和基金监管部。我担任机构部主任。为梳理证券经营机构与证券投资基金及其基金管理公司之间的区别，以便更好地开展工作，我再次借助所带研究生的力量，研究两类机构在监管上的区别。1998年，我指导1997届学生王军完成了题为《基金管理公司监管的比较分析》的硕士论文，并将主要内容以我们两人的名义在中国社会科学院主管的《财贸经济》1999年第3期上发表。下面是该文。

. . .

1999年以来，金泰、开元、兴华、安信、裕阳五家规范运作的证券投资基金相继发行上市，给证券市场带来一股清新之风，也给证券机构的监管提出了新的挑战。投资基金运行的核心是基金管理公司，相应地，投资基金的监管主要体现为基金管理公司的监管，那么对它的监管和对其他金融机构的监管有什么不同特点呢？这个问题是监管机构在设计基金的监管框架时难以回避的。本文在总结分析国内外基金管理公司监管实践的基础上，试图把基金管理公司的监管与商业银行、证券公司的监管做比较，希望能够借此凸显基金管理公司的监管重点。

基金管理公司监管的主要内容

基金管理公司的资格审查

各国的基金监管机构对基金管理公司的设立或采用注册登记

制，或采用审查批准制，前者如美国，后者如日本和中国。但不论采用哪种制度，各国一般都规定了基金管理公司应当满足的基本条件，并以此条件来决定是否准予注册或是否批准成立。这些条件大致包括对资本金、证券经营能力及管理人员的资格和经验方面的要求。例如，美国《1940年投资顾问法》对投资顾问的注册登记做了详细规定，它要求投资顾问的申请者在填写有关登记申请表时，向美国证监会出示以下主要内容：投资顾问的组织形式、业务性质、有关人员的学历以及最近若干年受到纪律处罚的情况，由注册会计师签证的资产负债表和其他财务报表。日本规定，只有资本额达到5 000万日元的股份公司，才有资格向大藏省申请核发投资信托委托公司（基金管理公司）执照，大藏省再根据其人员组成、有价证券投资能力、业务收入前景、受到纪律处罚的情况以及证券市场的状况等予以批准。我国香港地区的《单位信托及互惠基金守则》规定，基金管理公司必须符合以下条件：主要业务为基金管理，实收资本即资本储备最少为100万港元，公司贷出款项不能占资产重大比例，公司在任何时候都要维持正资产净值。此外，香港证监会在决定是否接受申请人的注册申请时，还要考虑公司董事及所雇用人员的声誉、专业资格和工作经验。我国内地的证券监管机构在审批基金管理公司时，主要考虑申请公司是否满足以下条件：主要发起人为按照国家有关规定设立的证券公司或信托投资公司，且经营状态良好，最近3年连续赢利；每个发起人实收资本不少于3亿元，且最近一年未受到监管机构的重大处罚；拟设立的基金管理公司最低实收资本为1 000万元，且具备合格的基金管理人才。

基金管理公司的行为监管

各国的基金法规一般都原则性地规定，基金管理公司必须忠实地为基金投资者的利益进行投资运作，严禁基金管理公司的滥用、欺诈和舞弊行为。为贯彻这一原则，各国法规还进一步规定了基金管理公司的行为准则。综合这些行为准则和各国基金监管机构的监管实践，对基金管理公司的行为监管主要包括以下四个方面。

一是基金管理公司自身投资的限制。有的国家和地区严格规定基金管理公司只能以发行基金券募集的资金买卖股票，而不得以其自有资金买卖上市公司股票，这是防范基金管理公司与基金持有人发生直接利益冲突，防止基金管理公司以基金运作为配合来影响其自营证券的价格。有的国家和地区虽然不禁止基金管理公司自营证券，但规定基金管理公司必须优先执行基金的证券交易，其自有资金的投资情况必须向基金持有人披露，或在证券机构监管备案。

二是基金管理公司运作的限制，主要是对基金的投资对象和投资比例进行限制，对投资基金与基金管理公司关联人士的交易严加管制。对于同一家基金管理公司管理的基金，一般规定相互之间不得进行交易，以防止各基金之间出现利益冲突。

三是基金管理公司募集及宣传行为的限制。例如，规定基金管理公司在从事投资基金的募集或对外宣传时，不得做出基金价值将大幅度上涨的肯定性判断，不得对投资者承诺负担全部或部分损失，不得对重要事项做出使人误解的表示等。

四是基金管理公司在运用基金资产从事证券买卖时，不得操纵市场行情。投资基金的资金来源较为稳定，加上由专家管理，理应崇尚长期投资。但是由于基金经理人的报酬与基金业绩直接挂钩，它就有可能通过操纵市场牟取暴利，或者通过操纵市场配合基金管理公司的发起人或其他机构的证券投资或承销业务而间接获利。为了防范这种可能性，各国一般都在强化基金管理公司信息披露的同时，限制其投资于单一证券的金额占基金资产净值的比例，以及投资于单一证券的金额占该证券发行总额的比例。

基金管理公司的变更或退任的监管

美国《1940年投资顾问法》规定，投资顾问的继任者必须在其继任30天内，向美国证监会递交登记申请，除非美国证监会拒绝登记，否则其投资顾问资格仍然有效。我国内地及香港地区在基金管理公司的退任方面有着大致相同的规定。比如，现行的《证券投资基金管理暂行办法》规定，在下列任何一种情况下，基金管理人必须退任：基金管理人解散、依法被撤销、破产或被接管，代表50%以上基金单位的基金持有人要求基金管理人退任，基金托管人或证监会有充分理由认为基金管理人不能继续履行其职责。《证券投资基金管理暂行办法》进一步规定，新任基金管理人应经证监会审批，经批准后，原任管理人方可退位。

基金管理公司的监管与商业银行的比较分析

从委托代理理论看，基金管理公司和商业银行在委托代理关系中都处于代理人的地位，相应的委托人分别为基金投资者和银行储户。由于代理人占据信息优势，就有可能发生道德风险，损害被代理人的利益。因此，对基金管理公司以及商业银行实施监管的主要目的是相同的，即保障基金投资者或银行储户的合法权益。在日常的监管实践中，对两类金融机构的监管也有许多相同或相似之处，比如，对基金管理公司和商业银行的设立都规定了较为严格的条件，对两者的投资范围和投资比例都进行了限制，对两类金融机构的监管都注重防范风险，强调监管机构的现场及非现场稽核。但是，基金管理公司和商业银行毕竟是两类不同性质的金融机构，它们的业务活动也各具特色，因此对两者的监管存在一些不同的侧重点。

首先，商业银行作为信用中介机构，是以增加负债来增加其资产的，也就是说，商业银行主要通过发行针对自己的债务凭证来筹集资金，资金或负债主要来自公众和企业存款；银行在收取储户的存款时，承诺支付固定的利息，到期还本付息，这样银行就承担了资金运用中的全部风险。为使银行能够真正承担起风险，以保障储户的利益，银行的监管机构通常都会规定银行的资本充足率，并通过日常监管来保护银行的资本处于安全、完备和适度的状态。一方面，在资产出现损失，其日常收益不足以抵付时，银行就能够用自有资本进行补偿；另一方面，由于不同的资产规定有不同的风险权重，银行为达到资本充足率的要求，就会限制其风险资产的运用，从而有利于银行的稳健经营。基金管理公司不同于商业银行，其运用的资产来自基金投资者的信托财产，资金运用的风险全部由投资者承担，无须基金管理公司以其自有资本作为损失的缓冲器。因此，对基金管理公司的资本要求就不如对商业银行那样严格，基金管理公司的资本金主要用于营业的需要，而不是用于补偿基金资产可能产生的损失。

其次，由于商业银行对经营后果负责，它对经营盈余的索取权在次序上低于存款储户，如果其经营不善，不仅收益受到影响，而且危及其自有资本，因此银行的利益和储户的利益通常是一致的，银行的自有资本与其负债融为一体，作为一个整体共同参与资金运营。基金管理公司则与此不同，其利益与基金投资者的利益并不完全一致。虽然基金管理公司的管理报酬与基金业绩挂钩，但它并不以自有资本对基金的损失负责，所以它就有很强的动机混合自有资产和基金资产，并通过自有资产与基金资产的对应操作来掠夺基金投资者，谋取私利。因此，对基金管理公司的监管，重点在于确保基金资产与基金管理公司的自有资产相分离，密切监控基金管理公司自有资金的使用情况，严格管制基金的关联交易以及加强基金运作过程中的信息披露。所有这些措施，都是为了防范投资基金和基金管理公司的利益冲突，尽可能保证基金管理公司的利益与基金本身的利益一致。

再次，商业银行的资金来源多为短期负债，为了保证客户随时提取存款的需要，对商业银行的监管特别注重其资产的流动性。银行的监管机构通常规定，银行必须按一定比率，即流动性资产比率，保持一部分现金和容易变现的资产，以防止银行由于资金周转不灵而破产。基金管理公司在管理运作基金资产时，监管机构对基金资产流动性的要求因投资基金的类型不同而有不同的规定。开放型基金由于允许投资者随时赎回其基金，监管机构通常要求其保持较好的流动性。但对于封闭性基金而言，由于投资者只能在交易场所转让其基金份额而不能赎回份额，基金资产具有相对稳定性，监管机构一般不对其资产流动性做出强制性规定。

最后，商业银行资金来源短期性的特点决定了其资金主要运用于短期拆借，其中同业拆借又占据主导地位。这使商业银行之间形成了一个相互交叉的网络，个别银行的倒闭往往会引起一系列债权、债务关系的破坏，以及千万公众对所有银行的信任危机，诱发挤兑风波，危及整个金融体系的安全。这种一家银行倒闭殃及整个银行系统的"多米诺骨牌效应"，要求监管机构把监管重点放在对单个银行及其风险的管理之上。而基金管理公司相互间的融资或投资并不常见，单个公司破产的系统性影响要比商业银行小得多，因此监管机构对基金管理公司的监管重在整体性、一般性的监管上。

基金管理公司监管与证券公司监管的比较分析

基金管理公司和证券公司的经营对象主要是各种有价证券，监管机构对两者的监管目的也是基本相同的，即控制经营风险、防止市场操纵、防范利益冲突，因此对这两类机构的监管有诸多相似之处，比如，核准设立标准及日常的监管都比较严格，两者买卖证券的方式和数量也都有明确的限定等，然而，由于基金管理公司和证券公司的业务范围与业务性质不尽相同，所以对两者监管的侧重点也有所不同。

首先，尽管监管机构对基金管理公司和证券公司业务经营中的风险暴露都同样关心，但相对而言，对基金管理公司经营风险的监管更为直接和严厉，这是因为证券公司无论是从事承销还是自营，其资金都来源于自有资本或者负债，一旦承销失败或者自营做得不好,由此产生的损失都由公司自身承担,相较而言,证券公司更有动力从内部来监控其经营风险。基金管理公司则不然,其管理的资产是基金持有人的信托财产,基金管理公司对基金资产的运作拥有决策权,但投资失败的风险却主要由基金持有人来承担,这种权力和责任的不对称状态极易诱发基金管理公司的道德风险,使其疏于风险防范,损害基金投资者的合法权益。在这种情况下,外在的来自监管机构的强制性监控就十分必要,通过限制基金资产的投资对象和投资比例,强化基金运作过程中的信息披露等措施,监管机构可以有效地防止基金资产承受过大的风险。

其次,防止证券经营机构操纵市场,确保证券市场公平公正是监管机构日常监管的一项重要工作,证券公司和基金管理公司同属被监管之列。证券公司在从事自营业务时的诸多具体限制、基金管理公司明确的投资比例限制以及严格的信息披露要求,都与监管机构对证券经营机构操纵市场的担忧息息相关。但相对而言,对证券公司操纵市场行为的监管更为突出,原因有以下两点。第一,基金管理公司对管理的各基金负有强制性信息披露义务,每隔一段时间必须公告其资产净值和投资组合情况,加上基金运作随时受到基金托管人的监督,其投资运作透明度较高,操纵市场不易进行。证券公司除非是上市公司,否则一般不受信息披露义务的制约,其操纵市场的违规行为只能主要依靠监管机构来发觉和惩处。第二,就我国情况而言,证券公司大多缺乏稳定合法的融资渠道,其自营业务的资金常常来源于高息拆借或者挪用客户保证金,还本付息的压力大,因此迫使其铤而走险,绞尽脑汁规避监管,利用信息和资金优势达到操纵市场、牟取暴利的目的。基金管理公司所管理的基金资产（尤其是封闭型基金）则较为稳定，短期内获取厚利的压力相对较小，其操纵市场的动力不如证券公司那么大。因此，监管机构对操纵市场行为的监管更多地集中于证券公司。

最后，保护投资者的利益是对证券经营机构监管的根本目的，而对投资者利益的侵害通常源于机构与投资者的利益冲突。证券公司和基金管理公司由于业务性质的差异，其经营中的利益冲突呈现不同的特点，从而使监管机构的监管也有不同的侧重点。通常，证券公司在二级市场上既可以从事自营业务，也可以从事经纪业务，这就导致证券公司有可能混合这两种业务，使客户处于不利地位。监管机构的监管重点就是通过经常性的稽核，确保证券公司的自营业务和经纪业务相互独立、截然分开。基金管理公司则专门从事基金管理业务，受法规或契约的制约，一般不能够自营买卖证券，它与基金投资者的利益冲突主要以关联交易的形式表现出来。由于基金管理公司一般由证券专营机构或兼营机构出资发起设立，各出资机构作为基金管理公司的股东成为其关联人士，又由于发起人与基金管理公司的业务同为证券投资，基金管理公司为了其股东利益，很有可能运用基金资产与发起人进行不利于基金的交易，使基金持有人蒙受损失。除了关联交易外，基金管理公司还有可能运用基金资产配合发起人的证券投资或承销业务，使基金承受不必要的风险。因此，在防范利益冲突、保障基金持有人的权益上，监管机构着重监督基金管理公司的关联交易及其配合公司发起人的交易，与对证券公司的监管重点有所不同。

忆周正庆金融监管二三事

2011年底，中国金融出版社出版了《周正庆金融文集》一书，该书分为银行篇和证券篇两册，共50多万字。该书汇集了周正庆从1984年到2011年发表的一些理论文章、工作讲话和论坛演讲稿近百篇。这些文章大致分为三大类，一是有关银行，二是有关资本市场，三是有关金融立法，记录了他一生对金融问题的不懈探索与思考。文章中涉及的一些事情是我亲身经历过的。2018年7月去世的周正庆同志，曾经担任过中国人民银行党组书记、常务副行长（1993年6月—1995年6月，中国人民银行行长由国务院副总理朱镕基兼任），国务院副秘书长、国务院证券委员会主任，中国证监会主席、党委书记。我从20世纪80年代末进入中国人民银行，90年代末进入中国证监会工作，先后担任中国人民银行新闻处长、秘书处长、党组秘书、办公厅副主任、非银行金融机构司副司长，中国证监会机构部主任等，有10多年的时间，我与周正庆同志有近距离接触的工作机会。2000年后，他担任第十届全国人大常委会委员，第九届、第十届全国人大财政经济委员会副主任委员。由于他牵头《证券法》的修改与期货立法工作，我也经常就期货法立法中的相关业务问题向他汇报工作。2010年他退休后，中国证监会也经常邀请他参加资本市场的一些活动，请他出谋划策。在周正庆去世之前，我每年都会去看他，与他保持着联系。不久前，我再次翻阅周正庆的著作，往日的情景历历在目，忘不了他对中国资本市场建设和中国证券监管体制改革的贡献，在他逝世4周年之时写下这些文字，以表对这位值得尊敬的老领导的纪念之情。

. . . .

前些年，因工作需要经常翻阅周正庆题名赠予的《周正庆金融文集》一书，这本书中的许多文章是过去读过的，文中提到的事有不少是耳闻目睹的。现在结合书中的文字，讲讲与周正庆密切相关的二三事。[①]

第一件事：清理企业三角债

《周正庆金融文集》的银行篇主要是讲中央银行的工作。书中有文章谈到20世纪90年代初他参与清理企业三角债的情况。1991年，朱镕基从上海市市长升任国务院副总理，分管金融工作，并担任国务院清理三角债领导小组组长，牵头负责企业三角债清理工作。周正庆后来回忆这段经历时说，1992年的一天，朱镕基打电话给他，想了解一下三角债的情况。周正庆对这方面

---

① 文章中涉及的有关朱镕基讲话的内容，主要出自《朱镕基讲话实录》和《周正庆金融文集》。

第二篇
证券机构监管

的情况非常熟悉，于是把中国企业之间为什么存在三角债、应该用什么办法清理等情况都做了详尽的汇报。[①] 周正庆以国务院清理三角债领导小组副组长的身份，协助国务院领导清理三角债的工作，从清理固定资产投资缺口入手，经过两年的治理，基本解决了三角债问题，逐步建立和恢复了企业之间正常的商品交易和信用结算秩序，促进了国民经济的良性循环和发展。1992 年 12 月 23 日，全国清理三角债总结表彰会在北京举行。国务院领导同志在总结清理三角债的经验时指出，从 1991 年下半年开始的全国性清理三角债工作已经取得很大成绩。到目前为止，1991 年 12 月底以前形成的三角债已基本清理完毕。[②] 关于这段工作经历，《周正庆金融文集》中有多篇文章反映。1993 年，朱镕基副总理兼任中国人民银行行长，周正庆作为中国人民银行党组书记、常务副行长继续辅佐其开展工作。

第二件事：具体组织落实 1993 年"约法三章"

书里多篇文章提到了中央对金融系统的"约法三章"问题。其背景是，1993 年上半年，我国经济在发展中出现一些新的矛盾和问题，伴随着投资需求膨胀、财政困难加剧和"瓶颈"制约矛盾突出，金融方面出现了货币投放过多，金融秩序混乱的情况。金融乱象表现在：违章拆借、非法集资、金融管理混乱、滥设金融机构等。通货膨胀苗头显著、金融形势非常严峻。为了扭

[①]《周正庆金融文集》（银行篇），中国金融出版社，2011 年版，第 2 页。
[②]《朱镕基讲话实录》（第一卷），人民出版社，2011 年版，第 241 页。

转这种状况，1993年6月24日，中共中央、国务院及时采取措施，下发了中央6号文件《关于当前经济情况和加强宏观调控的意见》，提出了16条宏观调控措施。6月26日，中央决定由中共中央政治局常委、国务院副总理朱镕基兼任中国人民银行行长，周正庆担任中国人民银行党组书记、常务副行长。按照新任行长的要求，中国人民银行临时决定，将原本定于7月15日召开的全国分行行长会议提前10天，即在7月5日召开，并与全国金融工作会议套开，以便迅速部署贯彻落实中央6号文件精神。7月7日，朱镕基副总理在全国金融工作会议总结时要求，银行系统领导干部要严格执行"约法三章"：第一，立即停止和认真清理一切违章拆借，已违章拆出的资金要限期收回；第二，任何金融机构不得擅自或变相提高存贷款利率；第三，立即停止向银行自己兴办的各种经济实体注入信贷资金，银行要与自己兴办的各种经济实体彻底脱钩。[①]其中，银行与所办证券经营机构脱钩是重点，而中国人民银行与自己所办的证券公司脱钩则是重点中的重点。

通过几个月的工作，在金融系统干部职工的共同努力和各部门、各地方的密切配合下，"约法三章"收到了成效，金融秩序趋于好转。国务院领导在1993年10月的一次会议上表示，金融形势在不到两个月的时间里迅速扭转，最重要的是刹住了乱拆借、乱集资风，然后两次提高利率，使储蓄存款上升，这三条实行下去，金融形势就缓和了，而且少发了200亿元票子；汇价稳定住了，物价恶化的程度抑制住了；过热的产业如房地产和规模

---

① 《朱镕基讲话实录》（第一卷），人民出版社，2011年版，第313页。

过大的基础设施建设都放慢了,所以整个金融形势是大大缓解,见效很快。应该说,作为中国人民银行党组书记和常务副行长的周正庆在这一重要部署的具体组织落实上,发挥了巨大的作用。书里多篇文章都对这段金融秩序的治理整顿工作有较为详细的描述。

第三件事:推动证券监管体制改革

《周正庆金融文集》的证券篇主要讲证券市场、期货市场的发展与监管方面的内容。周正庆与证券市场的渊源始于1990年。我在《周正庆金融文集》中读到了,他作为中国人民银行副行长,在1990年12月上海证券交易所的开业典礼上宣读了中国人民银行同意成立上海证券交易所的批复文件。这个不为人知的细节,证明他很早就与证券市场有缘。

1995年6月下旬,朱镕基不再兼任中国人民银行行长和国务院证券委员会主任。中国人民银行行长由党组副书记、副行长戴相龙继任,周正庆调任国务院副秘书长兼国务院证券委员会主任,并协助朱镕基副总理协调金融工作。周正庆虽然参与金融事务的全面协调,但由于身兼国务院证券委员会主任一职,因此对我国刚刚兴起的资本市场也多了一些研究与关注。1997年他又兼任了中国证监会主席,1998年国务院证券监管体制改革,国务院证券委员会和中国证监会合并,国务院证券委员会撤销,他的办公桌从中南海搬到了金融街,担任了新的中国证监会党委书记、主席。

阅读书中的多篇文章后可知,随着职务的变迁,周正庆研究的重点更加聚焦于资本市场发展与监管。首先是触摸到了20世纪90年代后期，我国证券监管体制变迁的一些脉络。1998年重组的中国证监会，是在当时的国务院副秘书长兼国务院证券委员会主任、中国证监会主席周正庆的牵头协调和领导下，按照党中央、国务院精神，组织协调完成的。证券监管体制改革方案将国务院原证券委员会的职能、中国人民银行履行的证券业监管职能，以及各省市地方政府的证券市场、期货市场管理职能，全部划入重组后的中国证监会。重组后的中国证监会是一个"三结合"的新机构，可谓"旧瓶装新酒"。

之前的中国证监会是国务院采取特殊办法，于1992年10月建立起来的"半官半民"的事业单位。1992年8月10日，深圳发生了因股票认购而出现的"8·10"事件。当月12日，国务院决定组建中国证券监督管理委员会，并明确这个委员会由专家和专业人员组成，其职能就是根据国务院授权，对证券市场进行稽核、监察和监督。① 中国证监会首任主席刘鸿儒回忆，成立之初，曾经讨论中国证券市场采取何种监管模式。国际上证券市场监管模式有美国、英国、日本和中国香港四种类型，国务院经过比较研究后，决定参照香港地区的经验来组建中国证监会，即监管机构不直接列入政府的机构序列，而是作为一个半政府的机构，设立一个"准政府性质的证券监督管理委员会（证监会）。政府赋予证监会有关证券市场的监管权力。其组成人员由有证券方面知识和经验的同志和有关专家组成。……主席和委员

---

① 刘鸿儒，《突破：中国资本市场发展之路》（上卷），中国金融出版社，2008年版，第210页。

由国务院任命",同时,设立"政府管理机构。……建立国务院证券委员会(简称证券委),统一协调股票、债券、国债有关政策,负责宏观管理,并指导证监会的工作。……证券经营机构、证券业协会由中国人民银行归口管理;上海、深圳证券交易所则由市政府归口管理;中国证券监督管理委员会由国务院证券委员会归口管理。……中国证监会是事业单位……暂设100人编制,除拨付开办费外,日常经费来自交易机构规费,可以在各中心城市设立派出机构……国务院证券委下设办公室,负责证券委日常工作"。①1992年10月12日,国务院办公厅下发了《关于成立国务院证券委员会的通知》。通知的主要内容是,国务院证券委员会主任由国务院副总理朱镕基兼任,副主任有刘鸿儒、周道炯等。同时成立中国证监会,受国务院证券委员会的指导、监督检查和归口管理。由国务院证券委员会副主任刘鸿儒兼任中国证监会主席。② 中国证监会的这种管理模式,在中国具有一定的试验性,一开始没有纳入国务院机构序列。

1997年12月,中共中央、国务院发布《关于深化金融改革,整顿金融秩序,防范金融风险的通知》,文件中指出,"理顺和完善证券监管体系,进一步整顿和规范证券市场秩序。中国证券监督管理委员会统一负责对全国证券、期货业的监管……建立全国统一的证券、期货监管体系,理顺中央和地方监管部门的关系。充实证券业监管力量,在部分中心城市设立中国证券监督管理委员会派出

---

① 刘鸿儒,《突破:中国资本市场发展之路》(上卷),中国金融出版社,2008年版,第212页。
② 同上,第214页。

机构"①。1998年,《国务院关于机构设置的通知》发布,该通知明确,设置中国证券监督管理委员会。中国证券监督管理委员会为国务院直属事业单位,是全国证券期货市场的主管部门。1998年,《国务院办公厅关于印发中国证券监督管理委员会职能配置内设机构和人员编制规定的通知》表示,将国务院原证券委员会的职能、中国人民银行履行的证券业监管职能划入重组后的中国证监会。

1998年,按照中共中央、国务院的要求,周正庆组织、协调完成了国务院证券委员会、中国人民银行等相关部委业务与中国证监会的合并重组工作,完成了地方政府的证券、期货监管部门和证券期货交易所上收中国证监会垂直管理的工作。自此,中国证监会直接管理和领导的单位迅速增多,系统范围迅速扩大,成为国务院直属正部级事业单位,正式列入国务院机构序列。

重组合并后的中国证监会由四个部分构成。第一部分,是原证监会的职能及其人马。这是重组后中国证监会的主要部分。之前,中国证监会仅仅是国务院证券委员会的执行机构,监管工作在国务院证券委员会的授权下进行。国务院证券委员会和中国证监会都仅监管股票发行,证券交易所归口上海和深圳地方政府管理,证券经营机构的监管权在中国人民银行。尽管1992年中国证监会成立时,已经划分过一次权限,但中国证监会仍然在一个监管权限极为分散的环境中工作,监管力量弱小,职能单薄轻微,监管无能为力。第二部分,是划入中国证监会的国务院证券委员会全部职能、中国人民银行履行的证券业监管职能及其专业监管

---

① 中国人民银行、中共中央文献研究室编,《金融工作文献选编(1978—2005年)》,中国金融出版社,2007年版,第289~290页。

人员。这两部分人马中，国务院证券委员会的人员原来就和中国证监会一起合署办公，全部并入工作并不复杂。中国人民银行有关证券业的监管人员"人随业务走"划入中国证监会。这一部分人和事涉及中国人民银行总行机关和中国人民银行省级分行。当时，我作为中国人民银行负责与证监会具体接洽划转职能和专业人员的工作人员，在中国人民银行和中国证监会领导商定范围内，牵头和组织了中国人民银行全系统人员的划转工作。中国人民银行总行机关20多名干部进入中国证监会机构部，与证监会原机构部全体人员、信息中心部分人员组成新的机构部，由我担任主任。中国人民银行各省级分行100多名证券经营机构监管人员全部划入了当地证监会派出机构。第三部分，原来的中国证监会在全国各地没有下属机构，国务院明确，这次改革，把全国各省、自治区、直辖市、计划单列市等地方政府管理的证券期货监管工作人员整建制划入证监会，由重组后的中国证监会按规定对各地方的证券期货监管机构实行垂直领导和管理，建立全国统一的证券期货监管体系。在周正庆主席的组织和领导下，中国证监会于1998年底划转上收了各省区市证券期货监管部门，完成了中国证监会对各地派出机构人、财、物的垂直管理。这一年，我随同周正庆到上海、江苏、安徽、云南等地和当地政府协调机构及人员的上收和划转工作。第四部分，是完成了各地、各部门所办和管理的证券市场、期货市场的清理和管理体制改革工作。证券市场除保留沪深两家证券交易所，期货市场除保留上海、郑州、大连三家期货交易所外，其余的证券、期货交易场所一律取消，并将保留的两家证券交易所、三家期货交易所原来归口地方管理的权力，上收中央由中国证监会集中统一垂直管理。其他证券交易场所通过中国证监会清理整顿,全部撤销。其他 10 多家期货交易所,符合条件的,经中国证监会批准,变为经纪类证券公司。

以上证券监管体制改革内容涉及部门、地方利益,范围广,协调难度大,在不影响市场稳定的情况下要完成这项重组工作,需要高超的管理技巧和协调艺术。周正庆以国务院副秘书长的身份,按照中央决策,在顶层协助设计、协调、推动、操作这项改革工作。他在中国人民银行、国务院证券委员会等岗位上的工作经历,以及他在专业上的权威性,使他能够充分发挥聪明才智,在这项牵涉面广、利益复杂、难度颇高的工作中全面完整理解中共中央、国务院的精神,并在具体操作中组织和落实好,平稳有序地完成了证券市场监管体制改革的工作,为以后中国资本市场健康稳定发展打下了监管框架的良好基础。

第四件事:推动证券市场规范发展

书中多篇文章提到了股票市场的"井喷"行情和"慢牛"趋势。

一是重振市场信心,恢复市场融资功能。周正庆任中国证监会主席之时,亚洲金融危机的影响正在世界各地蔓延。中国股市低迷,融资功能进一步衰退。有关数据显示,1998 年境内筹资比 1997 年下降 36.6%,成交总量比上年下降 23%。同时,受市场低迷影响,公司上市速度明显放慢,一级市场新股发行困难,二级市场价跌量缩,投资者信心不足。周正庆在书中回顾了这一段经历,他说:"当年国家宏观经济形势良好,而股市却与整体经济形势的走势相背离。我认为这种现象并不正常。"于是他组织中国证监会对市场进行了半年的深入调查,并于 1999 年初向国务院提交了一份包括改革股票发行体制、逐步解决证券公司合法融资渠道、扩大证券投资基金试点规模、搞活B股市场、允许部分B股和H股公司进行回购股票的试点等主要政策措施建议的文件。1999年5月16日，国务院批准了该文件。在这个文件精神的指引下，投资者看清了国家良好的宏观经济形势，恢复了信心，引发了股市著名的"5·19"井喷行情。

周正庆在书中谈到的这段经历，我有亲身体会，并参与了其中一些具体工作。以证券公司发展与监管工作为例，许多工作是在周正庆的领导和指导下推动的。记得在1998年6月，审计署对全国97家证券公司中的88家进行了全面审计（没有审计的是基本处于停业状态的公司）。审计结果显示，没有一家不违规挪用客户交易结算资金的。当时中国证监会的监管工作面临一个两难选择：是不问青红皂白，一棍子打死，还是区别对待，惩前毖后，治病救人，在发展中解决历史遗留问题？经过慎重考虑，周正庆选择了后者。按照他提出的思路，中国证监会机构部经过周密调研，提出了对88家证券公司进行分类指导的具体操作方案：对严重违法者进行严惩；对一般性违规者制订还款计划，限期清理整顿，坚决纠正；对新的违规者则依法惩处。周正庆同意了这个方案并上报国务院。就这样，中国证监会在没有关闭任何一家证券公司的情况下，促进了证券公司的规范运作。那一年由于证券市场健康向上发展，许多券商用赚取的利润以及增资扩股资金，归还了挪用客户的资金。股市出现了一段逐步上升的"慢牛"行情。

二是为证券市场健康发展创造良好的社会环境。在这方面最重要的事情是，周正庆组织和领导了证券期货专业人员撰写《证券知识读本》，并公开出版发行。为了提高该书的权威性和对领导干部的影响力,1998年4月6日,周正庆给当时的中共中央总书记江泽民写了一封信,请他为这本干部读本题写几句话。4月18日,江泽民总书记给周正庆回信,同意为《证券知识读本》题写批语并提出一些建议。1998年,这个批语在周正庆主编、中国金融出版社出版的《证券知识读本》一书的卷首公开登载。在此摘录批语中的几句话:"实行社会主义市场经济,必然会有证券市场。建立发展健康、秩序良好、运行安全的证券市场,对我国优化资源配置,调整经济结构,筹集更多的社会资金,促进国民经济的发展具有重要的作用。"[1] 这个批语,对证券市场在社会主义市场经济体制中的作用进行了积极评价,对推动各级领导干部正确认识证券市场影响重大而深远。1998年8月18日,全国各大媒体发表了此批语。这个批语的精神极大地提振了证券市场的信心,对统一领导干部和社会各方对证券市场的正确认识起到了非常积极的作用。周正庆回忆这一段背景时说:"由于前期采取的一系列措施陆续到位,为提振市场信心集聚了能量,批语的发表成为点燃股票市场价格上涨的导火线,引发了证券界所谓的'5·19'行情,推动股市形成一波上涨。"这些政策措施是周正庆1998年6月在中国证监会就任后领导和组织实施的。

三是组织中国证监会和相关各方对各地方建立的证券交易中心进行清理。1997年12月6日,中共中央、国务院发布《关于深化金融改革,整顿金融秩序,防范金融风险的通知》,国务院成立了清理整顿场外非法股票交易和整顿证券期货市场工作组,周正庆担任组长。1998年开始,周正庆组织进行了包括清理整

---

[1] 周正庆主编,《证券知识读本》,中国金融出版社,2006年版。

顿场外非法股票交易市场、证券机构、期货市场、证券交易中心在内的活动。到1999年，经历一年半的清理整顿工作，关闭了涉及340万股民、520家企业的41个非法股票交易所。

周正庆从1995年6月担任国务院证券委员会主任开始，到2000年2月年满65岁在中国证监会主席的岗位上到龄退出现职，5年时间里，他为整顿资本市场秩序、重构证券监管体系、推动证券公司规范发展、规范市场监管行为、促进证券市场发展，做了许多后来资本市场健康发展必不可少的基础性工作。2000年2月，周正庆离开中国证监会领导岗位后，任第十届全国人大常委会委员，并连续担任第九届、第十届全国人大财政经济委员会副主任委员。其间，他先后领导过证券法的修改和期货法的起草工作。2003年6月，周正庆担任证券法（修改）起草组的组长。2006年他担任第十届全国人大财经委期货法起草组组长，牵头起草期货法。我参加了期货法起草组的工作。在起草工作中，他经常征求我们的意见，许多合理的意见都被起草组采纳，并写入期货法草稿中。由于股指期货在中国金融期货交易所于2006年成立后迟迟不能上市交易，已经形成初稿的《中华人民共和国期货法（草案）》因没有金融期货实践经验而被迫停了下来。《周正庆金融文集》中有一篇文章是他2007年12月在"第三届中国（深圳）国际期货大会"上的发言。他说，在金融期货未上市前，不具备出台期货法的条件，需要积极创造条件推出股指期货。

周正庆从20世纪50年代投身金融业到离开工作岗位的近60年里，对中国金融业，尤其是资本市场建设和发展做出的贡献非常大。[①]中国金融市场应该记住这个名字，这是历史。

---

① 周正庆，《周正庆金融文集》，中国金融出版社，2011年版。

第三篇

石油、期货与金融衍生品

石油与资本市场

2001年开始,我所工作的上海期货交易所一直在研究开发石油期货。世界石油市场是我们研究关注的重要内容。2004年,经国务院同意,中国证监会批准上海期货交易所上市了第一个石油期货产品——燃料油期货,当时国务院领导要求中国证监会把燃料油期货的上市作为探索,为创造条件以上市原油等其他石油期货品种做准备。2006年,我从上海期货交易所回到中国证监会,在领导班子中分管期货市场工作。石油期货——原油、汽油、柴油、沥青等多个期货品种的上市工作一直是我思考的内容。因工作需要,我看了一些国际上的资料和书籍,包括《石油大博弈》《美国的石油战争》等书,这些书对我了解石油与地缘政治、石油与战争、石油与航运、石油与证券市场、石油与期货市场有很大的帮助,既丰富了我的知识,也使我脑洞大开、眼界开阔,对我们设计和建设石油期货市场、石油期货交易的计价和结算、参与者的范围、石油期货市场监管等工作大有帮助。

为此,我写下了两篇读《石油大博弈》的随笔(《石油与资本市场》和《石油与战争、地缘政治》),以及一篇读《美国的石油战争》的感想(《石油让海湾国家百年混乱》),这三篇文章分别载于 2017 年 8 月 13 日、8 月 19 日的《中国证券报》和 2020 年 7 月 8 日的《期货日报》。下面是这三篇文章。

· · ·

利用几个周末的时间，看完了中信出版集团出版、美国人丹尼尔·耶金写的《石油大博弈》一书。全书分为上、下两册，洋洋洒洒 68 万余字，诚如《经济学人》《华尔街日报》等媒体的评论，这本书是一部关于石油历史和石油问题的扛鼎之作，是一部非常精彩的史诗级著作。《石油大博弈》一书对石油历史做了一次全景式扫描，从 150 多年前在美国宾夕法尼亚州钻出了第一口油井，到两次世界大战，再到战后的五次石油危机，作者为读者讲述了精彩绝伦的石油历史和历史背后的故事。通过这些故事，我们看到石油如何从一种普通商品（照明用的煤油）一步步发展成书中所说的"极端重要的商品"，小到影响人们的日常生活，大到决定战争走势、改变地缘政治格局、影响国际政治经济等。这本书的主题是关于石油的，但从书中我们可以看到，在石油工业的诞生、扩张、竞争的过程中，资本的身影和力量时时闪现，尤其是 20 世纪 80 年代后期股票市场与期货市场更是代替石油业本身，成为石油资本新的角斗场。

宾夕法尼亚州的第一口油井与风险投资

综观全书，风险投资在石油业的诞生与发展中发挥了重要作用。最初采集石油是为了照明的需要，1859 年，美国人德雷克上校在一群投资人的支持下，在宾夕法尼亚州西北部深山泰特斯维尔钻出了第一口油井。自此以后，风险投资与石油业的发展就紧密联系在了一起。无论是早期宾夕法尼亚州的石油开采，还是20世纪初在得克萨斯州的"纺锤岭"发现石油，抑或是20世纪30年代对中东石油的投资，以及今天美国的页岩油投资，皆为风险投资。正是在风险资本逐利本能的推动下，从美国的东部到南部，从俄罗斯到印度尼西亚，从墨西哥到委内瑞拉，从波斯湾到地中海南部，竖起了一个又一个钻井架，打了一口又一口井，最终才发现了地底深处埋藏的"黑大个"，其为人们的生活和工业社会的发展提供了源源不断的动力。

但是正如风险投资的本质所示，不是每一次投资都是成功的，"90%的钻探将归于失败"。石油的开采确实是风险巨大的投资，地下的石油是不确定的，需要勘探开采，这都需要资本，需要冒险，没有人知道最后能不能打出油来。即使那些后来回过头看是成功的冒险，也都是打了一口又一口干井，许多投资打了水漂，熬到后来，不断继续下去，最终在运气的眷顾下，在彻底崩溃放弃之前成功出油，而且是可持续的出油，这些都少不了风险投资。尝试一两次就成功的案例非常少。正如今天的风险投资基金，投资10个项目，其中有一两个成功就足矣。

早期石油业的冒险家，或者叫风险资本的投资家，往往被称为投机者。风险投资不易，要让人相信并且去冒险，确实只有少数人才能做到。万一失败，风险为冒险者承担，而一旦冒险成功，早期的艰辛与风险往往容易被旁人忘记。与石油开发一样，页岩油开发也风险巨大。只是与之前相比，现在有比较完备的资本市场，有一批风险投资基金为冒险者提供支持，而这些基金的持有者也是冒险者。20世纪80年代，美国在能源危机的推动下开始研究页岩油的提炼技术。经过长达30多年的努力，目前美国的页岩油已大量开采。有人预言，2030年美国将实现能源自给自足，甚至还可以出口部分油气。

美孚公司的扩张与股份制

16世纪欧洲地理大发现和海外贸易的兴起推动了股份制的产生。和海外贸易一样，石油工业同样需要大量资金的投入，面临的风险巨大。股份制在推动石油工业发展和石油企业扩张中发挥了重要作用。

以洛克菲勒的美孚公司为例。19世纪60年代，在投机和疯狂超额生产的推动下，石油市场以异乎寻常的速度扩张，生产能力过剩使整个行业的经营条件持续恶化。在这种情况下，洛克菲勒希望引进更多的资金，但又不危及控制权，为此，他采取了将合作关系转变为股份公司形式的办法。1870年，从洛克菲勒创建了股份制的美孚公司开始，石油公司的发展进入了一个新的时代。美孚公司利用股份制的形式融入更多资金投入石油业的发展，到1879年，美孚公司控制了美国炼油能力的90%，还控制了油区的管道和收集系统，并能支配运输部门，美孚公司在炼油环节的垄断地位形成。

在英国和荷兰也同样如此。1890年，荷兰皇家石油公司在荷属东印度群岛正式成立。在荷兰皇室与政府的支持下，经荷兰国王威廉三世本人同意，这个风险企业的名字冠上了"皇家"一词，为荷兰皇家石油公司增信，第一批发行的股票被超额认购了

4.5倍。股份制在英国与荷兰政府的支持下，推动了本国企业在海外的商业活动。国家力量保护了这个企业在海外的商业利益，而股份制对企业的扩张也功不可没。

推动石油工业发展的兼并重组

有人曾评价，一部世界石油工业史，就是一部石油企业并购史。此言非谬！回顾150多年的世界石油工业发展历程，每到重大历史关头，每一个重要的发展阶段，都伴随着石油企业的兼并与重组。在一定意义上说，兼并重组成了世界石油工业发展的一大推动力。

早在19世纪70年代，洛克菲勒就提出了一个大胆的"计划"：将几乎所有炼油企业合并成一个巨大的联合体，消除过剩的生产能力，压制漫无边际的价格波动，从而挽救这一行业。兼并重组就是他用来实现这个"计划"的主要工具。洛克菲勒设计了一套巧妙的方法来避开法律风险和公众舆论，利用美孚公司的股东来控制其他关联公司，而不是由美孚公司直接控制，从而建立了第一个庞大且"完全合法"的托拉斯。正如洛克菲勒在美国国会宣誓时信誓旦旦地说，美孚公司本身并不拥有或者控制一大批它显然已经控制的公司。到19世纪90年代初，几年前还几乎完全置身于生产领域之外的美孚公司，产油量已经占到美国原油总产量的1/4，从产业链的中端往上延伸到石油的开采生产，成为石油行业巨无霸式的一体化公司。

进入20世纪后，石油行业最引人注目的兼并重组莫过于1907年荷兰皇家石油公司与英国壳牌运输和贸易公司合并成立荷兰皇家壳牌石油公司，这次合并造就了一个可以与美孚公司比肩的新的石油巨头。荷兰皇家石油公司以石油的生产和提炼为主，英国壳牌运输和贸易公司则以石油的运输和仓储为主。当时，壳牌公司正处于经营困境当中。合并后的新公司控制了俄罗斯和远东石油出口的一半以上，成为美孚公司真正的全球性对手，并与其展开了极其激烈的竞争。

如果说之前的并购仅是在石油行业内部的横向或纵向整合，金融机构的参与则出现了跨界并购的先例。20世纪初，美国华尔街的金融资本越来越多地进入石油行业，如匹兹堡的大银行家梅隆兄弟贷款给石油生产商，但由于石油生产遇到了严重麻烦，贷款者还贷出了问题，梅隆兄弟收回了对油井的控制权，原来的生产商被排挤到一边。梅隆兄弟亲自介入石油业后，凭借强大的金融资本，将采油生产与炼油公司组织成一个联合体，即海湾石油公司。后来公司不断发展壮大，成为有名的石油"七姐妹"之一。

既然有通过兼并重组做大做强的，当然也有害怕被兼并重组的，攻防之间催生了新的制度创新。在19世纪后期强大的美孚公司四处攻城略地时，1897年荷兰皇家石油公司为了防止被美孚公司恶意收购，创新了一种抵御恶意收购的新金融工具。它发行了一种专门的优先股票，只有持有这种股票，才能控制董事会，而这种股票只有在受到公司邀请时才被允许购买。

总之，石油行业的公司通过兼并重组来实行重新组合，彻底改变了传统的发展方式。这让那些置身其中的人深刻地体会到，资本的集聚比资本的积累更容易使公司做大做强。

新的石油大战——股票市场

我们经常说，中国的资本市场还不成熟。确实，英、美等西方发达国家的资本市场，一开始就有许多通过在海外殖民地冒险而变富有的投资者。他们将在海外获得的财富转回国内，对资本进行投资，或风险投资，或一级市场投资，或二级市场投资。因此，西方资本市场二三百年的发展史，与我们20多年的发展史一开始就不同，不可简单类比。

到了20世纪80年代，股票市场已经成为石油公司之间进行石油大战的新战场。这时候，股票价格对于石油公司来说非常重要。当一个石油公司的股票价格不能完全反映该公司的油气储备在市场上的买卖情况时，即所谓"价值差"，这类公司就变成不牢靠的那一类了。在公司内部，控制着大部分股票的公众投资者更加咄咄逼人，要求每个季度都有好的效益，希望通过换一任新的管理层来提高股票的价格。而对于竞争对手来说，他们发现在"纽约股票交易所的地面上勘探石油"——买下价值被低估的公司，比在西得克萨斯的表土层或墨西哥的海底勘探石油要便宜得多。因此，股票价格的波动使整个石油行业出现巨大动荡，结果是一场接一场的石油大战，华尔街的投资银行家们也纷纷出场参战。

书中写道，后来被称为"油神"的皮肯斯很早就在股票二级市场上发现很多石油公司的股票价格并不能反映它们已经探明的石油和天然气储量的价值，他从这儿找到了赚钱的路子。从1982年开始，皮肯斯接二连三地展开"蛇吞象"式的并购，相继向城市服务公司、美国通用石油公司发起挑战，虽然有些并购没有成功，但皮肯斯从股票价格的波动中获益，到 1986 年其个人资产已经达到上亿美元。大公司之间的兼并和收购、重新投资和股票回购等活动，把大量的资金返还到个人投资者、养老基金及其他股东的口袋里，股东们最终赢得了利益。

石油定价与期货市场

自石油业诞生以来，由于石油开采生产有很大的不确定性，在神圣的"供求关系"的支配下，石油价格经常大幅波动。书中写道，从早期美国的情况看，19 世纪 70 年代起，美国出现了许多石油交易所，石油按三种方式买卖："现货"买卖，要求立即发货和付款；"正规"销售，要求交割在 10 天内完成；"期货"合同，规定一定数量的石油将以某一价格在商定的时间内售出。书里说的"期货"更准确地讲应该是"远期"合同，是一对一的远期交割的石油商品合同，这与后来的标准化期货合约是不一样的。但即便如此，石油交易所形成的价格也在一定程度上为当时的石油交易提供了定价参考。但随着 19 世纪后期美孚公司在行业中，尤其是在炼油环节垄断地位的确立，石油交易所的时代结束了，美孚公司实际上决定了美国原油的收购价，尽管总是受到供求关系的约束。因此，在商品的生产销售处于垄断的情况下，期货市场是无法产生的。

进入号称"石油世纪"的 20 世纪后，石油的地位变得更加重要，石油价格的变动对一国和国际的经济政治社会影响巨大。因此，对石油价格话语权的掌握成为国际石油生产国与进口国之间博弈的重要内容。这个博弈经历了漫长的历史，变换着不同的形式。从一开始的国际石油公司占主导地位，到石油生产国话语权不断提高，到欧佩克（石油输出国组织）成立，再到现货市场发展壮大，与之相对应，石油定价也经历了从石油公司卡特尔定价到欧佩克定价，再到期货市场定价的转变。

20世纪70年代的石油危机，导致生产石油与买卖石油的多元化或分离，原来产业链一体化中为生产服务的贸易部门，成为独立的主体，开始经营独立的买卖石油业务，而不是作为附属于母公司的销售单位。从20世纪80年代前后开始，随着石油行业开采、生产、销售的垄断状态被打破，石油行业各环节参与主体的多元化，形成了石油"商品"的现货市场，为后来石油期货市场的产生奠定了基础。石油成为一种真正的商品，可以在现货市场上自由买卖，这为开展期货交易提供了可能。这种现货市场的买卖，是因为石油交易已不为几家大公司所垄断。

1983年，纽约商业交易所正式推出"西得克萨斯中质油"（WTI）期货合约。书中写道，西得克萨斯中质油这一新品种原油的出现反映了石油生产中的又一项重大革新。这里把原油期货交易的出现与欧佩克成立等石油历史上的重大事件相提并论。确实，西得克萨斯中质油作为期货标的出现在期货交易所，在石油定价史上是一个里程碑事件。期货市场定价为现货市场石油贸易提供了欧佩克定价之外的另一种定价基准，作为贸易谈判的参考。与欧佩克通过成员之间艰苦的谈判来确定石油价格不同，期货定价是通过成千上万次的个人交易确定的，公开、透明，更能为各方所接受。随着全球更多的主体与力量进入期货市场，尤其是金融机构的参与，欧佩克定价一统天下的时代结束了。而正如书中所说的，"西得克萨斯中质油价已经同黄金价格、利率和道琼斯指数一样，成为世界经济每日发生变化时最关键且必须密切关注的因素"，原油期货影响着国际政治经济。

当前，我国正在积极推进国际化原油期货市场建设，目的就是提供一个更加符合亚太地区实际的原油贸易定价基准，完善国际石油定价体系，为企业提供更加完备的风险管理服务。2017年，中共中央、国务院印发了《关于深化石油天然气体制改革的若干意见》，部署石油天然气领域重点改革任务，其中许多举措的逐步落实将进一步促进我国石油天然气市场的发展，为我国建设原油期货市场创造更加坚实、有利的条件。

以历史鉴未来！石油与资本市场关系密切。正如前面写到的，风险投资支持了石油工业的诞生，兼并重组促进了石油行业做大做强，股票市场与期货市场对石油行业的变革与重塑起到了积极作用。更多独立的石油公司在股票市场的支持下，通过兼并重组而壮大，改变了过去石油行业的结构。多元的市场主体又促进了石油期货市场的发展，使石油的定价更能反映市场的实际情况。这本书虽然是一部关于石油的权威著作，但同时也是普利策纪实文学奖的获奖作品，写得生动精彩、通俗易懂，相信对石油感兴趣的朋友们，无论是石油行业还是资本市场的从业者，读完以后都会有所受益。

石油与战争、地缘政治

《石油大博弈》一书的序言中写道,石油作为一种商品,同国家战略、全球政治与实力密不可分。梳理20世纪以来的两次世界大战及国际政治经济格局演变,石油在其中扮演了重要的角色。

石油与租借权、"门户开放"政策

自石油工业诞生以来,"租借权"一词就和石油紧密地联系在了一起。书中写道,德雷克上校到宾夕法尼亚州西北部深山准备钻井采油,他要做的第一件事就是向土地拥有者租借土地,购买开采权。而在他成功钻出第一口油井后,在当地立即引起了一波"打井找油"的浪潮,油溪两岸狭窄山谷中的平地很快被租出去……此后在相当长的一段时间里,美国各地的土地租借交易,基本是为了找石油而发起的,人们疯狂地争夺土地租借权,土地价格直线上升。洛克菲勒在炼油环节占据了绝对优势后,决定进入行业的关键部分——原油生产领域。到1891年,几年前还几乎完全置身于生产领域之外的美孚公司,产油量已经占到美国原油总产量的 1/4。借此，美孚公司成了美国石油价格的真正决定者。

除了在美国国内租借土地以外，来自美国、欧洲的公司在巴库、苏门答腊、缅甸、墨西哥、委内瑞拉等地获得的租借权也大多和石油开采相关。中东的石油开发更是如此。20 世纪初，英国人获得了伊朗国内 3/4 的地区为期 60 年的石油开采权，这是中东石油开采特许租让制度的开始。20 世纪 20 年代和 30 年代，国际石油公司又相继从伊拉克、沙特阿拉伯、科威特获得了石油开采租借权。此后的半个世纪里，租借权的存废成为石油生产国与国际石油公司博弈的核心内容。

美国是后起的殖民者，看到世界地盘被老牌殖民者英、法等国瓜分殆尽，心有不甘，提出了"门户开放"政策。20 世纪 20 年代，虽然生产的原油占到了世界产量的 2/3，但美国还是不满足，担心英国赶在自己之前占据了世界其余地区的石油资源。第一次世界大战结束后，美国就盯上了中东，特别是由英国人托管的美索不达米亚。长期以来，中东都是英国的势力范围。美国作为西方殖民国家的"后来者"，为了与英国争夺中东的石油资源，从美国的国家利益出发，极力鼓吹"门户开放"，即要求给美国资本与商人同等竞争的机会。自此，美国的势力正式进入中东的大门。

租借权和"门户开放"这两个概念，被广泛应用于西方殖民者对殖民地国家利益的争夺中。从中国近代史看，西方殖民者强迫中国签订不平等条约时，也用了"租借"的概念，如在上海、广州、厦门、天津、香港、澳门等地设立租界。由于美国发展比较晚，进入中国时，遇到了在中东类似的情况，英国人已经占了先机。美国人在中国也提出了"门户开放，利益均沾"的口号，这种殖民主义心态完全不把其他国家的主权和尊严放在眼里。

石油与两次世界大战

《石油大博弈》第十章的标题，将石油称作"第一次世界大战胜利之血"。在第一次世界大战的战场上，内燃机取代了战马和烧煤的火车，从而确立了石油在战争中的重要地位。而到第二次世界大战时，无论是在远东还是在欧洲，石油对战争的进程和结局都起到了至关重要的作用。

在第一次世界大战的前几年，德国的崛起让英国日益感到威胁。英国要实现和维持自己的全球霸权，必须有强大的海军，而石油则成为其保住霸权战略的必要组成部分。丘吉尔在战前积极推动海军战舰"煤改油"，这是战争胜利的一个重要原因。与烧煤的德舰相比，烧油的英舰活动范围更大、航行速度更快，补充燃料的速度也更快，在海战中占据了绝对的先机。为了保证石油的稳定持续供应，英国政府于1914年成了英波石油公司（后来又先后改名为英伊石油公司和英国石油公司）的多数股权持有者。石油第一次成了国家政策的工具，成为独一无二的战略商品。

第一次世界大战是在人类与机械之间进行的战争，而所有这些机械都用石油来驱动。战争对石油的依赖程度之大，改变了战争的方方面面。美国凭借强大的石油生产能力，供应了战时协约国石油需求的80%，解决了战争后期协约国的石油供应问题。而德国只能依赖产量本来就不多的罗马尼亚石油，战争后期在夺取巴库的石油失败后,陷入了无油可用的严峻形势。最终,在钢铁和煤炭方面占据优势的德国,输给了在石油方面具有优势地位的协约国,石油成了决定战争结果的"胜利之血"。

战争的残酷使人们充分意识到石油的重要性,石油成为国家战略的主要因素,而控制更多的石油成为第一次世界大战后西方各大国的头等目标。英国政府从政治和战略利益的角度出发,一度极力推动壳牌公司的英国化,希望通过壳牌公司和英波石油公司的合并,改变荷兰在壳牌公司的持股中占大头的局面,获得梦寐以求的控制权。法国专门成立了由国家控制的法国石油公司,积极地投入争夺中东石油财富的竞争中。美国也不甘落后,为了与英、法竞争中东石油的开采权,一反过去对"石油托拉斯"的仇视态度,主动提出成立辛迪加,向中东石油进军。德国为了摆脱对外国石油的依赖,大力发展本国的合成燃料工业。

第二次世界大战正式开战后,石油毫无疑问地成为左右战局的关键因素,多场决定性战争的主要目标就是争夺石油资源。"我们得不到巴库的石油,就输掉了战争。"希特勒深知石油对战争的重要性,为了得到巴库的石油,不惜撕毁和约,主动进攻苏联。而德国在斯大林格勒战役中失败,重要原因之一就是,希特勒不愿将为了得到巴库油田而派往进攻高加索地区的军队调往斯大林格勒,支援被困的德军。同样,日本人在第二次世界大战中没有先从东面进攻苏联策应德国,而是在珍珠港开战,主要也是为了石油。日本的首要目标是荷属东印度群岛上的油田,为达到此目的,首先要防止美国太平洋舰队从侧翼攻击日本,因此先偷袭太平洋舰队总部珍珠港,从而爆发了太平洋战争。随着战争的进行,德国最终没有取得巴库和中东的石油,日本虽然获得了荷属东印度群岛的石油,但由于美国飞机的轰炸和潜艇的攻击,根本无法将石油运回国内。到了战争后期,石油短缺明显地约束了德国、日本的军事行动,无论是在陆地、海上还是空中,都无法与盟军有效地对阵。战争最终以轴心国的失败而告终,从战略上看,石油短缺是重要原因之一。

石油与中东战略地位的演变

20世纪初,美国、俄罗斯、荷属东印度群岛的石油开采热,蔓延到了当时的波斯(伊朗),开启了中东的石油时代。此后,中东成为国际政治经济冲突的中心。

1940年,中东地区生产的石油不到世界石油产量的5%,但由于其巨大的潜力,美国、苏联、英国、法国等国在中东展开了激烈的、或明或暗的斗争。即使是战时最亲密的盟友美英之间,彼此也严重猜忌,且互相提防。书中写道,英国和美国就中东石油的分配问题产生了巨大的争执,罗斯福深夜接见英国驻华盛顿大使并对他说:"波斯湾的石油是你们的,伊拉克和科威特的石油由我们分享,至于沙特的石油则是属于我们的。"此时,石油生产国仅仅被视为列强之间争夺势力范围和石油资源的"猎物",对本国的石油资源没有任何的发言权。

到了20世纪70年代中期,情况就完全不一样了。石油已经成为世界工业经济的命脉,中东在世界石油总产量的份额占到了40%多。而与此同时,石油生产国经过与国际石油公司长期的斗争,已经控制了本国的资源,能够自主决定石油的产量和价格了。"什么东西都可以卖给石油生产国,而且现在它们也有钱购买了。"石油价格的成倍上涨给世界政治经济带来了巨大的变革。一方面，石油生产国的购买力大增，大量进口来自发达国家的商品；另一方面，西方国家购买力急剧下降，工业化国家经济出现严重衰退。

但石油美元给石油生产国带来的也并非全是益处。1976年底，伊朗国王沮丧地总结道："我们获取了无法花销的钱。"石油收入大幅度增长，并源源不断地涌向国内，而伊朗当时显然不能吸收。石油美元被毫无顾忌地挥霍在各种工程项目上，或被浪费和腐败所吞噬。这种情况引起了全国范围的经济混乱和社会政治的紧张局势，通货膨胀蔓延全国，社会动荡不安，最终导致了伊朗巴列维政权的垮台。

石油生产国作为全球经济新主人的日子并没有持续太久。随着工业化国家能源政策的调整，如实行节能措施、改变能源结构、多元化石油供应渠道、推出期货市场等，不断增强了对石油价格波动的适应性，从而摆脱了欧佩克的话语权。到了1985年，人们已经把注意力从石油与能源转移到其他领域，西方七国集团经济首脑会晤十几年来第一次在会议公报中只字未提石油与能源。正如书中所写的："世界经济经过调节已经适应与石油相关的20世纪70年代经济、政治大动荡。如今似乎已不必对石油表示特别关切了，它确实只不过是另一种商品罢了。"随着时间的推移，石油权力正在丧失其意义，与此相伴的还有沙特等石油生产国在国际政治经济中的影响力。我们看到，进入21世纪后，无论是2008年7月原油价格一度上涨突破140美元，还是仅仅半年以后下跌到接近30美元，欧佩克成员对石油价格波动已经无能为力了，金融因素成了决定石油价格的主要力量，而美国因素则起重要作用。

石油与马歇尔计划

"没有石油,马歇尔计划不可能起作用。"美国政府在当时的一份报告中这样写道。马歇尔计划对第二次世界大战结束后的世界地缘政治格局产生了深远的影响,使欧洲从以煤炭为动力的经济转向以进口石油为动力的经济,推动形成了国际石油市场的新秩序。这一美国主导下的国际石油市场秩序主要有以下三个方面的特点。

第一,在美国政府的支持下,美国石油公司利用中东租借政策获得石油开采权,控制中东石油供应,保障西方能源安全。这里有三个重大的计划。一是阿美石油公司的协定,阿美公司作为一个百分之百的美国公司(股东由四家美国石油公司组成),控制了沙特的石油资源。二是海湾石油公司与壳牌石油公司协议的达成,拥有科威特丰富的石油但缺乏市场的海湾公司和拥有市场但缺乏石油的壳牌公司达成了一项长期的购销协定。三是新泽西标准石油公司、纽约标准石油公司与英伊石油公司签订了关于伊朗石油的长期合同。至此,大量中东石油输往欧洲所需的条件——机构、资金、销售市场——都具备了。

第二,运输方式革命,运河与输油管道大幅降低了石油运输成本。1948年之前,苏伊士运河的主要战略价值是把英国与远东连接起来,成为大英帝国的主要航道和生命线。1948年以后,随着印度独立以及波斯湾石油产量与日俱增,运河从帝国的通道变成了石油通道。苏伊士运河将绕过好望角至南安普敦的那段1.1

万英里[①]航程，缩短到 6 500 英里。截至 1955 年，石油已占运河运输总量的 2/3，欧洲 2/3 的石油供应都要经过运河。同时，运河北侧横贯阿拉伯半岛的输油管道于 1950 年 9 月建成，输油管道全长 1 040 英里，比起从波斯湾经苏伊士运河运往欧洲的航程进一步缩短了很多。通过这两条运输线，波斯湾原油到达欧洲的运输距离大大缩短，节约了运输成本，为欧洲的经济复兴提供了动力。

第三，在马歇尔计划的推动下，石油与美元紧密地联系在了一起。由于欧洲消费的石油将近一半是由美国石油公司供应的，这意味着要用美元来支付。对于大多数欧洲国家来说，石油是美元开支的最大项目，据估计，马歇尔计划的援助总额中 20% 以上的资金用于支付石油及石油装备进口。马歇尔计划将石油与美元联结起来，在马歇尔计划的资助与推动下，欧洲的离岸美元市场迅速发展。同时在美国的主导下，国际石油贸易将美元作为计价与结算货币。石油美元机制逐渐形成，并随着布雷顿森林体系的解体，美元与黄金脱钩，美元真正变成了"石油美元"，石油变成了"美元石油"。20 世纪 80 年代，美国推出原油期货合约，成为石油贸易的定价基准，由美国主导和控制的国际石油市场秩序得到进一步巩固，直到今天依然没有发生根本性改变。

总览全书，我们看到的是在尚未出现新的能源替代石油之前，石油对一个国家的经济安全、政治安全、国土安全至关重要。在较长时期内，原油大量进口仍然是我国面临的常态。这本书给我们的启示是，必须从战略上、国家的长治久安上高度重视石油安全问题。

---

① 1 英里 ≈1.6 千米。

石油让海湾国家百年混乱

2020年,沙特、俄罗斯和美国之间爆发了一场石油价格大战。美国为了保护页岩油产业,心里想着油价上升,左手威胁沙特减产,右手打压俄罗斯维权。为此,美国西得克萨斯中质油期货大跌,产生了史无前例的结算价,为–37美元/桶,殃及中国银行"原油宝"客户。

"前事不忘,后事之师。"我读了斯蒂文·佩尔蒂埃的《美国的石油战争》一书,对沙特、俄罗斯和美国上演的"三国杀"有了更深层次的理解。书中的描述说明,美国人不仅在今天,早在百年前就开始通过各种手段来维护自己的石油霸权了。该书作者斯蒂文·佩尔蒂埃是美国中央情报局前专家,他对国际石油政治颇有研究,曾专门分析两伊战争期间伊拉克的国内局势。1991年海湾战争期间,他领导五角大楼的一个工作组研究伊拉克的军事。这本书是他对自己在美国中央情报局亲身经历的回顾与评述。他指出:"中东地区富庶的石油资源引得西方工业资本主义国家不断向这一地区渗透。美国通过战争和各种手段极力想控制这一地区,资助所谓的盟国,不断挑起战争,通过支援战争的一方,顺利派兵进驻,削弱海湾地区的反美势力。"用一句话概括此书的中心思想就是：为了石油利益，美国等西方国家人为地制造了海湾国家上百年的混乱。

英美博弈海湾国家石油主导权

目前，世界石油的话语权在美国。除了其期货市场影响石油定价外，美国军事力量还控制着最主要的石油资源地——海湾地区，二者极大地影响着国际石油利益。作者认为，二战前石油话语权在英国，海湾地区在英国势力范围内。靠着枪杆子，英国在伊朗、伊拉克先后建立石油公司，控制了这两个国家的石油业务。一战前，英国与伊朗、伊拉克签订了一系列石油开采的"租让协议"，获得不平等的"石油经营特许权"，享受着海湾地区这两个主要石油资源国"租借合同"带来的大部分好处。一战后，开始发展壮大的美国对英国在海湾地区的石油利益垂涎三尺，也"有样学样"地开始伸手寻求"石油经营特许权"。鉴于势力范围已瓜分完毕，美国推出了"门户开放"政策，与英国争夺势力范围。

"卧榻之侧，岂容他人鼾睡。"英国限制美国，但美国不干，要求与英国"利益均沾"。一战让英国欠下了美国庞大的债务，作为妥协，英国只好让美国进入海湾地区共享石油利益。美国开始蚕食英国在海湾地区的地盘。当时海湾地区是全世界石油公司的驻扎地，具有巨大的战略利益，而美国还是石油输出国，自己并不需要进口石油，挤入海湾地区只是为了获取海湾地区的石油衍生利益。比如，控制石油海上运输线、销售军火提供武装保护、推行石油美元，从而延伸美国全球霸权。然而，那时候，大多数美国石油公司满足于在石油丰富的北美地区找油，对遥远的海湾地区的石油兴趣不大，但美国政府为了石油的全球战略利益，利用优惠政策，鼓励和推动美国公司"走出去获得石油"。

二战前，沙特石油尚未崛起，伊朗、伊拉克是海湾地区石油的主要资源国，英国控制着这两个国家的石油资源。不过，经过后来美国政府的操控，美国很快与英国平分秋色，两国的石油公司控制着世界上70%的原油生产量，但美国并不满足于此。二战即将结束时，罗斯福对英国人说："波斯湾的石油是你们的，伊拉克和科威特的石油由我们分享，至于沙特的石油则是属于我们的。"很快，美国获得了沙特、伊拉克、巴林等海湾国家的石油经营特许权。斗转星移，海湾地区的石油主导权牢牢地握在了美国人手中。

刺刀下的巧取豪夺

石油勘探、开采、运输是技术含量非常高的工作。虽然伊朗、伊拉克等海湾国家石油储量丰富，但它们没有技术经营这些油田，因此，只能依靠英国、美国在其石油公司的"经营特许权"的约束下获得有限的利益。

在本国政府枪杆子的保护下，英国、美国的石油公司逼迫海湾国家签订了一系列不平等条约。它们租借海湾国家的土地开采石油，付给石油资源国很低的土地租让金，并且租让金和石油价格挂钩。油价由石油公司确定，定价过程不透明，它们一般都把油价压得很低，因为价格越低，交给石油资源国的土地租让金就越少，石油公司就赚得越多。这是一种刺刀下"胡萝卜加大棒"

的不平等协议，海湾国家明知吃亏，也是敢怒不敢言，因为这些国家没有自己的武装力量，保护不了自己的利益。

然而，当这些国家意欲组织自己的武装力量时，英国、美国的石油公司通过本国政府的严格限制和阻挠，对有建立军队欲望的统治者进行狠狠的打压。许多海湾国家只好低头服从，不听话的则遭到沉重打击。比如，英国政府就要求当时有建立武装想法的伊朗国王雷沙、伊拉克国王费索退位；美国也对发展武器的伊拉克萨达姆政权进行了坚决打压，两次武装侵入，把伊拉克领导人换成"听话"的人。

挑动海湾国家争斗，自己浑水摸鱼

伊朗和伊拉克的长期争斗是美国挑动的，它则浑水摸鱼。作者的研究认为，多年来，美国先是支持伊朗对抗伊拉克，后来又支持伊拉克对抗伊朗，最后又把伊拉克彻底颠覆。从该书中文版2008年出版到现在的10多年里，海湾国家的争斗仍然此起彼伏。目前，阿富汗动荡不安，伊拉克战乱不断，叙利亚战火纷飞，沙特与也门冲突不停。美国强迫全世界与它一起制裁伊朗，意欲搞垮伊朗政权，这一切都是因为海湾地区有美国控制世界能源的巨大政治利益。作者认为，只有海湾国家之间冲突不断，美国才有驻军的理由，美国才有可能在海湾地区长期待下去。作者在书中回顾了一些历史事件。

一是美国利用伊朗与英国的矛盾挤入海湾地区。1951年，伊朗发生了将英国石油公司收归国有的运动，美国看到了机会。于是，支持伊朗将英国石油公司收归国有，在背后损了英国一把，意欲将英国挤出伊朗。不久，美国政府又和英国情报机构勾结在一起共谋伊朗政变，推翻了美国曾经支持的伊朗摩萨台政府。作为推翻摩萨台政府的交换条件，美国获得英国石油公司40%的伊朗石油特许权。美国在英国与伊朗之间，两面三刀，浑水摸鱼。

二是利用伊朗与伊拉克的矛盾攫取利益。1960年，美国、苏联冷战期间，美国将伊朗划为苏联阵营，从而对伊朗政权进行打压与颠覆。后来，当伊拉克侵害美国的石油利益时，美国又拉拢伊朗对抗伊拉克。这时候，美国又把伊朗当作同盟看待。不过，当1973年欧佩克石油革命爆发后，伊朗为了自己的利益与伊拉克联合，在石油上一起赚西方的钱时，美国抛弃了伊朗，把曾经和美国亲密无间的巴列维国王拉下了台。

与此同时，美国又开始支持伊拉克新总统萨达姆。一开始，萨达姆和美国的关系也是不错的。后来，萨达姆和美国在许多问题上意见相悖。比如，美国曾经阻止萨达姆实行石油国有化政策，阻止伊拉克发展自己的武器系统，但伊拉克依然我行我素，这不符合美国的利益。美国的逻辑是，海湾国家的任何政权只要对美国的石油利益有威胁，就必须垮台。20世纪80年代，萨达姆成功完成了石油国有化，大幅增加了国家财政收入。接着，萨达姆又梦想用石油收入来做本国的武器系统，这同美国军工复合体——美国军火商产生了矛盾，美国绝不允许伊拉克的梦想成真。美国挑起伊朗和伊拉克的矛盾，让它们互相打仗，而自己却乐于两边投入资源，坐收渔利。

两伊8年战争期间，美国一边通过以色列卖军火给伊拉克，并向伊拉克提供伊朗军事部署的情报，一边又为伊朗从事间谍工作,为伊朗提供伊拉克军事部署的卫星照片,并出售导弹和其他军用物资。两伊战争以伊拉克的取胜结束,但这个结果美国不愿意看到,因为伊拉克比伊朗更不听话,这不符合美国的利益。因此,美国准备自己动手攻打伊拉克。于是,发生了美国两次入侵伊拉克的战争。第一次是1991年,老布什政府声称,这次战争是为了保护科威特这个石油大国。虽然美国在很短的时间赢得了这场战争,但萨达姆仍然在台上,对美国的招呼仍然是不管不听。第二次是2003年,美国以伊拉克持有大规模杀伤性武器为由,入侵伊拉克,推翻了萨达姆政权,扶持听美国话的新政权上台。

作者认为,无论是2001年"9·11"事件后美国入侵阿富汗,还是2003年再次入侵伊拉克,都是为了石油利益。美国攻打阿富汗塔利班,主要是想通过阿富汗作为跳板,转移军队去消灭不听美国话的萨达姆。一旦伊拉克被占领,换上听命于美国的当权者,就可以让美军长期驻扎海湾地区的基地,因为美国在沙特的军队很难在违背诺言的情况下继续驻扎下去,必须找到新的基地替代沙特,伊拉克成为替代目标。因此,作者说,美国攻打阿富汗和两次攻打伊拉克都是事先策划好的,是无法避免的,只不过是找什么借口的问题。今天美国已经承认,2003年美国以伊拉克有大规模杀伤性武器为由而攻打伊拉克完全是虚构的。

海湾石油收入与美国军火销售

20世纪90年代,美国的石油有46%要从国外进口,并且大部分来自海湾地区。克林顿政府时期从海湾地区的进口开始减少,转而向委内瑞拉、墨西哥和加拿大等美洲国家进口石油。

1997年，美国进口海湾地区石油量下降到19%。进入21世纪以来，尤其是页岩油革命开启后，美国的石油完全可以自给，但美国人不放弃海湾地区的石油利益，这一利益关乎美国的霸权。石油是经济的"血液"，许多国家要从海湾地区进口石油，控制了海湾地区石油的生产与运输，就等于掐住了世界经济的命门。基辛格讲过："如果你控制了石油，你就控制了所有国家。"比如，中国60%左右的石油来自海湾地区，断供石油、推高油价对中国的政治和经济都影响巨大。因此，抓住海湾地区的石油，就能影响世界政治与经济。

美国的生意经是，在控制石油利益的同时，促进武器在海湾地区的销售。美国攫取的中东石油利益，还包括让中东国家用卖石油的钱买美国的武器。因此，中东局面越乱，美国军火商越好卖武器。作者写道，武器一旦流向某一方，它的对立方也会想要得到武器，这样就扩大了武器的销售。武器生产是刺激美国经济发展的一种方式，五角大楼和联邦政府都喜欢，因为这背后是强大的军工利益集团，这些资金促进了美国刚刚兴起的军民融合工业的发展。比如，今天在美国已经很成熟的军工复合体就是那个时候建立起来的。军工复合体促进了美国航空工业、导弹产业、电子制造业、机器人等产业的发展。

作者直言不讳地指出，海湾地区是美国军工复合体的基石。提供美军的武装保护也是美国控制海湾地区重要的一招。因此，人为制造矛盾，形成两河流域伊拉克、伊朗对阿拉伯半岛国家的双重威胁，是美国向沙特等君主制国家索取美军补助金的最好理由。作者说，一直以来，海湾国家对美军的军费支出甚至大于美国国防部对美军的支出。比如，1992年，仅沙特购买美国的武器支出就高达143亿美元，可以说美国在海湾地区得到了双倍的经济回报。美国不仅通过出售军火来获得所需资金，而且伴随着军火生意，它也分享了海湾地区石油生产的收益权。

里根发誓要搞掉欧佩克

海湾国家对石油价格长期被英国、美国的石油公司控制极度不满，多年来它们试图改变这种状况，海湾国家联合起来主导的"欧佩克革命"就是摆脱西方控制的一种大胆尝试。作者说，美国总统里根公开声明，只要有机会就要消灭欧佩克。1985年，他和英国首相撒切尔夫人制订了摧毁欧佩克的计划。里根认为，欧佩克是对美国最具威胁的一个石油组织。

在20世纪60年代的"欧佩克革命"中，伊拉克和伊朗起到了很大的作用，在组织中很有影响力。美国想先依靠伊朗，后依靠伊拉克，来控制欧佩克，但由于二者都不完全听话，所以美国绝对不能让伊朗、伊拉克控制欧佩克。伊朗先被击垮后，美国又想扶持伊拉克，所以和萨达姆维持了一段不错的关系，但萨达姆越来越不听美国的话，美国担心比较强势的伊拉克萨达姆政权会联合欧佩克成员使用石油武器干扰美国的霸权意图，这是美国不能容忍的。

作者通过多年来对海湾战争的研究得出结论："美国攻打伊拉克的理由很简单，就是不让伊拉克有自由处理自己石油资源的权力。"因此，美伊战争的实质是美国和伊拉克争夺石油生产话语权的问题。

在打击两伊的同时，石油的后起之秀沙特被美国人选中，"欧佩克革命"以后，沙特作为全世界最大的石油储量国，地位越来越高。在美国明里暗里的支持下，沙特代替伊朗、伊拉克很快成为欧佩克的核心力量。美国认为，君主制政权软弱，更容易被控制，而且沙特王室需要美军的武力保护。因此，美国利用各种资源，特别是军事力量扶持沙特的君主政体，沙特对美国的要求一般都比较配合，因此美国通过与沙特合作制约欧佩克。

30多年来，海湾地区的动荡，处处都体现了30多年前里根要摧毁欧佩克的美国战略思想。凡是不听美国话的石油国家或领导人，要么政变，要么战争，统统摧毁。这确实是美国对海湾国家的石油战争。

读完此书，深感作者把此书定名为《美国的石油战争》是非常贴切的，对于美国的石油战争的战略思想，我们要有清醒的认识和应对措施。

启　示

一方面，我国要有进口海湾石油的风险对冲措施。我国的石油供应大部分来自海湾地区，我们不得不在海湾地区长期混乱的状态中获得石油供应。另外，我国石油的主要运输线是从波斯湾到太平洋，通过马六甲海峡进入南海，而这条运输线在美国手上，美国要抑制中国的石油需求是非常容易的。因此，我国必须有积极的应对措施，考虑这种风险的对冲手段。

一是争取原油供应的多元化。目前，中国也在减少海湾地区石油的进口量，而俄罗斯、中亚、南美、非洲的供应在增加，这种策略需要坚持下去。二是运输线路的多元化。目前，除了通过马六甲海峡传统通道外,我国已经在北边俄罗斯、西北边中亚内陆、西南边陲与缅甸的海上增加了运输通道。不过,相当长的时间内,我国85%以上的石油还是要经过美国控制的马六甲海峡通道。因此,加快我国南海海域的安全建设也是十分紧迫的任务,同时要增加国家石油战略储备。

另一方面,我国对石油美元霸权要有应对之策。自从20世纪70年代美国与沙特签订用美元计价结算的石油密约以来,石油美元很快在世界上形成巨大的影响力。从金融市场看,海湾国家交易石油获得美元后,用这些美元购买美国的武器和美国的债券,华尔街获得承销、交易证券的机会。美国期货市场用美元为以石油为首的大宗商品计价结算。在石油等大宗商品供应链上的所有国家都在储备美元,以备购买之需,这强化了美元国际储备货币的功能。而没有约束的美元供应机制,导致美国财政部只要开动印钞机就可以获得巨额铸币税,美国的一张纸就可以购买全世界的商品,这都导致美元霸权好处多多。我们应该努力去改变这种状态,虽然在相当一段时间内难以做到,但应该努力去做。

2018年3月,我国已经在期货市场上推出以人民币计价结算的石油期货,目前这个市场正在壮大,假以时日,人民币在石油交易上逐步替代部分美元的作用肯定会显现出来。2019年7月27日,《纽约时报》刊登文章说,基辛格认为,石油美元即将"寿终正寝",时代已经发生变化,特朗普走上了错误的道路,如果任由特朗普在这条道路上狂奔,美元的地位只会被人民币取代,未来美国五角大楼的影响力也会越来越弱。因此,从大局考虑,我国在各个方面都应该大力支持上海国际化的石油期货市场发展,以便在一定范围内对冲美元石油的风险。

创新是期货市场发展壮大的不竭动力

一段时间以来，一些专业人士在媒体上发表文章，认为金融期货与商品期货存在不同，应该区分并归属不同的监管机构监管。尽管《期货交易管理条例》2007年就已明确规定，中国证监会集中统一监管商品期货、金融期货以及场内期权市场，但在2013年第十二届全国人大财经委起草期货法征求意见时，还是有一种观点仍然坚持金融期货和商品期货分开监管。我认为，这是误解了衍生品市场和基础资产市场的区别，期货等衍生品是基于基础资产设计的金融产品，衍生品市场有自己的运行规律，虽然基础资产与衍生品紧密联系，但从监管的角度看，商品期货和金融期货的同一性，远大于其基础资产的同一性。无论何种标的物的期货、期权产品，都适合同样的监管方式。集中统一监管期货市场既是国际惯例，也被我国近30年期货市场监管实践证明是成功的、有效的。这种监管模式有利于防止监管套利，有利于节约市场成本，有利于提高市场整体效率。由基础资产管理部门来监管期货、期权等场内衍生品市场，不是最好的选择。正好郑州商品交易所的王学勤先生送了我一本他翻译的《市场缔造者》，其中讲了许多衍生品共同规律性的东西，这本书中的内容能够很好地解答前面的一些争论。100多年前芝加哥成立的几家农产品期货交易所利用农产品期货合约的设计灵感，搞出了外汇、利率、股票期货等一系列金融衍生品，并上市交易，运行良好。1974年，美国依据相关法律设立了期货市场监管机构——美国商品期货交易委员会，之后美国《商品交易法》中明确规定，无论是商品期货还是金融期货，都由美国商品期货交易委员会监管，距今已经50年不变。看完此书后写了读书心得，并在2017年10月26日的《期货日报》上发表，以期更多的人了解期货市场监管的特点。

· · ·

1848年，芝加哥期货交易所的创始者们——一帮商人，为了方便做生意和社交搞了一个聚会的场所，粮食仓库商、粮食转运商和现货贸易商在这个场所中进行小麦、玉米等谷物的现货交易，名字叫芝加哥商会，即今天我们所称的芝加哥期货交易所。从今天看，当时他们并不确定这个商会的未来，恐怕谁也没有想过它后来会形成一个对全球经济金融有着巨大影响的期货交易所，会形成影响全球大宗农产品的定价中心。纵观历史，创业者们在商业利益的推动下"摸着石头过河"，在市场的推动下不断创新，深一脚浅一脚地走过了150多年，今天，芝加哥期货市场模式已成为全球期货市场的主要模式，包括以商品期货期权和金融衍生品为主要内容的风险管理金融，已成为美国金融体系核心竞争力的主要组成部分（我认为美国金融模式主要由直接融资金融和风险管理金融构成）。我国20世纪90年代初开始探索建立的期货市场，也主要是参考和借鉴它而建立起来的。

何以是芝加哥？何以是1848年开始？何以是粮食商人？何以需要卖空和投机？何以金融期货的灵感也来自谷物期货？创新和监管关系如何？何以需要监管？掩卷而思，探讨如下。

何以是芝加哥？何以是1848年开始？

优越的地理环境、交通工具革命和创新使然。略知美国史的人皆知，早期美国移民是从东往西迁移的。从美国博物馆的许多油画中我们可以看到，美国西部早期的开拓者，大都是坐着马车抱着枪拖家带口的冒险家形象。处于美国中西部的芝加哥地势平坦，土地肥沃，北临五大湖区中的密歇根湖，西南紧靠美国最大河流密西西比河，而整个密西西比河流域是美国的小麦、玉米等主要农产品产区。在铁路和航运还未兴起时，东边的阿巴拉契亚山脉阻隔了中西部和东部沿海城市的联系，100多年前移民靠马车陆续到芝加哥寻找发财致富的机会。交通不便使芝加哥所在的中西部农业区发展缓慢，芝加哥是一个人口不多的小镇，周边农民到城市销售谷物靠马车运输，而买卖猪、牛则是人工驱赶。向更遥远的东部发达地区销售农产品则是难上加难。从19世纪30年代前后开始，这一地区陆续开始兴起运河热、铁路热，从而推动了轮船和火车运输，这一交通工具的革命和创新，使中西部的农产品到芝加哥进行买卖或通过芝加哥中转运往东部城市的成本大幅下降，临湖靠河加铁路，地势平坦的芝加哥一下成为影响全国的交通枢纽和农产品集散中心，物畅其流改变了芝加哥城。为了适应粮食市场的发展，粮食商人们在1848年建立了芝加哥期货交易所（不过刚开始的近20年所交易的是现货即期和远期谷物,而不是期货)。可以说,地理环境的临湖靠河加上交通运输工具的创新,是芝加哥成为期货市场鼻祖的外部条件。

何以粮食商人能搞期货? 创新使然

今天看起来比较高深玄妙的期货市场,其实是一帮粮食商人做起来的。在实践中粮食商人感到需要对粮食计量、质量检验进行制度创新。这一制度创新为期货合约的标准化提供了制度基础。交通运输发达后为了提高运输效率,降低装卸粮食的成本,过去马车运输散货粮食没有统一计量单位的情况,在火车轮船时代必须改变。芝加哥粮食商人用标准化的计量单位"蒲式耳"[①]来统一衡量小麦、玉米等谷物的重量,这就使每一交易单位的相同谷物的重量都是相等的。同时,对谷物进行质量检验,根据不同的质量标准划分出不同的谷物品牌。这一工作的完成,可以把仓库里不同品质的谷物进行归类划分,对同一质量和品级的谷物进行标准化的设计,然后物化在一张买卖双方都认可的提货单,即谷物的仓单(谷物的证券化)上。谷物的本来面目消失了,仓单使商人在谷物交易中不用把实物粮食搬来搬去,并且交易的时间和提货的空间可以分离,即交易完成后既可以凭仓单马上提走货物,也可以在约定的时间内拿着仓单到指定的仓库提货,在仓单实现了时间和空间分离的制度基础上,粮食商人设计了期货合约。这样商人们通过芝加哥期货交易所的交易,既可以买卖近期的粮食,也可以买卖远期的粮食,既可以在家门口进行交割,也

---

① 在美国,1 蒲式耳相当于 35.238 升。

可以在全国范围内期货交易所指定的任何仓库交割。而集中买卖谷物的远期粮食标准化合约就成为今天我们所说的期货合约交易。今天全世界的大部分期货（无论是商品期货还是金融期货）合约基本是按照这一制度原理设计的。比如，在我国《期货交易管理条例》中描述期货合约的法律用语（每个国家的法律规定大同小异）是，"期货交易场所统一制定的、规定在将来某一特定的时间和地点交割一定数量标的物的标准化合约"，这完全脱胎于芝加哥的粮食商人早期的制度创新（和同样有100多年历史的伦敦金属交易所的期货合约是有区别的），我国期货市场更多是借鉴美国期货市场模式。因此，我认为粮食商人在计量工具、质量检验分级以及谷物的仓单化等方面的制度创新活动，使期货合约的诞生成为可能。这是芝加哥成为期货市场鼻祖的内部因素。

何以需要卖空和投机？卖空也是交易机制上的一项创新

有粮食才能卖，没有粮食如何卖？芝加哥的粮食商说：可以！芝加哥商人实现了有粮食可以卖，没有粮食也可以创造条件卖的思想。卖空交易机制的创新，使芝加哥粮食商除了有通过卖出持有的现货谷物赚钱的贸易方式之外，还有通过卖出自己并不持有的现货谷物赚钱的方式。这种双向交易机制使冒险性强、赌博性大的期货交易所会员如鱼得水，个个充满了投机的激情。而投机使市场的流动性和效率大大提高，为想进入期货市场进行风险管理的谷物生产商和贸易商提供了机会。

卖空交易的创新为何在美国等西方国家产生？

首先，可以从西方文化上理解。早期的北美盎格鲁-撒克逊文化是一批以英格兰人为首的欧洲人从老家带来的。他们越过大西洋到美洲本身就是巨大的冒险与投机活动（可以对比我国的郑和下西洋和以后的海禁）。因此，在美国大众文化中，人们的骨子里渗透着冒险和投机的基因，民族文化是容忍投机活动和冒险精神的。我们从《市场缔造者》一书中可以看出，期货市场初期那些靠冒险和投机发财的人是媒体关注和热议的对象，是政府不管的冒险家。因此，尽管美国期货市场建立了100多年，人们没有过多地指责期货市场的投机活动，即使出现市场操纵，没有到社会舆论压力大得不可开交的时候，政府也不会出手（如20世纪50年代的洋葱期货市场操纵事件，政府叫停了洋葱期货交易）。只是到了20世纪末开始的全球化背景下，期货市场涉及的公众面大且人员众多，强有力地打击市场操纵才作为重要工作放到美国监管当局的案头上来。

其次，谷物的分级体系和仓单制度的实施，使远期谷物交易可以标准化后演变为期货合约。期货合约交易可以不用交割实物，期货合约未来的履行由获得仓单的可能性保证，因此一些粮食商人的赌性出来了，他们在感到对供求因素有较好的把握时就会赌上一把。实践出真知，交易出才干，这些粮食商人在谷物分级体系和仓单制度的基础上，通过交易实践，逐步建立起了期货市场的投机机制和卖空机制。这样的机制和制度安排，使一部分和谷物等现货生产、仓储、贸易、加工、消费无关的专业投机者进入了市场，由于有风险资本溢价，投机者开始在这里逐利。在投机者的作用下市场规模迅速扩大，流动性大大增强，交易效率不断提升，价格发现和套期保值功能逐步显现，期货市场开始有了金融属性。为规避各种不确定因素影响而导致谷物价格波动的市场风险，许多谷物商人在充足的流动性推动下方便地进入期货市场，管理价格波动风险。卖空机制和投机机制提供的流动性，是期货市场能够为实体经济服务的前提条件。因此，这一市场机制创新延续100多年，为金融市场的进步、发展、壮大注入了源源不断的流动性，使价格发现、套期保值成为可能，使期货市场成为服务国民经济的重要市场。

最后，芝加哥期货交易所创新的保证金制度的杠杆机制、结算机构的"中央对手方机制"，提高了市场效率和参与者的信心。无论是套期保值者还是投机者，交易双方都可以利用这个机制以较少的资金成本和期货交易所的信用放心地进行交易，交易所的结算部门作为买方的卖方和卖方的买方，建立了严格的结算系统风险控制制度，从第三方角度为交易各方建立起的市场信用和信心，使所有交易者不用担心对手方的信用风险，从而极大地推动了期货市场的发展。

何以粮食期货合约能为金融期货带来灵感？

利率期货合约的上市交易，使商品的概念发生了根本变化。美国法律定义，商品分为有形商品和无形商品。自19世纪中期期货交易在美国芝加哥等地兴起到20世纪70年代中期，美国期货市场交易的主要是以农、林、畜等有形商品为标的的期货产品。美国期货市场交易的可上市产品逐年减少，市场交易低迷和众多期货交易所之间的竞争激烈，这种状况逼着各期货交易所创新，芝加哥期货交易所开始打起了金融产品的主意（之前芝加哥商业交易所在梅拉梅德的带领下上市了货币期货）。能不能以诸如利率、外汇、股票等金融产品为标的，按照 100 多年前设计谷物期货合约的方式，对其进行标准化合约设计？芝加哥期货交易所成功了，灵感来自粮食期货，它按照粮食期货合约的原理和技术，对美国房利美以抵押贷款债券为标的的利率期货进行了开发创新，并上市交易。不同之处在于，谷物期货的分级和标准化的对象是实物，而利率期货分级的对象是虚物，不可见。那个最近几年喜欢到中国转悠，不断推广碳排放权交易的美国老头桑德尔，30 多年前被谷物期货合约设计上的思路所吸引，离开大学经济学教授岗位到芝加哥期货交易所，想方设法要把谷物期货的设计技术用到金融产品上，从而在 1975 年为芝加哥期货交易所推出了首个利率期货。这一创新改变了期货市场的参与者结构，商业银行、投资银行、证券公司、保险公司等金融机构大量参与期货市场。是谷物期货合约启发了桑德尔的灵感（之后他还领导开发上市了长期国债期货），从而使以粮食期货起家的芝加哥期货交易所名副其实地进入了金融体系的大门，美国的期货监管部门也在这前后从农业部谷物期货监管局的身份转换为国会直接授权专门监管期货市场的商品期货交易委员会（1974 年成立）。

何以需要监管？因为操纵与欺诈

《市场缔造者》一书中谈到了政府对期货市场的监管问题。自芝加哥期货交易所成立以来的许多年里，主要是交易所对会员进行自律管理。无论是操纵市场的"逼仓"，还是对赌公司的欺诈行为，都是交易所在处理。或是开除会员，比如，对嘉吉公司的玉米期货操纵案，就是取消了该公司的会员资格，或是交易所出面把对赌公司的欺诈行为告上法庭。自"五月花"号上的探险者登上北美大陆签署了自我约束、自我管理的自治契约开始，公民自治自律、政府少管市场的事就成为新大陆的一种文化。这种契约精神和自我管理促进了美国经济的快速发展。尽管从19世纪60年代中期以来，几乎每个月芝加哥期货交易都是在逼仓的情况下结束的，但是政府从来没有介入真正的监管。但随着经济体量和市场越来越大，各种利益集团都参与了期货市场，利益和社会影响的广泛性导致社会各方对期货市场产生了强大的压力，大户逼仓、市场操纵、欺诈行为导致期货市场价格发现和套期保值功能受损，绝大部分市场参与者纷纷要求规范市场，加强监管，打击操纵以回归期货市场的经济功能。19世纪晚期，美国联邦政府开始在农业部下设期货监管机构对期货市场进行监管，过去"自弹自唱、自娱自乐"的期货市场开始纳入政府监管渠道。但在监管开始的相当一段时间内，往往是有法不依、执法不严，对那些市场的操纵者和欺诈者缺乏威慑力。进入20世纪70年代，为了更好地行使政府对期货市场的监管职能，做到有法必依、违法必究、执法必严，美国国会决定对期货市场的行为进行全过程的监管，批准成立商品期货交易委员会，并授权其对期货市场进行集中统一监管，以保护期货市场的功能得以实现。今天，美国商品期货交易委员会的监管一直在加强和完善，尤其是2008年金融危机后颁布的《多德-弗兰克法案》进一步加强了对期货及其金融衍生品的监管。

温故而知新，可以为师矣

创新是芝加哥期货交易所150多年来发展壮大的法宝，不创新是芝加哥期货交易所近10年在竞争中落后的软肋。《市场缔造者》一书讲述了1848—1998年的历史。这段历史波澜壮阔、辉煌灿烂，取得了一个又一个骄人的业绩。之所以如此，是创新使然。到今天，又过去了10多年，芝加哥期货交易所并入了比它年轻50岁、早期名望远远不如它的芝加哥商业交易所，一个辉煌了150多年的最有名的老牌期货交易所被后来者兼并了。后来者居上，何为也？创新也！正如芝加哥商业交易所终身荣誉主席梅拉梅德在该书的跋中所言："期货市场积极创新的意愿造就了它一如既往的成功。实际上，创新就是我们芝加哥期货市场的突出个性。"晚了芝加哥期货交易所50年的芝加哥商业交易所，在货币期货、股指期货、现金交割、交易电子化等方面的一系列产品创新和制度创新上异军突起，远远走在芝加哥期货交易所的前面，最后终于超越，把芝加哥期货交易所收入囊中（芝加哥期货交易所于2006年被芝加哥商业交易所兼并）。我国期货市场的模式，主要是学习美国的。我们靠学习芝加哥期货交易市场建立起了我国的期货市场，鉴古知来者，温故而知新。创新也应该是我国期货市场发展壮大的推动力量。

学而不思则罔。

思之一，芝加哥期货交易所150多年的历史给我们的启示是，创新能促进一个经济体的发展壮大，在竞争的环境中，不创新会使原来强大的经济体衰落。谁的创新能力弱，谁就会被市场淘汰，芝加哥期货市场"两雄争霸"的历史告诉我们，谁不断创新，谁就会立于不败之地。中国期货市场要想真正实现超越，成为有影响力的市场，进而在定价话语权上有更大的影响力，就必须创新。

思之二，创新需要宽松的环境。美国期货市场一开始没有政府管理，社会也比较宽容，市场完全靠自我约束、自我管理进行自律和自治。这种状况在美国期货市场上延续了近百年，因此期货市场发展壮大起来，由最初的农产品期货领域扩展到了金融领域。期货市场在创新的同时，也不断出现大量的市场操纵和欺诈行为，引发了大量的风险，侵害了实体经济的健康发展，损害了投资者的利益，社会舆论对期货市场的批评与指责越来越多，政府对期货市场的干预也随之加深。市场自律和自治可以为创新创造一个宽松的外部环境，但如果"自律失灵"，也会为居心不良者创造操纵和欺诈的天堂，在这种环境中，市场的公正性和公平性被破坏，市场的经济功能消失，创新也无用武之地。因此，要把握好宽松与监管的"度"，处理好二者关系。

思之三，为了发挥期货市场的经济功能，维护"三公"原则需要加强监管。要使期货市场真正服务于实体经济而不仅仅是期货行业的自身利益，仅仅依靠期货行业的自律和自治是不够的，芝加哥期货交易所150多年的历史以及2008年发生的国际金融危机已经做了最好的说明：政府加强监管是必要的。只有在一个体现"三公"原则的期货市场里，创新才能得到更好的发挥，实体经济才能更好地获得服务，投资者利益才能得到更好的保护。创新与监管是不矛盾的，但监管应该适度，应该有投入与产出概念。正如党的十八大报告所言，要"处理好政府和市场的关系，必须更加尊重市场规律，更好发挥政府作用"。因此，创新和监管都是不可或缺的，关键在于把握二者的"度"。"不审势即宽严皆误"，成都武侯祠赵藩撰写的对联中的这句话，是要考验监管者的智慧能力与驾驭艺术。

市场不会自动存在

现于德国法兰克福中欧国际交易所任总裁的陈晗先生，在中国金融期货交易所工作期间翻译了美国人理查德·桑德尔的自传《衍生品不是坏孩子》，望我为之作序。拜读后，我学习了许多新东西，觉得该书在中国出版发行不仅对金融系统的从业者有启发，对政府工作人员、其他关心气候变化的人也是大有裨益的。因此，我愉快地答应下来。该书作者是我们比较熟悉的美国经济学家和金融衍生品专家，也是美国金融期货的创始人之一。只不过桑德尔作为经济学家，在20世纪70年代，是第一个金融期货合约（债券期货）的设计者；而梅拉梅德是期货市场管理者，是组织把金融期货合约（外汇、股票指数期货）推到市场交易的第一人。由于股指期货交易很成功，业界把"金融期货之父"的名头给了后者。桑德尔在20世纪末开始关注气候变化，思考如何通过衍生品交易促进全球碳排放减少的问题。他利用商品期货合约的设计原理，设计了碳排放权交易期货合约，并在2003年投资建立芝加哥气候交易所。前些年，桑德尔经常拜访中国证监会和期货交易所，对碳排放权期货如何在中国上市的问题，我们有过多次交流与讨论。下面是2013年我为他的自传的中文版写的序言，并发表于2013年10月16日的《中国证券报》上。

美国人桑德尔的《衍生品不是坏孩子》一书，在陈晗先生的努力下翻译成中文出版了。我和桑德尔见过几面，他是芝加哥气候交易所创始人，最为出名的是他在国际大气污染物排放交易上的创新和建树。此书是以期货市场从业经历为主的自传体，由于桑德尔有经济学家和期货市场从业者的双重身份，文中的描述，既渗透着深厚的经济学功底，也散发出浓烈的交易池的热情，读来并不枯燥。该书主要从微观经济角度讲作者在衍生品市场上进行诸如利率期货、气候期货等一系列的创新活动。读毕，想说三件事。

减少北京雾霾，期货可以出把力

北京雾霾如何减少？一般说法是，要靠我国总体空气污染减排计划的落实。《衍生品不是坏孩子》一书中讲的大部分内容与北京雾霾的减少关系极大。桑德尔的个人经历证明，无论是在理论上还是在实践中，期货和衍生品市场可以为我国降低空气污染物排放找到一条低成本的道路，为北京雾霾减少出一把力。

桑德尔把过去在商品和利率期货产品设计上的一些理念、逻辑运用到环境金融中，从而设计出一套二氧化碳排放的计量、核证、报告、监测、托管、交易、交割等制度，并运用这套思想，推动了全球环境金融概念的形成，建立起一个影响全球碳排放权的现货一、二级市场和期货市场。

书中描述这套思想的核心是"总量控制和排放权交易"理

论，20世纪90年代起步的世界气候环境金融的一些框架性概念就来自这套理论。几年前的一次会面中，桑德尔比较通俗地向我介绍了这个理论，直到今天我仍然记忆犹新。他举美国的例子说，美国经济的发展导致二氧化硫排放严重，二氧化硫排放的持续增加会导致酸雨，美国有一部关于酸雨的电影，其中描述了酸雨如何摧毁经济。因此，美国政府非常明确地规定限制排放总量，并且严格监管二氧化硫的排放。政府还规定，根据过去企业的发电量可以免费获得相应的排放配额，而且允许排放配额进行交易。

"总量控制和排放权交易"理论想说明的是，减少向空气中排放污染物，可以通过市场化的方式来促进。首先需要国家制定法律强制排放总量，并对限额总量进行额度分配（或拍卖），额度获得者之间的余缺通过建立排放权市场进行交易。

解决排放权的"商品化"是创建市场的基础。因此，制定和实施包括明确未来一定时期内的排放总量，履行减排义务的经济主体，以及规定排放总量如何在减排主体之间分配，形成经济主体排放权（应排量）等内容的法律法规，成为建设排放权市场的首要条件。

排放权的"标准化"也是市场建设中需要特别注意的另一个关键因素。排放权的"标准化"就是要求用统一的方法核定每一个减排主体的实际排放，用统一的制度流程核查和处理实际排放量与排放权之间的差额。

桑德尔把商品期货与利率期货的概念、技术应用于环境保护目的的排放权"商品化"和"标准化"设计上，从而建立起排放权交易市场。这项工作创造了一个过去不曾有的期货和衍生品的产品类别，设计了一套全新的交易制度并创造供给与需求。

这套理论使桑德尔成为利用市场交易机制解决气体排放造成的地球温室效应的创造者。20多年前，期货市场对全球变暖能够做些什么还毫无概念，但今天，通过桑德尔以及他的团队的大力奔走与推广，通过他们在欧洲气候交易所和芝加哥气候交易所的成功实践经验，"总量控制和排放权交易"理论已经被越来越多的国家和企业所理解和践行。

目前，世界上无论是发达国家还是新兴市场国家，对利用市场机制来解决空气污染物排放的认识比较一致。欧盟、美国一些地区都在利用这一机制推动污染物减排问题的解决，欧洲期货交易所、芝加哥气候交易所在排放权期货方面进行了多年的探索，已经有比较成熟的经验。从它们建立市场的经验看，期货和现货要同时推出，并在同一平台上开展交易。这充分利用了排放权天然标准化、存放在统一的登记注册系统中的优势，从而极大地增强了期货和现货市场的联动，提高了以排放权期货为核心的排放权定价体系的准确性，市场效率得到明显提升。

如果我国能够借鉴欧盟、美国已经进行多年的实践，尽快建立起我国的"总量控制和排放权交易"机制，逐步形成排放权现货和期货相互联系、各有分工的市场，对改善全国的雾霾天气都是有帮助的。党的十八大报告已经明确提出，要积极开展碳排放权交易试点。"十二五"规划指出，要"逐步建立碳排放交易市场"。目前，我国有7个省市的试点工作已经展开。国家发改委、中国证监会正对我国的二氧化碳排放总量控制和排放权交易机制进行顶层设计，以便更好地指导我国各试点城市开展相关工作。在此意义上说，此书的翻译出版正当时。

上市产品成功不仅设计要好，更要交易所"勤吆喝"

《衍生品不是坏孩子》一书对期货产品设计技术和产品上市后的推广工作的重要性描述得很详尽。桑德尔兼具经济学家与期货交易所高管的双重身份，在书中有这样的描述是很自然的事。

桑德尔认为，一个期货产品成功与否，一要看产品设计是否合适，二要看产品上市后的宣传培训工作是否到位，也就是交易所要"勤吆喝"，这是关键。期货合约设计需要进行大量的调研活动，对涉及的各方要进行详细了解，以反映出参与各方的诉求，协调各方的利益。同时在向政府机关寻求支持、向监管部门申请上市的报告中，叙述拟上市期货产品的经济目的与市场价值。作为设计者，要考虑的是功能的发挥与市场各方是否有获得利益的机会，以及套期保值与投机性之间的平衡。

我国期货合约设计基本是按照这个路数进行的。在我国期货市场上，期货交易所为设计上市产品不遗余力，投入了大量资源。一个上市合约的设计要进行相关各方面的调研，要对现货市场上的生产贸易、运输环境、仓储物流、中介机构、投资群体、终端用户、产业政策、监管要求等进行大量调研和评估，然后平衡各方诉求，协调各方利益。因此，合约成功与否在于事前调研中是否让各方诉求在期货合约里得到协调与平衡。同时，还要对产品的流动性、安全性、功能性进行科学测算与综合评估，设计出雏形后还要向市场各方征求意见，讨论完善。交易所在这方面的工作，市场各方还是比较满意的。

但我国交易所在合约上市后的"勤吆喝"上，还要下更大的功夫。

桑德尔在书中表示，交易所的产品设计固然重要，但这仅仅是走向成功的开始，要想真正成功，还需要有大量的后续市场推广，让更多的人参与这个合约的交易，使管理风险的人作为真正的工具在使用。市场的后续推广无论是对交易所还是对期货公司来说，都是一项艰苦、漫长的工作。期货市场潜在参与者在进入市场之前，通常都会先观察市场的流动性，从而自相矛盾地延迟了流动性的创造。这就需要交易所在产品上市后进行广泛且坚持不懈的投资者教育、宣传、培训、推广。从推广的空间看，桑德尔认为，要面向四类群体，一是使用的行业、产业等终端用户，二是金融机构、投资公司等大型的投资者、投机者，三是政府机关、监管机构、大学、学术团体、行业协会等，四是非政府组织等，需要对这些群体进行大量宣传和培训。桑德尔总结说，他设计的产品有成功的，也有失败的（比如胶合板期货就失败了），成功者皆是上述几个方面做得比较好的。从推广的时间看，他认为，"市场的成功取决于经年的宣传、市场营销、销售以及广泛的朋友和熟人关系网"。政府支持与否对产品的成功意义极大。为了宣传二氧化碳排放权期货，仅2004年，芝加哥气候交易所就在美国国会听证会和其他活动上演讲了27次。

正如科斯在该书序中所说："建立新市场的重要成本就是要说服潜在的受益人和监管者认可新市场提供的经济功能。"同许多新发明一样，那些受益于现状的人并不会一下子接受新产品，新的金融市场需要推广，它不会被主动接纳，它并不像新一代iPad（苹果平板电脑）一样万众期待。桑德尔在产品设计过程中，依托交易所资源在这方面做了大量工作。他说，过去40年从期货市场的经历中获得的最宝贵的经验教训就是，"新的市场需要被销售出去，而非购买进来，教育培训和市场营销发挥至少一半的作用"。因此，我们在书中看到桑德尔和他的交易所团队为了产品上市后的市场培育，在推荐、宣传、培训上花费了大量精力、人力和物力资源。

科斯的理论和桑德尔的实践都证明，产品上市后的持续培育和宣传、培训是产品成功相当重要的因素。美国的期货交易所除了重视开发新产品外，对老产品的完善，即我们所说的"做深做精做细"，也倾注了大量的精力。

交易机制和经营模式创新促进竞争力

尽管桑德尔在利率期货、排放权期货产品上都有许多创新，且在期货历史上都有开创性的意义，但《衍生品不是坏孩子》一书中提到他在交易机制和交易所经营模式上的创新同样不可忽略。

前两年，桑德尔把自己创办的芝加哥气候交易所以6亿多美元的价格卖给了在创新思维和经营理念上和自己一致的美国洲际交易所。这家2000年成立的衍生品交易所依靠创新——在内部通过交易机制创新，在外部通过一系列并购活动，一路闯关夺隘，成为和有100多年历史的芝加哥商业交易所并驾齐驱的世界期货和衍生品行业的翘楚。美国洲际交易所最近并购了纽约泛欧交易所集团，更是为金融界津津乐道。

交易机制的创新，是对100多年来期货市场"打手势，喊嗓门"传统的颠覆。今天我们习以为常的电子化交易，在20世纪70年代的美国还鲜为人理解。当时桑德尔就预言，计算机交易将成为期货市场发展的新方向。20世纪70年代,他就想把期货市场传统的打手势、喊价交易,以及把交易信息写在黑板上的做法复制到计算机上,让这一切通过计算机进行,并通过电子液晶显示屏显示,从而取代传统交易方式,他还提出了实施方案。这确实是一个大胆的发明构想与创新。但传统的期货交易所及会员并未认识到这个发明创新对期货市场创新发展的革命意义,人微言轻,在当时的环境下,此发明被否定,桑德尔的梦想"胎死腹中"。

然而,20世纪90年代后,这一构想大行其道,美国芝加哥商业交易所率先在市场上开发了计算机交易系统,在交易池外建立了全球电子交易系统(Globex),以至于该交易所当初的主席梅拉梅德先生自豪地把率先使用电子化作为自己在期货市场创新的内容(建立货币市场、开创现金交割、实施电子化交易)之一。依该书所言,桑德尔似乎才是期货市场电子交易的倡导者、构想者。由于率先电子化交易以及其他一些创新,10多年时间内,芝加哥商业交易所就把芝加哥期货交易所等过去的老大甩到了后面,并将芝加哥期货交易所并入芝加哥商业交易所,真是此一时彼一时,竞争无常,让人唏嘘不已。

还有让桑德尔津津乐道的是,他对交易所的经营模式进行了大胆创新。因为芝加哥气候交易所成立时间较晚(2003年),他考虑用一种新的经营模式来确立自己的竞争优势。书中介绍,他把交易所各项业务外包、分散,除产品创新、销售等核心竞争力外,把合规、技术、法务、清算、监管都外包出去。有一次他在和我聊起为什么要这样时说,刚开始,芝加哥气候交易所没有资金、没有经验、没有电脑以及高级技术系统,于是,他想到了分包业务的主意。比如,把技术外包给具备很好的计算机营运系统的美国洲际交易所，把清算外包给芝加哥清算公司，使其作为结算机构，请美国金融业监管局作为自律管理机构进行自律监管。

当然，业务外包出去后，交易所内部还有相关的经验丰富的专业人员来协助管理。这样一来，芝加哥气候交易所的维护成本非常低。

也许是芝加哥气候交易所和美国洲际交易所在产品的互补性、技术的相关性以及经营理念的吻合性方面趋同，或者说在经营文化上一致，最后桑德尔把芝加哥气候交易所卖给了美国洲际交易所。我曾经问过美国洲际交易所的高层为什么发展这么快，竞争力如此强。他们的回答是，这是他们的电子化交易、经营模式和企业文化使然。这些做法和成功应该对我国期货市场有极大的启迪意义。

当然，书中讲的不仅仅是这几件事。桑德尔通过他建立市场的亲身经历，详细地叙述了在建立新市场过程中的酸甜苦辣。该书告诉我们，创新期货产品对经济社会的积极意义，创新思维对新市场的建立有多么重要，建立新市场充满着意外和不确定，需要长期奋斗。

书中还讲述了在新产品创新和建立新市场的过程中，与企业家、律师、金融从业人员、政府官员和监管者无休止的会议和令人筋疲力尽的谈判。作者的描述打开了反映真实世界建立新市场复杂性的一扇窗，让我们明白，当经济学家在讨论利用市场机制分配资源时，实践者需要付出多么大的努力和艰辛才能建立起他们轻松谈起的市场。这也证明了科斯教授在该书的序中所说的，"市场不会自动存在"。市场需要去创造。书中的经验和告诫能够为我国建设期货和衍生品市场提供启迪和借鉴，此书可以一读。

一个机缘，两个差异，三个目的

应中国金融四十人论坛（CF40）邀请，2019年3月20日晚，我在北京金融街第12期"CF40·孙冶方悦读会"上，介绍我在2018年9月出版的新书《发现价格》的写作情况，与听众一起分享书里的主要内容。论坛邀请了全国政协经济委员会主任、中国证监会原主席尚福林，中国投资有限责任公司总经理、上海市原常务副市长屠光绍，国务院发展研究中心原副主任李剑阁作为嘉宾对该书进行点评，有300多名财经界人士参加。中国金融四十人论坛秘书长王海明主持了这次读书会。下面这篇文章是我在读书会上的演讲稿。

. . .

今晚许多人聚在这里听我分享《发现价格》的写作过程，非常感谢。这里是北京金融街，是中国金融机构总部和金融监管部门的大本营。在我国说起金融来，讲银行证券的多，讲期货衍生品的少。我国期货市场建立30年，负面评价较多。我到期货市场工作之前也对此持负面看法。10多年前我到期货市场工作后，对这个市场有了深入了解，看法也随之大为转变，并深感缺乏宣传是人们对期货有误解的原因之一。前不久，中国金融四十人论坛秘书长王海明希望我在"CF40·孙冶方悦读会"上讲讲写作《发现价格》的前前后后，我觉得这是宣传期货的好机会，便爽快地答应了。这里向大家报告这本书写作的一些"内幕信息"。

一个机缘：引发宣传期货知识欲望

一个偶然的机会让我走入期货市场，一干多年，因而有了这本书。我开始不是搞期货的。1982年大学毕业分配到《经济日报》从事财经报道，那时候中国没有期货市场，采访报道与期货无缘。20世纪80年代末进入中国人民银行工作近10年，期货市场开始建立，出现了很多问题，开始有点接触。1997年亚洲金融危机后，国务院决定把中国人民银行的证券公司监管权移交中国证监会。我与中国人民银行的所有证券业监管人员"人随业务走"到中国证监会工作，担任机构部主任，负责证券公司监管工作3年。2001年，中国证监会派我去上海期货交易所当老总，参与了期货市场的组织与管理、创新与发展。5年后回到中国证监会进入班子分管期货市场工作10多年，参与了期货市场的发展与监管政策的制定。近20年时间里，我大部分工作与期货市场息息相关。这些经历让我能够从不同的角度看待期货市场，也了解到经济界、金融界，甚至中国证监会内部许多人对期货市场存在许多似是而非的看法。这种状态与国家积极稳妥发展期货市场的要求存在较大距离，需要一个途径或一种方式普及期货知识，增加大家对期货市场的了解。2004年，中国浦东干部学院找我，希望我能够去讲讲期货的基本知识。其实，我的理论知识并不丰富，我仅仅是一个喜欢思考的期货市场实践者。该院是培训我国政府中高级领导干部、大型国有企业领导人的基地，侧重点是现代经济金融知识。我知道如果课讲不好，可能会误导大家，对期货市场产生不良影响。但愿意通过我在市场中的学习与体会，与大家分享期货知识。因此，我备课很认真，做幻灯片很卖力，力求理论叙述、实践案例的表述都准确无误、通俗易懂。第一次课讲完以后，学员反映说还可以。就这样，讲了10多年，课程名称叫"衍生品的影响与作用"，每次讲一个上午。

2006年我调回中国证监会，分管期货市场监管工作。那时的期货市场比起20世纪90年代的乱象来说，已经规范多了。这些情况期货圈内知道，圈外并不清楚，仍以老眼光看人，觉得"期货一身都是病"。正好，清华大学五道口金融学院邀请我给EMBA（高级管理人员工商管理硕士）班讲"期货与期权"这门课，我把浦东那一套的升级版在清华讲了一遍，同学们反映说课程不错，故事性强，把枯燥无味的内容讲得通俗易懂。由于受到学生的欢迎，这门课已经开了10多年，现在仍然在继续。尽管已经非常熟悉了，但每次讲课都不敢松懈，10多年的讲课，根据不断变化的情况，我随时升级课件幻灯片，不知不觉中成就了这本书。我觉得要让人家听懂，靠的不是学术水平和理论有多高深，而是要用浅显易懂的语言让听众易于理解接受。就是要让读者看起书来不觉得头大，闻听者不至于发蒙。我觉得让大家来理解期货市场，支持期货市场的发展，是需要在通俗性上用功的。尽管我只有半罐子水，但如果我这半罐子能够起到入耳入脑的作用，也不枉然。

干啥吆喝啥。分管期货就要为期货市场规范发展出力。中国证监会主席办公会每年都要讨论年会上的主席工作报告。我发言总是希望多写几句期货的话。过去多年，中国证监会年会的主席工作报告，期货往往就是一句话带过。从2006年开始，对我这个意见，尚福林主席表示理解，一般都在主席讲话中吸收了。以后中国证监会年会报告中关于期货的内容逐年增多，由一句话变成两句，变成三句，变成四句，变成一段话，甚至变成一页。2011年，中国证监会在杭州召开全国期货监管工作会议，全系统一把手到会。尚福林主席发表了讲话，系统地阐述了期货市场的发展与功能作用，整整20多页。这是中国证监会一把手在全系统一把手会议上第一次深入系统地阐述期货市场。今天，尚福林主席也在现场，再次为他在期货市场上做出的贡献致敬。此次会议后，中国证监会内部以及社会对期货市场的认同度大大提高了。期货是一个小众市场，它为人所理解是要靠宣传的，讲多了、听多了，大家对期货市场的理解就增加了，信息对称度就提高了，就可以起到从量变到质变的效果。我就是本着这样的观念讲课的。这是一门很枯燥的课，我尽量讲得生动活泼、通俗易懂。我观察多年，尽管是一整天的课，但在下午的课上，打瞌睡的人不多。这是大家对我讲课的支持与鼓励。由于每次讲课都要升级课件，每次我都吸收市场的新鲜内容。后来有人建议我把讲课录音整理成一本书，我觉得有道理。工作之余，我就在笔记本电脑上捣鼓一下，时断时续地整理书稿。2015年，我算了算离60岁退休还有一年，便加快了整理的进度，想一旦退休就把书稿交给出版社。因此，3年前我快马加鞭地完善书稿。可没想到组织上让我超期服役近两年，到2018年6月，才从现职岗位上退下来。因此，该书出版计划往后推迟了两年。这本书没有大篇的理论叙述和逻辑分析，主要是实践情况和经验概括。力图让大家从实践的角度来看一个从事了20年期货市场建设与监管工作的人对期货市场的理解和体会。建议大家可以把这本书作为学习期货市场、衍生品市场知识的一份参考资料。

两个差异：实践与思考的结果

书中进行了两个对比：一个是把期货市场与其他金融市场进行对比，另一个是把中国期货市场与美国等西方期货市场进行对比。我在中国人民银行、中国证监会和上海期货交易所的工作经历，使我有机会对银行、证券市场和期货市场亲身实践、近距离观察，我发现我国期货市场与银行、证券市场在存在相同性的同时也有较大差异性，另外，我国期货市场与西方期货市场在具有同质性的同时也具有特殊性，有一些因中国国情而产生的特点。

期货市场与银行信贷、证券市场的差异

银行信贷的间接融资、证券市场的直接融资功能对社会的积极作用直观易懂，看得见摸得着。比如银行的间接融资，模式简单，即银行向企业和个人提供生产经营支持，向个人消费者提供贷款，储蓄者存款取得利息收入等。证券市场的直接融资和交易模式也非常直观，融资者发行股票、债券在证券市场融资，投资人买卖证券可获得权益或固定收益。企业从证券市场筹集的资金可视可见。投资者买卖股票、债券等，赢钱亏钱也能够一目了然。而期货市场的功能是价格发现、套期保值，具有隐蔽性，社

会看得不清不楚，不直观不好说。

期货市场具有三个特点。第一，期货市场向社会无偿提供商业活动的定价基准具有公益性，而人们不易看到。怎么发现价格？举个例子，比如去北京秀水街买东西，从街这头走到街那头，同一件商品报价可能不同，随意性大，因为价格不透明、信息不对称，消费者对这种市场会逐渐缺乏信心。因此，现货市场不是发现价格的理想场所。期货市场的交易透明、连续，是一个信息汇聚的场所，信息对称，市场里有大量交易者要去赚钱，需要收集情报、分析信息，然后再来投资。这样使全世界各个角落里的商品信息迅速汇集在价格里，发现的价格是真实的价格或者趋近于真实的价格，当然前提是价格不能被操纵，操纵价格会破坏经济功能。因此，贸易者认可期货市场价格发现的功能，把期货价格作为贸易活动的定价基准。期货价格是市场交易形成的，交易者大部分是投机者，其目的是获取价差收入，但趋利而形成的价格有利于企业的生产经营者，因此具有公益性。许多企业或个人或许没有参与期货市场交易，他们并不关心多空双方每天的交易头寸是多少，是赚了还是亏了，他们关心的是对自己经济活动的有用性。比如，黑龙江的豆农利用大连商品交易所的大豆价格、企业利用上海期货交易所的铜价格，他们也许没有进行期货交易，但有了期货价格作为定价基准，企业的商业谈判就顺畅多了。

第二，期货市场投机者的正面作用常常被忽视。尽管期货投机者交易的动机并不高尚——进行赌博般的交易，但是他们的这种利己行为客观上创造了市场的活跃度和流动性，为价格发现和企业进入期货市场套期保值、管理风险提供了可能性。流动性是期货市场发挥功能的前提条件，而流动性主要是投机者创造的。举个例子，水浅河道行不了船，水越深河道越宽，可行的船越大，船的航行自由度越好。我们经常在上海吴淞口看到航道局疏浚河道，因为要达到一定深度后大轮船才能沿黄浦江进入上海。这个例子在期货市场中有两个方面的含义。

一方面，期货交易量越大，相当于河道的水就越深、越宽，船就容易进出，船就相当于套期保值的企业，水深河宽，市场就越不容易被操纵，进来套期保值的企业就越多。

另一方面，投机者是河水的提供者，他们交易的深度和广度创造了河水的宽度和深度。他们按照法律法规进行交易，其交易量越大水就越深、越宽。换言之，如果水浅而舟大，套期保值的企业进不来，水浅导致不能行船，就只能是投机了。诚如古人所云："且夫水之积也不厚，则其负大舟也无力。"只有水越深、越宽，承载套期保值的大船才会越来越多。因此，合适的投机性交易为企业进入期货市场套期保值管理风险提供了可能性。然而，社会往往只看到投机者高杠杆的频繁交易，没看到它们创造的流动性是套期保值不可或缺的。"皮之不存，毛将焉附。"没有投机者的贡献，没有他们不断加宽加深河道，让许多大船进入深水航行，在"零和游戏"的期货市场上，套期保值者怎能自如进出市场，实现风险管理呢？我们通常说，期货交易是"零和游戏"，你输的就是我赢的，怎么会有经济功能，怎么会有价值呢？其实是有的。交易通常分为两部分，一部分是套期保值，以保护企业经营计划的完成，实现企业的财务安全；还有一部分是理性投机者或者有经验的投机者和没经验的投机者之间的博弈，两部分之间存在一个界限。企业规避风险的期货交易不能越界，不能把套期保值做成投机。比如，20世纪90年代，湖南株洲冶炼厂年产锌30万吨，但却在伦敦市场上市卖出了45万吨的锌期货合约，远超过实际可能，这就不是套期保值，而是投机。最后造成巨额亏损，当年国务院领导对这件事进行了严厉批评。后来株洲冶炼厂总结经验教训，利用期货市场套期保值做得很好。又如，2008年9月和10月，国际国内市场铜价下跌了约45%，全球对冲基金都往外抛有色金属持仓，现货市场狂跌。西部矿业股份有限公司早在伦敦市场和上海市场建了仓，开设对冲头寸，实现了套期保值。超越了套期保值界限的交易实际上就是投机，不能因为交易者超出这个底线就说期货这个工具有问题。由于宣传解释没有做到位、没有说明白，很多企业都害怕，一听期货就退避三舍。

第三，期货是保证金交易，为企业管理原材料库存提供了低成本工具。直接参与期货市场套期保值的企业，在进行库存管理时，可以按照生产需要，用5%的保证金分期分批在市场逐步建仓购买商品，以解决100%的现货需要，减少不必要的资金利息和仓储费用。利用期货合约建立动态库存，是国际上经常采用的企业经营管理模式，它不仅可以大幅降低商品库存成本，而且可以主动调整商品库存。

期货的这些作用有点像城市基础设施，但基础设施一般是国家投资的。期货市场的这个公益性"设施"的贡献则是来自投机者前赴后继的"赌博"热情。当然，投机者主观上没有这么高尚的道德为社会提供公益性服务。他们交易的目的是投机赚钱，但他们的投机活动客观上为社会提供了一个大家不用付费就能使用的功能。期货市场对经济社会的有用性这些隐性特点，决定了它有利于国民经济的功能难以言说，从而不为社会所理解。

目前，期货等衍生工具组成的风险管理金融市场已经成为现代金融体系的重要组成部分，与间接金融市场、直接金融市场之间相对独立而又相互关联、相互作用，形成"三足鼎立"的格局。三个市场的功能互为补充，既有区别又有联系，共同服务实体经济的发展。通过间接金融和直接金融，企业获得了进一步发展的资金，而风险管理金融的存在，则给企业大胆创新发展增强了信心，为企业节约资本提供了可能。

我国期货市场与西方期货市场存在差异

中国期货市场最初建设的时候，不少人说这个市场没必要有特色，西方怎么搞，我们依样画葫芦就行。后来实践告诉我们，不是那么回事。举个例子，我刚到上海期货交易所工作时，发现铜期货合约，每一手以5吨为一个交易单位，25吨为一个交割单位，交易单位和交割单位不一样。我奇怪，问员工怎么回事。他们说，刚开始上海期货交易所是学伦敦金属交易所的铜期货合约，交易单位和交割单位都统一为25吨1手。可按照伦敦的做法，上海市场没有交易。伦敦铜期货合约的交易单位是25吨1手，按照当初美元与人民币1∶7的汇率，相当于人民币230万元左右，按照每一手5%的保证金，客户需要有近5万元才能做1手交易。20世纪90年代初中国人还很穷，有1万元就算是富人了，能够用5万元做交易的人则更少。由于国有企业和金融机构早期参与期货市场出了问题，国家要求金融机构退出，国有企业只能做套期保值，没有投机者作为对手方。没有投机者，就没有流动性，没有流动性，就没有期货市场。改革开放又需要期货市场继续试点，流动性只能靠自然人个人提供。上海把铜期货合约的交易单位改小到5吨1手，1万元左右就可以参与交易。1手交割单位仍然维持在25吨。在交割期间，交易所把5手交易单位配对成1手交割单位，套期保值的企业按照25吨1手进行交割。

我们期货市场的交易、结算、交割、风控、监管等，所遵循的规则和美国等西方国家基本一样，但在具体的形式上也做了一些改造。通过适合国情的改造，中国期货市场既满足了流动性，也满足了套期保值者，具有自己的特点。我在书里总结了有别于美国等西方市场的五个特点。

一是从市场产生的动力看，政府推动是主力。我国期货市场是在政府的推动下形成的。政府主导市场建设的色彩比较重，而美国等西方国家期货市场产生于自由市场经济，是由市场主体自发推动形成的。我们的期货市场是在现货市场不发达，在法律制度、诚信机制、契约精神等市场最重要的基础环境尚未建立之时，因改革开放需要而试点建设起来的。我国在先试点、治乱象、稳步走，边建设发展市场、边考虑承受强度、边完善环境制度的过程中，自然而然地形成了自己的一些特点。在市场发展过程中，反对的声音多了，我们往后退一步，然后再往前走，再遇到反对，就再往后退一步，市场建设处于走两步退一步的状态。这个过程中，自始至终是政府的力量来引领市场建设和发展的。这是西方市场所不存在的，也是它们难以理解的。

二是从合约标的物的选择看，现货市场化程度低。合约是期货交易所提供给投资者交易的产品。其商品标的物的选择对于期货合约成功与否非常重要。美国和欧洲有几百年的市场经济历史，100多年的期货交易史。期货交易所对商品标的物的选择相对自由。我国则不然，我们是在计划经济转向市场经济的过程中，在"新兴加转轨"的情况下进行期货市场探索的，因此，是在现货商品向市场化商品转轨的过程中选择商品标的物的。这一情况也是美国等西方国家没有的。市场建设初期，能够作为期货合约标的物的都是计划价格和市场价格"双轨制"下的一小部分市场定价商品。为了试点需要，国家同意利用市场定价的一部分商品，也就是一些小品种来设计期货合约。现货市场价和计划价这种双轨制的价格，会让期货交易产生很多弊端。面对这种价格上的不同，投机者往往利用政策和信息来操纵市场，这是西方期货市场没有的。比如20世纪90年代初，国家拿出近2 000万吨石油现货来进行市场定价。上海石油交易所曾用这部分资源作为标的物设计期货合约并进行交易。1994年，由于石油出现了流通渠道混乱无序的状况，国家再次对石油资源实行统一分配、政府定价，取消了市场定价的石油，期货合约这个衍生品失去了赖以存在的现货基础，石油期货交易也就成为无源之水、无本之木了。上海石油交易所关门大吉，之后并入了上海期货交易所。

三是从投资者结构看，散户投资者占主流。我国期货市场有散户众多、合约小、投资额小的特点。而美国则是机构投资者多、合约大、投资额大。投资者是期货市场能否有效发挥功能的关键因素。一个交易活跃、流动性充足、不受操纵的市场，是成功的期货市场。在市场经济刚起步的环境中建立期货市场并不容易，找到市场流动性的提供者就是一个大问题。中国期货市场长期以来缺乏足够的机构投资者，由于早期金融机构和国有企业参与期货市场出了大问题，政府发文要求它们退出这个市场，市场没有了机构投资者，只能引入散户投资者。而大量散户腰包不鼓，尚处在争取温饱阶段的中国还没有形成一个富裕的群体在期货市场上套利和投机。但国家主导的改革又需要建立和发展期货市场，没有人参与交易，就没有市场。为了流动性，为了把市场建设起来，中国就必须搞成小合约。从海外考察期货市场回来的人，就把英美期货市场上的同类期货合约拿来改小，比如前面提到的铜期货合约，就由每手25吨改为5吨交易，此外大豆、小麦期货都是如此，以适应国内有投机需要的散户冒险者。与西方期货市场相比，它们合约的价值量都要比我国大几倍到十几倍。比如，芝加哥期货交易所的大豆期货合约价值是大连商品交易所大豆的13.6倍，芝加哥标准普尔500股指期货是中国沪深300股指期货合约价值的3倍左右。我们是名副其实的合约小、散户多、波动性大的市场。

四是从交易结算机制看，先交钱、后交易。为适应我国法治环境、信用环境、投资者状况等实际，期货市场采取与美国一样的"中央对手方"制度，不同的是美国"先交易、后交钱"，我国是"先交钱、后交易"。这是我国交易结算制度的又一个特点。在我国要进行期货交易，客户需要先将保证金存放在期货公司开设的期货保证金账户里。如果客户要买卖期货，期货公司首先要"瞄一眼"客户账户里的钱够不够，如果不够，期货公司不下单。我国制度规定，每次交易前，期货公司的计算机系统要先查验客户的保证金够不够，够了才开仓。在英美等国的期货市场上，交易者在没有钱的时候，仍然可以交易，只要能够在与期货公司约定的时间里把钱归还到期货公司的账户上即可。另外，如果客户有了持仓，一旦保证金不够，期货公司会要求客户随时补充保证金，假如当天补充不到位，期货公司可以强行平掉客户的相关仓位。

五是从监管方式看，我国期货市场是"穿透式"监管。为适应我国法治环境、信用环境、投资者的阶段性状况等实际，监管部门实行了"穿透式"监管。存在交易所和监管部门对市场主体约束较多的特色。所谓"穿透式"监管，即对投资者实行"一户一码"统一集中开户，交易所和监管部门越过期货公司中介直接看到每一个客户账户的制度。监管者可以通过"穿透式"监管，了解账户背后的动向。举个例子，有一年螺纹钢期货刚上市，某天突然有30多个公司的账户朝一个方位持续异动，有操纵市场价格的嫌疑，通过中国期货保证金监控中心的监测，我们发现这是受同一钢铁企业集团控制的账户组。中国证监会打电话进行了监管提醒，交易所向该集团发出警告，对方很快就"收手"了，潜在风险就及时化解了。

美国等西方市场是综合账户。这是西方一二百年证券期货市场欺负投资者的制度。比如，综合账户吃了多少价差从来不告诉投资者。其实，境外监管机构也认识到"穿透式"监管的好处，但是做起来很困难。"穿透式"监管对华尔街金融机构最大的威胁就是，报价公开以后，投资者报价和证券期货经营机构执行价之间的价差就会透明，中介机构盈利的空间就会被压缩。这是美国人现在最头疼的，监管机构想解决都解决不了。

中国期货市场以上五个方面的特点构成了自己的特色，这是在中国的环境中通过实践逐步摸索出来的，事实证明它有利于中国期货市场的发展而不是相反。举个例子，我比较喜欢玉兰花，在北京、上海工作时，两个住处门前都种了玉兰树。我发现同样的树种、同样的叶子、同样的花，养法却各有不同。在北京，把树栽下去，还要以树为圆心保留一个积水坑。后来到上海，我用北京的方式，也在玉兰树下挖了一个坑积水，准备蓄水。小区园丁说这样树养不活。我说，在北京我就是这样种树的。他说，北京雨水少，年降水量600多毫米，因此树干底部要留坑蓄水才能养好树。上海雨水多，年降水量1 200毫米，树干的底部不能留蓄水坑，积蓄雨水会烂根，而是应把土垒高，让雨水顺坡流走。栽树让我悟到，同样的树种，在不同地区、不同环境下长大，养法必须有所不同。正如中国成语所说的"南橘北枳"，期货市场也是如此。但中国仍然遵循期货市场的一般性规律。在这一点上，中美期货市场没有太大差别。我们既坚持了发达国家遵循的一般性规律，又照顾了中国国情的特殊性。

三个目的：意欲通俗解读期货市场功能

我写这本书想达到三个目的。

第一，期货衍生品是中国改革开放引进来的舶来品，它在中国土地上生根开花结果，有一个结合国情磨合适应的过程，我们在借鉴西方先进经验时，融合了一些中国元素，这些元素特色被近30年中国市场发展的成功实践证明是必要的。书里描述的就是这样一个逐步适应的磨合过程，希望大家多理解、多支持。

第二，利用好期货市场，无论对实体经济还是国家经济安全都极其重要。西方国家的经济发展历程表明，英国、美国等发达国家在工业化时，利用制造业中心形成过程中商品大进大出的机会，在"窗口期"建立了大宗商品国际定价中心，伴随相关规则制度的不断推广延伸，这些国家在大宗商品市场上掌握了定价话语权，具有广泛的国际影响力。尽管随着制造业转移出这些国家而减少了商品的大进大出，但大宗商品定价中心却留在了本土，形成了具有影响的软实力。当前，中国是全球制造业中心，工业化进程进入中后期，中国的全球进出口贸易增长速度已经由2003年的35%下降至2018年的9.7%。因此，中国需要抓住机遇，把握好"窗口期"，建设有国际影响力的期货市场，寻求一个反映亚太地区实体经济真实供需状况的定价基准，补充大宗商品亚太地区定价缺口，形成全球24小时时区定价基准互补。

第三，期货和衍生品市场是一个高效率、高风险的市场，既可以管理风险，也可能酿造风险。其"双刃剑"的特征，要求我们必须做好市场监管和风险管理工作。国际经验和我国多年来监管实践提供的经验与规律性的东西，使我们提前发现风险、化解风险的能力不断提高。增强这种能力的前提是，必须把监管制度落到实处，把监管责任落到人头，牢牢守住不发生系统性金融风险的底线。

发展壮大期货市场，保障国家经济安全

为了写好序，我认认真真地阅读了《避险的智慧》全书。此书作者刘文财博士是我10多年前工作过的上海期货交易所的同事。大约是21世纪的第三年，作者在上海期货交易所博士后工作站做博士后。当时，上海期货交易所每期博士后都要招好几个人，我常和这些博士后讨论问题，向他们学习新东西。刘文财博士是其中思想比较活跃的年轻人。他对国际贸易、外汇及外汇期货有很多想法，也勤于写作，在报刊上发表了不少研究成果。博士后出站后，他继续留在上海期货交易所工作，由于他的研究领域主要是金融，所以我们把他放到了上海期货交易所金融事业部。这是一个为上海期货交易所上市金融期货专门成立的部门。后来中国证监会批准成立了中国金融期货交易所，专门从事金融期货交易，原来上海期货交易所金融事业部的人员整建制全部划到了中国金融期货交易所工作。几年前，他离开中国金融期货交易所到市场创业，开办了与衍生品相关的资本市场投资咨询公司。他写出此书后，希望我为之作序。我阅读全书之后，慨然应允。该序言发表在2019年3月23日的《中国证券报》上。

国际经验告诉我们，在全球化的今天，搞市场经济，利用好期货市场对于规避国家风险、企业风险和个人风险是十分重要的。无论是大宗商品的出口国，还是大宗商品的进口国，是否利用期货市场事关国家经济安全，不可以等闲视之！《避险的智慧》一书试图利用若干正反案例告诉人们这一点。

期货市场，尤其是商品期货市场，与大宗商品贸易息息相关，因此也与一国经济安全息息相关。

第一，从大宗商品出口国看。许多大宗商品出口国是资源型经济结构，比如俄罗斯、墨西哥、沙特、挪威、委内瑞拉等国家。这些国家的财政收入高度依赖出口资源型商品，比如石油的收入。当国际政治、经济、军事等因素使这些国家出口的大宗商品价格下跌时，如果没有在期货和衍生品市场进行风险对冲，时常会因国际市场价格波动而进退失据，使国家经济安全风险完全暴露于市场风险之中。这本书有个案例提到国际油价下跌对俄罗斯财政预算的影响。俄罗斯2014年的财政预算中，油气相关收入占国家全部财政收入的48%。这一年，摩根士丹利预测，如果每桶油价格下跌10美元，俄罗斯出口将有324亿美元的损失，财政收入损失约为190亿美元。当年要维持预算平衡，油价必须在每桶96美元以上。而当年的油价大部分时间在此价格以下波动。低油价影响了俄罗斯财政预算的实现。对此，美国人比较高兴。记得2014年3月乌克兰事件发生后，《参考消息》转发美国前国务卿赖斯在《华盛顿邮报》上的一篇文章，文中指出，由于市场波动，支撑俄罗斯运转的财团无法承受更低的油价，俄罗斯政府的财政预算也同样承受不起油价的下跌，通过能源制裁可以惩罚俄罗斯。《华尔街日报》表示，美国能源部宣布释放 500 万桶石油，马上导致西得克萨斯中质油期货价格每桶下跌 1.57 美元，这被认为是美国向俄罗斯示警，是美国人制造市场价格波动来惩罚俄罗斯。当年，俄罗斯总统普京回应说，油价下跌不排除是一场针对俄罗斯的阴谋。可见大宗商品价格波动对国家安全的影响之大。

  俄罗斯的前身是 1991 年解体的苏联的一部分。那时苏联的财政收入也主要依赖于石油。这本书的案例说，曾经担任俄罗斯代总理的经济学家盖达尔认为，国际油价下跌导致财政危机，最后导致苏联解体的经验表明，对于遭遇不利行情风险的资源丰富的国家而言，重要的是政府应预先知道在原料价格下跌时该做些什么，对预算、收支平衡、消费市场、偿付外债、银行系统的稳定又会有些什么后果，同时要有一套在类似情况下能够使用的详尽而切实可行的行动计划。盖达尔说："为什么苏联不在期货市场进行石油价格风险的套期保值呢？"作为经济学家的盖达尔自问自答，尽管在经济上利用期货市场对石油进行套期保值是符合逻辑的，但在政治上却很危险。如何向社会公众解释期货和衍生品这个技术性很强且复杂难懂的金融市场问题，是一个两难的问题，寻求稳定的财政预算，必然要求国家到金融市场上寻找解决方案，但使用衍生工具进行避险对冲却是非常有技术性的，结果难以向公众解释，一旦价格向相反的方向运动，必然要有人对此负政治责任。

  由于怕承担政治责任，无论是今天的俄罗斯还是昨天的苏联，都不敢利用期货和衍生品市场进行国家经济安全的风险管理。有报道说,2017年9月高盛公司曾经提醒俄罗斯利用期货市场规避原油价格波动风险。但俄罗斯财政部的一位副部长却对媒体说:"俄罗斯没有必要进行对冲,因为国家法律规定预算费用不能用在油价对冲上。"

如果俄罗斯利用了期货和衍生品市场,结果会是这样吗?

这本书还选择了另外一个运用期货市场来对冲油价风险的成功案例——墨西哥。墨西哥的财政收入也高度依赖于石油行业,其石油相关行业收入占财政收入的35%。但由于政府利用国际期货和衍生品市场来管理和对冲油价波动风险,石油收入在墨西哥的预算中一直是稳定的。即使在2008年国际金融危机发生后的油价暴跌期间,墨西哥比索的跌幅远小于俄罗斯卢布,主要原因就是墨西哥事前就在期货市场上锁定了原油出口价格。

两个案例说明,是否选择期货和衍生品市场对大宗商品市场的风险进行对冲,对国家经济安全的后果大不一样。

第二,从大宗商品进口国看。大宗商品价格波动是影响进口国经济安全的一个重要因素。中国在大宗商品上对国外的依存度非常高,大部分都在50%以上,是世界第一的原油、铁矿石、大豆、铜、天然橡胶、棕榈油等大宗商品的进口国。中国要崛起,需要进口大量的大宗商品。保障大宗商品进口安全是国家经济安全的重要内容。国外进口大宗商品从两个方面影响国家经济安全:一是进口商品短缺或断货,整个产业链的上下游就会出问题,引起社会不稳定;二是进口商品价格受到国际政治、经济、军事等因素的影响而大幅波动,市场价格暴涨,导致购买资金严重缩水,本来该买一桶油的钱只能买半桶,增加了产业链上下游企业的生产成本。国内外的经验证明,第二个风险的化解必须依靠期货市场。

其实在中国，利用期货市场为大宗商品进口规避风险的操作40多年前就存在了。这一点比当时的苏联做得好。那时国家实行计划经济，为了国家经济安全，当时的国务院副总理陈云同志亲自指导香港的华润公司开展期货交易。从1973年开始，中国在国际市场上采购砂糖、粮食、棉花等急需的大宗商品，就经常利用英国、美国等国家的期货市场进行套期保值，规避风险。

改革开放后，从1990年开始，中国的期货市场很快建立和发展起来，无论是国家还是企业，都在利用国内外期货和衍生品市场管理价格风险。当然，这种利用还是初步的，还不能满足国家经济安全的需要。最近两个对外国投资者开放的大宗商品——原油和铁矿石期货表现较好，尽管它们上市的时间还不长，但已经初步显露出在保障国家经济安全方面的积极作用。

2018年3月上市的原油期货，在9月初已经实现首个合约顺利交割。5个月的时间走完了一个期货合约运行的完整周期，说明中国首个国际化大宗商品期货合约是成功的。这也引发了西方媒体的高度关注。路透社说，上海推出的中国首份原油期货合约为全球石油行业增添了一个期待已久的亚洲指标，这给西方价格指标的主导地位带来了挑战，其影响之广泛可能超出了能源行业。路透社还说，该合约交易4个月后，其市场份额就达到了14.4%，而英国布伦特和美国原油期货的市场份额分别为28.9%和56.7%。上市4个月，就远超已经上市许多年的迪拜商品交易所的阿曼原油期货合约许多倍，成为全球原油期货第三位。由于上海原油期货的交易量已经超过迪拜商品交易所的阿曼原油期货，中东销往亚洲的原油定价方式出现了一些微妙变化。有媒体报道，沙特阿美石油公司宣布，从2018年10月开始，它向亚洲供应的长约原油定价方式将参照阿曼原油期货价格来确定。这是从20世纪80年代以来首次修改定价基准。路透社分析说，由于阿曼原油期货市场与上海原油期货市场存在高度关联性，在上海原油期货上市不到半年的时间内，阿美石油公司的这则公告说明了上海原油期货市场的影响力，它改变了多年来存在的"亚洲溢价"，即中东运往远东地区的每桶油的价格比运到其他地区的贵1~3美元的情况。这对中国国家经济安全来说是一件非常好的事情。

再看看铁矿石期货。2013年，中国大连商品交易所铁矿石期货上市。2018年5月起，外国投资者也可以参与铁矿石期货交易。这和上海原油期货一样是中国经济对外开放的一个非常重要的举动。观察发现，铁矿石期货上市5年来，中国钢铁行业和国际铁矿石供应商之间的利润消长，发生了有利于中国企业的变化。在2013年之前，中国钢铁企业进口铁矿石和国际供应商的贸易定价基准主要参考普氏指数铁矿石价格，这是一个少数投资银行、贸易商之间的柜台报价，容易被操纵。尽管中国钢铁企业认为这个定价不合理，但由于自己拿不出一个价格与之比较，只好被动接受。大连商品交易所铁矿石期货上市后，在一定程度上改变了铁矿石定价基准的选择。现在铁矿石定价谈判时，多了一个公开市场竞价发现的中国铁矿石期货价格，这个市场发现的价格更加公平，我们的企业在谈判时提供此价格给铁矿石贸易商参考，从而缓解了长期以来普氏指数对中国钢铁行业利润的挤压。2011年，中国的吨钢利润为275元；2017年，中国的吨钢利润为853元。研究显示，产成品螺纹钢和原材料铁矿石价格比逐年扩大，钢铁企业购买铁矿石的成本逐步下降，表明钢材价格上涨已经越来越多地转化为国内钢铁行业的真实利润。

发展和壮大对外开放的本土期货市场，是保障国家经济安全的重要内容。20世纪70年代初，美国建立外汇期货市场时，货币学派代表人物弗里德曼精辟地指出，建立本土的期货市场是国家安全的重要保证，美国政府应该大力支持。因此，芝加哥商业交易所顺利推出外汇期货，在全球首先建立了外汇期货市场。我们知道，目前全球大宗商品的定价基准是以美国为主的，无论是能源还是粮食等农产品。中国每年进口大量的大宗商品，其价格决定权主要是在美国期货市场。国际大宗商品定价权的本质是美元定价权及其主导的期货定价机制，在美国期货市场定价的情况下，中国企业只能被动接受定价，无法有效对冲外部风险的渗透，在竞争中处于不利地位。因此，中国作为一个迅速发展的经济大国，发展壮大本土期货市场是非常重要的战略考虑。

全球化背景下，影响大宗商品价格的因素非常多。政治、经济、军事、外交以及气候变化等因素时常引起国际大宗商品市场价格大起大落。出于一些政治原因而被期货交易所所在国家利用，前面讲到的苏联（俄罗斯）的例子便是如此。中国有庞大的大宗商品进口量，如果本土没有一个强大的期货和衍生品市场来有效地汇聚信息、反映真实的供求关系、参与全球定价，那么我们在国际贸易活动、全球资源配置中就会缺乏话语权。国际经验表明，本土期货市场的监管当局可以通过调整监管政策来矫正过度投机，或者制定有利于本土经济发展的规则，但如果没有强大的本土期货市场，企业就只能到境外市场套期保值管理风险，被动接受当地的监管要求和制度规则。对于一个经济大国来说，没有这种监管主动权，对国家经济安全是极为不利的。

期货市场是通过市场来确定游戏规则的平台，一国的利益和诉求可以在这个平台上市场化地展现。如果这个平台能吸引全球投资者参与交易，就能发挥定价中心的作用，就能提高中国在国际大宗商品贸易定价上的话语权，从而更好地保障国家经济安全。

发展和壮大对外开放的本土期货市场，有利于提高对大宗商品的控制力。目前，美国期货市场最强大。场内、场外衍生品市场的期货期权合约、未平仓协议以及货物交割仓单，大部分掌握在以美国为首的西方金融机构手上，其中相当一部分是大宗商品，重要的两项是石油和粮食。格林斯潘在自传《我们的新世界》中说，许多石油公司通过期货合约出售石油给投资者，于是便暴露在石油飙涨的需求下而没有避险。它们迅速想办法补充这些附带出售义务的新库存……结果，所累积的库存包括传统的预防性库存和业者为履行期货合约交付义务而以"附条件"的方式所持有的库存。换言之，全球的储油槽和管线里的石油有一部分已经属于投资人了。金融机构大量参与石油期货期权交易所累计的石油实物交割请求权的量已经非常大了，也就是说，金融机构的石油期货期权持仓中，相当一部分是以库存的方式存在的，随时可以兑现提走。根据国际清算银行的报告，2004年12月到2006年6月，以石油为主的大宗商品衍生品名义合约价值增长了将近6倍。这表明，全球地下和管道的石油通过期货期权合约集中到投资银行和对冲基金等欧美金融机构（欧洲占25%，美国占65%）手上。格林斯潘在书中表达出，如果你强行到一个国家去买油，人家还有警惕性，但是如果通过金融市场交易，就是一个市场行为，具有隐蔽性。由于有本土期货市场交易机制，美国慢慢完成了把他国地下的石油向自己国家转移的过程，不显山、不露水地完成了这些事。

发展和壮大对外开放的本土期货市场，有利于建立大宗商品的定价影响力。美国通过原油、粮食期货期权市场等金融衍生品的交易和规则的制定权，牢牢地控制着全世界能源市场和粮食市场的定价话语权。目前，国际大宗商品贸易定价主要以美国期货市场价格为基准。如果期货交易所在中国本土，全球投资者来参与，期货交易价格将影响全球大宗商品贸易定价。本土的期货交易规则和制度是影响价格的一个重要因素。我们知道，大宗商品价格的形成，受供求、市场预期、金融投机和期货交易所规则、所在国政策、监管制度等多种因素影响。这些因素对市场价格的影响是巨大的。美国是这方面的行家里手。

发展和壮大对外开放的本土期货市场，有利于掌握大宗商品贸易规则的制定权。如果期货交易所在一个国家内，必然要遵守这个国家的法律制度，所有参与市场交易活动的各方都需要按照交易所的规则办事。法律法规制定的主动权在这个国家。如果是在境外参与期货交易，虽然企业也能够利用国外期货交易所发现的价格进行贸易谈判，对企业经营进行套期保值管理，但是要被动接受外国期货交易所的规则制度和所在国的法律法规。而这些制度和规则受期货交易所所在国家的政治制度、法律制度以及价值观的影响比较大，法律法规也主要考虑的是本国利益。如果在中国本土的期货交易所内进行交易，则是本国的规则制度起作用，国家的意志和价值取向可以通过期货市场的监管制度的传导来体现。这一点对中国的重要性非同一般。因为中国结合自身国情在社会主义市场经济中创造的一些经验可以向世界提供，而不是被动地接受完全有利于西方的交易结算、监管制度安排。这方面美国的经验可资借鉴。

《避险的智慧》一书从三个维度，用许多案例说明了期货市场的重要性，对读者了解期货和衍生品市场很有帮助。书中的案例说明，在面对市场经济的不确定性时，是否利用期货和衍生品市场来管理风险，无论是对国家还是对企业乃至个人的经济安全来说影响都是很大的。该书作者刘文财博士对期货市场和证券市场既有理论功底，又有实践经验。此书的出版对于中国政府的管理者、企业的经营者和个人投资者都有积极意义。对期货市场感兴趣的人来说，这本书具有一定的参考价值。

实事求是地认识金融衍生品

30年来，金融衍生品在中国走得崎岖曲折，命运多舛。1992年，第一个场内金融衍生品在上海证券交易所上市交易，是为国债期货。1995年，因为其中的"327"国债期货合约出现风险，国家停止了金融期货上市的试点。经过20世纪90年代两次期货市场清理整顿后，2001年，上海期货交易所向中国证监会提交了上市股指期货的申请，因为股票市场体制机制上的障碍，迟迟未获批准。2004年"国九条"发布，随后，中国证监会推动证券市场开始了上市公司股权分置改革并取得积极成果，使股票市场体制机制的最大障碍之一得以解决，金融期货迎来发展机会。2006年，经国务院同意，中国证监会批准成立了中国金融期货交易所，并把第一个产品锚定为沪深300股指期货。正当业界认为股指期货上市交易指日可待之时，各种反对之声平地而起，2008年国际金融危机发生后，场外金融衍生品引发金融危机的舆论，延迟了场内金融衍生品的股指期货上市时间，已经启动的股指期货上市程序又慢了下来。2010年春天，经国务院同意，中国证监会批准沪深300股指期货在中国金融期货交易所上市。此后5年间，又有国债期货、中证500股指期货、A50股指期货陆续上市交易，金融衍生品的前方似乎光明一片，但道路是曲折的。2015年7月，股票市场异常波动，舆论又把股指期货推到风口浪尖。一时间，股指期货成为"背锅侠"。其实期货市场是现货市场的提前"报晓者"，就像雄鸡打鸣报晓一样，有没有它打鸣，到了时候天都自然会亮，不能说天亮是因为雄鸡打鸣。不过也应该看到，在现货市场大起大落之时，期货也有助涨助跌的作用。股指期货市场与股票现货市场的关系也是如此。2021年新冠肺炎疫情肆虐期间，中国金融期货交易所的高级顾问沙石先生将多年来写的有关金融衍生品的文章整理汇集成书，希望我能够为此书写篇序言。我如约为该书写了一些文字，并在2021年7月5日的《中国证券报》发表。下面是这篇序言的全文。

· · · ·

落笔之际，我想起了10多年前一家上市公司老总给我讲他们利用衍生品的故事。他说，从20世纪90年代开始，他们利用国内外股票和期货两个市场，一方面通过国内外股市融资发展企业，另一方面利用国内外衍生品交易保护企业。依靠这两个市场，促进了企业发展壮大，今天他们的企业已成为行业全球前几位。2008年国际金融危机后，这位老总火急火燎地来找我，说由于国外金融衍生品出问题了，省里马上要下文，让他们停止衍生品交易。他说，一旦停止，他不知道该如何管理企业了。还有一位大连商品交易所的老总给我讲黑龙江农民卖大豆的故事。他说，过去"中间商"收购农民的大豆，收购价不透明，中间差价被"中间商"吃了，农民在交易上吃了不少亏。后来，农民利用大连商品交易所的期货价格和"中间商"讨价还价，价差没有了，农民增加了自己的利润，捍卫了自己的利益。这两个例子说明，无论是企业还是个人，无论是工业还是农业，衍生品都是生产经营管理的重要工具，是实体经济真实需要的。它的发展壮大，对国民经济有益，对社会生活有益。

衍生品市场已经有100多年的历史了，先是商品期货后是金融期货。在20世纪70—80年代外汇、利率、股票期货和期权等金融衍生品出现之前，商品期货是主要的衍生品。由于它有发现价格、套期保值的功能，一直被实体企业运用得很好，也为最早建立期货市场的欧美国家带来了大宗商品定价影响力。比如，今天美国、英国的期货市场已经成为全球大宗商品定价中心，我国进口原油、大豆、玉米、铜等大宗商品时，一般都以美国芝加哥商业交易所、英国伦敦金属交易所等的期货交易价格作为贸易谈判的定价基准。我们的一些大型企业也在海外利用这些市场进行套期保值，管理国际贸易中的风险。我国有色金属行业90%以上的企业都参与了期货市场，从研究看，20多年来，这个行业的经营绩效和利润都在稳定持续增长。2010年我国有了股指期货后，一些证券公司利用股指期货管理风险，保持了企业的稳定经营，为资本市场的稳定提供了市场化的支持。目前，中国衍生品市场已经具备一定规模，具备了为实体经济服务的基本能力。

我国的衍生品市场是在国家的倡导和支持下建设与发展起来的。中国衍生品市场始于商品期货市场的建立，历史很短，只有30年，作为改革开放的产物，20世纪90年代初期是试点，是在"摸着石头过河"。出现问题后，国家进行了整顿规范，但没有一棍子打死，而是留了几个品种继续试。2000年后，国家支持期货市场稳步发展，并支持在推进商品期货发展的基础上研究开发金融期货、期权。2008年国际金融危机以后，在金融衍生品负面舆论不少的情况下，国家毫不犹豫地批准了股指期货、国债期货等金融衍生品上市交易。2015年我国股市异常波动，在波涛汹涌、口诛笔伐的舆论面前，国家也没有让股指期货停止交易，而仅仅是采取了限制性措施。

如今，我国衍生品市场大胆探索、创新不断，市场在量和质上都大幅度提升。既有商品期货，也有金融期货；既有场内期权，也有场外期权。新产品不断上市，开放度持续提高。截至2020年，有90个场内衍生品上市交易，其中有6个对外国投资者开放，市场功能的发挥上了一个新台阶。我国金融衍生品市场的发展壮大，极大地促进了我国有弹性、韧性和有影响力的资本市场建设。

从试点开始到现在，国家对金融衍生品的发展，自始至终都是重视的。但也不可否认，无论是学界还是舆论界，对金融衍生品的解读还是负面居多，这影响了人们对金融衍生品全面、完整的看法。

金融衍生品交易，可以使资本市场更富有弹性、韧性和影响力

资本市场的吸引力是建立在"三公"原则和严格的监督执法基础上的。在这个基础上，流动性是检验资本市场是否具有弹性、韧性和吸引力的重要标志。流动性意味着在明确的规则下，投资者有随时买入和卖出的自由与权利。金融衍生品，由于其特

殊的产品设计和交易机制，有比基础资产商品、股票、债券更高的流动性，当金融衍生品交易与证券市场交易配合时，可以带动整个资本市场流动性的提高。

金融衍生品交易，可以使资本市场成为"有风险管理的资本市场"

金融衍生品市场从价格发现和风险管理两个方面强化和完善了资本市场的制度基础，它所具有的风险对冲功能，有缓解流动性危机的功效，成为20世纪70年代以来金融市场上最重要的资本市场创新。它不仅使资本市场成了真正的有风险管理的资本市场，提高了资本市场的规模与凝聚力，还强化了资本市场的全球竞争力，促进了资本跨国流动和资源的全球化配置，提高了实体经济增长和产业升级的能力。

金融衍生品交易，可以成为资本市场深化发展的助推器

经济史的演变告诉我们，资本经历了三轮递进式的变化。第一次是农业社会中劳动者与土地和生产资料的所有者分离，这时候资本虽然存在但力量微弱，没有产生衍生品市场；第二次是机器和电气化革命后出现了股份制公司，公司的资本所有权与经营管理权分离，股东与经理人各负其责，出现了全球性的制造中心，产生了大宗商品的国际贸易，从而产生了大宗商品衍生品市场；第三次是20世纪80年代世界进入信息化社会后，资本的资产所有权属性与资本的价格所有权属性分离，在信息技术的支持

下,产生了可以脱离基础资本所有权而独立运行的金融衍生品。一批金融工程师通过创新,把金融基础资产的价格属性与金融资产本身的所有权属性进行剥离。不同的金融资产的价格属性,被金融工程师利用信息技术整合为易于识别的、通用的、可交易的价格基准,从而出现了一个仅仅交易金融基础资产价格属性的金融衍生品市场。

这种剥离,产生了金融衍生品的隐秘性,让人理解起来有点云里雾里的。过去资本经历的两种分离,比如农业社会的土地、生产资料等资本与雇农的分离,工业社会的股权和资本家分离,皆是可视且可触摸的形态,都是很具体的内容。但是资产的价格属性与资产的股权属性分离,并独立成为交易标的,实在是太抽象,不可视,不可触摸,让人难以理解。

金融衍生品具有资产的依附性、功能的隐蔽性、舆论的结构性特点

资产的依附性——金融衍生品交易的是资产所有权的价格属性而不是资产本身。虽然可以剥离,但价格属性总是依附于基础资产上的东西,无论是商品还是金融衍生品,都是在商品、股票、债券、汇率这些基础资产上设计的产品。"皮之不存,毛将焉附。"这种依附性使人们对基础资产更关心、更敏感,而对依附物因其虚拟性则经常视而不见。但这种变化使衍生品竞争的目的不再表现为特定公司利润最大化的竞争,而是更直接的资本相对价值的竞争。交易者摆脱了资本个性特征,即公司属性的羁绊,并将注意力集中到资本的共同属性上,即资本的相对价格。由于采取了保证金高杠杆的交易机制，形成了高风险高回报市场，如果缺乏必要的内部控制和必需的外部监管，容易激发交易者的狂热情绪，形成过热交易，导致过度投机，放大风险。一旦商品、股票、债券等基础资产市场出现问题，金融衍生品这个依附物（基础资产的价格属性）必然在舆论的聚光灯下被反复照射。尤其是在现货市场价格波动剧烈、下跌迅速时，损失的剧痛，常常是把处于依附地位的衍生品市场拉出来批评"吊打"。这种情况，我们在1987年的美国、20世纪90年代的日本、2015年的中国股指期货遭遇的舆论旋涡里都看到过。

功能的隐蔽性——由于衍生品是资产分离后的价格属性，其隐蔽性使其被许多人使用功能获利而不知。比如，前面提到的黑龙江农民并没有参与衍生品市场交易，却能够无偿地使用期货价格来捍卫自己卖大豆的利益。同时，衍生品交易形成的流动性，让套期保值者方便进入市场完成风险管理。但人们很难看到这是衍生品交易形成的、供大众无偿享用的社会福利。由于它没有表现为看得见摸得着的东西，就像人们生活中无偿享用空气而浑然不觉一样，忽略了衍生品市场对经济的润滑作用。银行信贷、股票债券有利于实体经济的道理被人们普遍接受。银行信贷的间接融资，即银行向生产经营者、个人消费者提供贷款，储蓄者存款取得利息收入等活动是十分直观和具体的。证券市场的直接融资，即融资者发行股票、债券，企业从证券市场筹集的资金等也十分清晰、可视可见。投资者在证券市场买卖股票、债券，赢钱亏钱也能够一目了然。以上两种金融模式对于国民经济的积极作用和表现是显性的，也是明白无误的。而金融衍生品的功能，雾里看花看不真切、不直观、不好说，具有隐蔽性，社会不容易看得清楚，那么形成误解就是可以理解的事情了。

舆论的结构性——商品、股票、债券等现货市场的利益群体大于衍生品市场数十倍甚至百千倍，投资者的结构带来舆论的结构性问题。比如，证券市场的开户数有1亿多，而期货市场的开户数仅有100多万，前者约是后者的100倍。大众对现货资产掌握的信息要远远大于对金融衍生品掌握的信息，信息也出现结构性不对称。金融衍生品依附于现货资产，而功能又具有隐蔽性，一旦现货市场出现问题或危机，巨大的现货市场利益群体在寻找问题的原因时，一般会两眼朝外。商品和金融衍生品市场公开透明，无论价格涨跌都是具体的，一目了然，容易成为被针对的对象；一旦有舆论引导，就极有可能形成一呼百应、群起而攻之的形势。虽然这个市场的监管者和组织者最了解金融衍生品的意义，但他们是少数派，人微言轻，无力自辩。因此，应该看到这不是产品本身的对与错，而是投资群体的多与寡，是现货资产市场与衍生品市场舆论影响力的结构性问题。

衍生品的上述三个特性决定了，在现货资产市场出现问题时，衍生品市场必然受到指责，成为"替罪羊"。

风物长宜放眼量。从金融发展史看，一个新市场产生后，社会对它的接受有一个过程，需要时间这个磨合器。

从意大利美第奇家族发明银行信贷以来，经历了700年，早期意大利的银行家也是不被社会待见的，从莎士比亚的《威尼斯商人》对高利贷者夏洛克"一磅肉"的描写可见一斑。资本市场历史也有300多年，市场操纵、内幕交易、拐骗欺诈也让人直戳脊梁骨，其社会的正面作用也是在蹉跎岁月中逐步形成的，今天社会对资本市场已经接受。衍生品市场自商品期货100多年、金融期货50多年来，以"零和博弈"闻名于世，多空双方打打杀杀，在市场规范进程中，社会开始接受其价格发现、管理风险的功能，但接受的广度、深度远远不如银行与资本市场。我以为，社会全面认可金融衍生品市场尚需时日，只要我们把时间的罗盘定得长远些，也就气定神闲了。

  沙石先生抱着普及宣传金融衍生品的目的，把他长期在国内外金融衍生品市场的实践经验与思考形成的文章结集成书，取名《金融衍生品的本质》出版，试图向人们说清楚金融衍生品的意义和作用，推动全社会对金融衍生品市场进一步的关注和了解。我很赞同他的努力，也认同书中的部分观点，希望这类摆事实讲道理的书和文章越来越多。我认为，金融衍生品市场有利于国民经济发展，这已是不争的事实。同时也想起有句话讲："要想论证某事物不好，有一堆事实；要想论证某事物好，也有一堆事实。"要论证金融衍生品的是与非，都有一大堆事实可以说，只不过要看是出于什么角度。利用过这个市场的人都认为它有极大的存在价值和积极作用，而批评者可能一段时间内很难认同前者，因此更需要各种观点的碰撞和交流。

金融衍生品的发展与监管

2003年,我在上海期货交易所工作期间,在金融衍生品的研究推广方面倡导了两件事。一件事是创刊了专业杂志《期货与金融衍生品》,另一件事是编辑出版了"金融衍生品"系列丛书。那时候,上海期货交易所正在努力推动股指期货等场内金融衍生品破局上市。2001年我到上海期货交易所工作,临行前,当时的中国证监会主席周小川在与我进行任职谈话时要求,到上海后尽快推出股指期货交易。后来出于种种原因,一直拖到了2010年股指期货才在中国金融期货交易所上市交易。周小川还有一个交代,就是让我们搞好金融衍生品的宣传解释工作。为此,我抓了上面提到的两件事。上海期货交易所战略规划部高级总监陈晗等翻译了多部关于金融衍生品的外国著作,包括《利奥·梅拉梅德:逃向期货》《泥鸽靶》《金融衍生品的发展与监管:金融野兽》等。陈晗请我为欧洲作家阿尔弗雷德·施泰因赫尔博士在1998年撰写的《金融衍生品的发展与监管:金融野兽》的中文版作序,为此,我写下了后面的短文。

衍生品的产生有着深厚的历史渊源，而金融衍生品的创新与发展则以20世纪70年代布雷顿森林体系的崩溃为新的里程碑。20世纪90年代以来，随着金融自由化、投资全球化和技术创新的推动，金融衍生品市场的发展更是日新月异，出现了许多新的特点，并对金融市场的监管模式构成了挑战。

《金融衍生品的发展与监管：金融野兽》是欧洲投资银行总经理阿尔弗雷德·施泰因赫尔博士在1998年推出的力作，此书一出，便受到了金融界的广泛好评。该书对金融衍生品进行了精辟的回顾与评价，对金融衍生品及其市场进行了深入分析，对公共政策选择与金融市场监管模式存在的问题进行了解剖并提出了框架性建议，对金融衍生品未来的发展进行了展望。应该说，施泰因赫尔博士的部分预言已经得到了验证，这充分说明了作者的专业水准与洞察力。

近年来，国际金融衍生品市场发展之快，令人目眩。相较而言，中国仍然在为该领域能够出现突破性发展的局面而进行艰苦的前期准备工作，但中国在金融衍生品领域的巨大发展潜力已经吸引了全球的目光。2002年9月，第23届伯根斯托克衍生品市场国际论坛在瑞士举行，该论坛由瑞士期货和期权协会（SFOA）举办，已经成为全球最具影响力的衍生品论坛之一，会议组织者把"中国：机遇与挑战"作为核心讨论主题。

金融衍生品的产生源于对风险规避的需求，本质上是风险管理工具。美联储主席格林斯潘于2002年9月25日在伦敦发表了"世界金融和风险管理"的演讲，高度评价了金融衍生品在风险管理中的积极作用。他说:"在过去的两年半里,虽然美国股票市场缩水、资本投资紧缩以及受'9·11'事件影响,但美国的经济挺过来了,主要的金融机构都没有拖欠债务,金融衍生品市场提供的风险对冲作用功不可没。在过去的15年间,金融衍生品以超乎寻常的速度发展,期货及其他衍生品的概念得到深化,加上计算机和网络技术的进步,对冲风险的成本显著降低,金融系统也因此发展得比以前更加灵活、有效,世界经济对于那些真正的金融危机的抵御则更具弹性。"

随着我国金融市场的改革与对外开放,建立包括资本市场、货币市场和金融衍生品市场的完整的市场体系成为不可回避的必然选择。金融衍生品的功能是为资本市场、货币市场参与者提供风险对冲工具,在金融衍生品市场不存在或欠发达的情况下,何以规避风险?决策者和投资者是否清楚单一多头的投资策略实际上是在增加投资者的风险? 1997年亚洲金融危机暴露出来的一大问题是,某些经济体的某些部门的风险过于集中,却无力对冲这些风险,而这仍然是许多亚洲国家至今没有解决的问题。在这种条件下,以银行为主导的金融体系缺乏价廉且流动的债券与金融衍生品市场,以便金融机构和投资者能够以合理的成本分散与对冲风险。因此,完善我国金融市场体系,要求发展金融衍生品市场;完善风险管理手段,要求发展金融衍生品市场;开放资本市场、吸引外资,要求发展金融衍生品市场;而积极防范金融危机,同样要求发展金融衍生品市场。

经过多年的实践,上海已经在期货领域积累了许多发展衍生品市场的经验。在金融衍生品方面,上海期货交易所进行了积极探索和不懈努力,希望以利率期货、股票指数期货为突破口,逐步构建我国的金融衍生品市场，实现把上海期货交易所建设成为以金融衍生品为主的综合性期货交易所的战略发展目标，并把上海建设成为亚太地区重要的金融衍生品交易中心。在这一过程中，要充分吸取国外的经验教训，"他山之石，可以攻玉"。阿尔弗雷德·施泰因赫尔博士的这本论著便是"他山之石"，上海期货交易所高级总监陈晗、总监张晓刚熟悉国际金融衍生品市场，从事金融衍生品市场方面的研究多年，由他们把这本书介绍给国内读者，相信会加强对于我国发展金融衍生品市场的理性思考。

第四篇

境外金融监管

期货市场监管的境外经验

2006年，组织把我从上海调回中国证监会担任党委委员、主席助理兼期货部主任。从期货市场的组织者，转化为期货市场的政府监管者，在知识结构、操作经验、工作方式上，都面临新的挑战。角色需要转换，知识需要补充，经验需要积累，工作需要熟悉。在尊重国情的基础上，向成熟市场学习监管经验是做好监管工作的内容之一。尽管去上海任职之前，我在中国证监会机构部担任主任，对证券市场和中介机构监管有一些粗浅体会和积累，但期货市场监管对我来说是新的领域、新的课题，我很想了解国外期货市场监管者的相关经验来参考学习。有一天，我看到《期货日报》刊登的一则短讯，说美国期货监管专家撰写的《商品期货交易及其监管历史》中文版将于近期出版。我喜不自胜，翘首以盼。书讯预告后，很久没消息。一天，恰巧碰到此书的翻译者——大连商品交易所副总郭晓利先生，询问缘由，他说，由于我国期货市场的形象不好，担心书籍出版后负面影响太大，大连商品交易所的领导让出书的步伐慢下来。我鼓励他们加快出版步伐。他很认真，回去后组织大连商品交易所牵头请刘岩等有关专家重新开始翻译此书。

因为该书是1982年股指期货在美国推出以前出版的，所以中文版出版时翻译者请作者杰瑞·W.马卡姆根据新情况为中文版重新写了一个序，在2007年的中文版序言中，作者补充了美国期货市场在股指期货上市后的一些情况。

这本书于2009年由中国财政经济出版社出版发行，我读完后写下如下文字。

· · ·

该书作者曾经是美国商品期货交易委员会监察部首席律师。他从自己的亲身经历出发，叙述了美国期货市场"由乱到治"、从无监管到有监管的历史。正如作者在前言中所述："这本书的目的不是要成为权威的商品期货历史书，而是要对政府监管期货市场的历史进行追溯，并对政府监管部门遇到的问题进行探讨。"它描述了美国期货市场成功的缘由及其成为典范的艰辛之路。可以说，这本书是100多年美国期货市场的时代镜像，在书里，我们不仅看到了美国期货市场曲折发展、经济功能逐步深化的历史轨迹，也看到了加强期货市场监管、防范和化解风险的制度变迁之路。正如该书作者所说："期货市场的发展史就是监管者与市场操纵者的博弈史。"2009年我终于看到了这本书的中译本，书中虽然写的是1980年以前美国商品期货市场的监管经验，距离现在有点远，但由于中国还没有一部介绍境外期货市场监管经验的书，所以对从事期货监管工作的我而言，阅读完此书后还是启发不少、获益良多。

对全书的总体感受

期货市场是市场经济发展到一定阶段的产物。现代意义上的期货交易产生于19世纪中期的美国芝加哥，经过160多年的发展，美国期货市场已成为美国乃至全球经济金融体系中的一个重要组成部分，美国期货市场发展与监管的历史经验也为各国期货市场建设所借鉴。

操纵与反操纵贯穿于美国期货市场发展与监管的始终。从"小麦大王"到鸡蛋操纵案，从商品交易监管局（CEA）到商品期货交易委员会的成立，从《反逼仓条例》到《商品交易法》，从行业惯例到监管部门和交易所主导下制定的一系列制度规则等，我们在书里看到了不同主体在期货市场不同阶段博弈、争斗、磨合、修正的过程，也看到了美国期货监管当局为促进市场的公正和透明，在监管体制、监管手段、监管技术、市场规则和运作体系等方面做出的努力。"魔高一尺，道高一丈。"随着市场监管的不断加强和完善，美国期货市场逐步走上了法治规范的发展轨道，并助推美国经济跃上了世界经济体系的制高点。

专门的期货监管机构促进了美国期货市场的发展

《商品期货交易及其监管历史》一书反映的是20世纪80年代以前的美国期货市场。当时美国期货市场的监管部门商品期货交易委员会也就成立不到10年。20世纪70年代初，美国期货市场还以小麦、玉米等农产品期货交易为主。在更早之前的100年时间内，期货市场没有政府监管的介入，期货交易所实行会员自律管理。会员都是农产品贸易商人，既是现货经营商也是期货交易商，他们在期货市场上既做经纪又做自营。国会授权期货交易所制定交易规则和会员纪律约束规则。

1868年前后，芝加哥期货交易所开始了标准化商品合约交易，这也是期货合约交易的开始，尽管芝加哥期货交易所在1848年成立后就开始自律管理交易了，但那时候交易的是远期合约，不是期货合约。这家最早的期货交易所规定，会员必须在规定的场所、规定的时间，以规定的交易方式，进行期货合约的公开竞价交易。这是会员间的契约规定，是一种自律管理方式，对会员遵守规定缺乏硬性约束。20世纪20年代美国国会立法，授权美国农业部监管期货市场，但由于授权不够，加之利益集团影响国会，使政府监管形同虚设。之后又多次修改和出台期货法，但政府的监管都处于弱势地位。期货市场盲目的投机行为急剧增加，期货交易所几乎每月都是在逼仓的情况下结束交易的。过度投机、市场操纵、内幕交易、坑蒙拐骗比比皆是。商品价格被扭曲，价格信号错乱，套期保值难以进行，严重影响到期货市场经济功能的发挥。书里描写到，有许多愤怒的人形容芝加哥期货交易所是"聚赌的地狱"和"世界最大的赌场"，"蒙特卡洛和哈瓦那的赌场都无法与之相比"。随着期货市场对实体经济的影响越来越大，对公众生活的影响越来越深，社会的负面舆论也越来越多，如果继续允许交易所进行自律管理，则无异于"让狐狸来管理鸡窝"。面对社会舆论如此评价，政府意识到仅有交易所自律管理是不够的，需要政府监管强势介入。美国国会众议院和参议院农业委员会通过立法，授权新成立的商品期货交易委员会对期货市场进行监管。立法规定，商品期货交易委员会领导班子由五名委员构成，五名委员中，一名是主席，其他四名委员由共和党和民主党各占两名，主席由执政党（或是民主党，或是共和党）的委员担任。主席和四名委员均由美国国会提名，总统任命。主席直接向国会报告工作，预算由国会拨款。有一年我拜访美国商品期货交易委员会，民主党籍的代理主席卢肯先生告诉我，每年商品期货交易委员会确定预算后报国会批准，他们根据批准的预算来确定商品期货交易委员会的人力资源和工作量。

在书中我们看到，期货市场交易的规范在美国是一个渐进的过程。美国在设立专门的期货监管部门之前的100多年间，期货市场混乱无序、欺诈盛行，市场操纵频频发生。这些不规范的行为影响了市场的健康发展，也导致了社会对期货市场的负面评价。

美国商品期货交易委员会成立后，加强了对期货市场的监管，明确了期货市场促进价格发现、方便套期保值、服务国民经济的原则。乱象开始收敛，市场开始规范，功能开始发挥，社会逐步认可。我阅读了美国国会在1984年组织财政部、美联储、证监会和期监会等相关监管部门对期货市场对国民经济的作用进行调查的一份报告，调查报告的结论是，美国期货和期权对发展资本市场、促进实体经济增长的作用是非常积极的。这个报告公布后，社会开始逐步了解和理解期货市场。

在美国商品期货交易委员会的监管下，期货交易逐步规范，市场迅速发展，交易工具与日俱增，交易机制日益复杂。在农产品期货已经开发殆尽的情况下，从1972年开始，美国期货市场越过农产品，向金融和其他商品领域进军，先推出外汇期货，然后推出利率期货、股指期货，还有原油、天然气、有色金属、贵金属期货等能源和工业品，以及其他各类标的物的期货、期权产品。美国期货市场的发展与监管的博弈历史充分说明，没有依法监管，就没有规范发展，没有规范发展，就没有功能的发挥，就没有产品的创新，也就没有行业发展空间和社会地位。

美国期货市场的事中监管

期货市场事前、事中和事后监管，是成熟市场国家的监管程序性安排。事前监管主要体现在对期货交易平台设立、产品上市、中介机构市场准入等的资格审查上。事中监管主要是对法律法规及规章规定事项的跟踪检查，重点是市场交易行为是否出现风险苗头、操纵迹象、内幕交易征兆等。监管部门或督促交易所及时跟进监督检查，或自己赤膊上阵行使法律授权。事后监管是对已经调查确认的违法违规行为和当事人，按照法律规定进行行政或刑事的惩罚。

以前，美国期货市场中事前审批是很少的，比如期货合约的上市交易，主要依靠期货交易所按照美国《商品交易法》和商品期货交易委员会的规则中的相关条款，向监管部门申请注册。但在一系列风险事件后，美国商品期货交易委员会也针对事前监管规定了一些内容。关于期货品种上市交易的注册或核准，美国商品期货交易委员会规定，期货交易所必须表明，交易所开展的产品交易不违背公众利益，这个监管从产品设计开始。美国法律规定，容易被操纵的现货资产，不能作为期货的标的物。比如，美国洋葱期货从20世纪50年代出现风险后，法律做出了洋葱不得作为期货标的物的规定。美国期货交易所上市期货产品在注册或核准程序上分为两种情况：一种是由期货交易所按照商品期货交易委员会的规定自己审核，然后报商品期货交易委员会注册后上市；另一种是报商品期货交易委员会审核后注册上市。但如果交易所的申请注册材料有假，监管部门会进行调查，并给予严厉的处罚。这些要求，在美国期货法和商品期货交易委员会的规章中都有很详细的规定。

关于事中监管，书里许多地方都强调了这个内容，这些内容在后来的监管中不断完善。2008年我拜访美国商品期货交易委员会时，那里的工作人员说，期货市场监管重点在事中。与20世纪70年代成立时相比较，美国期货市场在监管方面发生了很大变化。美国期货监管的事中监管体系已经很完备。

一是在市场交易运行监管方面，监管重点在于防止过度投机和市场操纵，维护期货市场价格发现和套期保值的经济功能。这是事中监管的重要内容。美国商品期货交易委员会实行大户报告制度和持仓限制。大户报告制度是一个很好的监管工具，对于限制过度投机，防止市场操纵，减少大户对价格的影响起到了极大作用。因此，美国商品期货交易委员会在市场和中介监管部配置了大量资源。比如，配置了一批对现货行业及宏观经济都比较熟悉的产业经济学家跟踪期货市场，结合现货市场对形势进行分析判断，判断是否投机过度、是否存在操纵、是否会酿成风险，经评估判断后"该出手时便出手"。我在美国商品期货交易委员会访问时，曾经同几位产业经济学家交流过他们的具体监管细节。

交易所是交易运行的关键环节，必须做到合规运行。美国商品期货交易委员会对交易所的事中监管，主要体现在检查其对法律、规章以及交易所自律规则的执行上。重点是程序性检查：督促交易所加强执行各项规则的效力，监督检查这些规则的实施情况。为了更好地约束期货交易所的行为，法律规定，期货交易所理事会中必须有更多的公众代表担任理事，以防止理事会中会员人数太多，从而在利益冲突下，他们更多地考虑自己的利益而不是投资者的利益，不能公正地对待交易所对风险的处置。

二是在中介机构监管方面，监管要防范中介机构的财务风险和挪用客户资产的行为，防止侵害客户利益。在防范财务风险方面，美国实行期货公司净资本监管，以保证中介机构有适当的流动性来持续经营。在防止侵害客户利益方面，要求对自有资产与客户资产分开管理。对期货公司的自营业务有非常严格的要求，不能与客户抢交易通道，不能与客户的交易有利益冲突。

三是在保护投资者方面，中介机构不能在交易中侵害其代理客户的利益。书中说，法律要求美国商品期货交易委员会对会员自营或代理两类业务是否可以"一身二任"进行判断。"国会直接要求商品期货交易委员会在6个月内决定，是否应该允许场内经纪人为自己的账户进行交易，或是为那些允许他们既根据自身判断交易，同时又执行客户期货交易指令的账户进行交易。如果美国商品期货交易委员会认为应该批准这类交易，那就要明确规定允许实施的条款和条件。"尽管美国商品期货交易委员会明知这种双重交易会侵害客户利益，需要限制或禁止，但无奈期货中介行业游说国会的能力太强，美国国会没有同意商品期货交易委员会实行禁止"双重交易"的监管。尽管如此，商品期货交易委员会还是找了一种新的监管工具来替代双重交易的"利益冲突"问题，即建立"以分钟为单位的订单成交检验系统"，来追踪经纪商是先为自己下单还是先为代理客户下单。关于期货公司是否

"自营"的问题，在美国也存在激烈争论。监管部门认为应分开，不能双重交易，主要担心中介机构的自营业务可能在价格有利时先为自己下单，再为客户下单的"抢跑道"问题。它们没有担心客户保证金被挪用的问题，而我们不仅担心中介机构自营"抢跑道"的问题，还担心挪用客户保证金做自营的问题。比如2004年，我国嘉陵期货公司大量挪用客户资金从事自营业务，造成客户资金损失的风险。因此，我们的《期货交易管理条例》不允许"双重交易"。中介机构的交易账户必须和客户分开，监管机构必须通过一定的监管手段来保证客户的资金得到保护。美国对期货市场投资者的资金保护只是要求账户与期货中介分开，但没有能够杜绝挪用客户资金的行为，因此也经常出现挪用客户资金的问题。2008年国际金融危机期间，西方媒体报道了不少中介机构挪用客户资金的丑闻。

书中的经验对我们监管市场的启迪

以史为鉴，可明今昔；他山之石，可以攻玉。美国等西方成熟市场在探索期货市场发展和监管的规律方面积累了诸多经验教训，我们在监管工作中要重视、吸收和借鉴；同时，要结合中国市场的实际，探索符合我国期货市场"新兴加转轨"的阶段性特征的发展与监管方式。从书中，我们可以得出以下一些规律性的启示。

第一，期货市场要服务国民经济。美国的经验表明，期货市场的存在基础和发展目的就是发挥其经济功能，服务产业及实体经济的健康发展，唯有如此，期货市场才有生存的价值，也才可能持续发展。这也启发我们，监管的各项工作必须围绕服务国民经济又好又快发展的中心目标来展开，要始终坚持"公开、公平、公正"的原则，确保各类市场主体平等地利用期货市场，严厉打击操纵、内幕交易和欺诈等违规交易行为，确保期货价格的真实性和有效性，充分发挥市场的经济功能，服务企业生产、经营和销售，促进产业及实体经济稳健发展。

第二，防范风险是期货市场发展的永恒主题。从美国的历史看，期货市场是高杠杆率的市场，是一个既能管理风险，也会引发风险的市场，是一柄"双刃剑"。期货市场作为资本集聚和各种利益主体博弈的场所，为牟取暴利，市场操纵或违规交易行为始终与之相伴相生。因此，加强监管，打击市场操纵、欺诈等违规交易行为，防范和控制市场风险，对于期货市场的稳健发展十分必要。在我国特定的市场环境下，维护期货市场的稳定运行更加重要，要从维护资本市场安全、金融安全和经济安全的战略高度，来深化对期货市场平稳运行重要性的认识，认真汲取金融危机的教训，对违法违规行为及时发现、及时制止、及时查处，切实做好风险的预警、监测、监控和处置工作。

第三，法制、监管、自律是期货市场长治久安的保障。我们要继续坚持"稳步发展期货市场"的指导思想，借鉴成熟市场的经验，深入推进期货市场改革发展的各项工作，不断增强期货市场服务国民经济发展的能力。书中梳理出的美国期货市场监管经验，对于我们完善法规制度、健全监管体制，坚持依法监管、依法治市、维护"三公"，具有非常重要的现实意义。监管部门应该有针对性地借鉴美国的做法，对期货品种上市、交易、结算、交割等重点环节的监管研究出台相关监管法规，推动完善相关监管制度；尤其要加强对市场创新的监管，确保市场创新与市场的承受能力、监管能力与风险承受能力相适应；要加强期货监管力量的配备，不断改进监管手段和方式，确保监管到位和提高监管的有效性，保障市场平稳运行和促进功能发挥。

　　监管转型是我国全面深化改革的重要内容。具体到我们的工作就是，要在监管理念、监管模式和监管方式上进行革新和转变。而监管方式的转变，就是要从过去过多地事前审批向加强事中和事后监管转变。该书反映的美国事中监管的一些做法，对促进我们对监管转型的思考是有益的。

国际期货市场监管经验的一堂课

《国际期货监管经验与借鉴》一书是有关境外期货监管研讨的演讲集。2010年,中国证监会在北京组织了一次系统内干部的期货监管知识培训,邀请了美、英等国期货市场的监管者和自律管理者介绍他们的监管经验。演讲集汇集了13篇文稿,除了第一篇开幕式上我的致辞外,12位演讲者主要是来自美国、英国等西方国家政府监管部门、市场自律性组织、银行等中介机构的管理者和专家。一些业界较有影响力的人物,如美国商品期货交易委员会前代理主席、纽约投资组合清算公司首席执行官沃尔特·卢肯,美国全国期货协会主席丹尼尔·罗斯,伦敦金属交易所主席布赖恩·本德爵士,芝加哥气候交易所主席理查德·桑德尔,芝加哥商业交易所终身荣誉主席利奥·梅拉梅德等嘉宾纷纷到场。他们从政府部门、自律性组织、市场中介机构等不同的角度将话题聚焦于市场监管,用一天的时间向听众介绍经验。演讲中有不少市场监管的真知灼见。听众有100多人,包括中国证监会的部门主要负责人、部分派出机构一把手、证券期货交易所的负责人、证券期货协会的负责人等。会议结束后,时任中国证监会研究中心主任祁斌建议由我担任主编,将这些演讲者的录音整理编辑成书出版发行,以便国内的监管者在工作中参考和借鉴。我觉得建议很好,欣然同意,积极支持此书的出版发行,并邀请时任中国证监会主席尚福林作序。全书25万字,2011年7月由中国财政经济出版社出版发行。下面我将自己对这些文稿的笔记与体会分成三个部分进行叙述。

. . .

关于期货市场的政府监管问题

借鉴西方政府的监管经验,对于中国的金融监管者来说是有必要的。2010年,我国建立的期货市场仅有20年历史,与拥有100多年历史的美国、英国的期货市场相比显得非常年轻。我们不仅缺乏市场运行经验,更缺乏市场监管经验,因此需要结合国情借鉴学习。这本书中有四位演讲者介绍了政府行政监管方面的情况。作为东道主,我进行了开场发言,向所有与会人员介绍了中国期货市场的发展与监管总体情况。后面的三位演讲者根据自己国家的监管情况分别进行了介绍。美国商品期货交易委员会(后文用CFTC简称)前代理主席沃尔特·卢肯、CFTC清算及中介机构监管部主任阿南达,分别介绍了美国政府对期货市场监管的情况;伦敦国际金融期货期权交易所(LIFFE)法规部执行总监尼克·韦瑞伯则从交易所的角度说明了政府监管与交易所监管的结合。

沃尔特·卢肯认为,美国政府对期货市场的监管是历史的必然。他说,19世纪美国建立期货市场后的相当长一段时间里,一直依靠交易所的会员自律管理,这种没有政府介入的监管,虽然促进了市场的发展，但也导致期货市场出现了许多问题。卢肯回顾了在1929年美国"大萧条"后，美国期货市场监管体系逐步建立的过程。他说："当时的美国总统罗斯福认为，不受监管的证券和商品投机是此次人为的、毫无保证的'繁荣'的成因之一。"因此，必须对期货市场实施政府监管。1936年，美国国会通过《商品交易法》，规定所有期货合约必须接受联邦监管者的监管，并在受监管的交易所和清算所进行交易和清算。为此，美国农业部设立了商品交易所管理局，成为期货市场监管机构，它是CFTC的前身。1974年，根据法律，美国成立CFTC，法律授权它监管期货、期权这一场内衍生品市场。20世纪90年代末，场外金融衍生品蓬勃发展，但它是一个没有受到任何政府监管的市场，因此，这个市场被滥用和无序扩张，成为2008年发生金融危机的原因之一，2010年，美国国会通过《多德–弗兰克法案》，授权CFTC对场外衍生品市场进行监管。也就是说，现在CFTC对美国金融衍生品市场实行集中统一监管，既监管场内也监管场外衍生品市场（除单只股票、窄基股票指数期货由CFTC和美国证券交易监督委员会共同监管外）。卢肯认为，衍生品这种集中统一的监管体制，保证了美国衍生品市场运行的高效、安全。从20世纪70年代成立CFTC以来，很好地保障了市场的价格发现和风险管理功能，极大地促进了美国全球大宗商品、能源、金融产品定价、风险管理中心的地位。

他认为，中国期货市场监管在许多方面的做法同美国是差不多的，但在场外衍生品监管上与美国不同，需要建立适应国际交易者需要的监管制度。他提出了几点建议。一是国际上正按照期货市场中央对手方制度来改造场外衍生品的交易与清算制度，建议中国抓紧跟进。但他同时认为，中央对手方制度也不是万能良药，对于千变万化的衍生品来说，并非任何时候都奏效，必须考虑替代方式和补充方式来保证这些产品的透明度。二是针对中国衍生品分属于不同监管机构监管的情况，他提醒要重视不同监管机构之间的沟通协调。每个相关监管机构把自己的工作职责范围划分好，避免监管重叠。三是监管的重点是风险而非产品种类。监管者要监管产品的杠杆性、流动性、波动性，而不是监管人为附加的产品名称。不管它是掉期还是期货，或是其他什么产品，首先要看它的功能和风险。四是必须有清晰、准确的法规。监管者要尽量减少法规的不确定性。法规制定得越明确、越清晰，市场才能运行得越好。五是监管的稳定性和灵活性。并非经历过此次金融危机后监管者就可以一劳永逸了，我们只能前瞻性地对市场进行监督，尽量推出一些好的规则对市场进行监管。

阿南达是CFTC清算及中介机构监管部主任。他的部门负责对期货清算机构、自律性组织和中介机构的监管。这本书收录了他在上午和下午两次会议上分别发表的演讲。他的演讲比他的老上司卢肯更具体，与卢肯的演讲形成互补。卢肯是从期货监管历史和CFTC监管的一些原则性问题上着手的，而阿南达则是讲CFTC具体的监管做法。他谈了CFTC对期货交易所、清算机构、期货中介机构、期货产品、场外衍生品、期货协会6个方面进行监管的内容。

他说，CFTC监管的核心目标是，发现并防止价格操纵或者其他导致市场紊乱的情况出现。要确保市场发现的价格是公正的、有秩序的，而不是某方在市场上占据主导地位操纵形成的，因此CFTC会监督交易所对投机持仓限制规则的执行。为此，CFTC要掌握商品供应、现货价格、期货交易数据等很多监管所必需的信息。大户交易报告是监管的重要信息。每天期货经纪商都必须向CFTC提交大户交易报告。在美国市场上的那些未平仓合约，85%~90%都属于大户的持仓，为此CFTC能够掌握85%~90%的持仓状况，从而知道谁有可能或者有能力去操纵市场，并知道经纪商是谁、交易员是谁。

关于期货交易所的监管，阿南达说，美国法律中规定的"指定合约市场"就是特指期货交易所。要申请成立期货交易所，首先要满足市场准入条件，并在CFTC登记注册，基本条件就是申请人必须达到CFTC规定的核心原则，包括21项内容。交易所开业后，CFTC还要监督交易所运行，看其是否符合市场规则。主要有两种方式：一是交易行为审查，二是交易规则执行审查。CFTC每两年要对交易所进行一次现场审查，审查项目包括交易行为监察、交易所治理等。

关于清算机构的监管。同交易所一样，清算所也必须是在CFTC注册的机构，要符合CFTC要求的核心原则。美国清算机构分别有存在于交易所内部的机构和独立清算机构两种模式。它们以中央对手方的身份，成为卖方的买方和买方的卖方，为期货市场加持信用。CFTC要经常对其进行监管检查，以确保一直符合所界定的核心原则。这种监管检查关注的重点是风险管理，以避免发生系统性风险。阿南达认为以下几种情况就是系统性风险：某个交易方的资金困难会导致别人遭殃，这就是系统性风险；如果一方力量非常强大，比如其存在的问题会把别人牵连过来，也是系统性风险；因一个人的违法行为而导致其他人遭殃，也是系统性风险。监管就是要避免这种系统性风险。为此，

CFTC会对期货市场进行系统性风险监控。例如，通过大户交易信息报告制度，每天CFTC都能获得90%的交易背后所有者的信息。CFTC除了要看交易者的绝对持仓情况、规模及其空头的规模之外，还要看持仓规模相对于清算机构保证金的规模，或者头寸规模与交易所拥有的总资产的比例，以及在清算机构所拥有的资产中负债占多大比例等。总的来说，就是通过对客户资产做压力测试发现其风险大小，从而采取相应的风险控制措施。

关于期货产品的监管。阿南达说，产品设计是CFTC监管的重要内容。监管要从产品设计开始。监管重点是防止新产品的标的物价格被操纵。CFTC对交易所选择产品标的物非常关注，容易被操纵的现货不能作为期货合约的标的物，比如产量少，不容易标准化的现货等。另外，CFTC还要利用持仓限制和问责制度来减少潜在的操纵威胁。从理论上讲，期货合约有持仓限制，潜在的操纵者就没有办法掌控整个标的物市场，因此，CFTC的持仓限制规定会削弱某些人控制市场的能力。此外，CFTC的监管要确保产品设计有一定的平衡性，使产品既能够发挥风险管理的功能，又能够发挥价格发现的功能。

阿南达说，美国上市期货产品，CFTC有两种审查办法。一种是交易所自己审查，然后向CFTC申请注册，必须提前10天申请，并保证期货合约符合法律和CFTC的规则，由CFTC对交易所申请进行审查，并由CFTC在10天内做出答复（复杂产品可以延期到90天），如果申请获得了CFTC的认可，期货合约即可上市，否则，申请将被退回交易所重审。另一种是由CFTC对交易所申请上市的期货合约进行审查。这两种办法，任由交易所挑选，交易所基本不采用后一种办法。不光是新产品上市前要向

CFTC提出申请，交易所制定任何新规则或修改规则也都必须提前10天向CFTC申请，必须获得批准后方能生效。

关于期货中介机构的监管。阿南达说，申请成为期货中介机构必须满足最低资本金要求。但在监管实践中，资本金往往超出最低要求。期货经纪商和交易商必须具有流动性，必须满足最低净资本要求并保持动态达标状态。期货经纪商和客户的资金必须进行分离。阿南达还谈到了CFTC对美国全国期货协会监管的一些内容。

英国监管中交易所自律管理的作用比较大，这不同于美国。但是英国自律性机构的规则和行动都受到政府监管部门的很大影响，交易所规则一般都是与监管当局一起制定的。尼克·韦瑞伯则从期货交易所的角度介绍了英国的衍生品监管问题。他曾经是一位监管者，在英国中央银行英格兰银行任职13年。他演讲时的身份是伦敦国际金融期货期权交易所（LIFFE）法规部执行总监，演讲题目是"从LIFFE视角看英国金融期货的监管规范"。

他认为，期货市场监管的目的就是不让交易价格受到操纵。英国有一系列保护措施防止期货市场被操纵，有很多机制在协同效应形成之后，尤其是政府与交易所协同之后，很好地防止了市场被操纵。从监管者的角度看，必须把保护措施做到位才能确保期货市场是干净的、有序的、透明的。他说："期货交易所的许多规则是与监管机构一起制定，并获得后者同意的，这种方式加强了市场监管能力。"他介绍了LIFFE的监管规则。

第一是恰当的会员规则。交易所对会员准入设有门槛，只有获得英国金融服务管理局牌照的金融机构才能成为会员，只有会员才可以代理客户进入LIFFE交易。而要成为交易所会员，必须经过交易所的严格审查。

第二是产品设计规则。LIFFE是金融期货交易所，设计和交易大量的指数类产品。规则要求，产品设计的标的指数值和一些参数必须是公开透明的。一个好的交易所要具备非常可靠、有序的运营环境，使人们在进行产品交易的时候不会担心。稳健有效的指数设计，需要满足交易所的这种需求。另外，稳健的期货合约设计也是非常重要的。合约设计首先要确保非常合理，既要符合法律法规，也要符合交易需要。标的产品的价格必须可靠且公开可取，这样可以减少市场操纵。交易所要创造一个非常好的流程，制定清楚明了的条款，让监管者和市场参与者都感觉舒适。

第三是明确有效的反操纵规则。在英国，LIFFE有"不公平或误导行为"的明文规定，不准会员从事以下行为：任何可能人为引起的衍生品或该衍生品标的资产价格变动的非正常行为；报入虚假订单；向交易所报告虚拟交易或任何其他虚假信息；任何使市场对于一种衍生品或其价格可能产生错误或误导的行为。尼克认为，金融市场是一个统一的、自由的市场，期货市场有价格发现的功能。美国和英国的监管机构在执行法律的过程中，大致原则非常一致，流程其实也差不多，但在具体执行细节中因为两国法律规定不同，也存在许多不同之处，各有特点。

第四是交易所必须具备有效的监控程序、工具和部门。交易所需要非常清晰和明确地规定会员应该从事的行为，并要求保留交易档案，避免对市场进行操纵。每年LIFFE都会制订监管计划，并且会和英国金融服务管理局一起制订，获得后者的同意，以加强监管能力。交易所要具备有效的强制执行权。如果发现交易行为不合法，并经过调查确认，就要进入惩罚程序，对违规者进行处罚。尼克认为，要实现有效的监管，衍生品交易所、标的物现货市场和监管机构之间的开放和协作是必不可少的,这样才能确保产生的期货价格真实地反映现货市场价格的波动。

期货市场的自律管理

《国际期货监管经验与借鉴》一书中有三位演讲者讨论了期货市场自律管理问题。他们是美国全国期货协会主席丹尼尔·罗斯、伦敦金属交易所主席布赖恩·本德、伦敦清算所业务发展总监迈克尔·马奇。

期货市场100多年前在美国产生时,交易所实行会员制,会员实行自律管理。后来由于出现了许多问题,美国在法律上规定了一些政府监管条款,1936年授权美国农业部监管期货市场,但监管效果不彰。1974年美国国会授权成立CFTC对期货市场进行集中统一监管,同时,法律授权美国全国期货协会对会员进行自律管理。自律管理对美国期货市场规范运行起到了很大的作用。美国全国期货协会配合政府监管,确保了美国期货业的良好声誉。

该协会主席丹尼尔·罗斯在演讲中介绍了美国行业自律情况。他说,美国全国期货协会共有4 000多家会员公司,它们都由美国全国期货协会进行自律管理。协会的基本职能有三项。第一,协会要制定正确的规则,但每项规则都要经过CFTC的批准后才能执行。第二,协会要对会员进行监察。对会员进行合规监察的重要手段是审计,审计中一旦发现可疑问题,就要进行调查。如果会员存在欺诈行为,协会就会关闭这家公司,或者对其进行处罚。第三,对违规违纪会员采取惩罚措施。

除美国全国期货协会对会员的自律管理外,交易所和清算所的自律管理是监管的另一种方式。无论是交易所还是清算所,都必须是会员才能入场交易。伦敦金属交易所主席本德爵士认为,交易所对会员进行自律管理,其监管目的是保障商品期货的价格发现机制不受操纵,确保交易所发现的商品期货价格能够形成商品贸易定价的基准价格。要达到这个目的,交易所必须保证交易的正常秩序。包含三大要素:一是交易所设计的期货合约条款必须定义清晰,合约应尽可能不易受到市场滥用行为的影响,结算时不存在任何争议;二是市场参与者必须财务稳健,可保证结算按时完成,无任何一方违约;三是必须无市场操纵行为,交易所的交易价格由市场商业供求及价格风险的买卖意愿决定。当某一方或少数人控制价格形成时,就叫作市场被操纵。本德认为,要达到这些条件,交易所的自律管理就必须建立有效的规章制度和执行机构来保障。

独立于交易所之外的结算所也是一个自律管理者。伦敦清算所业务发展总监迈克尔·马奇重点谈了中央对手方制度在自律管理和风险防范中的重要作用。他说:"中央对手方在市场结构中的作用至关重要。伦敦清算所平台进行清算的主要产品有股票、固定收益证券、衍生品三大类,其中衍生品包括利率掉期、金融和股权衍生品、商品期货、能源四大类。"他表示,伦敦清算所受政府监管部门监管,清算所对会员进行自律管理,清算所会员主要包括投资银行、经纪商等。为了对风险进行有效监管,伦敦清算所对会员有严格的准入标准,包括资本金、较高的信用评级、专业的清算人才、完备的IT(信息技术)设施、对银行业务熟悉和了解等。因为所有参与者都是清算会员,所以清算所对他们的自律管理职责体现在财务安全与系统性风险的防控上。正如G20（二十国集团）匹兹堡峰会上提出的那样，受监管的期货市场中央对手方清算制度保证了市场的良好运行，使对手方风险被很好地化解掉，杜绝了系统性风险的发生。

期货市场发展与监管的关系

这部分的演讲者有国际期货业协会理事会主席迈克尔·道利、芝加哥商业交易所研究部董事总经理拉博斯威斯基、芝加哥气候交易所主席桑德尔、芝加哥商业交易所终身荣誉主席梅拉梅德等人。

道利在演讲中表示："交易所、清算所、期货经纪商和监管者这四个参与者，对一个成功的期货市场是必不可少的。这四个主要的参与者应该保持一致。"不同的参与者应该承担什么职责？首先是监管者的责任，因为监管者和其他参与者的关系是最密切、最广泛的，所以监管者要发挥自己的作用。期货经纪商受CFTC的监管，需要保护客户资产和头寸。客户通过经纪商进行期货交易。交易所最主要的业务是设计产品，提供价格发现、风险管理交易的平台。其中，交易客户的信用风险是非常重要的。作为交易所会员的期货经纪商要对客户进行充分调查，减少和规避期货市场运营中的违约风险、营运风险。

芝加哥商业交易所的拉博斯威斯基认为，期货市场最基本的功能和主要目的，是价格发现和风险管理。经济学家普遍认为，"期货比股票价格对经济事件的反应更迅速，从而引导现金指数收益"。这就是期货的价格发现功能。流动性是价格发现功能的关键要素，交易量是衡量流动性非常简单的尺度。因此，期货市场的监管就要防止价格被人为操纵。

如果没有创新产品出现，期货市场的功能发挥是有限的。世界上第一个碳排放权期货交易的创新者、芝加哥气候交易所主席桑德尔对"如何把市场发展得更好"这个问题的回答是："第一，监管的成本。既要考虑建立监管的成本，还要考虑持续监管的成本。要建立非常好的价格体系，就必须有很好的监管机构。第二，不管是货物交易还是环境交易，都必须把交易成本降下来。第三，要建立一些交易所，使交易更加便利。以上几点，能够保证期货合约交易更好更快地发展。"

梅拉梅德的演讲，是对2010年美国金融监管改革法案的评论。他的评论涉及场外衍生品市场的发展与监管问题。梅拉梅德认为，"法案推动场外衍生品采取中央对手方结算模式。这种模式在2008年金融危机中表现极好，可作为场外衍生品交易结算的可靠基础架构"。他表示，"该法案采用了芝加哥商业交易所集团市场的核心原则：价格透明、低交易成本、市场诚实性，以及保护客户和中央对手方结算服务的安全和健康。这些都是期货在这次金融危机中屹立不倒的原因"。他说，美国的金融监管改革法案对场外衍生品和期货市场的界定非常清楚，并且有利于整个期货市场。他认为，由于金融监管改革法案将期货市场的成功经验推广到场外衍生品市场，并将其纳入了CFTC监管，这给期货业带来了新的机会。集中交易、产品标准化、中央对手方制度等期货市场的机制，值得场外衍生品市场借鉴。

从美国股指期货看中国股指期货的发展

2002年,美国芝加哥商业交易所终身荣誉主席、世界金融期货之父利奥·梅拉梅德,应上海期货交易所邀请,率领芝加哥商业交易所代表团访问上海期货交易所。我作为上海期货交易所总经理与梅拉梅德进行了业务合作会谈,并联系了上海市政府领导会见梅拉梅德及芝加哥商业交易所代表团一行。那天,我陪同他从浦东穿过延安路隧道去浦西的上海市政府大楼,路上堵车,半个多小时才到达。堵车让他有时间较为详细地向我介绍其自传体著作《利奥·梅拉梅德:逃向期货》的梗概。书中有一部分叙述了美国股指期货推出时的背景和运行。书里描写了美国上市股指期货前后,在芝加哥和华尔街发生的许多争执与故事。这恰恰是我当时关心的话题。他说:"我刚刚从日本过来,参加完大阪证券交易所为日文版《利奥·梅拉梅德:逃向期货》举行的首发仪式后就赶来上海期货交易所访问。"我说:"能不能也将这本书翻译出中文版?我们交易所帮助翻译。"他表示可以,并让我指定人员和他的出版经纪人联系。我请上海期货交易所战略规划部高级总监陈晗负责此事。一年多时间,该书中文版翻译成功。2004年5月28日,在上海期货交易所举办的一年一度的"上海衍生品论坛"上，我们举行了《利奥·梅拉梅德：逃向期货》的中文版首发仪式，并邀请梅拉梅德到场发表演说。这本书在中国的出版，对股指期货在中国金融期货交易所成功上市起到了积极的宣传与推动作用。时移世易，这里谈点读《利奥·梅拉梅德：逃向期货》的心得。

· · ·

股指期货的设计连接了期货与证券两个市场

无论是在美国还是在中国，作为连接期货与证券的股指期货，在期货交易所出现都是一件不容易的事。2001年7月，当时的中国证监会主席周小川交给我在上海期货交易所推出股指期货的任务。那时候，对于股指期货是在期货交易所上市还是在证券交易所上市存在争论。不过周小川认为，在期货交易所上市更合适。我去上海之前，上海期货交易所已经设计出股指期货合约了。当年12月底，我们向中国证监会上报了开展股指期货的申请，获得了中国证监会的积极支持，并在中国证监会的积极支持下展开了高密度的舆论宣传。2002年下半年开始，在党的十七大召开之前，股票市场一直"跌跌不休"，证券交易所的股票交易量急剧下降。舆论认为，上海期货交易所对股指期货的宣传是股票下跌的罪魁祸首。股指期货宣传被叫停，上市推进工作暂时搁置。此时，我在上海遇到了20年前成功推出股指期货的芝加哥商业交易所终身荣誉主席梅拉梅德。当聊起在上海期货交易所推出股指期货的困难时，他向我推荐了《利奥·梅拉梅德：逃向期货》一书，并向我叙述了美国股指期货上市和运行的艰难过程。这本书最开始是在20世纪90年代出版的，那时候，梅拉梅德已经不再担任芝加哥商业交易所主席的职位，鉴于他在金融期货创新上对国际衍生品行业和芝加哥商业交易所做出的贡献，他被该交易所聘为终身荣誉主席，也被业界誉为"金融期货之父"。书里说到，他在一个以交易奶酪、黄油、猪腩肉、鸡蛋、活牛等农产品为主的交易所里，于1972年推出外汇期货，于1982年成功推出股指期货等金融期货，并因成为第一个在期货合约上实行现金交割的组织管理者而享誉业界。华尔街有评论说，他使股指期货合约连接了期货之都芝加哥与股票大本营华尔街，通过股票指数这一标的物把期货与证券这两个过去互不往来的市场连接在一起。"期货市场与证券市场相连，让期货走入金融的殿堂。"尽管这本书对股指期货仅有三章的描写，着墨不多，但对于上海期货交易所开发上市股指期货来说至关重要。因为书里的描述不仅是理论性的，更多是操作性的。无论是产品设计、交易结算、风险管控，还是客户开发、与监管部门的关系，对我们这些要推动股指期货上市的人来说，都有巨大的借鉴意义。我反复阅读书中与股指期货相关的章节，并细细揣摩。俗话说"外行看热闹，内行看门道"，那时候我虽然不是内行，但上市股指期货关系到上海期货交易所未来的发展和成长，工作需要，逼得我想成为内行。因此，阅读时就比一般人要用力得多、上心得多。

梅拉梅德在书里谈道，关于股指期货设计，他经历了许多。芝加哥商业交易所要跳过许多传统的门槛与阶梯，面对传统挑战，阻力是巨大的。比如选择期货合约的标的物问题，一开始芝加哥期货交易所和芝加哥商业交易所都准备推出股指期货，但芝加哥期货交易所因为不愿付费使用道琼斯公司的股票指数，与道琼斯公司对簿公堂，从而贻误了时机。具有战略眼光的梅拉梅德则选择了标准普尔指数公司作为合作伙伴，并让芝加哥商业交易所付费使用标普公司的股票指数，成功上市了标普500股指期货，在股指期货市场上捷足先登占得先机，使芝加哥商业交易所在历史影响力上远远落后于芝加哥期货交易所的情况下，靠着股指期货等一系列金融期货产品成长壮大，最后收购了芝加哥期货交易所、纽约商业交易所等一系列交易所，成为全球最大的交易所集团。如今，全球一多半的金融期货交易量来自芝加哥商业交易所。

同时，书里还叙述了芝加哥商业交易所成为美国第一个成功开展期货合约现金交割的交易所的过程。股指期货之前的美国期货市场都是实物交割，而股指期货合约则采取现金交割方式。这种方式一开始备受争议。过去，期货市场游说者用实物交割来把期货与赌博区别开，实物交割与企业商品的套期保值紧密相连。梅拉梅德说，法律对于赌博和期货的界定便是期货对交割有全面的考虑。"没有实物交割，我们和一间赌场没有太大不同。"股指期货是把一篮子股票编制的指数作为产品，没有实物，既没有股票也没有商品，而是一篮子虚拟的股票指数。这很难说服监管当局认为股指期货不是赌博。但通过梅拉梅德艰难而不懈的游说，现金交割期货合约获得监管当局的理解。美国商品期货交易委员会认为，股指期货等金融期货合约虽然没有采取实物交割的方式，但它们对金融机构的套期保值和风险管理有积极作用，可以采取现金交割的方式，并在1981年同意了芝加哥商业交易所股指期货交易采取现金结算方式了结合约，从而使芝加哥商业交易所在美国获得了第一个现金交割期货合约的上市通行证。根据美国的经验，上海期货交易所在股票指数标的选择和交割方式上，也参照美国芝加哥商业交易所的做法。用一篮子股票指数——沪深300股票指数作为第一个场内金融衍生品的标的物，用现金交割代替实物交割。2005年上海期货交易所成立了股票指数期货交易实验室，为了对设计出的股指期货产品进行验证，以便更好地检验产品和规则、积累管理与运作经验，正式启动了沪深300股票指数期货合约模拟交易。2006年，国务院同意成立专门交易金融期货的交易场所——中国金融期货交易所，上海期货交易所设计的包括股指期货在内的所有金融期货产品，相关专业人员按照中国证监会的要求全部转移到了中国金融期货交易所。2010年，股指期货在中国金融期货交易所成功上市。因此，从某种程度上说，《利奥·梅拉梅德：逃向期货》一书给上海期货交易所设计产品提供了一个参考教材。

股指期货是1987年美国股灾中的"背锅侠"

股指期货市场的功能发挥受到传统股票现货市场的挑战。对于美国20世纪80年代的股灾，金融界人士记忆犹新。1987年10月19日星期一是黑色的。这本书对这个事件进行了比较详细的描述。梅拉梅德说，股票和股票指数期货都创造了历史最高单日下跌幅度。道琼斯指数暴跌508点，跌幅达到22.6%，是1929年10月26日创造的跌幅纪录12.8%的约两倍。标普500指数期货跌幅达到28.6%。美国出现了股灾。对于这次股灾，梅拉梅德在书里说，格林斯潘在美国国会做证时指出，1987年股灾"是一个必然发生的事件"。也就是说，无论股指期货有没有上市，股灾都会发生。因为这次股灾发生在股指期货上市后的第五年，所以许多人认为是股指期货引发了股灾，认为是芝加哥股指期货的做空机制导致了华尔街股票大跌。华尔街的金融权威都在谴责芝加哥，而媒体则在推波助澜，他们认为华尔街才是真正的金融专家，而芝加哥则是一批农产品商人搞金融。梅拉梅德认为，在对期货知识一无所知、即将担任美国财政部长的布雷迪的带领下，对芝加哥的股指期货市场进行了一次明显有偏见的调查。华尔街需要寻找"替罪羊"。若干年后，专家的调查分析清楚地表明，对股指期货市场的指控是牵强附会的。芝加哥期货市场不是"黑色星期一"的罪魁祸首，它只是起到了股灾"报信者"的作用。梅拉梅德在奔走游说中说："我宁死也不允许期货市场成为替罪羊。"在此期间，他与美联储主席格林斯潘多次通话，甚至去办公室拜访。格林斯潘支持他的观点。格林斯潘1988年在国会做证时说："一般情况下，我们看到期货市场对新信息的反应比现货市场快，这很正常。一些人断定……这样期货价格的变动一定会引起现货价格的变动。然而，在期货市场调整投资组合头寸的成本明显更低，并且能够更快地建立新头寸。这样，投资组合在获得新信息时，会很自然地倾向于在期货市场交易，这样导致价格变动首先在期货市场发生。"

美国从1982年推出股指期货到1987年发生股灾，时间跨度是5年。中国从2010年推出股指期货到2015年，时间跨度也是5年。而恰恰在这个时间段，都因为股票市场的暴跌而备受指责。一开始，舆论把矛头指向了股指期货市场，这与1987年美国股灾中股指期货受到的指责异曲同工。股指期货自2010年

4月在我国成功上市以来，一直运行良好，健康稳定。2015年7月发生股市异常波动前的几个月运行也很好。当年经国务院同意，中国证监会批准中国金融期货交易所于4月又上市了中证500、上证50股指期货两个产品。没想到进入6月以后，股票指数上蹿下跳，大幅震荡，出现历史罕见的千股停牌、千股跌停的局面。股市大跌不止，投资者怨声载道。大量舆论指责股指期货，认为是它的做空机制导致股市大跌，认为它是股市异常波动的罪魁祸首，并提出中国金融期货交易所的股指期货必须停止交易，甚至有人提出了彻底关闭股指期货市场的建议。为了控制风险，监管机构和交易所通过提高保证金、手续费，加大日内开仓限制等多种措施对股指期货实行限制性交易，股指期货交易迅速失去流动性，交易量下降到了可以忽略不计的地步，但股市的异常波动并没有因为股指期货交易几乎停止而有所缓解。后来的研究证明，2015年的股市异常波动，股指期货不是主要因素。2015年中国股指期货市场受到的指责与压力，与1987年美国股市"黑色星期一"所遭受的舆论批评大同小异。无论国内外，期货市场在现货市场出现问题时受到大多数人的指责是常态。对于这一点，我认为是期货市场的"三性"引起的。"三性"即资产的依附性——金融衍生品交易的是资产所有权的价格属性而不是资产本身；功能的隐蔽性——由于衍生品是资产分离后的价格属性，其隐蔽性使其被许多人使用功能获利而不知；舆论的结构性——商品、股票、债券等现货市场的利益群体大于衍生品市场数十倍甚至百千倍，投资者的结构带来舆论的结构性问题。如此看来，期货成为现货市场的"背锅侠"就是再自然不过的事情了。几年后，在事实面前，许多当年指责股指期货是股票市场异常波动的罪魁祸首的人也承认,股指期货不是股市异常波动的主要原因,仅仅是诸多原因之一。

股指期货保证金与股票保证金相提并论的荒谬

《利奥·梅拉梅德:逃向期货》写到,为了限制股指期货对股票市场的不良影响,"美国国会的官僚提出了一个建议,将股指期货保证金比例提高到50%,以和股票保证金保持一致"。梅拉梅德评论道:"这个提议貌似正确,实则荒谬。而里根总统的支持,使这个议题成了梦魇。"他认为,这种观点是没有搞清楚衍生品和股票现货的区别。期货的保证金用于保证价格出现最小变动时能够履约,而股票的保证金是购买证券的部分付款,二者之间的差异是显而易见的。

1988年1月,布雷迪领导的调查小组将对美国股灾的调查报告提交给了里根和相关监管部门。报告提出两个建议:一是股指期货保证金须和股票保证金保持一致,二是股指期货应该和股票市场一样由美国证监会统一监管(股指期货归美国商品期货交易委员会监管)。梅拉梅德认为,这显然是华尔街的股票市场企图利用保证金议题,扼杀芝加哥的股指期货市场。经过梅拉梅德、芝加哥商业交易所会员以及一些经济学家的努力游说,这个荒谬的议题被美国国会否定了。

我国2015年的股市异常波动中,也有一个与此观点如出一辙的建议,但这个建议未被采纳。当时,有人建议将股指期货的"T+0"(当日交割结算)交易制度改成"T+1"(下一个交易日交割结算),以便和股票市场保持一致,说这样可以控制股市大幅波动，有利于缓解当时股票市场的风险。这个建议有点不切实际，不仅不能化解股票市场的风险，还会引发期货市场的风险。

有人用三条理由来反驳上述观点。

一是股票市场是投资市场，实行全额保证金制度，虽然有股票融资融券下的保证金制度，但实质上是券商的抵押贷款业务。正如梅拉梅德前面所讲的，期货的保证金用于保证价格出现最小变动时能够履约，而股票的保证金是购买证券的部分付款，二者之间的差异是显而易见的。期货市场是风险管理市场，具有高杠杆交易特征，相对于股票低杠杆交易而言，高杠杆产生的流动性对于期货市场的生死存亡至关重要。对股指期货实行"T+1"交易，会使市场完全丧失流动性。没有流动性，在保证金交易制度下的期货投资者不能及时调整交易方向进行充分换手，会引发系统性风险。一方面，由于其股票市值大，而且在不断变动中，投资者为了精确有效套保，需随时调整股指期货头寸，想进时能进，想出时能出，需要"T+0"机制。另一方面，如果实行"T+1"交易，套期保值者就难以在市场上迅速找到成交对手，在现货市场价格波动较大的情况下，此类投资者如果无法有效对冲风险，其持股信心会受到极大打击，从而加速股票市场的混乱。

二是期货市场的"T+0"交易制度在中国建立30年来，一直运行良好，20世纪90年代的两次清理整顿都认为"T+0"交易制度是期货市场的命脉而加以保留。现在要让期货市场临时改变运行30多年的规则去和股票市场交易制度保持一致，理由并不充分。

三是现在上市的沪深300、中证500、上证50三个股指期货产品，一共12个合约，最近的交割期在当月，最远的在9个月以后，即使要改变，也得提前广而告之，一旦临时改变规则，所有的股指期货合约都会出现问题，会把股票市场风险扩大到期货市场和社会上，从而引发更大范围的问题。

从以上三个方面的分析看，期货市场的"三性"是人们误会期货市场的主要原因。《利奥·梅拉梅德：逃向期货》一书中的许多股指期货的故事，与建立和发展中国股指期货市场时遭遇的情况何其相似！对金融衍生品成长历史感兴趣的人，可以在阅读这本书时与我国期货市场进行比对、思考，从而获得启发。

第四篇
境外金融监管

看不见的手缘何失灵

我办公室的书柜里有美联储前主席艾伦·格林斯潘的两本书，一本是 2007 年出版的《我们的新世界》，另一本是 2013 年出版的《动荡的世界》。

2008 年金融危机期间，我读了《我们的新世界》。这是 2006 年 1 月格林斯潘从美联储主席的位置上退下来后，花一年时间写成的自传体著作，内容大多涉及金融市场，偏重于实务操作。

2020 年我读了《动荡的世界》。此书涉及宏观经济、金融市场，偏重理论性，内容多数是对 2008 年金融危机前后的政策反思，把个人的亲身经历和深邃的理论洞察力完美结合，为理解金融危机开辟了新视野，为深化金融理论探索了新方向。

作为一个金融市场的监管工作者，我对《我们的新世界》描述的事件以及格林斯潘在危机前的思考、监管思路及政策操作更感兴趣。因此，拿出该书再读，比较"格氏思想"在两本书中的变化，写下了《我们的新世界》读书笔记，并在 2021 年 9 月 28 日的《上海证券报》上发表。

在"9·11"事件发生20周年之际,国际舆论都在评论后"9·11"时代世界的变化。我不由得想起10多年前在美联储前主席格林斯潘的自传《我们的新世界》中读到的一些与"9·11"事件有关的内容,情不自禁地找出此书再读时却发现,美国房地产热、低利率政策、次级贷款、场外衍生品、放松监管、金融危机等都与"9·11"事件有着非常密切的联系,也与格林斯潘息息相关,于是突然萌生了把这些思考写下来的想法。自2006年1月离开美联储后,格林斯潘开始写书,并于2007年出版。那时候,次级贷款危机端倪已现,金融危机尚未爆发。但是,从字里行间可以看出,格林斯潘对次级贷款已暴露出的问题不以为然,更没有想到它会演变为2008年的全球金融危机。

"9·11"事件冲击,让格林斯潘坚持低利率政策

"9·11"事件的冲击使美国面临一系列危机。格林斯潘在书中写道:"2001年3月到年底之间,股市价值跌掉了惊人的50%。美国政府试图振作经济,但成长却微弱而不稳。企业及投资者感到一筹莫展。"同时,美国科技股泡沫的破灭,安然公司、世界通信公司破产,上市公司会计丑闻等事件接连发生,这一切让美国经济看上去一塌糊涂。对此,格林斯潘接着写道:"2001年9月11日之后的一年半中,我们处于炼狱边缘。"当时,美国的失业率从4%上升到6%,经济出现衰退的迹象,未来的不确定性加深了美国人的悲观以及恐慌情绪,对资本主义的信心产生

了动摇，需要通过货币政策刺激经济增长，提振人民信心。房地产是美国的经济支柱，是经济增长的主力军。格林斯潘等美国财经界的高官认为，低利率可以帮助美国人从科技股泡沫破灭和"9·11"事件之后的低谷中走出来。为此，在格林斯潘的坚持下，美联储从2001年初到2002年连续9次降息，利率从6%降到1%。当时就有评论说，美国半个世纪以来没有出现过这种情况。次贷危机由此孕育。

次贷疯狂，让房地产泡沫不断膨胀

舆论普遍认为，美国次贷危机是由房地产热引发的。2006年担任美国财政部长的亨利·保尔森在自传《峭壁边缘》中表示，美国房市泡沫的源头是次贷的膨胀，信用等级较差的借款人获得更多的贷款，将房屋拥有率推高到了一个历史性水平。他认为，2007年之前美国房市的繁荣掩盖了美国经济的危险。可以说，房价泡沫是美联储低利率政策一手促成的。而对于可能造成的恶果，格林斯潘当时是有预感的。在2002年房地产开始升温的过程中，格林斯潘预感到了房地产热不可持续，他说："不寻常的房地产过热……是由抵押债务的剧增推动的，这不可能永远持续。"但是，出于政治考量，格林斯潘仍然放纵美联储的低利率政策，从而导致房地产泡沫不断膨胀。格林斯潘在书中写道："尽管美联储的共识是，经济所需要的可能不是再次降息，但我们还是同意降息……我们愿意冒险降息，我们可能会造成泡沫，形成某种事后必须加以处理的通胀性繁荣。"但他同时又认为，消费者支出可以带领经济挺过后"9·11"时代的困境，而带领消费者支出的则是房市。低利率刺激了美国房地产价格不断上涨，成屋市价从2000年起连续3年每年上升7.5%，高于几年前上涨幅度的2倍。格林斯潘在书中写道："到了2006年，将近69%的家庭拥有自己的住房，它是从1994年的64%及1940年的44%升上来的……这种所有权的扩张，能够让更多人和我国的未来绑在一起，我觉得，将来，国家会更加团结。"他还进一步表示："我当时就知道放宽房贷信用条件会给次级借款人增加财务风险。但我当时相信，现在也还相信，扩大居者有其屋的好处值得我们冒这个风险。财产权之保护对市场经济是如此之关键，拥有财产的民众必须达到关键人数，才能在政治上长期支持财产权之保护。"

鼓励高房屋拥有率一直是美国国内政策的根本。美国当权者认为，拥有住宅的家庭是美国制度得以获得支持、美国人民得以团结的基础。格林斯潘认为，人们普遍相信，拥有房屋有助于人们创造财富，能够稳定社区，创造就业岗位，刺激经济增长。巩固美国人民对美国的信心，稳定美国资本主义制度。可以说，格林斯潘是"明知山有虎，偏向虎山行"。他明明知道过度宽松的货币政策会带来灾难，但从政治需要出发，却对推高房地产泡沫的低利率政策听之任之。经济政策服从政治需要，是格林斯潘等美国财经高官的共识。美国次级贷款在新增房贷中的比例从1994年的5%上升到了2006年7月的20%。美联储于2007年春季发出次贷危机警告，到了夏季次级贷款市场随之崩溃。这可能是格林斯潘曾经想到的后果，只是没想到会这么严重。

曾经的美联储官员，2009年1月担任美国财政部长的蒂莫西·盖特纳在回忆录《压力测试》中，检讨了2006年格林斯潘离任之前美联储的政策。他表示，2003年联邦基金利率仅为1%，是20世纪50年代以来的最低利率。格林斯潘在应对美国长期资本管理公司危机、互联网泡沫破灭和"9·11"事件时所采取的措施，都是大规模释放流动性，这种做法遭到了一系列批判。而格林斯潘的低利率政策，也为以后的次贷危机埋下伏笔，并最终酿成2008年的全球金融危机。

场外衍生品泛滥，让次级贷款有恃无恐

由于场外金融衍生品泛滥，银行发放次级贷款有恃无恐。在2008年全球金融危机前，美国金融市场的监管松紧不一：银行业、股票市场、期货市场受到严格监管，债券和场外金融衍生品市场则缺乏监管。美国的债券市场主要由大型机构投资者组成，不对公众开放。多数舆论认为，金融危机是证券化的美国次级抵押贷款的有毒资产所致的，而生产和转移这些有毒资产的载体——场外金融衍生品市场是不受监管的。银行从客户的恐惧和无知中赚到巨额利润。格林斯潘表示："自20世纪80年代初期以来，流动性剧烈增加，新技术随之开发出来，让金融市场在风险分配上产生革命……市场上出现了复杂的衍生品。可以就各种商品、地区和时间，以各种方式来配置风险。"他认为，这些场外金融衍生品不应该受到监管。由于格林斯潘的放纵，从1998年到2001年，场外金融衍生品市场迅速增长，仅信用违约互换（CDS）一个产品，全世界的合约金额就从2004年底的6万亿美元增长到2006年的20万亿美元。

场外金融衍生品的迅速增长主要是大型金融机构推动的。金

融创新使银行可以把贷款存量卖出去，投资银行利用金融工程技术将贷款生产成金融衍生品，然后再卖给投资者。这样就使银行的贷款资产与风险分离，银行可以不再为贷款能否收回而操心，于是便放松了风险控制，把注意力全放在贷款数量的增加和利润回报上。由于银行放宽了标准，有恃无恐地滥发贷款，炮制出了许多次级贷款。美国畅销书作家迈克尔·刘易斯在《大空头》中有过类似的描述：太多的房子是以很低的首付甚至零首付购买的，往往带有投机目的；太多的房子是欺诈性的，不合格的申请人也能靠谎言来获得根本买不起的房子。发放次级贷款的银行，其目标客户都是信用状况不佳的借款人，这些银行的激励机制，依据的是发放贷款的金额，而非次级贷款的质量。这些银行几乎没有考虑过贷款违约的后果，这种忽略影响了它们制定的贷款和承销标准。据报道，到2008年，在13万亿美元的住宅抵押贷款中，有13%的房贷属于次级抵押贷款。

次级抵押贷款在美国信贷市场中虽然只占很小的份额，但金融衍生品的出现，放大了它的影响力。金融工程技术可以将次级住房抵押贷款证券化后在场外金融衍生品市场销售。次级住房抵押贷款证券化主要是由投资银行完成的。投资银行从商业银行手中把次级贷款买过来，将它们生产成金融衍生品，再卖给投资者，比如次级抵押贷款债券、次级抵押贷款担保债务权证、次级贷款债券信用违约掉期产品，即次级抵押贷款担保债务权证的保险等。无论是债券还是债券的衍生品，这种机构间的"一对一"场外金融衍生品市场交易，不仅不透明，而且缺乏监管，存在很多问题。

然而，作为监管者的格林斯潘却肯定这种模式，为此他还发表过许多高论。他在书中写道："发明或开发新形式的金融产品——信用衍生品、资产抵押证券……等有其必要性，这些工具让世界交易系统的运作更有效率。"虽然他预料到美国次级抵押贷款会形成大量风险，但他认为金融机构可以通过金融衍生品把这些风险转移和分散到全世界。他认为，对经济稳定而言，能让这些高杠杆的贷款发起人把风险转移出去的市场工具非常重要，尤其是在全球化的环境之中。后来我们知道，欧洲和亚洲的许多国家与金融机构都买了美国的住房抵押债券和场外金融衍生品，这些衍生品把美国的金融危机部分地转移和传递到了全世界，引发了其他一些国家的金融风险。

监管放松，让场外金融衍生品泛滥成灾

格林斯潘说自己是自由市场的坚守者，他笃信亚当·斯密"看不见的手"，并且一直反对实施金融衍生品市场的监管。他认为，场外金融衍生品市场是定制化、专业机构间的金融市场，不同于标准化的股票、期货等场内的金融市场，不涉及公众，机构自己有能力来管理风险，市场机制会自我调节，因此不需要政府监管。

在克林顿政府时代，总统金融市场工作组的成员之间有一场关于衍生品市场监管与否之争。当时的美联储主席格林斯潘等人认为，"金融衍生品几乎不可能被操纵"，市场是理性的和有效的，场外金融衍生品的监管是不必要的。他们否定了当时美国商品期货交易委员会主席夏皮罗等人提出的"衍生品市场需要监管介入"的建议。格林斯潘表示，"市场已经变得非常复杂而无法

做有效的人为干预，最有可能的反危机政策就是维持最大的市场弹性——让市场主要参与者，诸如避险基金、私募基金和投资银行等，有行动的自由"，因为"每个放款人为保护股东，会去监视其客户的投资部位"。他还说："身为18年以上的金融管理者，我领悟到政府的规定不能取代个人的诚信。事实上，政府对信用做任何形式的保证，都会降低金融交易对手赢得诚信交易信誉的需求。"他还认为，"对抗欺诈和破产的第一道也是最有效的防线，是交易对手之间的监督"。当2006年美国媒体披露信用违约互换的交易商的冒险行为时，他仍然坚信"看不见的手"会自动调节。他写道："这个事件并非价格风险，而是作业风险——亦即维持市场运作的基础结构发生故障的风险。"他认为，"企图对市场行为加以监控或影响，必然失败"。

后来的金融危机带来的教训说明，对手之间可能共谋，依靠他们的自律是不可靠的。正是当时格林斯潘对市场的一味放纵，才导致次级贷款风险演变为2008年的全球金融危机。许多市场底层人士比格林斯潘看得透彻。作家刘易斯在《大空头》一书中表示，在这个不透明、缺乏监管的市场上，"债券推销员可以随心所欲地做任何事情，而不用担心被举报。债券交易员可以利用内幕信息，而无须担心被抓。债券专家可以设计出任何复杂的债券，而不用担心政府的监管"。他在书中还表示，许多市场人士发现了房地产市场泡沫，发现了次级抵押贷款债券的巨大风险，他们在市场最基础的地方仰望监管机构，关注监管机构的态度和行动。可是令人遗憾的是，监管机构不仅没有行动，反而推波助澜。

然而，格林斯潘的看法与市场人士恰恰相反。他在2003

年信誓旦旦地告诉市场："住房价格不会以全国性的规模向泡沫——或者说严重的通货膨胀——靠拢。"投机者看到了格林斯潘的自负与旗帜鲜明的反对监管的态度，便纷纷利用这个监管缺口大肆投机，从而导致风险泛滥。设想，如果当时按照夏皮罗的观点，把场外金融衍生品纳入监管，次贷危机会出现吗？金融危机会爆发吗？

金融危机，让格林斯潘反思"看不见的手"

2008年美国爆发金融危机。这是"9·11"事件之后美国经受的又一次沉重打击。事后舆论都在分析原因。我赞同保尔森多年前的一个分析。他在2008年的一次记者会上说，金融危机的直接导火线是低质量的次级贷款。在格林斯潘的书中，我发现房地产热和低利率政策、次级贷款和金融衍生品、加强监管还是放松监管等都与2008年金融危机密切相关，与格林斯潘都存在或多或少的关系。事后，格林斯潘说，2008年全球金融危机的爆发，给了他一个意想不到的震动：市场并没有按照他的美好意愿行事。他似乎对"看不见的手"不再那么笃定了，对政府不干预市场的观点似乎有些调整。他在2013年出版的《动荡的世界》一书中，对自己过去的思想进行了检讨。他认为适当的政府监管还是必要的。他写道："随着危机在2007—2009年展现，我们开始认识到像2008年那样的……'极不可能'发生的灾难式市场崩溃开始频繁爆发。对这些数据的研究改变了人们之前对于金融风险运行方式的看法……现实世界与我们珍视的理论发生了冲突……'丑陋的事实扼杀了漂亮的假说'。"格林斯潘的观点后来虽然有所调整,但是改变不了他的低利率和不监管政策对金融危机推波助澜的现实。金融危机加剧了全球化带来的巨大不平等,加深了美国内部的分歧。

我想起2011年"9·11"事件10周年时,《大国的兴衰》一书的作者、耶鲁大学教授保罗·肯尼迪说过的一句话:"'9·11'事件最大的影响之一,就是美国忽视了自身金融实力和国际竞争力的衰退。"再读《我们的新世界》,会发现我们的新世界变化甚大,不由得引起我们对美国金融制度的深刻反思。

发生在美国债券衍生品市场的几个故事

  2017年夏天,在美国次贷危机爆发10年之际,我看了一部美国电影《大空头》,影片大约两个小时。这部电影简要地讲述了华尔街在2007年次贷危机形成过程中的贪婪与疯狂。对从事金融工作的我来说,影片表现的事件过于简单化、概念化,于是我在网上购买了同名书籍《大空头》仔细阅读。读完这本书后,我对美国次贷危机发生、发展、爆发的过程有了更清晰的了解与认识,感觉书里的许多事件及思考对当下的工作很有启发,因此边看边在书的空白处做笔记。读完全书,我把这些记录整理出来,并结合我的思考形成一篇文章,以加深对这次危机的了解与认识。后来该文在2017年9月11日的《中国证券报》上发表,以资记住这次因监管放松而发生的灾难。

. . . .

  美国畅销书《大空头》的作者刘易斯曾经是美国所罗门兄弟公司的资深债券交易员,也是早期金融衍生品市场的销售者。在《大空头》一书中,他采访了不少华尔街知名债券交易员、对冲基金经理等金融从业者。他利用自己的金融专业特长和第一手访谈记录，夹叙夹议地再现了美国 2008 年金融危机之前，次级抵押贷款债券及其衍生品的起源、发展直至演变为金融危机的情况和背后的微观活动。这本书内容纪实、文笔流畅、表达专业、可读性强。由于作者曾经是市场人士，他用平行、微观的眼光来看待市场中发生的问题，这与监管者或者宏观管理官员的视角有所不同。次贷危机已经过去 10 年，媒体有不少纪念的文章。许多观点认为，正是次贷危机导致 2008 年金融危机最终发生。经历了 10 年来国内外金融市场上的一些风险事件后，作为一名金融监管工作者，我读完此书后对几个问题的认识更加清晰了。

一个发生在债券市场的故事

作者在序言里开宗明义地表示："我的书主要是讲债券市场的。"他说，华尔街正围绕着美国不断增长的债务进行更大范围的资产打包、销售和组合。作者采访的人物，也主要是与债券相关的。这些人物包括专门研究经营抵押贷款债券的上市公司分析师艾斯曼，他在次级抵押贷款债券的研究上有绝对的权威性。还有艾斯曼的帮手丹尼尔，他对数据有特殊的敏感度，那些评级公司说不清道不明的次级抵押贷款债券的复杂数据，被他梳理得一清二楚。他指出次级抵押贷款债券的收益都是财务做账做出来的，是个庞氏骗局，但穆迪等评级公司居然还给很高的评级。还有对冲基金管理人巴里，他发现了次贷放款人和次贷借款人之间的资金游戏。按照巴里的观点，"作为住房的购买者，你实际上获得了根本不用还款，而且可以将你欠银行的全部利息转变成更大的本金余额的权利。不难看出哪种类型的人会拥有这种贷款：没有收入的人"，"房地产泡沫正在被抵押贷款放款人的非理性行为吹得越来越大，他们正在不断放松信贷要求"。他认为这个市场几年之内就会出大问题。但是由于银行和贷款公司将贷款打包卖给华尔街大型投资银行，后者则把它们生产成债券卖给机构投资者，因此贷款人对贷款风险毫不关心。书中讲到，2005年美国以次级抵押贷款为标的的债券规模达到6 205亿美元。

贷款为什么可以卖出去，为什么可以变成债券？金融创新提供了支持。20世纪80年代兴起的金融工程为创新提供了方便。在美国金融市场上，住房抵押贷款、信用卡应收账款、飞机租赁、汽车贷款、健身俱乐部会费等都可以通过金融工程证券化后变成债券卖出去，加大杠杆再融资。其中影响最大最深远的是住房抵押贷款证券化。金融创新可以让银行的死资产通过证券化的方式活起来，如果适度是可以的。但华尔街的贪婪，把它变成了赌博的工具，最终酿成大祸。华尔街的逻辑是，通过金融创新，让继续发放的次级贷款不出现在银行的资产负债表上，然后将表外的贷款资产卖给华尔街大型投资银行的定息债券部门。后者将贷款打包、切割、重组、设计成债券，通过评级增信后，出售给投资者。保险公司等则大肆卖出为这些债券进行保险的信用违约掉期产品。到2005年初，所有华尔街的大银行都深陷这个"吹泡泡"的游戏中：贝尔斯登、雷曼兄弟、美林、高盛、摩根士丹利都在承销发行次级抵押贷款债券，而美国国际集团等保险公司则在为它们发行保单——次级贷款债券信用违约掉期产品。由此，华尔街利用金融创新，创造了一个新的衍生品债券市场。

一个用次级贷款生产场外金融衍生品的故事

书中有几个概念——次级抵押贷款债券、次贷担保债务权证、信用违约掉期等，这些都是场外金融衍生品，其交易量在21世纪的头几年里疯狂增长。它们是建立在次级抵押贷款这个基础资产上的，助推了次贷市场的疯狂。

房屋抵押贷款最初只是对有偿债能力的美国购房人开放，后来扩展到了偿债能力较差的美国人，甚至是没有稳定收入的移民购房人。抵押贷款债券是通过金融工程进行资产证券化而产生的债券衍生品，它是一种对来自一个由数千笔单独的住房抵押贷款组成的池子里现金流的追索权。而次级抵押贷款债券，对应的资产池子里则都是信用度极低、可能收不回来的贷款。如果能够把这部分贷款卖出去，风险就转移到了买者手上，贷款银行就可以高枕无忧了。金融创新使不愿长期持有次级抵押贷款资产的银行将贷款资产卖给投资银行，后者买入后进行资产证券化处理，设计成债券进行买卖并赚取佣金收入或价差收入。这样负债转到投资人手上，银行有了新的资金来源，可以继续发放新贷款，并继续把新贷款卖给投资银行。如此这般反复循环，银行贷款资产形成的债券越来越多，市场越来越大。金融工程师的创新活动让越来越多的负债变成一堆纸片，可以向任何人销售。如果这些创新发生在书中所言的美国有偿债能力的那部分人中间，那么是有利于金融机构提高效率的，风险应该是可控的。问题在于，在这个过程中，最初的风险源在所谓的金融创新活动中模糊了，许多机构投资者不知就里地买了这些高风险的衍生产品。书中提供了几个例子，比如一个年收入14 000美元的采摘草莓的墨西哥人，在身无分文的情况下用银行抵押贷款购买了一套价值72.4万美元的房子。还有一位来自牙买加的保姆，一家贷款公司向她提供零首付浮动利率抵押贷款，在零首付获得第一套房屋后，她利用这套房屋和后来购买的房屋向金融机构反复抵押融资，一下子在纽约买了5套房子。他们都是不具备还款能力的人。艾斯曼说，"华尔街卖出的东西什么都不是"，只要买房者一断供，发放次级抵押贷款的金融机构、承销发行次级抵押贷款债券的投资银行、交易次级抵押贷款债券衍生品的金融机构就会出现大问题。因此，次级抵押贷款以及相关的债券及其衍生品出现问题，是2008年美国金融危机的源头。

信用违约掉期实际上就是一份保单，主要针对企业债券发行。21世纪初，华尔街还没有针对次级抵押贷款债券的信用违约掉期产品。随着房地产泡沫越吹越大，市场上的精明者发现，一旦房地产市场崩溃，次级抵押贷款债券将暴露在巨大的风险之中，介入这个市场的公司肯定遭受巨额亏损。于是有人就以这个高风险的基础资产设计了对冲风险的衍生产品，如果正常使用是可以套期保值管理风险的。问题是，房地产市场和次贷市场的疯狂，导致次级贷款债券信用违约掉期这个新产品已经不被持有者用来管理风险了，而成为他们进行疯狂投机的赌注。书中说："以高盛为首的华尔街公司要求美国国际集团金融产品部承保的'消费者贷款'包，其中包含的次级抵押贷款的比例从2%变为95%。"终端需求者就是《大空头》中的主角巴里等一群对房地产次级贷款看空的做空者。他们认为美国的房地产泡沫不可持续，因此拼命寻找抵押贷款池里最坏的债券资产，然后从高盛、美国银行、德意志银行手中大量购买保险——次级贷款债券信用违约掉期。其实，金融衍生品有场内市场产品和场外市场产品之分，在期货交易所交易的标准化合约是典型的场内市场产品，监管严格，透明度高，风险相对容易控制。这次出问题的场外市场金融衍生品，比如次级贷款债券信用违约掉期、次贷担保债务权证等，是没有监管、没有透明度的产品，风险不容易控制。在经济金融活动中是需要金融衍生品的，问题是不能过度，尤其是场外金融衍生品。

一个华尔街激励机制出了大问题的故事

作者告诫华尔街大型投资银行的首席执行官，债券市场出现巨大风险，是投资银行内部的激励机制出现了大问题。但这些领导人却置若罔闻。他们的判断被眼前的利益所蒙蔽。金融衍生品的销售与交易，同销售人员与交易员的当期业绩挂钩。推销的产品越多、交易量越大，他们年底发放的奖金就越多。即使公司亏损，原来签订的奖金协议还是要兑现。这种激励机制导致销售人员或交易员肆无忌惮地开发和推销产品。作者曾经的老板是以债券交易闻名于华尔街的所罗门兄弟公司的首席执行官，1986年在搞垮公司的同时，却拿走了合同约定的300多万美元奖金。2006年，摩根士丹利的一名交易员在一笔次级抵押贷款债券交易中亏损90亿美元，被扫地出门时居然还拿到3 000多万美元的奖金。一位名不见经传的纽约对冲基金经理保尔森为他的投资者赚了大约200亿美元，他自己则赚了将近40亿美元，主要就是通过债券衍生品对赌花旗集团及其他大投资银行的次级抵押贷款债券赚到的。书里感慨道:"天文数字般的红利，看不到尽头的流氓交易员队伍……一次又一次，金融体系以一种目光短浅的方式让自己名誉扫地。然而，处于问题中心的华尔街大银行却仍然保持着增长势头，同时增长的还有它们支付给那些从事着没有任何社会效益的工作的 26 岁年轻人的薪水。"华尔街这种不正常的激励机制，不仅导致金融严重脱离实体经济，也带来高端人力资源的错配，许多一流教授学者、科学技术人才流向华尔街去设计、销售谁都看不懂的金融衍生品。然后把风险转移，放大到股票市场、货币市场、实体经济，从而引发了 2008 年美国金融危机。

一个市场人士仰望监管的故事

书中涉及的人物都是市场人士，他们在市场最基础的地方仰望监管机构。他们发现了房地产市场泡沫，发现了次级抵押贷款债券的巨大风险，他们关注监管机构的态度和行动。可是令人遗憾的是，监管机构不仅没有行动而且推波助澜。2003 年，他们听到的是格林斯潘信誓旦旦地说："住房价格不会以全国性的规模向泡沫——或者说严重的通货膨胀——靠拢。"他们发现了场外金融衍生品市场不设监管、有空子可钻，但格林斯潘却仍然旗帜鲜明地坚持场外金融衍生品市场不用监管。格林斯潘认为，市场机制会自我调节，场外金融衍生品市场是定制化、专业机构间的市场，不同于标准化的股票、期货市场，不涉及公众，因此不需要监管。这些交易员找到了对赌场外金融衍生品的机会。监管部门错误的监管理念和无监管行为，是场外金融衍生品市场疯狂的重要原因之一。在 2008 年国际金融危机前，美国金融市场的监管松紧不一。银行业、股票市场、期货市场是受到严格监管的。但债券及其场外衍生品市场不受监管。书里写道，美国债券市场主要是大型机构投资者组成的，不面向公众。在这个不透明、缺乏监管的市场上，债券推销员可以随心所欲地做任何事情，而不用担心被举报；债券交易员可以利用内幕信息，而无须担心被抓；债券专家可以设计出任何复杂的衍生品，而不用担心政府的监管；银行利用客户的恐惧和无知赚到巨额利润。这次危机说明，没有监管的场外金融衍生品市场会带来灾难。因此，2009年G20匹兹堡峰会上，各国领导人一致认为场外金融衍生品市场应该纳入监管，并提出中央对手方清算、建立中央数据库以及增加资本金等具体的监管措施。

一个债券衍生品市场拖垮股市引发金融危机的故事

2007年10月31日，华尔街花旗集团股票下跌了8%，美国股票市场的市值蒸发了3 900亿美元。一位金融分析师说，花旗集团对其业务管理不当，领导层对数十亿美元的次级抵押贷款债券的亏损视而不见。艾斯曼是卖空涉及次级抵押贷款的上市公司股票的人。他发现，那些年股票价格对债券的依赖越来越严重。美国国际集团卖了大量的次级贷款债券信用违约掉期，由于住房次级抵押贷款市场的崩溃，出现了巨大亏损，股价直线下落，从峰值时超过150美元一股下跌到5美元一股。花旗、美国银行、高盛、摩根士丹利、德意志银行等都出现了股价大跌。由房地产市场崩溃，导致贷款市场崩溃、债券市场崩溃、股票市场崩溃，市场狼藉一片，金融危机爆发，经济衰退。

一个让我们牢记金融创新必须适度的故事

金融作为现代服务业，必须把服务实体经济放在首位。金融创新是必要的，但不能脱离实体经济。创新的目的是使金融市场的运作更加有效，而不是让金融产品更加复杂化来掩盖风险。《大空头》这本书告诉我们，华尔街的金融创新活动，绝大部分是脱实向虚的，是金融机构之间利用房地产泡沫为自己的利益玩的资金游戏，是华尔街把简单产品设计成复杂产品来掩盖风险，把假象弄成真的。这种创新对实体经济是有害的。

金融衍生品是创新的成果，是金融机构为实体经济服务过程中所需要的，应该鼓励发展，但必须适度，必须与实体经济发展的需求度和金融监管能力相适应。有监管的场内衍生品的风险要小于无监管的场外衍生品。这次危机的问题是缺乏监管的场外金融衍生品市场发展过度。场内场外衍生品市场要围绕实体经济协调适度发展。

危机告诉我们，选择创新金融衍生品的基础资产很重要，现货市场的标的物决定着金融衍生品风险的大小。导致这次危机加速的金融衍生品，其基础资产是住房次级抵押贷款，这些贷款是购房人基本还不了的坏资产，正所谓"基础不牢地动山摇"。因此，无论是场内市场还是场外市场，设计产品时，其基础资产必须选好，豆腐渣资产是不能作为标的物基础的。

中国的金融衍生品市场还很小，需要发展，但必须牢牢记住创新与发展不能脱离实体经济的需要，不能脱离金融监管能力。前车之鉴就是这本书所描述的导致全球金融市场山崩地裂的金融危机！据悉，在金融创新的推动下，目前我国的资产证券化市场存量规模已有1万多亿元。在这个过程中,切记美国10年前的教训,一定要把路子走正、走好。

当前,全国上下正在抓紧学习贯彻落实2017年7月全国金融工作会议精神和习近平总书记重要讲话精神。对金融市场风险的防范应未雨绸缪,见微知著。中国医学古籍提出治未病的概念。《黄帝内经》曰:"圣人不治已病治未病,不治已乱治未乱,此之谓也。夫病已成而后药之,乱已成而后治之,譬犹渴而穿井,斗而铸锥,不亦晚乎!"治病如此,治理金融秩序亦当如此!

市场不是万能的

　　2004年,美国人罗伯特·鲁宾的《在不确定的世界》中文版出版。该书的写作跨度是10年,从1993年到2003年。1993年,他是克林顿政府新成立的美国国家经济委员会的主席,两年后担任美国财政部长,1999年10月他提前1年多离任,之后去了花旗集团担任董事会主席。此书的重点是对1993—1999年美国以外的一些国家发生的金融危机的处理思考与操作经验的分析。作者讲述了1995年墨西哥、1997年亚洲、1998年俄罗斯和1999年巴西的金融危机中,他凭借稳健的经济政策、全球化的敏锐思维和务实的操作风格,推动美国政府帮助这些国家较好地处理了危机事件。通观全书,他用了大约一半的篇幅来讲金融危机的处理过程。他任职的时间正是美国经济繁荣与高速增长期,也是美国金融创新最活跃并向国外大量输出的时期。20世纪90年代的几次危机都出现在发展中国家。全球化使美国金融机构与这些国家的资本市场紧密相连。

　　这段时间,中国正在进行金融秩序的治理整顿。从1993年6月到1995年6月,中央政治局常委、国务院副总理朱镕基兼任了两年的中国人民银行行长,大刀阔斧地开展了金融秩序的治理整顿工作，并取得了良好的效果。为有效防范1997年东南亚金融危机的冲击提前做好了准备。1997年后，他虽然担任国务院总理，日理万机，但仍然高度关注金融问题，经常有批示到中国人民银行。正好这段时间我先后担任中国人民银行办公厅副主任、非银行金融机构司副司长。因工作关系，我见识了他批到中国人民银行的许多办件和阅件，内容上许多与鲁宾书中提到的墨西哥、亚洲、俄罗斯、巴西等地区的金融危机有关。尤其在亚洲金融危机期间，中国人民银行非常关注危机对中国金融机构的影响。中国人民银行非银行金融机构司的监管对象也出现了一些问题，比如，许多信托投资公司所借外债到期无法偿还，许多证券经营机构挪用保证金严重，发行债券到期不能兑付等。由于当时我国对外开放程度不高，资本项下没有开放，亚洲金融危机对国内金融机构的冲击不是太大，因工作需要，我们对国外处理金融风险的经验很是关注。从报纸、杂志、书籍上收集了一些危机处理的零散信息，以便对这些案例进行研究，并增强风险意识和积累处理危机的经验。这些内容在《在不确定的世界》一书中都能找到。

. . . .

读到鲁宾的自传体著作《在不确定的世界》时，我发现其中有许多内容我多年前曾思考过，尤其是其中处理问题的经验和思考问题的方式。阅读此书，对我后来在金融监管的不同岗位和不同层级上思考问题、处理实务都有所帮助。

美国为何要对国外金融危机出手相救

鲁宾认为，救他国就是救美国。书里有对美国政府救助发展中国家金融危机情节的大量描写。但这绝不是美国想做"雷锋"，而是基于自利的考虑。因为美国金融界在这些国家有大量贷款和投资，救他国就是救美国。先说墨西哥。鲁宾认为，"救墨西哥就是救美国"。我们知道，第二次世界大战后的国际金融体系是美国主导建立的。美国要救助的这些国家都是加入了这个金融体系的经济体。该体系的规则秩序是以美元为中心设计的，因此，任何与美元挂钩的经济体出现问题时，对美国的经济金融都会产生影响。

救助墨西哥的"真正原因是美国的重大利益面临危险"。鲁宾告诉时任美国总统克林顿，墨西哥危机之后可能产生的"蔓延"，会使美国的年增长率下降0.5%~1%。美国干预墨西哥危机实际上是为了保护美国自己。墨西哥为推高本国经济，在国际资本市场上大量借债融资。但国内政治动荡造成金融市场恐慌，墨西哥突然失去国际融资渠道，迅速导致短期外债违约。而债权人绝大部分是美国的银行。如果不救墨西哥，这些美国金融机构也将陷入危机。因此，美国政府在墨西哥承诺进行重大政策改革的前提下，用墨西哥政府的石油出口收入作为担保，向墨西哥政府发放了200亿美元贷款（加上国际货币基金组织的贷款共计400亿美元）。到1995年底，美国救助墨西哥的计划见效。1996年初，墨西哥经济再次出现增长。墨西哥政府开始向美国和国际货币基金组织偿还贷款，到1997年1月，墨西哥政府还清全部国外贷款。

1997年发生了亚洲金融危机。美国在这次救助时增加了新的理由。鲁宾认为，"救亚洲金融危机也是救美国"，亚洲国家是美国最大的贸易市场，如果亚洲国家经济受到严重削弱，美国的一些关键行业将因为亚洲市场萎缩、购买美国商品的能力下降而受到严重冲击。因此，美国需要出手相助。1997年亚洲金融危机起于泰国，是由泰铢贬值引起的。危机从泰国、马来西亚、新加坡、菲律宾、印度尼西亚等国，逐步蔓延到日本、韩国、中国香港等地。鲁宾认为，泰国存在的问题与当年墨西哥的情况相似。但与墨西哥危机相比，亚洲危机更为猛烈，传染性更强，即存在巨大的往来账户赤字，其进口大大超过其出口。泰国金融机构通过大量的短期借贷来弥补这一往来账户赤字，银行向用于长期项目的企业提供短期贷款。泰铢与美元挂钩。美元于1995年开始在世界市场升值，随着这一情形的发展，泰铢过高定价的情况越来越严重，这使往来账户赤字进一步恶化。最终，外国投资者不愿提供资金了。随着外汇储备的减少，泰国政府再也无法保住原有汇率，7月泰铢与美元脱钩。美国、欧洲和日本的银行、共同基金、对冲基金竞相撤资，泰国市场雪上加霜，亚洲市场风声鹤唳、草木皆兵。美国人担心，亚洲金融危机继续扩散，拉美、东欧和俄罗斯都面临危险，并会把美国等发达国家也拖入危机。亚洲金融危机刚开始时，美国和国际货币基金组织虽然尽力帮助，但救助效果不佳。美国希望日本有所作为，但日本的表现令人失望。鲁宾说，被寄予厚望的日本自身难保，不仅没有起到积极作用，反而在危机中推波助澜。鲁宾说，让他没想到的是，中国在关键时刻助了一臂之力，对救助亚洲金融危机起到了积极的作用，做出了贡献。他表示，"中国的政策却在很重要的一些方面促进了局势的稳定"。他说:"当时,中国既不是该地区其他国家的主要出口市场,也不是主要贷款国。但它是出口竞争者,如果中国人民币贬值会使其出口商品更便宜从而有利于中国的利益。但这样做将在该地区引发新一轮货币贬值。……但中国领导人多次强调,信守做出人民币不贬值的承诺。而人民币确实没有贬值。"中国人这种具有大局观的做法,是美国人没想到的,这让鲁宾感慨不已。这也是我在中国人民银行工作期间经常听到国务院领导同志所强调的中国的责任。美国救助与否是看对自己有无利害关系,而中国的救助就比美国的考虑高尚多了。这是鲁宾不得不承认的事实。

无论是对墨西哥、巴西、阿根廷这些拉美国家的救助,还是对泰国、新加坡、马来西亚、印度尼西亚、韩国等亚洲国家的救助,皆是因为美国金融机构和美元对这些国家的经济活动与金融市场介入甚深。一旦这些国家发生金融危机,出现崩溃,美国的金融系统就会受到巨大伤害,这对美国的金融机构和美元都会产生非常大的负面影响。美国前总统克林顿说:"新兴世界的混乱如果持续下去,就会导致对民主的真正威胁,削弱对民主自由和自由开放的市场支持。"鲁宾认为,"最终,美国的金融机构并未因为参与危机救助而遭受损失。它们得到全额的偿还,并且在此期间得到了更高的利率"。而韩国和泰国等亚洲国家的经济也实现了复苏。这里面不可否认有中国的巨大贡献。

对美国救助危机的政治标准不认同

鲁宾认为,救助他国危机不应前置政治标准。无论是对墨西哥还是对亚洲金融危机的救助,美国都设立了政治条件。凡是想获得美国救助的国家，必须按照美国和国际货币基金组织提出的要求进行改革，包括经济、政治等，否则免谈，这包括消除腐败、环保措施、劳工标准、尊重人权等。但鲁宾不认同美国政治家的这种做法。他认为，美国设置这些前提是没有道理的。美国人是从自己的角度考虑，而很少从发展中国家的实际情况考虑。他说："获得国际货币基金组织支持的标准应当是是否采取重建经济增长所需要的基本因素以及市场信心的措施。而试图利用国际货币基金组织来达到有效促进经济增长以外的目的，则有碍于这些努力……把美国的价值观强加给其他人似乎会遇到复杂的理论和实际问题，不管我们这些价值观信仰有多么坚定。"鲁宾问道："人权问题为什么是具有普遍价值的言论自由和程序正义而非获得食物和健康的权利呢？为什么我们只拿出巨额财富中的 0.1% 来帮助全世界处于绝望处境中的穷人，美国就能因为坚持人权观念而在道德上处在优越位置呢？"鲁宾的这些反问，反映了他思想的深刻性和公正性。美国人习惯于把国际货币基金组织等国际组织作为推行其价值观的工具使用。在他们的观念里，这些国际组织都必须听美国人的话。但鲁宾并不认同这样的狭隘观点。后来的事实证明，许多按照美国给定的标准去做的国家，其经济和稳定并没有因此而变得更好。当年阿根廷、墨西哥、泰国、马来西亚、印度尼西亚，甚至苏联解体后一段时间内的俄罗斯等都是如此。

衍生品可以用于风险管理

鲁宾认为，应清醒认识金融衍生品的两面性。鲁宾对金融衍生品交易情有独钟，但他清醒地认识到金融衍生品具有两面性。他讲述了自己在高盛集团从事衍生品交易的许多经历。20世纪70年代，他已经是高盛的合伙人。他参与了1973年芝加哥期权交易所成立后的第一次期权交易。他还研究商品期货、商品期权。他曾经担任高盛集团固定收益部的主任，管理着债券、期货、期权以及其他衍生品业务。这个部门的收入在高盛集团中占有相当大的比重。他说："在芝加哥期权交易所创建之初的探索时期，我就开始接触衍生工具。通过提供一种更有效、更准确的风险管理方式，衍生工具可以服务于有用的目的，但在体系紧张时它们也能制造额外的问题……在我的整个职业生涯中，我见到过衍生工具对动荡不安的市场施加额外压力的情况。许多使用衍生工具的人并不完全了解他们所承担的风险。"从这些论述可以看出，鲁宾对金融衍生品交易两面性的认识十分透彻。他认为，在大多数情况下，对衍生品进行风险管理是有用的，但当市场开始变得起伏不定时，衍生品交易可能会对整个体系构成风险。2008年国际金融危机后，当年鲁宾任美国财政部长时的下属——后来的财政部长盖特纳在《压力测试》一书中说："鲁宾曾经运营一家有大量衍生品业务的金融机构。他认同这些衍生品带来的好处的同时，也认为它们的复杂性以及增加杠杆的趋势会带来极大的危害，他很担心这些金融机构尝试去冒那些连它们自己也不懂的衍生品的风险。"鲁宾对衍生品的认识，比没有在市场干过的官员，比如格林斯潘、萨默斯等仅仅强调衍生品的积极作用而忽视其负面作用的人要全面。也许是因为鲁宾来自市场，参与过衍生品交易，对衍生品的认识更加深刻、更加全面。

政府与私营企业的两个不同方面

鲁宾认为，企业经验可以运用于政府管理。这本书中有鲁宾从商人到政府官员，再从政府官员到商人这种"旋转门"似的工作经历的许多体会。他用不少的篇幅叙述了如何适应政府工作。对从商人到政府官员的角色转变，他有很多的感悟。他认为，政府与商业机构存在两个不同。一个是个人权力的差别。他说："政府部门和公司在权力方面存在差别。"就个人权力而言，他在财政部内拥有的权力极其有限。他发现，权力主要集中在组成财政部的各局、各署的手中。他抱怨，在财政部自己不具备在高盛担任首席行政官时所常用的许多管理手段，比如制定薪酬、聘用或解雇人员、设立机构等。在高盛，他个人对这些事情有很大的自主权。而在政府里，他的权力受到很大制约。他说："在财政部，我手下共有160 000名雇员，但我有权雇用和解聘的还不到100人，许多人都是政治任命的官员。"他还说，"即使只是关闭财政部国内收入署的一家地方办事处"，他本人也说了不算，因为需要立法措施。另一个是工作目标上存在差异。公司的目标主要是关注盈利能力，目标比较单一。政府则是有许多按一定顺序排列的利益和优先处理事项，目标比较多元。

鲁宾把企业管理经验运用于政府管理。他说，在政府任职的6年多时间里，他成功地利用了高盛的经验来处理政府内部管理、国会听证会、媒体见面等问题。他说，为调动经济委员会成员的积极性，他希望每个参加者在议题的讨论中充分阐述自己的观点。在谈到与国会打交道的体会时，他说："在国会做证时，我采取的办法就是运用在高盛学到的关于与客户关系的知识：准备充分，积极回应他们关切的问题，并对他们表示出高度的敬意。"在面对媒体时，他认为由于美国财政部长所扮演的政府经济问题的主要发言人的角色，他所说的"任何对金融市场具有潜在影响的言论都会使这些市场迅速而有力地做出反应"，为了避免引起波动，他的讲话"必须前后一致，并在谈话内容和准确表述方面具有高度的纪律性"。

他说，在高盛工作的经历使他对政府处理危机积累了经验。他把公司领导人应对危机的经验概括为五条：一是不要让危机干扰你的正常业务，指定一个小组专门处理危机；二是在危机期间会见客户具有重要性，这样可以解答他们的很多问题；三是要和自己的人经常联系，以有利于他们应对媒体；四是面对媒体，你要咬紧牙关，不管局势如何，都要保持头脑清醒，决定履行自己做出的解决问题的承诺，并对未来充满信心；五是要尊重共事的同僚。他把在高盛处理双人共同主席互敬互信那一套成功的管理经验用在了财政部长的位置上，妥善地处理好了与副手萨默斯、美联储主席格林斯潘的关系。

他还认为，一个公正、公开的政府决策进程，更有可能导致参加者接受其本有可能持不同意见的决定。这样的决策程序会产生好的政策。这样的决策一经做出，将极少在管理机构中受到攻击或被推翻。他认为，一项好政策的产生，绝对需要与会者畅所欲言地表达自己的观点。鲁宾的做法，是"兼听则明"，这些工作方法对我们很有启发，一个掌有一定权力的领导者应该具备这样的素质。但有的领导者往往会犯"一言堂"的毛病，自己有一个想法后，总是想与会者同自己保持一致意见，想通过会议来证明自己的意见可行，遇到有不同意见的人则是想方设法堵别人的嘴，而不是"集思广益""择善而从之"。这样的决策进程产生的政策或行动，常常"翻烧饼"，从而对市场产生负面效果。

做官和经商不同阶段对股市的态度

鲁宾认为，无论是做官还是经商，对市场都要有敬畏之心。

鲁宾职业生涯三个大的阶段，都与股市紧密相关。他在做官和经商之间"转来转去"，先是在高盛集团，后来担任美国国家经济委员会主席和财政部长，之后又担任花旗集团董事会主席。因转换中所担任的角色不同，对股市的态度也不同，但不管如何转换，他都对股市存有敬畏之心。

鲁宾在高盛工作阶段，早期是股票交易员。他说，即使是专业人员，也很难把股票投资价值分析清楚。他讲了一个 20 世纪 70 年代自己买卖股票的故事。他说："我对股票的态度一直是谨慎的，从未进行过大笔投资，部分原因是在大部分职业生涯中，我对市场行为有很深的了解。1973 年，市场下跌得很厉害，有几家我很清楚其基本情况的公司股票价格大跌，相对其长期价值似乎已经很便宜。但从我购买时直到 1974 年市场触底反弹，我的投资从价格上看下跌了 50%。"他想通过这个故事说明，即使一个很小心、非常规矩的投资者要看到市场的底也并不比他看到市场更容易。

在财政部长的位置上，鲁宾虽然对股市高度关注，但是他认为，政府官员不应该评论股市。他讲了四点理由："首先，无论我们有什么样的见解，没有人可以断言什么样的股市水平是正确的……其次，我认为自己发表的任何评论也许都不会有什么收效。……第三，我认为，试图通过言辞来影响金融市场，这类举动不仅不会产生作用，而且会损坏评论者个人的信誉……这类举动可能会破坏人们的信心并给经济本身造成损害。第四……市场按照自己的规律运行——政府官员施加的影响至多只能产生转瞬即逝的效果。"他说："经济政策决策者不应成为市场的评论者……通过公开讲话使市场涨落——来引导市场。"尽管他的言论如此，但在1997年，亚洲金融危机对美国股市产生影响时，他还是发表了电视讲话。尽管他在讲话中没有直接评论股市，但讲话的第二天，股市出现上涨，说明讲话起到了维护某种信誉的作用。

在花旗集团董事会主席的位置上，由于工作直接和股票交易相关，鲁宾对当时的股市表示担忧，为此发表过对股市的许多评论。比如，2000年2月，他说股市从1993年他离开高盛到1999年回到金融界，这六年半的时间，主要交易所的交易量增长5倍。1992年，管理1 000万美元资产的对冲基金就算是规模大的。而在1999年，许多基金的资产超过10亿美元，有几家超过50亿美元，基金的数量也翻了一番。1996年前，股票市场总值从未高于美国的GDP总值，但到2000年3月，已达到180%。他认为，目前股市投资过热，股市被严重高估，市场已经过头。他建议"财政部或美联储采取某些措施来缓解似乎正在发展，并可能危害经济的股票市场过热"，但没有得到政府的回应。2001年股市狂跌，标普500指数从2000年初的1 527点跌到2002年秋天的777点，纳斯达克指数从5 049点下跌至不到1 114点，道琼斯工业平均指数从11 723的高点跌到7 286的低点。总体而言，从高峰到低谷约有8.5万亿美元的账面财富，相当于约18

万亿美元的市值消失了,有1 000多家上市公司或者破产者从主要交易所摘牌。

他认为,从20世纪90年代开始,投资者越来越注重对股票市场的短期投资,许多机构投资者也不关注长期收益。他说,"今天,一个对福特公司5年前景做预测的股票分析师恐怕没有饭吃。他的客户想要知道的是下一季度会怎样","一些大的机构投资者对产业公司说,我们不是为长期而存在的,我们关心的只是下一个季度"。包括他担任董事会主席的花旗集团也是如此。他说:"当我来到花旗集团并有生以来第一次为一家上市公司工作时,真切地感受到这个问题的现实性。"他还说:"始终与股票联系在一起的那种实质性风险依然如故。从1964年最后一天到1981年最后一天,道琼斯工业指数起伏巨大,但收盘价大致未变——意味着如果按通货膨胀指数调整,它实质是下降了。从持续时间看,我们现在的牛市与此类似,而在这样一个持续时期后,有可能经历一个长期的股票运作较差的时期。"

鲁宾说,他想通过这本书,阐述他在未来对决策者、投资者、商人和所有市民都很重要的问题的看法。他想把自己在政府的思考及决策、所做的工作以及对人生的态度,写出来让更多人了解。

听听美国证监会前主席莱维特的心里话

自20世纪90年代我从事金融监管工作以来，耳边听到的都是国外的证券公司、投资银行如何规范、如何自律，内部的防火墙制度如何保护了投资者利益，很少有坑害投资者的行为发生，因此认为发达市场的金融中介机构和我们国家的证券公司存在很大的区别。我们时常看到客户的保证金被国内证券公司挪用，时常看到证券公司或基金公司的老鼠仓，甚至诈骗客户等现象。我以为是我国资本市场处于发展初期，这些问题随着资本市场逐步走向成熟会逐步减少。后来看到中信出版集团2005年出版的美国证监会前主席莱维特的《散户至上》一书后，我的观点发生了一些变化。我认为，资本和人性的贪婪没有阶段之分，这种损害投资者利益肥一己之私的行为不仅在我们这种发展中的资本市场有，在发达资本市场也有，甚至有过之而无不及，只不过手段更加隐蔽而已。在《散户至上》中，莱维特对美国投资银行等金融机构对待证券市场投资者贪婪而隐蔽的攫取进行了无情的揭露。为了让更多的人了解这些内容，我在阅读此书后写下了心得体会，并在2017年11月2日的《中国证券报》上发表。

《散户至上》，是在1993—2001年担任美国证监会主席的莱维特的回忆录。他结合自己28年的华尔街市场经历和8年的美国证监会主席的监管体会，细致入微地描写和深刻分析了美国资本市场的种种问题以及监管中的种种无奈。刚当上美国证监会主席之时，他踌躇满志，以为有了实现保护散户投资者抱负的舞台，可以大展拳脚。8年下来，他与各种利益集团征战搏斗，与国会及白宫周旋，然而屡屡败阵。虽然如此，但他保护散户投资者的"情未了"。退下来后，他写书告诫投资者如何才能更好地保护自己。莱维特详细揭露了投资银行、分析师、会计师、上市公司、交易所等众多机构损害投资者利益的方式方法，鞭辟入里地剖析了美国当权人物漠视散户投资者利益的所作所为及其深层次原因。该书信息量大，可信度高，分析深刻，语言流畅，通俗易懂，值得关心资本市场的人一读。

一本从华尔街精英到监管者的亲历录

20世纪90年代初，莱维特从华尔街高管转岗担任美国证监会主席。他认为自由市场存在大量好处，但也认为市场并不是非常完善和合理的，有时候徒有公平竞争的外表。他赞同政府对市场进行一定程度的干预。他生长在一个认为政府管制是保护弱势群体的必要措施的家庭里。可能是受到长期担任纽约市高级公务员的父亲的思想的熏陶，他的经济学理念有较多的凯恩斯主义成分。莱维特做过个人投资，当过经纪人，当过近12年的美国证券交易所主席，然后在 1993—2001 年担任美国证监会主席。他的经历使他对美国资本市场的了解和分析具有深度、广度、高度和可信度。从该书的致谢里，能看到许多知名市场人士对该书的认可，如巴菲特等。莱维特点点滴滴的介绍，展现了美国资本市场少见的黑暗一面，揭露了华尔街侵害散户投资者利益、当权者视而不见的问题。他认为，华尔街有两种互相冲突的文化理念。一种以职业道德、诚信、经纪人精神为核心，在这种文化氛围中，没有个人投资者，市场就无法有效运作。另一种文化则由利益、欺诈、关联交易行为的冲突来驱动，把华尔街的短期利益凌驾于投资者的利益之上。他认为，在华尔街这两种文化理念的交锋中，往往是后者占据了上风。阅读此书，可以让我们看待美国市场时更加全面客观。

一本告诫散户投资者注意陷阱的警示录

"投资者利益高于一切"，这是莱维特执掌美国证监会 8 年中毫不动摇的思想和理念。他说："从我被任命的那天开始，我就视保护个人投资者为使命。"书中，他对涉及资本市场的各个方面逐一进行了剖析，揭露中介机构和上市公司是如何伤害散户投资者利益的。在他的任期内，美国股票市场中散户投资者已经是一个很大的群体。美国证券业协会 1999 年统计，美国有 7 900 万个人投资者，其中有 85% 的人通过共同基金间接投资股票，有 54% 的人直接投资股票。进入 21 世纪以来，个人投资者在美国已经非常普遍。但是他们的利益往往得不到保护。莱维特希望在他的任期内改变这种状况，但收效甚微。他个人和华尔街较量，和国会议员较量，和行业特定利益集团较量，但他输了。他伤感地说："我有抱负，但没有施展的舞台。"离开舞台后，他决心用个人力量——写书——来提示个人投资者：防止市场陷阱。他的提示如下。

第一，要防范投资银行经纪业务的不诚信。莱维特说，虽然大部分经纪人都是很敬业、很诚实、很聪明的商人，但他们最初的动力来自按交易量而不是按客户投资组合运营状况来计酬的报酬体系。在这种体系下，如果市场行情很糟，那么即使最好的方案也不能增加客户的收益，经纪人甚至会推荐一些有问题的交易给客户。许多经纪人不承担诚信职责，他们将自己和证券公司的利益置于投资者之上，这导致他们向投资者推荐不适合其财务状况、风险承受能力的投资方式和产品。莱维特提出，经纪人应该以客户的实际收益为准来计酬，而不是以账户交易次数来计酬。但这一建议没有得到回应。美国大多数证券公司的文化都是鼓励交易，交易量越大自己获益越多。莱维特指出，他们还利用交易制度中的漏洞为自己牟利。在美国，券商为客户交易股票的过程，美国证监会或交易所是看不穿的。这与我国交易所可以看穿券商后面的客户信息的交易方式是不一样的。美国的这种方式存在200多年了，这是一种有利于券商、不利于投资者的不公平方式。它为券商损害投资者利益提供了空间。莱维特讲，当券商预计客户下订单的股票价格要上涨时，一般会让价格先上升一阵然后才执行客户的订单，最后按照客户的报价给客户，客户的报价和券商的执行价之间一般会有一个价差，其差额部分就被券商吃掉了。由于美国证监会和交易所不能看穿券商后面的交易行为，不能通过监管来有效制止券商侵害投资者利益的行为，这种制度侵害了投资者，尤其是散户投资者的利益。我国不是这样的，交易所对券商交易的监管是"穿透式"的，交易所能够看见每个券商背后客户的交易记录，交易所知道所有客户的交易情况，券商要想在交易所和客户之间玩猫腻很难。这种制度有利于保护投资者，有利于防范风险。目前，国际证监会组织已向全球推广中国"穿透式"监管经验。美国证监会也在国际证监会组织的推动下研究学习中国经验，但由于华尔街反对力度大，美国仅仅是从防止偷税漏税和反洗钱的角度来建立制度，而不是从投资者保护的角度。

第二，不要太相信投资银行研究部门分析师的报告。莱维特说，不要相信投资银行研究部门和其他业务之间的"中国墙"是真的。分析师的报告往往和本公司投资银行业务的利益相关，一般分析师都会配合本公司的投资银行业务，而不会真正去揭示与本公司投资银行业务利益相关的上市公司存在的问题。因此，要它们去为投资者发现上市公司真正的投资价值很难。他指出了上市公司内幕信息与分析师发布的分析报告之间的关联，分析了他们之间的黑暗交易。他还提议美国证监会制定公平披露规则，明确上市公司信息披露对机构和散户必须一样，以保护散户投资者公平获得信息的权利。这一提议遭到华尔街的竭力抵制，也遭到许多美国国会议员的反对。

第三，会计师对上市公司财务造假问题视而不见具有普遍性。会计师本来应该履行上市公司财务报表完整性和真实性"看门人"的责任，但其实不然。由于会计师事务所对同一上市公司既提供咨询业务，又开展审计业务，且前者收入远大于后者，利益冲突明显。莱维特说，2001年迪士尼公司在审计费上仅支付普华永道700万美元，而在其他服务费如财务系统设计与税前准备服务上却花了2 800万美元。这种情况导致会计师对公司会计的违规问题视而不见。2001年，资产达1 080亿美元的安然公司轰然倒下，暴露了安然的审计师安达信会计师事务所配合其在财务报表上造假的丑闻。在安然破产事件之前，莱维特就想改变这种明显损害投资者利益的事情，却遭到会计行业协会、美国国会议员以及白宫的坚决反对。我国会计师对上市公司审计不勤勉尽责的情况也很普遍，需要花大力气去解决。

　　第四，上市公司存在财务数据不实、治理结构欠佳等问题。2001年莱维特说，虽然美国证监会和交易所一直要求上市公司如实披露信息，但朗讯、摩托罗拉、美国在线－时代华纳、安然、思科等美国蓝筹股、高科技公司，无一例外都玩过财务造假的数字游戏。上市公司涉及虚夸收入和会计欺诈的丑闻，在20世纪90年代末纷至沓来。例如，已经破产的安然公司的董事会多年来在财务监管方面完全没有尽职，接受了管理团队的虚假财务报表。另外，许多大公司在治理结构上存在很大问题。莱维特举了当年苹果公司聘请的独立董事与公司存在利益冲突而没有回避的例子进行说明，像苹果公司这样世界闻名的大公司要按照规则做好公司治理也是一件不容易的事情。还有如苹果公司首席执行官本人和管理团队的报酬问题，财务报表是否反映了公司的真实状况等。

　　第五，证券交易所自律管理不尽责也是一个大问题。莱维特说，交易所作为自律性组织，它们监管着经纪人、分析师和投资银行家的行为，交易所规则要求，各机构间的利益冲突必须披露，对违规交易，交易所必须处罚，但交易所在采取自律管理行动方面不太有力。莱维特说，20世纪末至21世纪初，美国股市互联网高科技股票泡沫盛行，纳斯达克却对这些股票的做市商操纵行为熟视无睹，导致股价暴涨暴跌，最后股市崩盘，投资者损失惨重。莱维特说，交易所对上市公司和券商利益想得多，对投资者利益想得少。

莱维特认为，投资银行、经纪人、分析师、会计师、上市公司、交易所这些不同的市场主体，都可能对投资者利益造成不同程度的损害，从而影响公众对股票市场的信心，因此，政府监管和交易所自律管理必须到位。

一本美国当权者为大资本集团服务的反思录

美国是资本主义选举制国家，政治家能不能当选总统、议员、州长，选票是决定性因素，而赢得选票需要钱。在美国的政治制度下，募款拉赞助是政治人物竞选的必经之路。大资本集团和华尔街能够提供竞选资金，当选后当权人物对它们必然"投桃报李"。因此，不管莱维特如何重视保护个人投资者的利益，美国资本主义制度决定了这只是莱维特的一厢情愿。莱维特说，在美国，没有人自始至终地代表散户投资者的利益，散户投资者是美国最不受重视、最没有代言人的利益团体。大资本的商业团体最具影响力，它们资助总统、国会议员和州长竞选，在媒体上做广告，在主要新闻报纸的社论版发表报道，到国会立法官员和白宫官员那里游说，资助说客和公关公司，它们的资本势力将自己的观点凌驾于所有观点之上，散户投资者的声音淹没于无形。莱维特说，无论什么时候他想采取让市场对散户投资者更加透明化和有利的政策，都有许多国会议员给他打电话让他放弃。他说，2001年安然事件之前，美国证监会拟修改《通用会计准则》，以此规范会计师事务所的咨询业务和审计业务的利益冲突问题，但遭到会计业的巨大反击。莱维特说，拟定修改规则的提议发布不到一个月，就收到46位国会议员表示反对的信件。会计业还通过为小布什竞选总统捐款的方式来抵制美国证监会的规定。莱维特说，五大会计师事务所、它们的合伙人还有美国注册会计师协会，将大量的钱放进了数百位国会候选人和小布什竞选活动的保险箱，总共捐出了1 450万美元。五大会计师事务所全都出现在小布什总统前20名捐助者名单中。美国证券业协会在2000年美国大选中出资3 900万美元给政党竞选委员会，捐助给单个候选人5 300万美元。当权者为了竞选捐款，只为选票赞助者说话，这是美国资本主义制度决定的，是美国国情。普林斯顿大学政治学教授马丁·吉伦斯2017年的一项研究显示，"在过去40年，美国的经济政策强烈反映了富豪们的喜好，而与贫穷和中等收入的美国人的喜好几乎没有关系"。莱维特的呼吁丝毫改变不了这个制度的本质。对他来说，"视保护个人投资者为使命"的宏伟愿景，成了一个难以实现的"美国梦"。

一本全面真实反映美国资本市场的启示录

一是帮助我们全面认识美国资本市场。美国资本市场发展了200多年，有很多成功经验，作为人类文明的财富，确实值得我们学习和借鉴。20世纪90年代初我们向美国学习建立了资本市场。经过20多年的发展探索，今天，中国已成为全球第二大股票市场。我们市场制度一般性、规律性的东西和美国是基本一致的,是从它那里学来的。但在市场建设过程中,结合了中国的一些特点。我国是社会主义制度,处于建立市场经济体制的过程中,过去计划经济体制中的一些问题、新兴国家发展中的一些问题,同时交织出现,"新兴加转轨"增加了我国资本市场建设的复杂性、艰巨性和挑战性。这需要我们在坚持社会主义制度的前提下探索性、创造性地解决问题,比如上市公司"股权分置改革"、国有企业治理等,这是美国等西方资本市场建设中所没有的。另外,美国等市场在建设初期也没有遇到今天中国这样的纵横比较问题。从纵向看,中国市场20多年发展中遇到的许多问题是西方市场200多年中同样遇到过的问题,由于西方市场发展的时间跨度长,许多问题分散在200多年内逐步稀释和解决了,而这些共同性的问题在中国市场20多年快速发展中全部集中爆发,这是美国市场建设发展初期所没有的。从横向看,人们往往习惯用同一时间维度来看待不同空间的问题,将中国今天的新兴市场和美国等西方成熟市场进行横向比较,而且现在信息技术又如此发达,网络让每个人都能成为传播者,小问题放大为全局性的大问题,从而更加凸显和放大了中国资本市场的问题和不足。这引发人们的焦虑,希望新兴市场马上变为成熟市场,这种期待可以理解。但资本市场的发展有其内在逻辑和规律性,该经历的过程还是应该经历,不能揠苗助长。

二是我国国情决定了在制度上不可能出现美国那样大资本说了算的情况。我国是社会主义制度,为人民服务是宗旨,提倡共同富裕。改革开放以来我国有7亿多人脱贫,最近5年来6 000多万贫困人口稳定脱贫。这说明,中国共产党和政府是说到做到的，为广大人民群众谋利益的承诺总会落到实处。莱维特已经揭示的事实说明，美国在资本主义制度下，只会为大资本集团谋利益，为广大人民群众谋利益是幌子。我国党的十九大报告提出，"必须坚持以人民为中心的发展思想"。我国资本市场具有人民性的特点，在法律制度和操作执行上必须处处体现保护中小投资者的合法权益。这些在美国资本市场制度的设计上是没有的。比如我国股市的"先收钱后交易"制度、"T+1"交易制度、中小投资者网络投票制度、中小投资者支持诉讼制度、"穿透式"监管制度，以及期货市场的客户保证金存管制度等，都是为保护个人投资者利益进行的制度创新。当然，我国资本市场仍然存在许多问题，广大中小投资者对现状仍有不满意之处。在我们这个"新兴加转轨"的市场上，制度的执行还受到许多因素的制约。我特别赞同历史学家邓小南关于"制度文化"的论述。她说，所谓制度文化，不是单纯的法律规范体系，而是制度实施的氛围，是多种因素互动积淀产生的综合状态，包括制度规定本身，也包括制度执行者、漠视者、扭曲者、抵制者的意识、态度、行为与周旋互动。真正把法律法规和政策落到实处，在执行和操作层面有很多工作要做，而这要靠方方面面的人行动。北宋政治家王安石说："制而用之存乎法，推而行之存乎人。"我们有社会主义制度，有保护投资者的法律法规，需要各个方面的人去创造制度落实的氛围，需要人去忠实地贯彻落实制度。保护个人投资者的工作任重道远，需要涉及市场的方方面面持续不懈努力。

"屁股决定脑袋"

  2007年3月美国次贷危机开始时,美国财政部长亨利·保尔森在中国参加中美经济高层战略对话,其间他访问了上海期货交易所,并在该所的国际会议厅发表了一场演讲。那是我工作过的地方。演讲前7个月,我已奉调中国证监会,没在现场,后来看了他的演讲录音整理稿。他演讲时,对美国次贷危机的演变还是比较乐观的,认为不会引起大的金融风险,更没有想到2008年会爆发金融危机。之前,保尔森担任过美国大型投资银行高盛集团的主席。他于1974年进入高盛,到2006年出任美国财政部长。高盛的金融衍生品交易做得很好,名声在外,但也因为交易场外金融衍生品在2008年的金融危机中摔了个大跟斗。特别有意思的是,在美国次贷金融衍生品出问题的时候,保尔森选择在上海期货交易所这样一个交易场内衍生品的地方进行演讲,这也许另有深意。或者说,尽管他对场外衍生品的泛滥与无序发展持批评态度,但他不忌讳支持场内衍生品市场——期货市场的发展壮大。也许他想通过在上海期货交易所演讲这个象征性的行动来说明他对于场内、场外衍生品市场的不同态度。那次演讲不久,他就领导了美国2008年金融危机的救助。

2009年1月，保尔森离开美国财政部长这一岗位开始写书。2010年他的回忆录《峭壁边缘》中译本在中国出版。在书里，保尔森向我们讲述了2008年金融危机期间美国政府是如何行动的。他说："在本书中，我尽我所能地讲述了我在那段时期的行动和行动背后的想法，也尽我所能地展现了危机爆发的那种令人咋舌的速度。"书中回顾了美国政府在救助金融机构和金融市场时的一系列行动，涉及内容较多，这里挑出几个很有趣的案例叙而论之。

政府对危机进行分类救助

在政府部门任职前的保尔森来自资本市场，是主张市场不需要政府干预理论的拥趸。可角色转换到财政部长后，他却积极主张政府干预市场，化解金融危机。他认为，在金融危机来临时，市场失效，如任由市场决定，后果将是一场灾难。在特殊情况下，市场对危机已经无能为力，政府救助是唯一的方法。保尔森在美国金融危机期间，强调了市场的无效性，采取了担任高盛主席时的不同立场，是典型的"屁股决定脑袋"。

在危机面前，保尔森坚持政府必须出手相救的原则。他在书中对美国政府救助2008年金融危机的方式进行了描述。他说，政府针对三类不同的金融机构，采取不同的救助措施，分门别类地进行风险化解。第一类是非存款性金融机构，包括投资银行贝尔斯登、雷曼兄弟、美林、高盛、摩根士丹利，以及保险公司美国国际集团等。按照法律规定，它们不在银行安全网的保护下，遇到风险，政府不能用安全网机制，比如最后贷款人、存款保险等工具进行救助。第二类是存款性金融机构，即商业银行，它们在安全网的覆盖下，美联储和存款保险机构都可以出面救助。第三类是政府背景的金融机构，比如"两房"（房利美和房地美），美国财政部等可以出面救助。

对第一类机构，政府采取了迂回曲折的方式。按书中描述，这类金融机构中的贝尔斯登、美国国际集团、美林、高盛、摩根士丹利等，政府通过寻找法律的模糊口子，迂回实施了救助。保尔森等人在法律里找到了模糊的相关条款，但通过有意义的解释，可以为这类金融机构打开"逃生舱"。一个是美国《联邦储备法》第13条第3款。其含义是，授予美联储接近于无限制地向任何人借出现金的权力。虽然含混不清，但美联储有解释权。另一个是1999年《金融服务现代化法案》，其中规定，投资银行可以选择监管机构，可注册为银行控股公司接受银行业监管机构的监管。这里有两条路：一条是没有申请注册为银行控股公司的非银行金融机构，可以通过符合条件的担保者向美联储申请再贷款，贝尔斯登、美林等通过《联邦储备法》的授权解释而获得美联储的过桥贷款得救；另一条是申请注册为银行控股公司，如高盛、摩根士丹利等投资银行，变更为银行控股公司后，它们就符合美联储的贷款条件，可以获得贷款了。雷曼兄弟在这两条路上都没有走通，只好破产。保尔森的解释是，雷曼兄弟没有合适的私营企业作为央行贷款的担保者和收购者。

保尔森也曾积极帮助雷曼兄弟寻找买家。但雷曼兄弟要价太高，其账面资产与买家的报价差距太大，其住房抵押支持证券的巨大风险敞口让人望而却步，而雷曼兄弟又不愿压价，没人愿意接盘。他说，要救助雷曼兄弟，必须找到一家实力雄厚且愿意买下雷曼兄弟的商业银行，由它出面向美联储申请贷款，然后转借给雷曼兄弟。贝尔斯登、美林以及美国国际集团都分别找到了愿意担保并买下自己的买家，而雷曼兄弟没有找到。没有私营企业愿意为雷曼兄弟担保融资。保尔森说，雷曼兄弟倒闭前客户已开始抽逃资金，如果美联储贷款给它，遇到的则是一个无底洞。不能拿纳税人的钱去救雷曼兄弟。雷曼兄弟的资产要多出贝尔斯登3/4，并且比贝尔斯登有更大的房地产风险敞口和更多的衍生品交易，价值将近2 000亿美元的回购融资可能很快会蒸发掉。雷曼兄弟的回购资产规模是贝尔斯登的3倍，它在全球拥有8 000家子公司，有超过10万名债权人，超过90万单未平仓合约。而它自己在做压力测试时，把标准放宽了很多，比美联储测算的资金少了6倍。雷曼兄弟自己麻痹了自己，不恰当地高估了自己的生存能力。尽管有机会获得生存，比如保尔森和盖特纳曾说服巴菲特收购它，但因报价过高被巴菲特拒绝了。

投资银行高盛、摩根士丹利则是根据《金融服务现代化法案》"改换监管门庭"而获救的。贝尔斯登、美国国际集团的危机救助刚有头绪，高盛、摩根士丹利则又岌岌可危。金融市场已成惊弓之鸟。保尔森认为，按照贝尔斯登、美林的套路，寻找私人机构来救助高盛、摩根士丹利这两家大型投资银行已经变得不可能。而雷曼兄弟的破产之路是绝不能再走的。美联储这时候提出，解决危机的唯一之道是把它们变成银行控股公司。按法律规定，高盛、摩根士丹利一旦注册成银行控股公司，美联储可以向商业银行一样向它们贷款。由于安全网机制的存在，商业银行一旦遇到麻烦，可以求助美联储。而投资银行受美国证监会监管，证监会不是再贷款机构，没法向投资银行融资救助。按照美国法律的规定，投资银行是不能获得美联储融资支持的，投资银行主要依赖回购市场融资。根据1999年美国《金融服务现代化法案》，美联储批准了摩根士丹利和高盛变成银行控股公司的申请，前提是它们必须找到战略投资人。在保尔森的斡旋下，巴菲特购买了高盛50亿美元收益率为10%的优先股，三菱日联购买了摩根士丹利21%的股权。这两家美国最大的投资银行虽然保留了下来，但它们已经成为银行控股公司子公司。至此，法律意义上的投资银行在美国消失了。保尔森在书里伤感地说："那是一个时代的结束。"

商业银行是第二类机构，它们在美国金融安全网的保护之下。危机之火蔓延到商业银行，花旗集团首当其冲。花旗是世界上最著名的银行之一，业务遍及100多个国家，账面资产超过2万亿美元，表外还有1.2万亿美元资产，其中一半与抵押贷款有关，是名副其实的"大而不能倒"系统性重要金融机构。当时的情况是，银行停止了同业拆借，货币市场几近冻结，银行开始挤兑。如果花旗倒闭，全球将有几百家金融机构受到牵连。从2007年5月到2008年11月18日，它的股价整整下跌了88%。小布什说："花旗不能倒。"美联储名正言顺地为其发放再贷款，并采取其他一些方式进行救助。除花旗外，许多商业银行的生存也岌岌可危。

为救花旗，美国政府颁布了一揽子项目，以支持流动性，稳定市场。美国证监会发布了799只股票的卖空交易禁止令；美联储发布了资产支持商业票据货币市场流动性工具，并向美国存款机构和银行控股公司发放无追索权贷款，为它们向货币市场基金购买高品质的资产支持商业票据提供融资。美国财政部获得了用7 000亿美元购买不良资产，从而向银行注资的授权。保尔森认为，政府救助危机需要采取多项组合行动才能"毕其功于一役"。通过政府救助，花旗度过了危机，市场增强了信心，其他商业银行也逐步走出困境。

  第三类是政府背景的金融机构。"两房"属于这一类，政府接管并直接注资救助。这本书是从保尔森向小布什汇报政府应该接管"两房"的建议开始写起的。保尔森说："为了国家的利益，我建议我们掌握这两家公司的控制权，解雇它们的老板，然后准备向两家各注资1 000亿美元。我担心，如果我们不立即行动，房利美和房地美会把整个金融系统和全球经济拖下水。"他还表示："房利美和房地美不一样，它们的崩溃将是灾难性的。""两房"是美国国会特许的机构，业务是为美国购房者提供贷款保险，担保购房者能够按时归还房贷。"两房"通过两种途径赚钱：一是收取贷款保费，二是通过购买并持有大量的抵押贷款支持证券来获取价差。由于有政府背书，它们地位特殊，发债享受着隐形的政府担保，使其融资成本极低。在利益的驱动下，风险控制被弱化，它们成了世界上最大的发债者之一：合计持有近1.7万亿美元证券化产品。危机爆发时，"两房"合计亏损55亿美元，股价暴跌。外国投资者持有超过1万亿美元由"两房"发行或担保的债券。外国政府购买债券是因为相信"两房"有美国政府背书。政府接管"两房"，是美国政府向全球宣示支持"两房"的信心与决心，以增强债权国对"两房"的信任，以此维护全球经济和金融市场的稳定。"两房"被政府接管的消息公布后，亚洲股市闻声反弹。随着政府救助的相关配套措施出台，稳住了全球金融市场。

从以上可以看出，在救助金融危机的过程中，美国抛弃了市场决定论，让政府发挥了巨大的作用。它们针对不同的金融机构，采取了分门别类的办法，取得了效果，稳定了市场，化解了危机。

对金融衍生品市场应兴利除弊规范

场外金融衍生品交易过度，是2008年金融危机的导火线。

危机发生之前，保尔森就向小布什总统讲述过衍生品的利弊得失。自20世纪80年代以来，在利率市场化、信息技术化的推动下，金融创新如火如荼，场外金融衍生品增长过猛。保尔森的观点是，衍生品利弊皆有，恰当地使用衍生品对管理风险有用，过度交易则是有害的，使用衍生品应该兴利除弊。这与克林顿政府时期的财政部长鲁宾的观点一致。保尔森认为，对场外金融衍生品应该实施监管，金融危机之前，不受监管的场外衍生品过度交易，使美国的"金融系统渗透进了一种巨大的杠杆水平——和巨大的风险"。保尔森分析了以次级贷款为标的物的场外金融衍生品在脱离监管视线后大肆泛滥的原因：一是银行子公司发售的信用衍生品和银行存在潜在的信用支持关系，但却不在银行资产负债表内，导致银行监管者看不见暗藏的风险；二是一些非银行金融机构发行短期商业票据来对信用违约互换之类的衍生品进行融资，而它们缺乏透明度，使投资者很难判断其价值与风险，以至于盲目过度交易。以上种种，导致这些以次级贷款债券为标的物的场外金融衍生品在金融机构之间大量交易，把房地产问题与金融系统交织在一起。因此，需要对金融衍生品市场进行改革，把场外金融衍生品纳入如期货市场一般的监管中。保尔森认为，具有高透明度和受到严格监管的期货市场是安全的，场外金融衍生品市场改革应该朝着这个方向前行。在小布什总统对期货市场的投机性表示疑惑时，保尔森告诉小布什，期货市场是场内衍生品市场，受到严格监管，其价格发现和保值功能对美国企业发挥了积极作用。他还用小布什熟悉的石油行业是如何成功利用期货市场对冲风险的案例来打消小布什对期货市场的疑虑。书里对期货市场的评价是积极正面的。

立法要为不可预测的危机预留"逃生舱"

保尔森在书中有句话让人印象深刻："在工作中，就像在生活中一样，我们不光要做合法的事，还要做正确的事。"在书里，他多次提到处理危机时寻找法律依据的艰难。因为危机中碰到的问题可能是立法时没有考虑到的，有时候会碰上"合理不合法"的情形。因此，立法时应预留"逃生舱"。由于美国在法律中预留了模糊的"逃生舱"，为政府解释找到了说得过去的依据，从而为上文提到的三类金融机构解除了危机。比如，美林、贝尔斯登、美国国际集团等非银行金融机构是依靠《联邦储备法》的含糊表述，通过美联储的解读，打开了救助之门的。格林斯潘在《动荡的世界》一书中透露，在处理2008年金融危机时，美联储宣布了"数十年来第一次动用《联邦储备法》中含义模糊但具有爆炸性影响力的第13条第3款的授权"。格林斯潘认为，这个条款奠定了危机爆发后政府采取大量经济干预措施的法律基础。1999年通过的美国《金融服务现代化法案》却帮助了高盛、摩根士丹利获救。该法案规定，金融机构可以自由选择监管机构。

如果选择接受美联储的监管，则必须将投资银行注册为银行控股公司，而投资银行则变为银行控股公司的子公司。这样，它们就可以享受商业银行的待遇，向央行申请再贷款。

设想，如果没有《联邦储备法》《金融服务现代化法案》的模糊地带供美国监管当局行使解释权，恐怕美国的非银行金融机构难逃 2008 年的大劫难。这也给人一个启示，立法需要为危机的处理预留紧急出口。

正是保尔森选择了做正确的事，从法律模糊地带找到了非银行金融机构的"逃生舱"，美国的几家大型金融机构才逃过一劫。看来，在立法时预留一些模糊地带，授权监管当局解释的条款，给政府在紧急情况下采取行动提供依据还是必要的。这是监管上的一次突破。在危机面前，不能死抠法律条文，"活人不能被尿憋死"，而是应该积极到法律的容忍度中寻找解决问题的空间，去做正确的事情，这才是监管者应有的智慧。这种立法技术值得我们借鉴。

监管行动协调一致，对危机救助至关重要

在 2008 年金融危机的处理中，与各方的紧密沟通和协调配合极其重要。书里详细记录了保尔森与美国总统、国会、其他金融监管部门、市场金融机构、外国金融监管部门等的沟通情况。他向总统汇报及时得当，每一阶段的处理情况，他总是坚持事前汇报、事后说明。因此，在小布什提出"为什么救贝尔斯登不救雷曼兄弟""不救雷曼兄弟为什么又要救美国国际集团"等一系列疑问时，保尔森的回答都令总统相信与满意。保尔森还与国会议员保持沟通，随时报告情况，寻求立法者的支持。由于沟通到

位，国会通过了一些很难通过的立法。保尔森也注意与其他金融监管机构的沟通与协调。由于各种力量牵扯，危机中的决策过程缓慢，保尔森认为，监管机构的协调一致行动对救助危机至关重要。因此，"必须找到一条途径来改善政府的集体决策程序"。他成功地利用了1987年股市大崩溃之后遗存的老机制——总统金融市场工作组。这个小组由财政部领导，成员包括美联储、美国证监会和美国商品期货交易委员会等监管机构的一把手。危机期间，保尔森激活了这个机制，并在此基础上建立了一个经常讨论问题的核心团队，将成员扩大到美国货币监理署署长、纽约联邦储备银行行长（盖特纳就是以纽约联邦储备银行行长的身份参与危机救助工作的，为他2009年1月接任保尔森担任财政部长，继续化解金融危机提供了很好的过渡经验）等。此外，他加强了与几个监管机构的协调统筹，还充实了机构与人员，协调了美联储、美国货币监理署、美国联邦存款保险公司、美国证监会、美国期监会以及房地产监管机构等，使危机处理有了较好的腾挪空间和时间。他把工作人员分成三个小分队，并明确分工：第一个是财政部与美联储联手制定信贷市场的解决方案，第二个是想办法购入那些充斥在银行资产负债表上的有毒资产，第三个是与美国证监会一道处理限制卖空的政策等。三个小分队定时到保尔森办公室碰头，汇报危机处理进展情况，以便他掌握底线、明确方向。保尔森还和欧洲央行，英国、法国、德国的金融监管当局沟通商量救助措施等，比如救助雷曼兄弟、美国国际集团等。同时，他还经常与市场金融机构联系并听取情况，多次召集大型金融机构开会，共同商议化解危机的对策，寻找救助买家和商讨对策。这些工作的开展，使危机救助效用得以最大化。

监管体制改革有利于防止下次危机

20世纪末,《金融服务现代化法案》通过,执行了60多年的《格拉斯–斯蒂格尔法案》(也称作《1933年银行法》)被废除,金融混业经营模式在美国大行其道,这对监管者提出了挑战。贝尔斯登的覆灭暴露了美国监管架构中的许多缺陷。多年来,商业银行、投资银行、储蓄机构和保险公司等诸多种类的业务活动开始彼此渗透,涉足对方的领域。金融机构设计和出售的金融衍生品变得越来越复杂,这些产品在各金融机构之间不断加大杠杆交易,形成了盘根错节的联系,金融机构之间被复杂的信用安排紧紧地绑在一起。而围绕传统产业界限设计的美国监管架构并没有跟上市场演变的节奏。保尔森认为,金融世界今非昔比,投资银行和对冲基金正在扮演越来越关键的角色,但监管的力量和权力没有跟上创新的步伐。他希望改革金融监管体制。

他认为,美国证监会和期监会、货币监理署与储蓄机构监理局应该合并。通过监管体制改革,创造三个新的监管角色:一是商业行为监管者,其职能是致力于保护消费者,即消费者权益保护局;二是审慎的监管者,负责监督银行的安全性和合理性,由扩权后的货币监理署担任;三是负责金融系统的稳定,这个角色应该由获得广泛授权的美联储来担任。保尔森的观点大部分与美联储一致,但美联储想保留自己银行监管者的角色,特别是对银行控股公司的伞形监管,这一点和保尔森不完全相同。保尔森的这些考虑与2010年出台的《多德–弗兰克法案》中的监管改革内容大同小异。

预则立,不预则废

2008年9月15日,雷曼兄弟公司因大量交易场外金融衍生品而破产。雷曼兄弟事件成为金融危机爆发的导火线。我国商品期货市场与国际市场联动紧密,金融危机也波及了中国的场内衍生品市场。不少国内企业在境内外市场都有衍生品交易头寸,国际市场价格暴跌的风险必然会传递到国内,对国内期货市场产生强大冲击。而2008年的国庆节长假即将来临,国内市场将闭市7天。在境外市场依然交易的情况下,同时参与境内外期货交易的投资者风险大量暴露和堆积。由于负责国内期货市场的监管工作,那几天我们天天关注国际市场的变化,与同事们积极组织系统内资源与力量,研究风险防范化解措施。我们判断,国内期货市场一旦开市,投资者一定会疯狂抛盘,肯定会出现几个连续跌停板来释放境外市场传递过来的风险。尽管国庆节前,我们采取了提高保证金等一系列风险防范措施,但仍然担心期货市场的财务资源扛不住连续几天的跌停板,引发系统性风险。我们利用刚刚开始试运行的中国期货市场监控系统,对境外市场对国内期货市场的冲击进行压力测试。我们通过输入假设的全市场三天连续跌停板相关数据模拟场景,进行了压力测试,获得了期货市场中介机构的抗风险数据。这些数据让我们心里有了底。这次压力测试，为中国证监会选择"强制平仓"的风险化解预案提供了数字化、科学化的支持。我们将预案报经国务院领导同意后，在国内期货市场开市后连续跌停多天的情况下，果断地协调全国三家商品期货交易所（当时中国金融期货交易所尚未有产品交易），统一采取了"强制平仓"方案，迅速把国庆节期间堆积的风险化解于无形，成功地挡住了大洋彼岸推送来的金融海啸。美国金融危机后期接替保尔森担任财政部长的盖特纳，在2013年卸任后出版了回忆录《压力测试》一书，书中用了不少篇幅描述他和他的团队如何力争用"压力测试计划"来测量风险大小、类别从而帮助决策的过程，与我们在2008年期货市场的压力测试有一些类似之处。我们是一个缩小版的压力测试计划，而盖特纳的压力测试是美国金融市场视角的超大版压力测试，远比我们遇到的问题复杂得多，难题也要更多。虽然如此，但我认为其基本思想和原理是一致的，都是对风险进行提前测算、提前预测、提前预防、分类指导、精准施策。因此，2015年我读到此书，对其中的相关内容有似曾相识之感。

盖特纳于2009年1月接替保尔森担任美国财政部长，他是一个有经验的金融监管者。从小布什政府到奥巴马政府，他都参与了金融危机救助的领导工作，他是两届政府处理金融危机的连接者。书中的主要内容是，2008年金融危机前、危机中以及危机后美国政府的各种政策选择过程与操作。盖特纳认为，21世纪最初几年到金融危机发生之前，金融系统的稳健性与系统性风险的防范在美国监管机构中未得到足够的重视。当许多人认为金融危机不可能在美国发生时，盖特纳是少有的清醒者。2004年，他还在纽约联邦储备银行担任行长时，就对格林斯潘乐观的金融政策可能引发的风险进行了警告。他说："新的金融世界奇迹并不一定可以防止毁灭性危机，也不应该引起华尔街安全的错觉。……金融创新推动了金融系统杠杆率的提高，增加了风险……金融监管没有跟上创新的脚步。"当他有了危机处理领导权时，就义无反顾地实施了酝酿多时的压力测试方案。

这本书很厚，大约 52 万字。若你是一位金融监管者，这本书可以给你带来处理危机的经验与启迪。

. . .

压力测试非常必要

盖特纳的所谓压力测试计划，用中国话说就是：压力测试，摸清情况，分类施策，精准救助，树立信心。2009 年上任伊始，盖特纳把从纽约联邦储备银行带来的压力测试计划作为见面礼推荐给了美国新任总统奥巴马。在该计划面临许多质疑时，他力排众议，顶住压力，据理力争，获得了奥巴马总统的支持并执行了该计划。他说，在担任纽约联邦储备银行行长时，他因为参与保尔森领导的危机处理小组工作，调动了纽约联邦储备银行的力量，着手设计压力测试计划。该计划包括两个方面。一方面是，由美联储设计并执行一项大型金融机构统一的测试标准，分析每家机构面对大萧条时期那样的经济衰退时所面临的损失规模，通过压力测试发现风险漏洞，需要多少资金以保证注入资本有的放矢。另一方面是，美联储根据压力测试提供的信息，确定每家银行可经受住灾难性衰退所需要的缓冲资本数量,同时给予各家银行筹集资金的机会。

盖特纳说:"压力测试将会减少风险。"在危机的恐怖与狂乱中,哪些机构有问题,哪些机构没有问题,投资人并不清楚,他们"良莠不分",不加区分地对所有金融机构都采取了回避态度,大量资金被抽走,金融风险不断加大。压力测试最终将揭露每家银行的资本缺口、预计损失,甚至可以知道损失资产的类别。把银行的风险状况分出三六九等,使投资者看清楚不同金融机构的风险大小,选择投资对象,也便于政府心里有底,做到分门别类、区别对待、精准施策。

书中说,压力测试结果表明,进入压力测试计划的19家金融机构中,约有一半的大型金融机构资本没问题,不用政府救助,有一部分需要部分救助资本,还有一部分需要破产等。在搞清楚大型金融机构的资本状况后,盖特纳根据不同的风险状况,分门别类、有的放矢地实施救助计划。他允许9家资本金没有问题的银行退出政府提供的670亿美元救助计划。盖特纳说,2009年4月,压力测试结果公开,增加了透明度,增强了市场信心,推动那一周金融类股票指数价格自3月初以来增加了一倍多。许多大型金融机构的股价上涨,金融机构融资开始变得容易,银行的挤兑逐步消失。压力测试的成功令人鼓舞,一个月后危机开始消退。所有的数据都表明,政府的政策控制了金融危机的血腥程度和规模。2009年底,美国政府收回了大约2/3的银行救助计划的联邦政府支出。2011年,美国的产出率恢复到危机前的水平。到2013年末,美国GDP比经济危机前提高6%,失业率降至7%以下,股市恢复,相较于2009年的低谷已经反弹175%。美国经济摆脱了它的死亡周期。盖特纳的压力测试计划的成功，再次证明了中国古人说的"预则立，不预则废"的道理。

所有金融危机都是信心危机

2008年金融危机来袭时，时任中国国务院总理温家宝面对美国经济金融界知名人士说："在经济困难面前，信心比黄金和货币更重要。"这是金融市场的铁律。金融系统是建立在信心的基础上的。所有的金融危机都是信心危机。无论是股东还是债券持有者，无论是机构投资者还是鳏寡孤独，一旦没有信心，他们都会抛售股票、挤兑银行、摧毁整个金融系统。金融危机会危及就业、家庭、退休金、汽车贷款、学生贷款、小企业贷款以及国际贸易等。恢复信心，是政府抓"牛鼻子"。盖特纳认为，政府处理危机，首先就是让人恢复信心。他认为，在一个高杠杆、短融资的世界里，信心可能在一瞬间就消失，流动性也随之消失。消除恐慌，挽回信心，这是政府应该做的事情。盖特纳在其职业生涯中一直都认为，没有政府承担风险，金融危机就不会消失。20世纪90年代，盖特纳作为美国财政部的官员，与当时的财政部长鲁宾一道，参与过救助南美、亚洲和俄罗斯等地的金融危机，目睹了金融系统一次又一次陷入困境。他说："我一次次地观察到放纵的资本如何产生融资热潮，而信心上的一点危机就会将繁荣引向萧条，继而变成恐慌。"2009年初盖特纳刚担任美国财政部长，即面临是继续出手救助金融机构还是收手让其自生自灭的争论与挑战。当时前任政府通过救助计划和其他紧急措施已经投入大量资金，但金融系统仍然瘫痪，政府面临道德风险的考验。为了挽回信心,他继续了前任财政部长保尔森的救助方案。他说,尽管与舆论相反,他还是要继续完成上届政府未做完的救助工作,只不过操作思路稍有调整而已。

场外金融衍生品应该监管

金融危机的爆发与场外衍生品市场缺乏监管有很大关系。场外衍生品市场该不该监管?很早时,盖特纳就认为必须监管,但这一想法与他当时的顶头上司美联储主席格林斯潘的意见相左。格林斯潘认为,市场是理性的和有效的,场外金融衍生品的监管是不必要的。而盖特纳则不认同。20世纪末,当克林顿总统金融市场工作组的成员之间就衍生品市场监管与否进行争论的时候,盖特纳没有站在其上司格林斯潘等"不应该监管派"的一边,而是支持当时的美国商品期货交易委员会主席夏皮罗等"应该监管派"。无奈当时他仅是美联储的司局级干部,人微言轻。2009年,位高权重的盖特纳回忆起多年前的这场论战时,仍然不改初心,再次强调了监管场外衍生品市场的重要性。同时,盖特纳认为衍生品利弊皆有,可以合理利用其有利的一面。他说:"衍生品只是另一种形式的风险承担工具,与简单的银行贷款和其他金融工具类似。衍生品可能是有对冲需要的公司的有用工具,可以帮助进口商、出口商抵御汇率变动风险,也可以帮助银行免受交易对手的破产带来的风险。总的说来,衍生品似乎可以增加金融系统的稳定性,分散、多元化、平衡单个企业和更大范围市场的风险。"然而,衍生品确实也带来了新的风险。盖特纳说,他担忧的是,"大部分衍生品市场均未经过危机考验。没人知道这些新产品,尤其是信贷衍生工具,在一个糟糕的市场情况下表现如何","衍生品可能阻止金融危机频繁地爆发,但它们也可以使得金融危机更具破坏性和难以遏制"。持有大量场外衍生品的贝尔斯登、雷曼兄弟、美国国际集团的危机,引发了恐慌和不确定性。仔细阅读此书,发现盖特纳批评的是不受监管的场外衍生品市场,尤其是信用衍生品,对期货这个受到严格监管的场内衍生品市场的评论是积极的。他说,场内衍生品并没有造成金融危机,相反,它们甚至在危机来临之前和危机之中扮演了一个有用的角色,帮助企业、农民、银行和投资者规避风险。从这里可以看出,盖特纳对衍生品市场的观点有两个:一是政府必须对场外市场进行与场内市场一样的监管;二是衍生品市场是一把"双刃剑",平衡好"管理风险"与"制造风险"的度是监管原则。在这一点上,盖特纳与前任财政部长鲁宾、保尔森的观点一致。

雷曼兄弟应该获得救助

盖特纳认为,不应该让雷曼兄弟破产,政府应该救助。这与保尔森的意见不一致。2008年金融危机救助期间,盖特纳作为纽约联邦储备银行行长与美国财政部长保尔森配合得很好,在两个人的回忆录《压力测试》和《峭壁边缘》中可见一斑。但在政府不救助雷曼兄弟的问题上,盖特纳是有保留意见的。当时保尔森是危机救助的主导者,而盖特纳是配合者。盖特纳认为,政府对贝尔斯登的干预是解决问题的好方法。如果政府还能够找到一个像摩根大通那样的角色来收购雷曼兄弟,是符合国家利益的。

盖特纳还认为，不救助雷曼兄弟会摧毁市场信心。前面政府支持摩根大通间接救助贝尔斯登，而到了雷曼兄弟，就说是"道德风险"而放弃了政府救助方案。可仅仅一天后，政府又出面救助美国国际集团，这无论如何是说不过去的事情。他认为，"不加控制的放任自流会比采取坚决必要的措施防止危机从最薄弱的机构蔓延到整个系统核心的方法给经济层面造成更大的破坏，最终造成更严重的政治上的破坏"。鉴于雷曼兄弟已经破产，盖特纳也不再多说，只是在回忆录中暴露了自己的不同意见。当然，保尔森和盖特纳都为救助雷曼兄弟努力过。从对雷曼兄弟救与不救的争论中，可以看出危机期间决策者拿捏好救助的分寸是一件很不容易的事情。事后评论先前行动的是与非，实际上毫无意义。

美联储应监管所有金融市场

曾担任过纽约联邦储备银行行长的盖特纳认为，为了更好地防范金融风险，美联储应该集中统一监管所有金融市场。这和格林斯潘的观点不同。格林斯潘在《我们的新世界》一书中表示，"有时候，数个监管机构比一个监管机构好。单一监管会变得风险趋避；监管官员试图防范所有想得到的负面现象，造成令人难以负荷的遵循负担。在金融业里，美联储和货币监理署、证监会及其他监管机构共同负有管辖权，我们都会彼此照会"。按照当时美国各金融监管体制的授权与分工，有如下机构：联邦一级有美联储、财政部货币监理署、联邦存款保险公司、储蓄机构监理局、证监会、商品期货交易委员会等，州一级还有银行、保险监管机构等。美国没有统筹监管所有金融市场的机构，盖特纳认为这是美国金融系统的弱点与缺点。他认为，需要通过改革来使美联储拥有集中统一监管的权力，以强化美联储的监管地位，应对可能出现的系统性风险。

他说："当风险和杠杆从传统银行体系迁移到金融机构和市场，伴随着更少的监督以及更少地倚仗银行安全网体系，这会变得更加恐怖。"金融监管没有跟上金融前沿快速成长和不断更新的步伐，这个步伐是从抵押贷款市场的外来创新到复杂衍生品的爆炸式繁荣。这种状况需要改变。盖特纳认为，美国现存的金融分类监管的体系中，美联储权力太小。比如，美国许多金融机构是银行控股公司，虽然名义上银行控股公司归美联储监管，但这些伞形结构的实体，即商业银行子公司、投资银行分属财政部货币监理署、储蓄机构监理局、证监会、商品期货交易委员会等监管，美联储的监管落不到实处。比如，商业银行子公司的监管者有货币监理署、联邦存款保险公司和储蓄机构监理局，而这三个机构都与被监管者有利益关系。前两个是通过向其会员收取费用而获得资金，这会激励它们通过提供较轻的监管力度来争取商业银行成为会员，进入自己的监管范围。而后一个则是监管其存款担保的银行。金融业务领地的竞争、重复的监管以及不正当的激励措施，鼓励着金融公司货比三家以求得更为友好的监管者。盖特纳认为，过多的监管机构重叠不仅助长了监管套利，而且这种分类监管类似"盲人摸象"，没有一个监管者对任何单一金融机构负有全面监督检查的责任。由于"金融监管体系支离破碎"，使政府对整个金融系统缺乏全面掌握，美联储监管被架空，当风险和危机来临时，大大降低了政府处理金融风险的能力。因此，盖特纳认为，授予美联储对整个金融系统——银行和非银行金融机构——集中统一监管的权力是必要的。他建议，将财政部货币监理署、联邦存款保险公司和储蓄机构监理局整合成一个对银行实行监管的单一监管者，与美联储一贯的主导角色相辅相成。同时合并美国证监会、商品期货交易委员会，并将所有金融市场置于美联储的监管之下。把金融消费者保护的职能从包括美联储在内的金融监管部门中划出来，成立独立的金融消费者保护机构。

在问题刚刚产生、人们对伤痛还记忆犹新的时候推动改革往往阻力是最小的，但是推动起来也会困难重重。经过各方的博弈，2010年通过的《多德-弗兰克法案》的改革内容中，金融监管体制改革未如盖特纳所愿。美联储仍然没有获得对全部金融市场集中统一的监管权。盖特纳只好无奈地表示，这种官僚割据程度虽然比他们2007年时好些，但还是不尽如人意。

沃尔克其人其事

第一次看沃尔克的书是在 20 世纪 80 年代，那时候他写过一本名叫《时运变迁》的书，讲的是他担任美国财政部主管国际业务的副部长的事情。其中许多内容提到了对日本经济影响深远的"广场协议"与日元升值，谈到了他在其中如何去做日本和欧洲国家财政部领导的工作，最终日本接受了美国的意见，让日元升值。20 多年过去了，讲述他职业生涯的《力挽狂澜》的中文版在中国出版，我认真拜读，对其处理金融监管的方式方法和坚持原则的态度深表认同。金融监管是一项非常专业的工作，除了需要专业知识和经验外，还需要原则性。要坚持依法监管，不能有例外。在货币政策上，沃尔克和几任美国总统都有不同的看法，在总统的压力下，沃尔克仍然坚持原则，使美国的通货膨胀率很快降了下来，有利于美国经济的长期可持续发展。下面是针对此书写的一篇读后感。

. . .

保罗·沃尔克对中国金融界来说是一个不陌生的名字。

2008年金融危机后,美联储前主席保罗·沃尔克主持起草了"沃尔克规则",以收紧银行资本加强金融监管。但华尔街一直不以为然。2020年6月25日,美联储为放松监管,批准修改"沃尔克规则"。受此影响,6月26日美国银行股票大幅上涨,摩根大通、美国银行、高盛、摩根士丹利等股价分别上涨3.49%、3.82%、4.59%、3.92%。有报道称,在新冠肺炎疫情和"Black Lives Matter"(黑人的命也是命)运动的打击下,美国时任总统特朗普选情告急。为讨好华尔街,特朗普敦促修改"沃尔克规则",以放松对资本、金融的监管。他一方面希望得到华尔街的支持,表明只要自己在任,就会对资本进一步放松监管;另一方面则是希望通过对规则的修改,推动股市反弹,为自己竞选总统连任创造有利的环境。于2019年谢世的沃尔克,其遗产仍然在美国政坛发挥作用,其影响力可见一斑。

从20世纪80年代到访中国起,沃尔克与中国的交往就一直不断,虽然已经退出美国财经决策圈多年,但他对华友好,一直致力于中美民间外交,往返于中美之间。2013年其自传《力挽狂澜》出版,最近又翻出来看看。该书记载了他担任美联储主席时的许多决策思想、决策内幕。书中许多闻名世界的财经故事,串联起沃尔克辉煌传奇的从业经历和激荡人生,宏大而生动。这本书文字轻松,故事抓人,讲解细微,通俗易懂。

20世纪70年代,沃尔克担任美国财政部副部长,曾经代表美国政府赴欧洲、日本斡旋美元与盟国之间的货币关系。他于1979—1987年担任美联储主席。那时候他也写过一本书叫《时运变迁》,详细地谈到美国逼日本让步,签署让日元升值的《广场协议》的事件。斯人已逝,往事可追。阅读《力挽狂澜》后,我对沃尔克其人其事有三点看法。

一个知道平衡货币政策与兼顾他国利益的美国人

在美国人看来，美联储官员考虑美国利益是天经地义的事情。美元虽然是美国发行的货币，但由于其国际储备货币的特殊地位，美联储货币政策不仅与美国利益相关，也广泛涉及其他国家利益，这又决定了美国的货币政策不能仅仅照顾国内利益。"带头大哥"应该对世界讲公平、有担当，可许多美联储主席总是以国内利益为优先。沃尔克是个例外，他常常从世界经济平衡的视角来看待美国货币政策。

作为第二次世界大战后国际治理结构与国际金融体系的主要设计者和建立者，1944年，美国带领英国等一帮欧洲国家建立了布雷顿森林体系，并一直领导这个体系运行，在欧洲没有重新强大时，这个体系符合美国的国家利益，美元取代英镑成了国际储备货币，国际其他货币和美元挂钩、美元和黄金挂钩的"双挂钩"，维持了国际金融的稳定。但当欧洲重新开始强大后，美国的利益开始和这个挂钩出现冲突，欧美之间在经济金融领域卿卿我我、相安无事的日子结束了。看到欧洲主要国家生产力已经开始直追美国，美国的相对竞争力下降时，美国就要改变规则了，要做出有利于自己利益的新制度、新规则安排。1971年，美国总统尼克松果断放弃了以"黄金和美元挂钩"为核心的布雷顿森林体系。2017年特朗普政府上台后，频频喊话，威胁国际社会如果不满足美国的要求，美国就要退出联合国、世界贸易组织等这些在二战后由它主导建立起来的国际组织，把"美国优先"的做法发挥到了极致。

有利则存，无利则废，这是"美国优先"的逻辑。20世纪70年代，布雷顿森林体系瓦解后，美国政府通过一系列政治军事外交的运作，将脱钩黄金后的美元与石油挂钩。世界上大宗商品贸易、投资大部分是以美元标价结算的，美元成为许多国家的储备货币，美元进入本位时代，进入了货币由美国供应，但又没有一个超脱于美国国家利益的公平机构或机制来对货币滥发进行制约的时代。美国可以在没有任何权力制约的情况下，任意开动印钞机，滥发货币来向世界购买股票、债券、黄金、石油、商品。同时美元还成为美国的政治工具，利用美元交易结算机制和运行系统，随便制裁不符合美国利益的人员与国家。沃尔克对美元滥发、滥用的弊端看得很透彻，他认为，美元的国际地位是由其储备货币的地位奠定的。考虑美国的货币政策应该从全球金融的角度出发，要将国内利率与国际汇率联系考虑，既然人家的货币与你挂钩，你就应该有责任同时考虑利率与汇率。不能仅仅从美国国内政治需要出发来考虑货币政策，否则这个"带头大哥"就很难让别人信服。这种做法虽然对美国政府一时的政治目标有利，但由于侵害了世界的利益，不利于美元的可持续信誉，不利于美国的长远利益。因此，他很早就想改变这种状况。为了维护美元在国际上的可持续信誉，在担任美联储主席期间，沃尔克不仅关注货币供应总量对美国的影响，也关注美元对世界经济的影响，他对美元贬值对他国无关紧要的观点不认同。他对美元处于世界货币地位时美联储的作用与应尽的国际责任看得很清楚。他认为，美元要长期获得国际信任，就必须在考虑自己的问题的同时，也考虑其他储备了大量美元的国家的感受。按照中国人的说法就是"推己及人"。

多年来,美元已成了许多国家财富的主要储备工具,比如中国、日本,都有好几万亿美元的外汇储备。我国进口石油、铁矿石、大豆等大宗商品都需要支付美元,我国出口商品拿到的也是大量的美元。如果美国一味追求"美国优先",开动印钞机大量印刷美元,美元大幅贬值,那么我们出口商品换回来的美元只会越来越不值钱。巴菲特的合作伙伴芒格说过:"我们需要真实的货币。目前很有趣的一件事情就是美国人偶然间创建了储备货币,美国人创造了世界通用的国际储备货币。可是,在用我们自己的货币来承担对其他国家的责任这件事情上,我并没有感觉到我的美国同胞有很好的信任和托管意识。我们目前只做取悦我们自己的事情,这可不是我认为正确的观点啊,我认为你身上一旦肩负了那些依靠你的人的责任,无论你在做什么,也都要考虑到对方。"可美国的政治家不这样想,他们一般不会考虑货币政策对其他国家的影响,仅考虑国内政治。不仅如此,他们还利用美元在国际上的霸权地位打压对手国,如俄罗斯等。而沃尔克认为,美元利率下跌会影响美元汇率下跌,美元下跌过多会影响美元的国际地位。实际上,他是从更加长远的角度来捍卫美国的利益的。沃尔克看得很清楚,在这个全球化的世界里,大家同属"地球村",大家好美国才能够长久好,仅仅美国一家好是不能长久的。芒格与沃尔克的观点有异曲同工之妙。这种要求美元应该承担国际责任的观点是正确的,是难能可贵的。沃尔克这样的人在美联储历史上是少见的。

第四篇
境外金融监管

一个对银行创新业务持谨慎态度的人

美联储是美国金融监管机构。沃尔克在金融监管方面的作为，主要限于商业银行范围。尽管在2008年金融危机之后他也谈到高盛、摩根士丹利等投资银行的监管问题，但主要还是从银行控股公司的角度来讲这两家证券公司的。谈到资本市场业务，他也是从商业银行不能和证券市场联系太紧密的角度讲的。

沃尔克是1933年罗斯福新政时期的《格拉斯－斯蒂格尔法案》的坚定支持者。多年过去，他仍然认为银行和证券业务应该隔离。他一直对商业银行从事证券业务存有戒心，不赞成商业银行介入证券业务。沃尔克坚守美国1933年定下的商业银行不能从事证券业务的规矩。1987年是他担任美联储主席的最后一年，在那年5月召开的美联储理事会上，他坚决反对大多数理事都同意批准的花旗集团、J.P.摩根公司等银行控股公司承销特定债券的决议。他认为这一决议违背了《格拉斯－斯蒂格尔法案》，美联储不能开启已经禁止多年的银行从事证券业务的大门。他的发言有两点：一是即使法律可以变通，也应该在国会修法完成后改变，而不能靠政府监管许可去强力推进银行从事证券业务；二是应该最大限度地降低利益冲突，禁止银行控股公司下设证券承销业务的子公司持有同类银行的证券。但由于理事会7名成员中有4名是里根任命的圈内人，而里根是坚持放松监管的总统，按照少数服从多数的议事原则，这项决议在美联储理事会获得通过。书中评论，在金融监管问题上，那些由里根任命、更倾向于自由市场制度的美联储理事和沃尔克的观点是相悖的。他们准备把沃尔克主席赶走。这一年沃尔克没有续任，格林斯潘接任美联储主席,格林斯潘也是一个坚持放松金融监管的支持者。他坚持场外金融衍生品不应该监管的观点与沃尔克相悖。

奥巴马担任美国总统期间,请80多岁的沃尔克帮忙。2008年金融危机以后出台的"沃尔克规则",就是沃尔克离开美联储多年后在金融监管上的一大贡献。这个由他牵头制定的规则提出,商业银行不能开展证券及其衍生品自营业务,奥巴马政府采纳了"沃尔克规则"。回头看看,在沃尔克担任美联储主席时,金融衍生品市场只有场内交易,基本没有场外衍生品市场。2008年金融危机后,沃尔克提议,商业银行只能代理客户从事证券交易业务,不能自营。"沃尔克规则"(美国《多德-弗兰克法案》第619节与"沃尔克规则"有关)只允许商业银行与客户之间代理买卖证券,禁止银行直接从事或通过下设对冲基金间接从事高风险投资业务,以防止商业银行出现盲目冒险交易。沃尔克20多年后的思想,与他担任美联储主席时提出的"银行不能从事证券业务"的观点一脉相承。2014年2月22日,他在北京说,"沃尔克规则"是希望降低银行体系中不必要的风险。他认为,银行总是要冒风险的,这样它们才能开展业务,但它们冒风险的目的必须与公共利益一致,即为了实现经济稳定和增长,而不是为了方便自己,不能为自己的利益拿别人的钱和系统的稳定去冒险,银行不能沉浸在投机性活动中。不仅仅是在美国,在所有的国家都应该是这样的。因此,应该禁止银行进行投机性交易,银行自营证券及其衍生品是不应该的。他说,尽管中国的银行并没有参与太多的投机性交易活动,但也建议中国监管部门禁止银行的这类交易,禁止银行开展与客户无关的自营业务。沃尔克在督促监管当局落实"沃尔克规则"时说:"我强烈主张商业银行的首席执行官和董事会成员必须本人亲自证实银行在法律限制面前是合规的……在我看来,如果银行家承认他们无法在实践中区分开持续的自营交易和按客户指令从事代客交易,就可以断定,他要么是不敬业,要么就是不具备管理一家银行的资格,不管他为了规避这一清晰的禁令雇用了多少律师、设立多少层级来伪装金融操作。"这些话对我们中国的金融监管是非常有借鉴意义的。

鉴于沃尔克对银行不能参与证券市场业务的态度,有人说他在货币政策方面非常出色,在银行监管方面彻底失败。但他仍然坚持初心,对这些指责不以为然。

在鲁宾担任美国财政部长、格林斯潘担任美联储主席期间,这两位金融监管部门的高管主导了放松金融监管的运动。已经离开美联储近10年的沃尔克,在1995年就对他们放松金融监管的做法提出了警告。他说,如果让一家大型投资银行和一家大型商业银行结成联盟,导致系统性风险上升是可能的。他对2008年美国监管部门允许将证券公司高盛等改变为银行控股公司是持不同意见的。他认为这是为了规避法律,以获得政府救助。他表示,金融机构分业的界限模糊了。他认为,如果高盛希望被纳入商业银行体系的安全网,它就得像一家银行那样去经营才对——吸收存款,发放贷款——而不是像一家对冲基金那样靠高杠杆对定价一塌糊涂的证券进行投机交易。

一个坚持原则不看总统脸色行事的人

金融圈许多人都知道沃尔克和里根总统那场兜了几圈的尴尬见面。沃尔克就是想用这种方式提醒总统美联储的独立性。一般来说，美联储官员看总统脸色行事的还是比较多的，但沃尔克不这样。美联储的货币政策有其独立性。从20世纪70—80年代的卡特、里根，到2008年当选的奥巴马，横跨近40年的美国几任总统都知道沃尔克是个不可多得的人才，但由于其耿直敢言，几任总统任用他时都有所顾忌。沃尔克担任8年美联储主席，经历卡特和里根两位总统，他都把控制通货膨胀作为第一要务，对抑制美国20世纪70—80年代的通货膨胀功不可没。

20世纪70年代末，卡特起用沃尔克担任美联储主席，在连任总统竞选期间，他希望美联储货币政策能够配合其总统选情，但沃尔克从国家长远利益出发没有配合，导致卡特连任总统的希望落空。书里记载，沃尔克在1980年第四季度采取的货币政策令当时的美国总统卡特不爽，卡特正在进行总统连任的竞选准备，而沃尔克却采取办法让利率上升控制货币供应量，在全美大选前夕的六周内，联邦基金利率一路从11%涨到14%，升了3个百分点。这种做法在经济不好的情况下让卡特丢掉了不少选票。卡特不无怨恨地说："美联储主席僵化的货币主义方法是十分不明智的。"1981年里根接替卡特成为美国第40任总统。里根在总统任期内，对沃尔克始终抱有戒心，担心沃尔克像对待卡特那样不配合自己兑现竞选承诺。里根接手总统后的第三天，邀请沃尔克见面。在见面地点上里根就和沃尔克发生了争执。本来里根欲前往美联储拜访沃尔克，但沃尔克不接受，而沃尔克欲亲往白宫，但里根也不接受，只好选择了中立的第三方——在美国财政部见面。情况有点怪，里根对沃尔克不满意。在财政部午餐席间，里根对沃尔克说："有人给我写信，问我们为什么要保留美联储。你希望我怎么答复他们？"看得出里根是用这样的话敲打沃尔克。确实，里根当选总统后，沃尔克不顾里根的竞选承诺，美联储继续收紧货币政策，不仅两次提高贴现率至13%，而且把联邦基金利率提高到超过20%的水平。沃尔克坚信，要真正抑制通货膨胀，就必须忍受"经济衰退之苦"，而这往往是政治家尤其是新当选总统不愿接受的。但沃尔克想的是美国经济的可持续增长。里根经历了一个和沃尔克艰难而痛苦的磨合期。1982年10月，《纽约时报》称，通货膨胀率已经从3年前的13%降到了5%，1983年将下降到4%以下。1985年8月，通货膨胀率已经降到3.4%。在通货膨胀得到有效控制的情况下，尽管里根对沃尔克有戒心，但市场喜欢沃尔克，里根也不敢轻易动他，不过里根仍然对这位耿直之人耿耿于怀。1982年，里根就说过："美联储是一个独立机构，它让我们感到痛苦，对我们努力促成之事十分不利，也同样让其他各方都很痛苦。"里根虽然不是心甘情愿地喜欢沃尔克，但基于当时美国的经济状况和沃尔克任期未满，也不得不任用他。沃尔克第一任期满后，对于是否继续让沃尔克担任主席这个问题，里根确实犹豫不决。他在日记里写道："是他还是其他人？从金融市场的反应看，似应让他续任。我不希望动摇金融市场对经济复苏的信心。"里根承认，当时手头没有可以和沃尔克进行势均力敌竞争的人选。尽管已经有人选名单放在他的办公桌上，但里根明白，沃尔克的离去将是对金融市场的一个打击。里根迫不得已地留任了沃尔克，让他继续再干5年。但里根终归心有不甘，因此宣布沃尔克的任命不是按照一般规矩在白宫总统身旁搞任命仪式，而是选在总统个人休假地点和休假时间，相当不正规。当沃尔克干满两届8年，里根就不再挽留了。沃尔克不像格林斯潘那样干了四届16年的美联储主席。金融市场对沃尔克的认可，从 1987 年 6 月 2 日沃尔克辞职的消息引起的金融市场震荡可见一斑。当时，投资者都疯狂购入黄金、出售美元，黄金和国债市场出现巨幅波动，市场对通货膨胀产生莫名恐惧，表明了市场对里根总统未能挽留沃尔克续任美联储主席的强烈不满。

1992 年克林顿当选美国总统后，沃尔克也是财政部长人选，但由于沃尔克的原则性很强，并且固执己见，很难配合总统的一些政治需求，最后是高盛集团的主席鲁宾担任了财政部长。2008 年奥巴马竞选总统成功后也曾邀请已经 81 岁的沃尔克担任财政部长，但考虑再三还是选定了盖特纳，只是让沃尔克干了个虚职。后来许多人说，奥巴马没有任命沃尔克为财政部长的主要原因是，沃尔克坚持自己的办事原则，哪怕是总统，为了原则性他也不会让步。他的这些原则性在卡特、里根时代都表露无遗，所以奥巴马左思右想还是不敢对其委以重任。当时《纽约时报》评论说，沃尔克没有出任财政部长，是因为"他不太可能为了迁就总统而放弃自己固守的理念和想法"。用奥巴马的话说："沃尔克对事物有正确而独立的判断，赢得了最高的尊敬。他说话从不保留，也毫不客气，且相当固执己见。"从这里可以看出奥巴马委婉地说出了沃尔克很难配合总统的决定。

1987 年沃尔克离开美联储主席这个职位时，美国的一位公民写信给他，对他控制通货膨胀的贡献表示感谢，同时提出请求："希望您能有时间教一教后任格林斯潘，让他能踏着您的足迹前行。"

第五篇

金融法律法规

《商业银行法》与金融分业经营[①]

1995年5月10日,第八届全国人民代表大会常务委员会第十三次会议通过了《中华人民共和国商业银行法》。该法于当年7月1日起施行。法律颁布时我在中国人民银行办公厅工作。在法律起草的过程中,由于担任中国人民银行办公厅副主任、党组秘书,我记录和整理了中国人民银行党组会和行长办公会对该法的多次讨论意见,并形成会议纪要,参与协调过其中的一些事项。虽然是在综合部门,不像业务部门那样对《商业银行法》研究得那么深,但对其中涉及的金融业分业经营的法条撰写过程特别关注,并进行过一些资料收集和研究工作。该法颁布后,我认真学习,并有所感,写出下文。该文曾以《论我国金融业分业经营的必然性》为题,发表在《金融研究》1996年第一期上。

[①] 此标题是此文收入本书后修改的,此文原标题为《论我国金融业分业经营的必然性》。

第五篇
金融法律法规

金融业的分业经营与混业经营在西方金融史上曾经几度起伏。进入20世纪80年代后,西方许多过去实行分离银行制度的国家逐渐向全能银行制度过渡,放松了对金融机构经营范围的限制,金融业不约而同地出现了混业经营的趋势。

1995年的《中华人民共和国商业银行法》第四十三条规定,"商业银行在中华人民共和国境内不得从事信托投资和股票业务,不得投资于非自用不动产","不得向非银行金融机构和企业投资"。法律明确了我国金融业分业经营的方向。但在实践中,仍有人留恋于以往混业经营带来的种种实惠,存有继续实行混业经营的想法。有鉴于此,我想谈谈我国金融业分业经营的必然性,以示呼吁。

西方混业经营的背景

分业经营是指历史自然形成或以法律形式人为限制而形成的银行业、证券业、信托业和保险业独立经营,实行严格分工。分业经营主要的代表国家有英国、美国和日本。混业经营是指金融监管当局允许商业银行在经营传统的存、贷、汇业务的同时,经营证券、信托甚至保险业务。主要的代表国家有德国、奥地利和瑞士。

西方发达国家的金融业务从分业经营走向混业经营,不是偶然的,这是其政治、经济和科学技术发展变化的综合反映。

首先,西方发达国家的经济发展走向成熟,使资金的供求状态发生了根本变化。二战后，西方各国都在医治战争创伤，恢复经济，投资需求旺盛，建设资金匮乏。资金是社会稀缺资源，银行作为分配资金的中介，处于较为有利的地位。进入20世纪80年代以后，由于西方各国的经济普遍由快速增长阶段步入稳定增长阶段，工商企业自身的资本积累大大增加，对银行资金的依赖大为减弱，他们在筹资时可以在银行贷款和发行股票债券之间进行选择，寻找条件更优越的筹资方式。这使商业银行与投资银行之间为争夺客户展开了激烈的竞争，竞争的结果引致对分业经营的突破。

其次，国债市场的迅速发展促进了资金分流。二战后，凯恩斯主义在各国盛行，为了刺激经济发展，各国政府推行赤字财政。为弥补赤字财政，政府只好发行大量国债。国债的大量发行使西方各国的有价证券市场获得迅速发展。证券市场的发展使经营证券买卖业务的投资银行利润猛增，而商业银行却受到经济周期的影响，利润不增反减。同时，政府对国债实行鼓励措施，又把大量的银行存款吸引到国债市场上来，更造成了商业银行的资金相对下降和投资银行的资产增多。分业经营的限制，引起商业银行的强烈不满，纷纷要求取消限制。

再次，管制下的金融创新模糊了银行业、证券业、信托业的传统分界。面对激烈竞争，各金融机构为了扩大资金来源，又要避开限制，不得不设计出新的金融工具，例如，美国投资银行绕开不得吸收存款的限制，创造货币市场互助基金；信托投资公司以信托投资的形式吸收顾客的小额资金，然后集中投资于高利率的大额可转让存单；证券公司开办现金管理账户业务，人们利用该账户不仅可以使用信用卡或开立支票进行结算，而且可以利用寄存在证券公司的证券做担保进行一定数量的融资等。

最后，新技术革命大大提高了个人和企业的金融应变能力，直接导致了新型金融工具的出现，为金融创新奠定了技术基础，也对金融机构的规模经济提出了新的要求。但是计算机购置费也是一笔巨额开支，而且计算机更新换代的速度很快，无形损耗很大，更加重了金融机构的经济负担。由于分业经营限制的存在，金融机构付巨资购置的计算机系统，往往因业务量小、业务种类有限而不能充分利用。中小银行和证券公司自不待言，就是大银行或大证券公司也不能达到最佳的盈利规模。因此，各金融机构想方设法增加业务种类，绕过监管限制，产生了很强的创新动力。

西方混业经营的前提条件

第一，健全的法律框架。1933年美国《格拉斯－斯蒂格尔法案》颁布，至今已有半个多世纪，虽然当前美国金融革命对银行法中关于分业经营的限制条款形成强大冲击，但就当前的背景看，《格拉斯－斯蒂格尔法案》的及时出台有其充分理由，它对之后几十年保持美国金融秩序的稳定做出了不可否认的贡献。20世纪30年代初期发生经济和金融大危机时，美国还没有《证券法》和《证券交易法》，也没有证券监督管理委员会作为证券市场的监管者。在这种情况下，为避免银行在证券市场上的投机损坏银行资金安全，保护存款人的利益，将商业银行业务和投资银行业务绝对分开是解决问题唯一合理的办法。在《格拉斯－斯蒂格尔法案》颁布以后，曾在20世纪20年代证券承销市场上占统治地位的商业银行停止了证券的承销和交易活动。此后的50年，商业银行的证券承销业务和交易实际上一直处于停滞状态，也很少有人质疑《格拉斯-斯蒂格尔法案》的立法精神。在这20年里，美国证券市场的立法趋于完善，相继通过了《证券交易法》（1938年修正案）、《1939年信托契约法》、《1940年投资公司法》、《1940年投资顾问法》、《证券法》（1964年修正案）、《1968年威廉斯法》、《1970年证券投资者保护法》、《证券法》（1975年修正案）、《1977年反海外贿赂行为法》、《1984年内部交易制裁法》、《1986年政府证券法》、《1988年内幕交易与证券欺诈施行法》、《1990年证券实施补充与股票改革法》、《1990年市场改革法》、《证券法》（1990年修正案）等一系列有关证券的法律。完善的法律框架使经营证券业务的风险逐步降低，为20世纪80年代商业银行在不增加自身风险的条件下进入证券领域提供了法律上的保障。

第二，强大的金融监管体系。西方发达国家经过百余年的银行监管实践，形成了由预防性风险管理、存款保险制度、最后援助贷款与抢救行动三大类监管手段组成的金融管理体系。

预防性风险管理手段包括登记注册管理、资本充足率管理、清偿能力管理、资产风险管理和贷款集中度管理等。金融监管当局通过日常定期检查，监督银行的偿债能力、资金运用的风险性，发现银行的各项违规行为并及时采取措施加以纠正。

存款保险制度最初是直接针对银行倒闭情况提出来的。鉴于20世纪30年代经济和金融大危机的教训，美国决定建立联邦存款保险公司和联邦储蓄贷款保险公司。大多数西方国家在20世纪60—80年代先后建立了存款保险制度。它为金融体系设置了又一道安全线,具有事先检查和事后监督的双重功能。

最后援助贷款与抢救行动是金融体系的最后一道安全线。在金融形势严重恶化时,金融监管当局有义务采取紧急援助措施向面临破产倒闭的银行提供低息贷款,或接管该银行,承担破产银行的全部负债,以平息可能发生的挤兑风潮和信用危机。

第三,先进的电子技术水平。电子技术水平的提高为混业经营提供了技术上的支撑,以电子技术为核心的新技术革命的兴起,是西方国家金融改革的重要推动力。电子技术在金融和通信领域的广泛运用,使世界各地的资金划汇可以在24小时内完成,金融机构可以处理的业务量大大增加,计算机技术使金融机构对经济情报的分析、处理、集中和保管变得容易,而且降低了使用费用,通信技术的发达则使远距离的交易和情报传递愈加迅速可靠。先进的科学技术为新型金融工具的出现提供了可能性。自20世纪60年代开始,美国各金融机构竞相推出新型金融工具。这些新型金融工具的买卖、转移和调拨形成了一个超级金融市场,为客户提供全方位的金融服务,加速了金融体系由分业经营向混业经营的转化。

第四,金融机构较强的风险意识和规范的内部约束机制。管制和反管制是一对矛盾体,金融监管当局的外部强制管理再严密,也是相对有限的。如果金融机构并不配合监管,不愿自我约束而是想方设法地逃避管制,外部监管也难以达到预期效果。而且,金融监管当局的监管存在如下无法克服的缺陷。一是金融监管所依据的金融法规总不可能尽善尽美,总是有空子可钻。这些法律上的漏洞往往被追求利润最大化的金融机构所利用,绕开管制去承担过大的风险,最终酿成信用危机。二是监管行为具有事后的特点。限于人力、物力，监管当局的检查总是间断的而非连续的，因此总是违规在前、发现在后。三是监管当局即使发现了问题，但出于维护公众对金融体系信心的考虑，严厉的制裁措施难以出手。因此，西方国家金融业能从分业走向混业，与金融机构自身的内部管理审慎是分不开的。

我国不具备金融业混业经营的条件

前面我们对混业经营前提条件的分析，是以发达的市场经济国家为基础的。对于我们这个刚刚向市场经济转型的发展中国家，是否搞混业经营，必须先考虑如下因素。

第一，金融法律体系很不健全。虽然《中国人民银行法》《商业银行法》《保险法》等金融法律已经出台，但是《证券法》《证券交易法》《信托法》等基本金融法律仍然是空白。目前对证券信托业务起作用的金融法规，要么已经过时，要么规定过于模糊宽泛，可操作性极差。金融机构经营业务有很大的自由度，许多地方无法可依，容易造成金融秩序的混乱。

第二，金融监管部门缺乏相应的法律监管依据。一系列的监管制度还未建立起来，监管力度难以掌握，多以国家政策的需要为转移。在经济紧缩时期，金融监管的力度就加大，对金融机构的管理就严格一些。在经济扩张时期，金融监管的力度就减小，对金融的管理就放松一些。在"一管就死，一放就乱"这两个极端来回跳动。央行金融监管工作开始的时间不长，进行监管的人员缺乏经验，对金融机构的违规行为不了解、不熟悉。会计准则不统一，审计程序不严格，为金融机构逃避监管提供了便利条件。

第三，国有商业银行作为我国整个金融体系的支柱，缺乏内部风险控制观念，在追求利益最大化的动机下，有信贷扩张的冲动。在决定资金投向时，存在仅考虑资金的收益性而不顾资金安全性和流动性的严重倾向。在这种情况下，如果实行混业经营，必然导致国有商业银行的资产状况恶化，进而引起我国金融体系的危机。

第四，改革20多年来，我国金融电子化水平虽然有了一定的提高，但是金融电子化系统发展基本上还停留在发达国家20世纪70年代中期分散处理的水平上，技术手段落后，在当前金融日益现代化、国际化的过程中，处于被动的地位。从技术上既没有提出选择全能银行制度的要求，也没有提供实行全能银行制度的基础。

此外，我国还有四个特有的硬约束条件。

一是我国国有企业问题已经成为经济体制改革的瓶颈问题。国有企业产权模糊、效率低下、亏损严重，形成银行的大量不良资产，这给银行的经营造成了很大压力，加大了国有银行随时清偿的难度。如果实行混业经营，允许银行持有企业的股份，成为企业的股东，那么银行的大量不良债权将被迫转变成无效率企业的股份（因为绝大部分不良债权是对无效率企业发放的贷款），这样把银行拉到国有企业的问题中来，银行将被迫对企业提供更多的资金，银行的呆账率和坏账率将会很快上升（不过此时银行的呆账和坏账是以无效率企业的股权来表示的）。银行的资产质量将不断恶化，久而久之，必将危及整个银行体系的安全与稳定。

二是我国原国有专业银行是一个产权界定不明确、不合格的市场主体，缺乏自主经营权，普遍受到行政干预。在不能"自主经营、自负盈亏"的情况下，原国有专业银行承担风险与获得收益存在不对称性，将利益留给自己，把风险留给国家，形成利益强驱动、风险弱约束机制。银行为了实现自身利益，可以做出任何冒险的决定而不必承担由此带来的风险成本，风险决策和风险后果相脱离了。这种机制促使专业银行普遍忽视内部风险控制，利用专业银行向商业银行转化之机，热衷于全方位发展业务，搞混业经营，结果将会使资产风险直线上升。由此，我国实行混业经营，首先要规范专业银行的行为，使专业银行直接承担风险决策的后果。而达到这个目标要依靠企业制度、社会保险制度、政治制度等多方面的配套改革，不是一朝一夕就能实现的。

三是行政手段的作用相当强大。我国两千多年封建社会历史中，具有"人治"的传统，"人情大于国法"的影响还很大，人们的法律意识淡薄，法律的严肃性不足，守法者得不到鼓励，违法者也不受处罚或只受很轻的处罚。相比之下，行政手段比法律手段有效得多，也有力得多。

四是发展中国家普遍存在的问题，即缺乏大量资金支持经济快速发展。企业筹资有两条渠道：一条是靠银行贷款，另一条是靠发行股票或债券。在发展中国家，国民收入较低，储蓄的目的主要是提供自身的保障，如失业、养老、医疗、住房、子女教育、婚丧嫁娶等的消费开支。居民把资金的安全性放在首位，宁可选择利率低、利息收入少的银行存款，也不去进行高风险高收益的证券投资。因此，银行可以筹集大量小储蓄者的资金，而企业在资本市场上通过直接融资的方式就无法做到这一点。发展中国家政府正是基于此,往往选择由银行来为企业融资以抑制资本市场的发展。为防止银行出于对高额利润的追逐而涉足资本市场,影响银行体系的稳健与安全,损害公众对银行业的信心,就以严格分业经营的方式来杜绝这一可能性的发生。

我国经济处在起飞前夕,企业对资金的需求是迫切的,必须充分发挥银行体系可以有效动员社会闲散资金的优势。这一优势的发挥又必须建立在个人投资者对银行经营安全稳健充分相信的基础上,实施分业经营是巩固这一基础的强有力手段之一。

综上所述,一国的金融制度是由该国经济发展水平和历史条件决定的。鉴于我国目前的政治、经济、科技水平,只能实行金融业分业经营,这是我国金融业发展过程中不可逾越的阶段。这个阶段需要多长时间,受到企业改革、金融改革、法治建设、监管制度、科技发展各方面因素的制约。在这个问题上,不能片面强调与国际市场并轨,不能照搬照抄国外经验,应该实事求是,立足我国的具体情况,走严格分业经营之路。

《证券法》的颁布与证券公司监管

1998年12月《证券法》颁布后,中国证监会开始组织贯彻落实。证券公司监管在《证券法》中有许多规定。机构部作为中国证监会监管证券公司的职能部门,机构部首先要学好《证券法》,用好《证券法》,贯彻落实好《证券法》。为此,我们在认真学习和梳理《证券法》中有关券商监管的内容的基础上,召开了有监管人员和券商参加的座谈会。在座谈会上,针对学习《证券法》的理解和思考,我做了《证券法》与证券公司监管的发言。下面这篇文章是当时发言的整理稿。

· · · ·

《证券法》出台后,法律明确了中国证监会集中统一监管证券市场的监管体系,需要厘清监管相关的各方面关系。这里重点谈谈法律中涉及的对证券公司监管的问题。

正确认识监管主体的几个方面

我国证券市场的监管主体是由中国证监会、自律性管理组织等构成的。

第一,中国证监会的定位。中国证监会是我国证券市场的政府监管组织,是我国证券市场监管主体的主要方面。《证券法》明确了国务院证券监督管理机构依法对全国证券市场实行集中统一监督管理,对证券公司的证券业务活动进行监督管理。而国务院文件明确中国证监会是国务院的直属事业单位,是国务院证券监督管理机构。通过一个法律,一个国务院文件,确定了中国证监会是中国证券市场监管主体的主要方面。

第二,自律性组织的定位。自律性机构是证券市场监管主体的重要方面。自律性监管组织主要有两个。一个是依法设立的证券业协会。《证券法》指出,依法设立的证券业协会,是证券公司的自律性组织,对证券公司实行自律管理。协助证券监督管理机构教育和组织会员执行证券法律、行政法规,监督、检查会员行为,对违反法律、行政法规或者协会章程的,按照规定给予纪律处分。中国证券业协会成立于1991年,《证券法》实施后,应按照《证券法》的要求进行改组。另一个是证券交易所。《证券法》规定,进入交易所参与集中竞价交易的,必须是具有证券交易所会员资格的证券公司,证券交易所要依照法律、行政法规制定证券集中竞价交易的具体规则,制定交易所的会员管理规则和证券交易所从业人员业务规则。从事证券交易的人员,违反证券交易所有关交易规则,由证券交易所给予纪律处分;对情节严重的,撤销其资格,禁止其入场进行证券交易。

《证券法》还规定了相关部委对证券市场的管理。一是国家审计机关。《证券法》规定，国家审计机关要对证券公司依法进行审计监督。我国证券公司绝大部分是国有企业，《中华人民共和国宪法》和《审计法》都明确规定，国有的金融机构和企事业组织的财务收支都应当接受国家审计机关的监督，这是我国的一个特点。西方市场经济程度比较高的国家，是以私有制为基础的社会，所以它的审计机关不是进行监管的一个部门，而我国是以公有制为主体的社会主义国家，证券公司的股东基本上都是国有企业或国有控股企业。因此，实践中证券公司是按国有企业进行管理的。在我国，审计机关也参与对证券市场的监管。比如1998年，审计署就对全国的证券公司进行了一次全面审计，并将结果报告国务院。由国务院批转中国证监会、公安部、人民银行、财政部等部门按分工查处。

二是财政部门与中央银行的参与。虽然《证券法》对这两个政府部门的监管职责没有表述，但其他法律、法规的规定使这两个部门的监管对证券公司的活动产生重大影响。

财政部门是证券公司的财务监管部门。我国的证券公司大部分是国有金融企业。因此，财政部门根据《预算法》对证券公司的财务实行监督管理。另外，我国的国有企业和金融企业的财务制度由财政部制定，其财务收支活动受财政部门监督。

《证券法》中留出了证券公司向货币市场融资的空间。按照目前的分工，进入货币市场融资要经中央银行批准。未按中央银行规定开展存款业务、贷款业务、拆借业务的，要受到中央银行查处。因此，中央银行对证券公司在货币市场上开展融资业务实施监管。

这两个政府机构对证券公司在财务的收支和货币市场融资两个方面的监管，会对证券公司产生重大影响。

正确处理好监管主体之间的关系

第一，处理好政府监管组织与券商自律性管理组织的关系。

政府监管组织的作用是对证券市场实行集中统一监督管理，制定有关规章、规则，对发行、交易等一系列业务活动进行监管，对证券交易所、证券公司的证券业务活动进行监督管理，制定证券从业人员资格标准和行为准则，依法对行业自律性管理组织进行指导和监督。这是监管体系中起决定性作用的组织，它的活动影响并决定着自律性组织的活动。

行业自律性管理组织对会员的自律管理，要求在政府监管组织的指导下进行，并接受政府监管部门的监督。但政府的监管不能代替自律性组织的作用，自律性组织在法律的范围内有充分发挥作用的空间。一是它对政府监管的补充性。政府监管一般采用法律手段，但证券市场上的许多问题不是仅靠法律手段就能解决的，还有道德问题、技术问题，这些是政府监管难以发挥作用的，而通过自律管理则可以从行业道德、技术规范方面发挥独特的作用。二是其督导性。自律性组织通过对会员的监督、指导，引导会员自觉地遵守证券法律、法规，通过劝诫、检查、批评等手段来维护自律秩序。三是其传导性。在政府监管组织与证券公司之间建立起上传下达，下情上知的双向交流机制。

因此，政府监督组织与自律性组织之间，既存在一致性，又有不同的发挥作用的范围。政府依法监管，以法律、法规为准绳，对监管对象进行管理；而自律性组织是以自律管理为核心，从道德的角度、行业纪律等内部自我约束的角度进行管理。在政府监管不能发挥作用的地方，由自律管理作为一种补充，以此来完善监管体系，降低监管成本，提高监管效率。当前急需做的是，按《证券法》的要求正确处理好政府监管组织和自律性组织的关系，研究如何更好地发挥这两个监管主体的作用。

第二，正确处理好中国证监会和审计部门的关系。

中国证监会对证券公司的业务活动进行监管。《证券法》规定，中国证监会依法对证券公司的证券业务进行监督管理。而证券业务活动是指，经纪类证券公司经批准可以从事证券的代理买卖，代理证券的还本付息、分红派息，证券代保管、鉴证，代理登记开户；综合类证券公司经批准除可从事经纪类证券公司业务外，还可以从事证券的自营买卖，证券的承销，证券投资咨询，受托投资管理，发起设立证券投资基金、基金管理公司以及中国证监会批准的其他业务。

审计部门是对证券公司的财务活动，以及资产、负债进行审计监督，并对违法违规处罚提出意见。《证券法》规定，国家审计机关对证券公司依法进行审计监督。《审计法》规定，审计机关要对国有金融机构的财务收支的真实、合法和效益进行审计监督。审计机关对国有金融机构的资产、负债、损益进行审计监督，对被审计单位查处的问题，审计机关提出处分建议。

以上分析，界定了两个监管部门的职责和界限。在实践中，审计部门对证券公司审计后，先出具处分建议书，然后分送有关部门处理。比如，1999年审计署查出的证券公司的问题，证券业务违规由中国证监会对违规者实施处分，违反货币市场法规、规章及政策的由中国人民银行对违规者实施处分，违反财经纪律，出现小金库、账外账等违规行为的由财政部对违规者实施处分，触犯刑法的由司法部门侦查判决。

第三，正确处理好中国证监会和中国人民银行的关系。

中国证监会绝不是把证券公司的一切都管了，它是对证券公司的市场进入（发牌）、日常业务、违法违规及市场退出进行监管。如前所述，仅是对证券公司证券业务活动的监管。但由于证券公司有货币市场融资的业务，根据《中国人民银行法》，中国人民银行按照规定监督管理金融市场。目前，货币市场如同业拆借、证券回购融资、贷款以及其他一些形式的融资的监管者是中国人民银行，包括证券公司在内的所有金融机构进入货币市场都处在中国人民银行的统一监管下。证券公司进入货币市场主要是为了开展证券业务活动，因此资本市场和货币市场的联系通过证券公司的交易变得频繁了，同时也蕴藏着风险。货币市场的监管虽然是中国人民银行的职责，但中国证监会作为资本市场的监管者清楚证券市场的状况，能比较具体地了解证券公司的业务，应做好协调配合工作。因此，需要中国人民银行和中国证监会两个部门密切合作、相互配合、沟通信息、协调监管。

弄清楚监管主体的几层关系，并给予明确，各方依法监管、各负其责，才能防止出现监管的真空。风险聚集总是从小到大，早期处理，就能在风险火苗很小的时候将其扑灭，但如果监管责任不明确，使风险处于监管空白，则是不利于监管的。

正确处理好监管主体与监管对象的关系

这里主要集中讲怎么发挥好两个作用，一个是监管者的作用，另一个是被监管者的作用。根据《证券法》，证券监管主体与监管对象两者都是依法行事、各司其职。根据《证券法》的排列顺序，首先有发行、交易、上市、交易所、证券公司、登记结算机构、中介机构、行业协会，政府监督机构排在最后，这样的排序是有道理的。从西方证券市场的发展史看，是先有市场上的这些运作者，然后才有自律性组织，后来发现问题越来越多，需要政府进行干预，才产生政府的监管。要正确处理好这二者的关系，首先要明确监管者是干什么的、被监管者是干什么的。

监管者的作用

法律是调整各方利益的游戏规则，要依法，社会经济的运转才能正常。在《证券法》总则中，监管主体中证监会的监管目标是很明确的：规范证券发行和交易行为，保护投资者的合法权益，维护社会经济秩序和社会公共利益，促进社会主义市场经济的发展。总则开宗明义，明确了我们的监管目标。西方市场经济国家对证券市场的监管目标，一是保护投资者利益，二是确保市场的公平、有效率和透明性，三是系统性风险的降低。从这个角度看，我们的目标实际上也包含了西方监管目标一般的原则。作为监管主体来讲，中国证监会和自律性组织要依法监管。中国证监会对券商的监管主要包括市场进入、日常业务、市场退出三大方面。具体讲，主要包括研究制定券商的发展方向，出台监管政策和规章；办理证券机构市场进入和变更的审批与管理；对证券承销、证券经纪、自营资产管理、证券咨询等业务进行日常监管；对券商实施现场和非现场检查；审查确认证券公司高级管理人员任职资格、证券从业人员从业资格；对违法违规行为进行查处；对出现危机的证券机构实施接管、托管或市场退出等。

被监管者的作用

证券公司作为被监管者，是直接融资体系里的中介和证券市场的参与者。证券市场首先要有证券公司作为资金短缺方和资金盈余方的桥梁，证券市场才能运转起来。截至1999年6月底，我国上市公司共有898家，总市值为30 099.9亿元，共筹集资金3 820.15亿元，中国证券市场的发展能有今天，当然有方方面面的努力，但其中证券公司功不可没。间接融资体系里，银行把存款人的钱拿过来，然后放贷出去。银行一直是我国金融体系的主力军，资本市场的直接融资目前还很弱，在证券市场担负直接融资中介的证券公司，它的地位是什么，从1987年有证券公司以来就不明确。《证券法》给了证券公司法律地位。第一，依法经营，受法律保护。《证券法》规定，证券公司依法享有自主经营的权利，其合法经营不受干涉。第二，在金融体系中有了一席之地。法律要求对证券、银行、保险、信托实行分业管理，证券、银行、保险、信托机构分别设立，法律已经明确了证券公司是中国金融机构体系中的一方。这一点理顺了，8年的努力没有白费。当然，这8年中证券公司也存在违规、违法行为，但这是在探索和发展中出现的问题，也是西方发达国家在发展证券市场初期普遍遇到的问题。证券公司要在规范中发展，这在法律中已经很明确了。

监管者和被监管者的关系

《证券法》实施后，有利于证券公司规范发展。对于证券公司的地位，法律已经明确。只要合法经营，它的正当经营权益就要受到法律的保护。中国证监会的工作是依法监管。所谓依法，就是没有随意性，广义的法律包括法律、法规、规章、操作规程，还有指导性意见。指导性意见是一种引导，我们的监管法律体系应该有这五层。监管者和被监管者要根据法律，时时注意保护投资者利益，保护市场公平竞争，保护市场安全，这三条实际上也保护了证券公司长期良好的发展环境，因为系统不安全不行，系统不安全证券公司就会出现风险，证券公司出现风险就会波及投资者，投资者的利益就会受损。我们保护这个系统，就是为了维护投资者的信心，保护投资者的利益，所以我们一是依法监管，二是要为证券公司合法经营创造好的环境。通过监管法律、法规以及健全的制度，加强对证券公司的监管，尤其是风险的控制。通过我们的现场和非现场检查制度，要求证券公司建立一整套防范风险的内部控制制度，随时检查证券公司的风险状况。早期的监管主要是一个合规性、合法性的监管，这是必要的，现在更多是安全性的监管，我们制定了一系列的法规、规章。我们在加紧制定证券公司管理规定，在这个规定里，我们为证券公司的发展留了很多空间，这些空间有利于我们证券公司今后的发展，比如综合类、经纪类这两类证券公司怎么分类，财务风险、资产管理业务怎么定等。

监管者和被监管者的关系，从法律上讲，要各司其职。一方面，监管部门为证券公司创造良好的环境，为证券公司提供好的服务，证券公司依法经营、规范发展。另一方面，监管部门要严格监管、依法监管，违法必究。比如，现在行情比较好，有的证券公司仍继续为客户透支，还在挪用客户保证金，还在非法吸收存款。过去历史遗留的问题，我们逐步清理，现在还在做，我们查到了要严肃处理。一个市场，没有威严，就是无效的市场，因为违规经营、非法赚钱，不仅会损害投资者的利益，还会损害其他同行的利益。证券业协会要重视自律，要通过行规来约束。比如去买菜，在街上问菜价，卖家都一口价，价格差不多，这是有行规的。只要你今天在这里降价，就要被驱逐出市场，因为卖菜的商贩有自己约定的行规。证券作为一个行业，在竞争中也有行业的道德操守，所以自律性组织要发挥作用。

正确处理好规范和发展的关系

《证券法》是一个规范与发展并重的法律，虽然从规范入手，但是为证券公司的发展留下了很大的空间。

第一，证券业务的监管集中统一为中国证监会一家。从小处看，起码你少跑了衙门，降低了成本。1998年6月以前，证券公司业务与机构分别由中国证监会和中国人民银行监管，承销、自营等业务的审批要跑中国证监会，机构增资扩股、变更事项、换证、迁址要跑中国人民银行。一年下来，人力、物力牵扯都很大。现在合在一起了，咨询、承销以及机构的审批、变更，从市场进入日常监管再到市场退出，由中国证监会统一办理，这为证券公司办事提高了效率、节约了成本，从体制上解决了相互扯皮、消耗的问题。另外，中国证监会能从全面的角度来研究证券公司的规范与发展，有利于证券公司的发展和行业的风险防范。

第二，自律性组织的规范。《证券法》里面有一章写证券业协会的，证券业协会的工作就是建立行规、约束操守，规范行为标准。这可能要靠大家一起出谋划策，制定公共标准。市场上就怕第一个人犯规后没有处罚，第二个人就会跟着犯。证券公司如果违法、违反行规，不加以处罚，证券市场就规范不了，券商规范不了，也就发展不了。为什么？因为这样会形成恶性竞争，导致两败俱伤。不管谁带头，查到一个，处理一个。证券公司首先自己遵守法律法规，然后大家才会遵守，如果说有一个要讨便宜，要有例外，自律部门不约束，不按行规处理，市场就无法规范，自律性组织就没有起到自律的作用。当然，这样做很困难，但我们只有往这个方向努力，证券市场才能规范发展。

第三，法律地位的肯定和证券商组织结构的规范，也为我们证券公司在法律的保障下依法经营，向现代企业制度发展提供了保障。按现代企业制度看，国有企业绝大部分都不合格，证券公司从成立的那一天起，尽管很不规范，但比较而言，它比过去传统体制下的工厂、传统体制下的公司、传统体制下的其他金融机构，市场化程度更高。《证券法》把这一点肯定下来了。《证券法》第一百一十八条规定："本法所称证券公司是指依照公司法规定和依前条规定批准的从事证券经营业务的有限责任公司或者股份有限公司。"这为证券公司走向现代企业制度奠定了一块基石。往后走，这条路相对好走。尽管我们现在的董事会发挥的作用并不是很大，有的可能完全是经理层的内部控制在操作，但我认为，《证券法》的出台给证券公司法人治理结构科学化带来了一个很好的契机，今后要发展，逐步往市场化方向引，有一个好的基础。

第四，分类和业务的规范，有利于造就一大批综合类券商和一批专业化程度比较高的经纪商。《证券法》第一百一十九条规定："国家对证券公司实行分类管理，分为综合类证券公司和经纪类证券公司，并由国务院证券监督管理机构按照其分类颁发业务许可证。"据了解，我国台湾地区的证券交易法中没有对证券公司进行分类，而是分别发牌，一个承销牌，一个经纪牌，一个自营牌，三个牌都拿齐了，就是一个综合类券商。承销牌里有几项，可以做财务顾问，可以做资产管理。如果只允许做经纪和自营业务，只发经纪牌，就是一个经纪类券商。我国《证券法》定为两类券商，综合类券商和经纪类券商的分类，有一个逐步实施的过程，不是一刀切开的。对过去的券商要逐步清理，逐步地分成两类，综合类券商是成熟一个、发展一个，成熟一批、发展一批。因为事情不那么简单，许多券商原来做的业务有一个逐步消化的过程。综合类券商的队伍里，实力有强有弱，规模有大有小。市场上已经形成一批资本规模较大、经营规范、管理水平高、业绩较好、力量很强的证券公司，市场份额绝大部分也被这些公司所占有。中国证监会已经设定了综合类券商的一些必要条件，只要符合条件，就可以批设为综合类券商。如果申报经纪类券商，符合条件就可以批准。出于历史的原因，可以考虑让证券公司在分类过程中继续开展现有业务，依靠政策指引和市场的力量，让市场消化一段时间，逐步向两类分化，到某个时间，慢慢就分开了。分开后这两类证券公司还要考虑经纪类公司怎么升格为综合类公司，综合类公司怎么下降为经纪类公司。综合类公司可以是一个平台，符合条件的，经审查批准的可以成为综合类券商,但对每项业务实行资格审查制度,单独发牌。每一个业务发一个牌,承销业务一个牌,自营业务一个牌,经纪业务一个牌,资产管理业务一个牌,咨询业务一个牌,这几个牌全部抽调就剩一个经纪牌后,就是一个经纪类公司了。经纪类公司如果经营好、业绩突出,也可以考虑升为综合类券商。一些规模比较大、经营规范、业绩比较优良的综合类证券公司,在一级市场上起主承销商的作用,另外,还有一些虽然也是综合类券商,但没有做主承销业务,可以做分销商,这样有一个传递,不是都做主承销商。《证券法》有一条规定,承销金额达到 5 000 万元以上的必须组成承销团,由主承销商和分销商共同组成承销团,这里面实力比较弱的综合类券商就可以以分销商的资格出现。这样在一级市场上的综合类券商就可以因实力大小而有一个大体的分工。分类有利于券商的发展,有利于证券市场的发展。

《证券法》对券商风险的控制也做了规定,要求对承销业务的风险进行分散,对承销量、价格也做了规定,对证券公司的内部控制制度、财务风险都做了规定。这有利于防范风险,有利于证券公司的长远发展。

《证券法》要求建立"三个基金",一是证券交易所的交易风险基金,二是登记结算公司的结算风险准备金,三是证券公司交易风险准备金。这三个基金,实际上是有利于证券公司防范风险,有利于证券公司发展的。

第五,清理被券商挪用的客户保证金,同时为券商开辟合法融资渠道。保证金挪用,是历史形成的。《证券法》第一百三十二条规定,"客户的交易结算资金必须全额存入指定的商业银行,单独立户管理。严禁挪用客户交易结算资金",第一百三十三条又规定,"禁止银行资金违规流入股市。证券公司的自营业务必须使用自有资金和依法筹集的资金"。对于这两条规定,我的理解是,法律一方面堵死了券商继续挪用保证金的邪路,另一方面为券商开辟"正门"进行融资。目前,同业拆借、证券回购、抵押贷款、发行债券都是可以考虑的融资方式,今后还可以考虑通过公开发行股票募股等方式进行融资。这个门打开,证券公司发展的前景就宽广了。证券公司作为一个金融性公司需要融资渠道,例如,承销、配股中占用资金,再行承销、配股,资金无力周转,有流动资金需要,又如,发行价双方协商,一级市场承销垫付的钱可能就更多了,证券公司风险加大了,如果还不给它开资金渠道,那么它的合法经营就很难进行。一方面要堵邪路,另一方面要开正门,依法加强监管,对违规绝不手软。当然,该保护的、该服务的、该做好工作的,监管部门尽量要做好,作为监管者、服务者,我们尽最大的努力为证券公司争取合法经营的环境,就是维护证券公司发展的空间。因为监管者不能只是告诉别人不应该做什么,光这样是不够的,而是要创造条件,让被监管者知道怎样做才是合法的,为其提供服务,提供良好的环境,让其在法律框架下依法经营、合法经营,但对于害群之马要严惩不贷。处理好规范与发展的关系,为证券公司发展提供一个舞台,大家可以充分表演、迅速分化,使一些规范经营、规模大、资质好、业绩优的证券公司向大的投资银行发展,为促进中国证券市场发展做出贡献。

谈2007年版《期货交易管理条例》修改的意义

中国期货市场产生于20世纪90年代初，作为改革开放的内容，我国的一些城市试点建立了期货市场。由于没有经验，各部门各地方自行其是，一哄而起，建立了50多家期货交易场所、3 000多家期货中介机构，无规无序地上市期货交易品种。市场操纵、欺诈行为、挪用客户资金事件频频发生，乱象丛生，对国民经济造成一定负面影响，引起社会对期货市场的诟病与非议。为此1995年国务院下发文件，明确由中国证监会负责清理整顿期货市场，并实行集中统一监管。1995—1999年，中国证监会牵头对期货市场进行了两次清理整顿。在这期间，国务院、中国证监会及相关部门下发了许多文件，指导期货市场的清理整顿工作。1999年出台的《期货交易管理暂行条例》是在这些清理整顿文件的基础上形成的。其内容总体上是把期货市场控制在试点范围内，限制期货市场的发展。2000年后，国家提出了稳步发展期货市场的要求，试点初期的限制性措施已经过时，需要修改。市场各方和中国证监会积极推动《期货交易管理暂行条例》的修改工作并达成目标。2007年3月6日，国务院颁布修改完成的《期货交易管理条例》。同年3月29日,中国证监会召开了《期货交易管理条例》颁布实施座谈会。中国证监会主席尚福林、全国人大财经委员会副主任周正庆、国务院法制办公室副主任宋大涵、中国人民银行行长助理杜金富到会并讲话,最高法院、国家发改委、公安部、商务部、国资委有关负责同志,各期货交易所、期货业协会、期货保证金监控中心以及派出机构、证券期货公司和商业银行的代表、专家学者代表等约50人出席了此次会议并发言。修改后的《期货交易管理条例》具有重大意义的事情是,去掉了"暂行"二字。正如座谈会上国务院法制办公室副主任宋大涵所言:"条例名称去掉'暂行'二字,表明我国期货市场和市场管理制度已进入健康发展轨道。"我主持了这次座谈会,并做了一个简短的主持发言,下面是我发言的整理稿。

· · · ·

20世纪90年代中期以来的两次期货市场清理整顿,有力地促进了期货市场的规范发展,其中1999年实施的以试点为原则、以限制发展为主要内容的《期货交易管理暂行条例》发挥了积极作用。进入21世纪以来,期货市场稳步发展,市场出现了积极变化。客观环境的变化,市场稳步发展的需求,使《期货交易管理暂行条例》需要进行与时俱进的修改。顺应时势,中国证监会几年来积极推动《期货交易管理暂行条例》的修改工作。从2005年开始,中国证监会在国务院法制办的支持和指导下启动了《期货交易管理暂行条例》的修订工作,并于2006年8月将《〈期货交易管理条例〉修改草案》报请国务院审议。在国务院法制办和相关部门的大力支持下，在充分听取社会各方面意见的基础上，经过反复讨论修改，《期货交易管理条例》于 2007 年 3 月 6 日由国务院令第 489 号发布，于 2007 年 4 月 15 日起正式实施。为了贯彻实施《期货交易管理条例》修订精神，并广泛听取各方发展期货市场的意见和建议，特召开《期货交易管理条例》座谈会。

下面简要介绍一下期货市场当前的情况。

1999 年 9 月《期货交易管理暂行条例》实施以来，期货市场出现了规范发展的良好局面。中国证监会在对期货市场进行清理整顿并取得显著成效的基础上，积极推进期货市场的稳步发展，不断加强基础性制度建设，法规体系日益完备，风险管理水平明显提高。特别是近年在国际国内商品期货市场价格剧烈波动的情况下，国内期货市场运行平稳，交易规模不断扩大，市场功能初步发挥，社会各方的认可度提高，为期货市场进一步发展奠定了良好基础。

在市场规模方面，2006 年期货市场成交量为 4.49 亿手，成交金额 21 万亿元。与 2000 年相比，分别增长了 7.2 倍和 12 倍。截至 2006 年底，全国有期货公司 183 家，保证金余额 201.36 亿元。

在品种创新方面，2004 年，棉花、燃料油、玉米期货等新品种上市。2006 年，白糖、豆油和化纤原料 PTA（精对苯二甲酸）上市。2007 年 3 月 26 日，经国务院批准，锌期货上市交易。目前，上海期货交易所交易品种有铜、铝、天然橡胶、燃料油和锌，郑州商品交易所有小麦、棉花、白糖、绿豆、PTA，大连商品交易所有大豆、豆粕、豆油、玉米。

在基础制度建设方面，围绕期货公司财务安全、客户资产保护和投资者合法权益保障等，建立防范和化解期货公司风险的长效机制。建立了以净资本风险为核心的风险监管指标体系，确保期货公司资产真实性。实施了期货保证金安全存管制度，成立了期货保证金监控中心，及时发现期货公司挪用客户保证金现象，防止客户资金被挪用。设立期货投资者保障基金已获得国务院同意，从而将建立起期货市场投资者的最终救助机制。

期货市场功能较好发挥。随着期货市场基础性建设工作的深入开展和新品种的不断上市，与期货相关的行业逐步拓展，参与期货套期保值的企业越来越多，其中31家国有大型企业还获得了前往境外进行套期保值业务的资格。作为资本市场和现代市场经济的重要组成部分，我国期货市场在促进农业产业化、提高企业风险管理能力和增强大宗商品定价影响力方面发挥了积极作用。

随着商品期货的规范发展，金融期货也顺利起步。经国务院同意，中国证监会从2006年初开始筹备金融期货，2006年9月中国金融期货交易所正式挂牌成立。按照"充分准备，平稳推出，隔离风险，强化监管，逐步发展"的20字基本原则，金融期货的各项准备工作正在稳步推进，推出股票指数期货的条件逐渐具备。目前，与金融期货推出相关的规则制度已经起草完成，将在《期货交易管理条例》施行后陆续发布实施。交易所层面的交易规则和合约设计已基本完成，新的交易技术系统正在检测，市场中介服务机构正在加紧准备，投资者教育活动全面开展。

在金融期货的制度设计中，我们始终将风险防范放在首位，以确保股指期货推出后平稳运行，使功能有效发挥。一是实行严格的风险隔离制度，股指期货由期货公司专营。二是金融期货交易所将采用国际通行的分级结算制度，建立风险逐级控制、化解和分担的机制。三是建立了股指期货和股票现货市场的监管协调机制，严防跨市场的违法违规和风险传导。四是选择抗操纵性好的交易产品。五是合约价值较大，引导建立以机构投资者为主体的市场结构（按目前市场的股票指数收取10%的保证金计算，一手300股指期货合约价值为80万元，需要收取保证金8万元）。

我们相信，按照国务院《期货交易管理条例》修订的精神，在社会各方的关心和支持下，期货市场的发展将会出现更好的局面。

大家对于《期货交易管理条例》的贯彻实施，对于期货市场的创新和监管，对期货市场法治建设等提出了很多很好的建议，我们将认真加以研究，并在监管工作中积极实施。

一次意义重大的修改

2004年1月,《国务院关于推进资本市场改革开放和稳定发展的若干意见》发布,提出了发展商品期货市场为实体经济服务、研究开发金融衍生品的要求。该意见的发布,从指导思想上改变了将期货市场限制在试点探索范围的情况,规范发展期货市场成为中国证监会需要积极推动的工作。1999年的《期货交易管理暂行条例》有许多限制期货市场发展的规定,已经不适应发展要求,需要修订。2005年,经国务院同意,中国证监会在国务院法制办的支持和指导下,启动了对《期货交易管理暂行条例》的修订工作,并于2006年8月将《〈期货交易管理条例〉修改草案》报请国务院审议。2007年3月6日,国务院发布了《期货交易管理条例》。《期货交易管理条例》于当年4月15日起施行。在起草《期货交易管理条例》的同时,中国证监会也抓紧了配套规章的修订和起草工作。《期货交易管理条例》是对《期货交易管理暂行条例》进行修改后形成的,是在总结期货市场整顿发展的经验基础上制定的。为了使市场各方更好地理解和执行《期货交易管理条例》以及中国证监会配套管理办法的有关规定,我们邀请了参与这些法规文件起草和修改工作的国务院法制办财金司、中国证监会期货部和法律部的工作人员，编写了《期货市场新法规解释与适用》一书，对这些法规文件的制定背景和基本情况进行了详细介绍，对《期货交易管理条例》条文逐条进行了全面、权威、深入的解读。我担任该书的主编，主持了该书的编写工作。时任中国证监会主席尚福林、时任国务院法制办副主任宋大涵分别为该书作序。下面是该书的内容介绍。

· · ·

此书总体精神[①]

《期货市场新法规解释与适用》一书围绕着 2007 年发布施行的《期货交易管理条例》及中国证监会相关配套规章和规范性文件进行专业解读。《期货交易管理条例》是对 1999 年《期货交易管理暂行条例》的修改。《期货交易管理暂行条例》为清理整顿期货市场，规范市场主体交易行为，加强市场风险管理，确立期货市场集中统一管理体制，提供了有力的法律保障。这些年来，中国证监会按照国务院有关文件精神，为清理整顿期货市场、建立期货市场秩序、防范期货市场风险、促进期货市场健康发展做了大量艰苦细致、卓有成效的工作。《期货交易管理暂行条例》的一些规定已经不能适应期货市场进一步规范发展的需要，比如，《期货交易管理暂行条例》中的风险控制制度和监管措施，需要根据这些年来新的经验予以改进和强化；《期货交易管理暂

---

① 姜洋主编，《期货市场新法规解释与适用》，法律出版社，2007 年版。

行条例》的规定仅限于商品期货，不能适应适时推出金融期货交易、期权交易等。

　　《期货市场新法规解释与适用》一书的解读，反映了围绕《期货交易管理条例》等一系列期货市场法规制度的完善，充分贯彻和体现了国家健全现代化市场体系，完善资本市场结构，积极稳妥发展期货市场的指导思想。既全面总结监管经验，又积极探索市场发展创新；既遵循立法基本原则，又兼顾期货市场业务特性；既满足现实发展需要，又立足市场长远建设。《期货交易管理条例》的适应范围，将期货交易从商品期货扩展到了金融期货，将产品种类从期货扩展到了期权，并创新了交易结算制度，适当扩大了期货公司业务范围，强化了基础制度建设，丰富了监管措施和手段，加强了自律监管等。这对于巩固期货市场规范发展成果，改善法治环境，牢固法治基础具有重要意义。同时，中国证监会根据《期货交易管理条例》的相关内容，结合金融期货市场筹备以及股指期货推出的需要，制定、修改和完善了若干规章和规范性文件，从而进一步健全了期货市场以《期货交易管理条例》为核心，以部门规章和规范性文件为主体的法规法制体系。中国证监会这些配套的规章制度，全面系统地按照《期货交易管理条例》的内容，细化了各项具体制度和监管要求，形成了以主体规范为主线，兼顾业务规范的总体规划。全面修改了《期货交易所管理办法》《期货公司管理办法》《期货公司董事、监事和高级管理人员任职管理办法》《期货从业人员管理办法》四项规章，以及新制定了《期货公司金融期货结算业务管理试行办法》《期货公司风险监管指标管理试行办法》《证券公司为期货公司提供中间介绍业务试行办法》三项规范性文件，对期货市场的制度基础，包括股指期货市场框架、业务模式、准入标准及监管要求等，做出了全面系统的规定。

增加了金融期货、期权内容

《期货交易管理暂行条例》只能适用于商品期货交易，没有明确也无法适用于金融期货和期权交易。有些规定与开展金融期货交易有冲突。《期货交易管理条例》明确将金融期货和期权交易纳入调整范围，同时取消有关限制性规定，为推出股指期货等金融期货创造必要条件。《期货交易管理条例》第二条明确规定，商品期货合约和金融期货合约、期权合约交易及其相关活动，应当遵守《期货交易管理条例》。同时，为配合金融期货的推出，《期货交易管理条例》还删除了《期货交易管理暂行条例》中有关金融机构不得从事期货交易的规定，并将暂行条例中有关信贷资金、财政资金不得入市的规定修改为"任何单位或者个人不得违规使用信贷资金、财政资金进行期货交易"。这样的修改，一是考虑到证券公司、基金公司等金融机构应当被允许进行期货交易；二是考虑到将来推出利率、外汇等期货，商业银行等金融机构必然会广泛参与，同时也为那些获得农业发展银行贷款支持的粮棉企业进入期货市场进行套期保值清除法律障碍。

强化了集中统一监管体制

我国期货市场的监管一开始是分散的、多头的、不统一的。试点初期，期货市场由相关现货主管机构独自或与地方合作设立，形成了各自为政的分散监管体制。比如，小麦、大豆、玉米等农产品期货市场基本是由当时的商业部主导的，有色金属如铜、铝等期货市场主要是由当时的物资部主导的。财政部坚持认为国债期货应归其管理，而中国人民银行则认为国债期货是利率期货的一种，应由人民银行管理。由于监管机构不明确，期货产品上市没有相应的法规制度进行规定，相关部门把注意力放在上市交易的产品审批上，但产品上市后的持续性监管无人负责，因此，期货品种上市后市场操纵、欺诈行为泛滥，投资者损失严重，期货市场对社会稳定构成威胁。典型案例就是"327"国债期货事件。从1993年开始，国务院多次发文明确由中国证监会监管商品期货，1995年"327"事件发生后，国务院明确由中国证监会集中统一监管国债期货市场。1999年出台的《期货交易管理暂行条例》规定，由中国证监会对期货市场实行集中统一的监督管理。但对于金融期货、期权合约是否由中国证监会监管并没有明确。

《期货交易管理条例》第五条明确规定："国务院期货监督管理机构对期货市场实行集中统一的监督管理。"明确中国证监会既监管商品期货市场，也监管金融期货市场，凡是期货合约、期权合约都纳入了集中统一监管体制。《期货交易管理条例》的规定，能够有效避免再次出现类似我国20世纪90年代期货市场由于多头批设、交叉监管而出现的混乱局面，彻底解决了期货市场的分割和多头监管问题。保证期货市场监管工作的有效性、专业性、权威性和针对性，切实强化对市场的风险管理。《期货交易管理条例》强调了在集中统一监管框架下的相关部门多方监管协作机制。比如，《期货交易管理条例》第十三条规定："国务院期货监督管理机构批准期货交易所上市新的交易品种,应当征求国务院有关部门的意见。"同时,第六十六条规定:"国务院期货监督管理机构应当与有关部门建立监督管理的信息共享和协调配合机制。"这种规定,有利于维护国家金融市场的健康、稳定、协调发展,为期货市场长远发展奠定了基础。

完善了风险控制体系

期货市场的稳定健康发展需要进一步完善风险控制体系。建立和发展期货市场的目的是,利用其价格发现、套期保值的经济功能。由于期货市场是一个高杠杆、高风险、低成本的金融市场,这决定了市场具有较高的投机性,许多带有赌博心理的交易者,利用期货"T+0"的交易机制,在市场上频繁交易,企图用较少的资金成本去博取较高的价差收益,这种自私自利的行为,无形中产生了较大的流动性。流动性是期货市场发挥功能的前提,没有流动性就不可能实现价格发现和套期保值的功能。这种主观为自己、客观有利社会的交易形态,在润滑实体经济活动的同时,也带来了期货市场的各种风险,包括违规经营风险、结算风险、交易者的交易风险以及市场主体道德风险等。1999年《期货交易管理暂行条例》发布之前,由于我国期货市场缺乏必要的、统一的风险控制措施和手段,加之缺乏有效监管,期货交易所和期货公司内部管理松懈,我国期货市场过度投机、市场操纵、风险频频,不仅不能发挥价格发现、套期保值等风险管理功能,反而成为制造风险的源头,以至于社会对于期货市场存在的必要性产生疑问。发展期货市场必须兴利除弊,而除弊的重要手段就是建立完善的风险控制体系，提前发现和化解期货市场的风险，必须进一步建立、健全统一的基础性风险预警体系。《期货交易管理条例》主要从以下方面强化了市场风险控制：建立、健全基础性风险预警体系，以便及时发现潜在的风险。《期货交易管理条例》确立了三项风险预警体系。第一，设立了期货保证金安全存管监控制度，要求中国证监会建立、健全保证金安全存管监控制度，设立期货保证金存管监控机构，对期货市场保证金安全设施每日稽核、严密监控。第二，对以净资本为核心的期货公司财务监管制度做出规定，要求中国证监会对期货公司的净资本与净资产的比例，净资本与业务规模的比例，流动资产与流动负债的比例等风险监管指标做出规定，全面反映和准确评估期货公司的财务和风险状况，及时监测和预警财务风险隐患。第三，设立期货投资者保障基金，防范不可预见的风险对投资者特别是中小投资者合法权益的损害，建立投资者利益补偿机制。

健全了监督管理措施

《期货交易管理条例》加强了三个方面的监管措施和手段。一是规定中国证监会有对期货交易所、期货公司等进行现场检查，以及查询与被调查事件有关的单位的保证金账户和银行账户等职权。现场检查是指中国证监会的检查人员，在依法履行职责时可以前往上述单位或机构所在地，通过听取报告、检验有关资料等方式进行实地检查。实践证明，要做到对期货市场的有效监管，不仅需要在发生违法行为时依法查处，而且更需要加强对有关主体的日常监管，在问题出现在萌芽状态时就解决掉。其中，监督管理机构对被监管者实施的现场检查，有利于及时发现问题，消除风险隐患。因此，《期货交易管理条例》在暂行条例相关内容的基础上进一步完善，根据市场发展需要，新增加了其他期货经营机构、非期货公司结算会员、期货保证金安全存管监控机构参与主体等检查对象。二是对不符合持续性经营规则或出现经营风险的期货公司，经责令整改逾期未改正的，中国证监会可以采取限制或暂停部分期货业务、责令更换董事和高级管理人员等措施。比如，期货公司扩张太快，财务能力不足，净资本达不到监管要求，就属于不符合持续经营规则要求，就需要在监管机构规定的宽限期内补足净资本，否则监管部门会采取如上监管措施。三是对有违法经营活动或出现重大风险，严重危害期货市场秩序、损害客户利益的期货公司，中国证监会可以采取责令停业整顿，指定其他机构托管、接管等监管措施。

拓宽了期货公司业务范围

1999年的《期货交易管理暂行条例》出于当时期货市场清理整顿的需要，规定期货经纪公司只能从事境内期货经纪业务，严禁从事境外期货经纪等业务，不利于期货公司的进一步发展壮大。新条例适当放宽了期货公司的业务范围，明确规定期货公司可经营境内、境外期货经纪业务和期货投资咨询以及中国证监会规定的其他期货业务。

明确了有价证券可为保证金

实践中,期货交易所和期货公司为解决客户在期货交易过程中流动资金暂时不足的问题,普遍存在接受会员和客户使用有价证券充抵保证金进行期货交易的情形。《期货交易管理条例》明确,期货保证金不限于交纳现金,还可以用有价证券冲抵。为防止实践中使用有价证券冲抵保证金进行期货交易可能带来的风险,《期货交易管理条例》规定,可冲抵保证金的只限于标准仓单、国债等价值稳定、流动性强的有价证券。

明确界定了变相期货界限

期货交易风险高,对社会稳定影响大,因此凡属于期货交易活动的,国务院都授权中国证监会集中统一监管。但实践中却出现了游离于监管之外的变相期货,危害很大。暂行条例虽然也明确规定禁止变相期货交易,但没有明确界定什么是变相期货交易,实际监管中难以操作,难以取缔,存在非常大的风险隐患。《期货交易管理条例》第八十九条规定:"任何机构或者市场,未经国务院期货监督管理机构批准,采用集中交易方式进行标准化合约交易,同时采用以下交易机制或者具备以下交易机制特征之一的,为变相期货交易:(一)为参与集中交易的所有买方和卖方提供履约担保的;(二)实行当日无负债结算制度和保证金制度,同时保证金收取比例低于合约(或者合同)标的额20%的。"这为清理和取缔变相期货交易的工作提供了法律依据。《期货交易管理条例》对变相期货做出了明确界定,解决了长期以来因为缺乏目前的法律界定而使暂行条例的禁止变相期货交易的有关规定无法操作的问题。要做好变相期货交易的清理整顿工作，以维护市场秩序和金融安全。《期货交易管理条例》的施行，需要监管机构、自律机构、中介机构、投资者以及社会各界的学习、理解与落实，才能准确把握其内容、认识其意义、规范其行为。《期货市场新法规解释与适用》的出版发行，正如时任中国证监会主席尚福林在该书序言中所说的："为期货市场的各类参与主体及专家学者提供了一份有价值的参考资料，对促进期货法律法规的实践总结、理论研究及制度创新具有积极作用，并为期货法的出台奠定了基础。"

美国金融监管改革与启示

2008年金融危机发生后,美国出台了《多德－弗兰克法案》,它是20世纪30年代以来美国最全面的一项金融监管改革法案,旨在限制系统性风险,为大型金融机构可能遭遇的极端风险提供安全解决方案,将存在风险的非银行金融机构置于更加严格的审查监管范围内,同时针对金融衍生品交易进行改革。加强场外金融衍生品市场监管是这个法案的重要内容之一。这些改革对我国衍生品市场的监管具有启发作用,提醒我们不受监管的场外金融衍生品市场多年来在美国的无序发展,积累了重大风险,对这次的金融危机有非常大的破坏作用。这需要引起我国正在发展的场外衍生品市场的警醒,我们应该未雨绸缪,防患于未然。该法案建立了一个新的金融监管框架,将不可避免地对未来美国金融市场、金融机构体系、危机处置路径等的重塑产生影响。2010年我读了该法的中译本,产生了一些联想,并记录在案。现在整理于后。

· · ·

结合本职工作,我读《多德－弗兰克法案》后觉得该法在创新和监管方面有三个特点,并获得四点启示。

特点之一:产品创新与监管强度平衡

第一,危机产生的重要原因之一是,产品创新与监管的平衡没把握好。20世纪80年代开始,美国金融创新逐步突破《格拉斯－斯蒂格尔法案》的限制,金融机构规避监管的产品创新冲动加强,政府放松了市场监管。20世纪90年代,华尔街为了利益,大肆发展场外金融衍生品,使金融机构之间的交易逐渐脱离服务实体经济的轨道,追求金融创新中的交易佣金。场外金融衍生品大行其道,成为许多金融机构的主要盈利业务。这种情况在美国引起一些头脑清醒的监管人士的担忧,与美联储等监管主流派支持场外衍生品市场发展的观点相左。美联储主席格林斯潘、美国财政部长鲁宾和副部长萨默斯等人,与美国商品期货交易委员会主席夏皮罗之间发生了一场关于金融衍生品市场是否需要监管的争论。格林斯潘等人坚持认为,场外衍生品的问题应由市场解决,强调自我约束,不需要美国商品期货交易委员会或美国证券交易监督委员会的监管。夏皮罗等人则认为衍生品市场需要监管介入。1994年11月,由美国财政部长鲁宾牵头的总统金融市场工作组认为,"金融衍生品几乎不可能被操纵"。美国总统克林顿在1999年推动《金融服务现代化法案》颁布,彻底否定《格拉斯－斯蒂格尔法案》,主张场外金融衍生品市场不受监管的主流派胜利。于是,金融混业经营大行其道,金融创新层出不穷,从而导致场外金融衍生品在没有监管的情况下无序生长,金融创新失去控制,利欲熏心引发次级贷款危机,从而爆发2008年金融危机。温故知新，监管部门在市场狂热的情况下放松了监管，导致危机发生，造成对经济社会的破坏，因此，一味地放纵金融创新或不计成本地进行监管都是不可取的，需要寻找创新与监管之间的平衡点。

第二，本次改革的重要内容之一是，将场外金融衍生品市场纳入监管，肯定了受到严格监管的场内金融衍生品市场，即期货市场。首先，要求场外衍生品标准化。标准化产品的特点是透明度高，容易监管。而这次发生问题的场外次级贷款债券衍生品，通过金融创新导致产品层层嵌套、复杂难辨，谁也说不清楚其底层资产的风险状况，比如雷曼兄弟。芝加哥商业交易所终身荣誉主席梅拉梅德2009年在上海说，在芝加哥商业交易所交易的雷曼兄弟场内标准化合约金融衍生品没有受到危机影响，它们通过中央对手方制度，完成了当天清算，而场外金融市场产品则直接导致雷曼兄弟破产。其次，要求场外衍生品实行中央对手方制度，在场内集中清算。《多德－弗兰克法案》规定，清算商须在美国商品期货交易委员会注册，接受监管。但就目前看，这项改革进展较慢，清算机构如何获得新业务还不甚清楚。伦敦清算所统计，其只有1/8的业务来自场外市场。最后，能集中清算的金融机构，必须满足最低资本金要求，同时建立交易结算数据库。

《多德－弗兰克法案》还明确了美国商品期货交易委员会是所有金融衍生品（场内场外）的监管者。10多年前在场外金融衍生品是否需要监管的争论中败于格林斯潘的夏皮罗的观点得到广泛接受。金融危机说明，场外金融衍生品市场必须接受监管。2011年修改的美国《商品交易法》中，把《多德－弗兰克法案》中的相关内容补充了进去。

第三，明确了长期的场内市场监管原则，要求监管从产品设计开始。所有交易所在注册上市产品时，都必须按照美国商品期货交易委员会规定的条款设计产品，无论是交易所自己审核还是由商品期货交易委员会审核，都必须满足这些必备条件。特别强调，容易被操纵的商品不得作为期货合约的标的物。

特点之二：政治选择与监管强度的平衡

第一，危机产生的原因之一，在于政府出于选举政治动机。为争取选票，向民众传递"居者有其屋"的执政理念，放松了房地产抵押贷款市场的监管，造成房地产泡沫。2002年美联储在执行低利率政策时，是清楚会产生泡沫的。2002年房地产开始升温时，格林斯潘预感到了房地产热不可持续，但出于政治考量，格林斯潘仍然放纵美联储的低利率政策，从而导致房地产泡沫不断膨胀。2006年，他在《我们的新世界》一书中写道："不寻常的房地产过热……是由抵押债务的剧增推动的，这不可能永远持续。"他表示："尽管美联储的共识是，经济所需要的可能不是再次降息，但我们还是同意降息……我们愿意冒险降息，我们可能会造成泡沫，形成某种事后必须加以处理的通胀性繁荣。"但同时他又认为，消费者支出可带领经济挺过后"9·11"时代的困境，而带领消费者支出的则是房市。低利率刺激了美国房地产价格不断上涨，成屋市价从2000年起连续3年每年上升7.5%，高于几年前上涨幅度的2倍。格林斯潘在书中写道："到了2006年，将近69%的家庭拥有自己的住房，它是从1994年的64%及1940年的44%升上来的……这种所有权的扩张，能够让更多人和我国的未来绑在一起，我觉得，将来，国家会更加团结。"他还进一步表示："我当时就知道放宽房贷信用条件会给次级借款人增加财务风险。但我当时相信，现在也还相信，扩大居者有其屋的好处值得我们冒这个风险。财产权之保护对市场经济是如此之关键，拥有财产的民众必须达到关键人数，才能在政治上长期支持财产权之保护。"格林斯潘认为，人们普遍相信，拥有房屋有助于人们创造财富，能够稳定社区，创造就业岗位，刺激经济增长，巩固美国人民对美国的信心，稳定美国资本主义制度。格林斯潘知道过度宽松的货币政策会带来灾难，但从政治需要出发，却对推高房地产泡沫的低利率政策听之任之，不断降低监管底线，从而引发金融危机。政治需要，导致格林斯潘等监管者选择了放松监管。

第二，这次通过的改革法案是政治妥协的产物。比如"沃尔克规则"（银行用一级资本的3%可自营衍生品，投资的任何一个基金的总额不能超过该基金权益总额的3%）就是在各方争吵中的妥协，弱化了最初的版本要求。华尔街本来是不同意这个规则的，但由于发生了华尔街的贪婪造成的金融危机，政府正在用纳税人的钱填充他们的资金窟窿，这个时候讨论这个法案，他们基本丧失了话语权，他们在国会的代言人只好接受这个规则而做出政治妥协。

第三，美国民主党政府选举需要迎合大众，在这次改革中增设了一些监管机构，监管资源的投入可能大大高于产出，因为有许多监管机构职能交叉重复，造成资源浪费。比如成立消费者金融保护局，迎合了大众。危机刚过，在一片众怒声中加强监管，趁着民众对危机还记忆犹新的时候，争取监管资源的最大化是最有利的时机。此外，这次危机的发生，消费者欺诈不是主要原因。这是科学决策还是政治考虑？政府需要在两者之间进行权衡。没有考虑实际需要，而是选择迎合大众、争取选票，这是奥巴马政府在平衡两者后的选择。

特点之三：国家金融竞争力与监管强度的平衡

第一，这次危机的起源与增强美国国际金融中心的竞争力有关。20世纪80年代撒切尔革命和伦敦金融大爆炸后，英国金融业日趋繁荣，美国金融界许多产品创新与机构业务为了绕开《格拉斯－斯蒂格尔法案》的限制，在伦敦或欧洲交易，倒逼美国放松监管，也促使美国推动金融创新，在1999年废除了《格拉斯－斯蒂格尔法案》。

第二，安然事件发生后，2002年美国颁布了《萨班斯法案》，加强了对上市公司的财务监管要求，使一些公司选择从纽约转往伦敦上市。为了保持自己的全球金融中心的地位，美国因此选择放松监管。

第三，《多德－弗兰克法案》出台后，美国金融界担心，加强监管后会加强其他国家金融业的竞争力，尤其是亚洲。因此，这个法案比刚出炉时宽松了许多。

从这次危机可以看出美国监管仍有许多不清晰、不明确的地方，这些在保尔森的《峭壁边缘》一书中有许多描述，这里不再赘述。这个法案在这方面有许多改进，对我们"新兴加转轨"的市场有四点启示。

启示之一：监管要与国情相适应

金融市场需要监管是全世界的共识，但每个国家因为国情不同，采取的监管措施的强度也应有所区别。我国处于市场经济发育初期阶段，法治环境、契约意识、诚信自律还处于建设中，市场对经济运行各主体的约束作用相对较弱，加强监管是这个阶段的中国金融市场所需要的。不能照搬照套市场经济发达国家的做法，一味放松监管，导致金融风险一发不可收拾。美国金融危机就是案例。

启示之二：监管部门间的合作协调至关重要

美国的金融是混业经营，商业银行也做投资银行业务，投资银行也涉足银行贷款、保险业务。在多个金融机构部门分头监管的情况下，对金融业务之间的交叉一定不要留监管缺口。美国在处理2008年金融危机期间，财政部、美联储、存款保险监管部门、证监会、期监会之间互通信息、紧密协作。在总统金融市场工作组的牵头下，协调了工作救助措施，出台了救助政策，止住了风险的扩大与蔓延，这是值得中国监管部门借鉴的。

启示之三：产品创新与监管力度要适应

第一，我们在监管实践中要把握好分寸。市场主体是创新的发起者，这是有必要的，尤其是产品创新。但它们往往就市场论市场，考虑自身利益多，考虑总体利益少，这就需要监管部门在支持创新的同时，把住产品设计的关口。从产品设计开始就植入监管。

第二，坚持产品运行监控，掌控其状态于视野之中，即可测、可控、可承受。市场有追求利益最大化的逻辑，监管部门的责任应该是，在法律框架内观察其运行状态，保护产品在运行中不被市场操纵、不被内幕交易损坏，以及投资者不被欺诈。一旦出现违法违规，应该及时处置。对风险问题要抓早、抓小、抓苗头，有效监管、防范风险的核心。

启示之四：市场监管需要科学的方法

除了坚持源头监管外，科学的监管方法很重要，还需从程序化、精细化、数量化监管上下功夫。第一，程序化监管就是制度要明确，操作流程要完备，人员配备要到位。依法监管，依专业配人，依流程行动。第二，精细化监管就是要明确细化的监管标准、监管措施和执法手段，有较强的可操作性和可执行性。第三，数量化监管就是依托先进的信息技术，收集市场尽量详细的数据，进行定量分析和风险的量化研判。比如，2008年9月15日雷曼兄弟宣布申请破产后，国内外商品期货市场剧烈波动、风险陡增。我国证监会利用期货市场监控中心的大数据及时对市场风险进行压力测试，做到"情况明，决心大"，并果断协调三家期货交易所统一采取强制减仓的方式，化解了跌幅达30%~50%的巨大系统性风险。

2011年版美国《商品交易法》的启示

2016年,中国证监会多年来组织我国各期货交易所翻译的国外期货和衍生品法律丛书由法律出版社出版了。这套丛书有美国、日本、新加坡、欧洲等国家和地区证券期货市场的法律法规。其中涉及美国的法律法规最多,除了美国的《商品交易法》外,还有美国商品期货交易委员会的规章制度。这套中英文对照的书是为了配合第九届全国人大起草期货法而开始翻译的,耗时近10年才告完成。2013年底,我参加了第十二届全国人大期货法起草组工作,为了更好地理解美国《商品交易法》的内容,我认真地阅读了该法两遍(出版前的草稿和出版后的书),对照美国商品期货交易委员会的规章,细心领会。每一遍我都认真做了笔记。为了让更多的人了解这部法律的主要内容,我在业余时间将读书笔记整理成文,分别送给期货法起草组的其他同志在工作中参考,同时于2017年10月26日在《期货日报》发表。

· · ·

我看的美国《商品交易法》是最新版的,是根据2010年通过的《多德-弗兰克法案》修订后在2011年颁布的。书籍很厚，中英对照，术语难懂，条款很绕，读起来跌跌绊绊，前后揣摩，查阅了法律中提到的美国商品期货交易委员会的一些规则，好像看明白了，做了一些思考，整理了一下思路，想谈点体会。期望在起草我国期货法时，能够给有关人士提供一个更为广阔的背景和参考。

关于对美国《商品交易法》冠名的理解

期货市场是金融衍生品市场的子市场。教科书里说，金融衍生品市场包括场内市场和场外市场。期货市场是传统的标准化合约市场，也称场内市场。非标准化的机构间一对一交易称为场外市场。美国场内外金融衍生品市场都非常大，其场外交易远远大于期货市场，但美国一直沿用期货法或商品法作为金融衍生品法律的名称。我读的这版《商品交易法》是一部调整场内外金融衍生品的法律。这部法律虽然叫《商品交易法》（Commodity Exchange Act），但我理解，这里的"商品"（commodity）是指"期货"（futures）。英国人皮特·科林编写的金融词典中，"商品"被解释为"是大量出售的东西，特别是原材料，如金属或玉米。商品贸易分为立即交割的现货，或者是将来交割的期货"。而到了交割日，期货就回归现货。交割完成，钱货两清后交易双方离场，实现了各自的交易目的。传统套期保值的实体企业都是持有合约到期进行实物交割。金融机构交易的一般是未到交割期的合约，它们主要是投机或套利交易（金融期货上有风险管理需要），为套期保值的企业提供流动性。因此，金融业讲的商品交易，一般是指期货合约交易，而不是现货商品。美国立法遵从了这一约定俗成的规矩。在西方，由于贸易需要，产生了商品远期合约这一场外衍生品，19世纪60年代出现了场内交易的期货市场（芝加哥期货交易所1848年成立后，先远期后期货），到了20世纪70—80年代，美国人把商品期货合约设计的一套原理和技术运用到金融产品创新上，推出了外汇、利率、国债和股票指数期货等金融期货。因此，西方搞金融的人习惯将商品合约看成期货合约，而不是具体的商品实物，是泛指一切能够在期货交易所上市的金融商品。该法第1条定义中，通过对"商品""除外商品""豁免商品"三个概念的界定，所有期货、期权、远期、互换等衍生品，不管其标的物是具体的实物商品，还是股票、债券、外汇、利率以及各种权利，都归《商品交易法》调整。美国期货市场立法是从1921年开始的。第一部叫《期货交易法》（Futures Exchange Act），经过7次修改，其名称在商品交易法和期货交易法之间变动。4次叫期货交易法，3次叫商品交易法。不管如何变动，业界都知道法律里的"商品"指的是"期货"。美国期货史说明，不管是商品还是金融，不管是期货还是期权，不管是场内还是场外，都是在期货交易法或者商品交易法名下调整和规范的。美国立法者的思想是尊重历史、求同存异、吐故纳新、重实不重名、方便参与者。这个思想尤其值得我们起草期货法时学习。

强调期货市场服务实体经济

一是防止市场操纵，扭曲期货价格损害实体经济。价格发现是期货市场为实体经济服务的重要功能之一。有投机者参与的市场能够充分反映各种信息对价格形成的影响，有助于价格发现。但过度投机和操纵市场会扭曲价格，向实体经济发出错误的价格信号，影响实体经济决策、生产、贸易和资源配置，从而直接损害实体经济的健康。因此，该法强调，期货市场必须加强监管，防止市场操纵，防止价格扭曲，使国民经济有序活动不受影响。如该法第3条所说，期货交易具有管理和承担风险、发现价格的手段和功能，关系国家公共利益，需要美国商品期货交易委员会对由交易设施、结算系统、市场参与者和市场专业人士构成的市场自律体系实施监管，防止市场操纵，以保证价格不被扭曲，使期货市场功能得以实现。

二是强调要支持企业套期保值管理风险。该法第4条规定，对于因防范过度投机而采取的限仓制度，不适用于善意套期保值者。而善意套期保值是指，商品或其产品的生产商、购买者、销售商、中间商和使用者利用交易所提供的适当期货合约，对其在未来特定时期内的合乎常理的商业需要进行套期保值。这些持仓的特征是，在现货市场有相应购物合同的，或是为降低商业企业的营运和管理风险的，或者因为持有各种资产担心市场价格变化影响的，等等。

三是强调监管要让市场更有效率，以减少商业活动不必要的负担。如在第4条a款中，要求美国商品期货交易委员会对过度投机进行监管，并设定交易限额和持仓限额（不包括善意套期保值持仓）对交易活动进行管理，因为过度投机构成了商业活动不必要的负担，还可能带来市场操纵。投机可以增加流动性，实现价格发现功能，有利于套期保值者自由进出市场。但过度投机会给市场带来灾难，如2008年金融危机，就是场外金融衍生品的过度投机引发的。

四是强调要保护美国经济的核心竞争力。该法在要求打击市场操纵和防止过度投机的同时，强调不能因监管而削弱美国期货市场的竞争力。法律要求美国商品期货交易委员会在进行监管时要与国际上其他市场的监管相比较，和其他国家的监管强度要适应。不要因为监管，让交易者流失到其他市场，从而削弱美国全球定价中心的地位。如限仓问题，该法在第4条中规定，"确保其设定的限额不会致使该商品的价格发现活动转移到外国交易场所"。目前美国是全球的商品定价中心，这是美国经济的核心竞争力。这主要依托美国全球期货交易量最大、品种最全的价格发现中心地位，而交易者提供的流动性是价格发现的重要因素。这种体现国家经济安全和战略利益的考虑，值得我们在法律起草工作中借鉴。

期货新产品挂牌上市有核准程序

在期货交易所上市交易的产品要经过审核。该法对上市交易的衍生品进行了准入规定。该法说，期货、期权和其他衍生品交易必须在美国商品期货交易委员会指定的期货交易所或其他交易场所挂牌交易。同时，挂牌交易的期货、期权产品必须经过美国商品期货交易委员会的核准。该法第19条a款规定："除非获得美国商品期货交易委员会的核准，一律禁止保证金账户或合约以及杠杆账户或合约上市交易。"这些合约通常被业界称为保证金账户、保证金合约、杠杆账户或杠杆合约的标准化合约，或者是美国商品期货交易委员会判定的具有标准化合约相同特征的其他产品。第19条b款规定，美国商品期货交易委员会可以针对涉及不同商品的挂牌上市交易，设置不同的条款和条件，任何人不得违反美国商品期货交易委员会制定的任何规则、规章和条款。根据此条，美国商品期货交易委员会在其部门规章《证券商品交易》第38章进行了规定。该规定说，交易所向美国商品期货交易委员会上报新的期货合约要求获得批准时，上报材料必须包括：对合约的描写，包括支持交易所设定这个合约的条款和条件的数据及信息；如是实物交割要对可交割供应量进行评估，如是现金交割要对价格是否被扭曲和操纵进行评估；最小价格变动的设置要有利于套期保值和风险管理功能；要进行投机限制，最大价格变动的限制；等等。禁止易受操纵的期货合约上市。该法第5条（3）规定"交易场所仅能上市不易受操纵的合约"（在美国商品期货交易委员会规章第38节附录C里，对这句话的解释长达10余页）。该法规定，期货交易和衍生品市场由美国商品期货交易委员会指定。交易场所申请产品上市必须满足和持续满足美国商品期货交易委员会规定的23项核心原则。美国商品期货交易委员会对期货和衍生品是否符合上市条件拥有主观判断和最后的自由裁量权。

该法还规定，批准期货、期权和掉期合约上市主要有两种方式。一种是交易所自愿将新产品提交美国商品期货交易委员会审查和批准。按照美国商品期货交易委员会规章第38章第4节（a）规定，期货交易所或衍生品交易执行设施按照法律和美国商品期货交易委员会规章规定的程序，请求美国商品期货交易委员会批准上市新产品及其规则，经批准后才可以标注该产品和规则"经美国商品期货交易委员会批准上市交易"。另一种是美国商品期货交易委员会将审批权下放到交易所，由交易所对产品及其规则进行自我核查。美国商品期货交易委员会规章第38章第4节（b）规定，没有向美国商品期货交易委员会主动请求预先审批的产品及其规则，必须按照美国商品期货交易委员会规定的程序通过电子邮箱以电子方式向美国商品期货交易委员会提交如下材料，并保证在产品上市前一天美国商品期货交易委员会已经收到了交易所申请上市产品的材料，同时交易所要保证这些材料完全符合法律以及美国商品期货交易委员会的规则和政策。美国商品期货交易委员会收到材料后，要按照法律法规规则和政策要求对交易所进行的自我核查的真实性进行尽职调查和评估。如果合格，美国商品期货交易委员会第二天就可以认可交易所的"自我核查"，批准新产品上市交易。如果交易所自我核查的产品没有通过评估，美国商品期货交易委员会应当中止新产品上市并让交易所做出说明。两种上市方式的最后核准权都在美国商品期货交易委员会。两种方式可以由交易所自由选择。目前，期货交易所选择后者多于前者。

该法体现了对农业的偏爱与保护

美国是一个农产品生产大国和出口大国。该法体现了对美国农业和农民的保护。看如今的全球期货市场，接近90%是金融期货，其他衍生品也主要是金融产品。农产品期货及其衍生品市场在美国期货市场的份额很小。但是监管最严格的是农产品期货市场。美国人认为，农业对国家安全至关重要。该法认为金融市场应该为农业服务而不能对其造成伤害。该法规定，农产品期货、期权产品只能在美国商品期货交易委员会指定的期货交易所上市交易。同时规定其他交易场所，如果其产品是依据交易所上市的农产品期货合约、期权合约设计的衍生品，其交易必须在征求公众意见并进行听证后，按照美国商品期货交易委员会制定的规则程序开展交易（见该法第5条）。该法第4条q款规定了鼓励和推动农产品生产商善意套期保值的程序，使本国农产品生产商更容易参与期货市场，以便在更大程度上使生产商能够对生产中的价格风险进行套期保值，鼓励期货交易所提供信息并以其他方式推动本国农产品生产商参与期货市场。

美国的期货史告诉我们，衍生品是从农产品开始的。从1848年芝加哥期货交易所推出谷物远期合约，1868年前后又推出谷物期货起，到1972年芝加哥商业交易所推出外汇期货之前，过去这100多年里，美国是农产品期货一统天下。因此，这部40年后修订的《商品交易法》仍然带有浓厚的"三农"味。20世纪70年代以后，美国姓"农"的期货交易所开始交易金融品种，将脚上的"草鞋"换成了"皮鞋"。到目前为止，美国的场内金融衍生品几乎全是这些农产品期货交易所推出和交易的。目前全球最大的交易所集团芝加哥商业交易所的产品包括了《商品交易法》里几乎所有的门类，金融期货和其他金融衍生品占其交易份额95%以上。但在20世纪70年代推出货币期货之前，它仅仅是一个交易黄油、奶酪、活牛、猪腩肉、鸡蛋等农产品的期货交易所。虽然目前美国期货市场上市交易的主要产品由农产品变成金融产品了，但美国法律偏爱农业的初心未改。90多年来在法律里对农产品期货——单列，以示突出。如第1章对商品的解释："'商品'一词系指小麦、棉花、大米、玉米、燕麦、大麦、黑麦、黄油、大豆、豆粕……活牲畜、冷冻浓缩橙汁以及所有其他货物和物品……以及作为现在交易或者未来交易的远期交割合约标的之一切服务、权利以及权益。"看下来发现基本穷尽了所有的农产品，一共列举了30种农产品，非常具体。而对金融期货、期权及其他衍生品的解释则很抽象，表述为"即服务、权利及权益等"。

美国法律对农业的保护还有管辖权的原因。在美国，商品期货交易委员会分别对国会众议院农业委员会和参议院农业、营养与林业委员会负责，而不是对国会的银行、金融委员会负责（银行、证券监管机构则是对这个委员会负责）。尽管不少人提议要将商品期货交易委员会划归国会的银行、金融委员会管辖，但遭到国会农业委员会的极力反对。因为，大量的农产品生产区域也是选举人选票的大票仓，农业委员会不愿放弃。期货市场从19世纪有政府管理以来一直到20世纪70年代美国商品期货交易委员会成立，一直是美国农业部在进行监管。另外也体现了美国对农业的重视和保护。记得2008年我去美国商品期货交易委员会拜访，代理主席卢肯推荐我去美国农业部，接待我们的是美国农业部的一位副部长。他讲了一个故事，他说原来的农产品期货中有美国家庭中最常见的蔬菜洋葱，交易量很大，因为20世纪50年代投机者操纵洋葱期货市场，价格被严重扭曲，误导了农民的种植计划，农民受到很大损失，开着拖拉机到芝加哥市政厅抗议，最后国会决定在期货法中规定，洋葱期货永远不得上市。在2011年的《商品交易法》中，我们看到了相关内容。美国对农业和农民的保护力度，由此可见一斑。该法的"三农"味重就可以理解了。

一部结合实体经济实践与时俱进的法律

从1921年颁布《期货交易法》开始到2011年，美国国会就在这部法律上不断打补丁，90年来一直紧扣实体经济的发展，不断补充和完善，让期货市场能够与时俱进，提供更多的产品和更好的服务来促进实体经济的增长。

第一，从上市产品看，从1922年开始，当初法律中规定可以上市的商品仅有小麦、玉米等不到10个品种，并禁止在交易所场外进行交易。1936年增加了棉花、大米、黄油、鸡蛋等6个商品。1938—1968年又增加了羊毛、固体植物油、大豆、家畜、冷冻浓缩橙汁等13个大类商品。1974年增加了农产品期权，以及金银期货期权等，同时扩大了上市产品的覆盖面，即从法定列举商品扩大到包括所有货物、商品、服务、权利以及权益，从而把商品项目定为包括任何商品的合约交易，包括了以前法律中没有列举的金融期货、期权及其他金融衍生品。2000年又增加了大量可交易的金融衍生商品，这些商品包括：利率、汇率、货币、证券、股票指数、信贷风险或措施、债券或股票工具、通货膨胀指数或措施，以及其他宏观经济指数或措施；任何其他经济或商业风险、回报或价值的比率、差额、指数或措施；任何基于价格、利率、价值或水平，并不受相关合约、协议或交易当事人控制的经济或商业指数；事件、事件的范围或意外事件；根据价值、水平、比率或提供交付一种或多种商品的有一个或多个支付指数的证券。这个时候的美国，经济结构正在调整，金融体系正在改革，期货立法有力地支持了美国的经济发展和金融改革。

第二，从市场监管看，1848年芝加哥期货交易所建立时，市场完全依靠自律管理。相当长的时间里，投机商在现货上囤积，在期货上操纵市场，非法期货交易及欺诈事件频频发生，社会舆论强烈要求国家立法对市场进行规范和监管。从1922年开始，美国国会针对各地乱设交易场所的情况进行整顿与规范。法律规定，必须经过美国农业部同意才能设立期货交易场所，并对交易所提出自律管理要求。在20世纪美国大萧条期间，时任总统罗斯福给国会写信说："不受监管的证券和期货投机，是此次人为的毫无保证的'繁荣'的成因之一，而这又在很大程度上导致了1929年后的经济衰退。"因此，1936年法律修改的重点在于规范期货交易所的行为和加强市场监管。该法以及后来的有关监管规定表示，美国农业部必须要求期货交易所禁止某些商品、期权产品上市；要求期货交易所对投机者进行限仓制度和大户报告制度，限制过度投机交易；要求交易所规定其会员在期货交易中的市场欺诈和虚假交易行为为违法行为；要求交易所对违法违规的会员进行退出市场的处罚。同时强调要保护公共利益，要求期货交易所必须制定上市期货合约的条款、条件以及期货公司最低财务标准的规章制度与规则，以便农业部期货监督官员检查；对期货公司等中介机构提出了必须满足政府管理部门和交易所规则规定的最低财务要求，要求中介机构必须进行报告和信息披露等；对挪用客户保证金、操纵市场、散布虚假信息的犯罪行为进行刑事处罚。1974年，美国国会通过对期货法的修改，成立了美国商品期货交易委员会，并授权美国商品期货交易委员会对期货和衍生品市场进行集中统一监管。20世纪80年代开始，随着外汇、利率、股票指数等期货产品的上市，除传统的农产品期货参与者外，许多金融机构、富裕的个人也成为市场参与者，引发了期货和衍生品市场的一些问题，尤其是1987年的股灾，许多批评者认为是1982年上市的股指期货引起的（后来调查发布的报告证明，引发这次股灾的不是股指期货，股指期货仅仅是一只"报晓的雄鸡"）。因此，1982年、1986年两次对期货法的修改都是围绕解决这些问题的。主要内容包括：一是对美国商品期货交易委员会和美国证券交易监督委员会在期货和衍生品市场监管上的权限进行再明确；二是要求美国商品期货交易委员会规范非农业商品杠杆交易，禁止除黄金、白银、铂金之外的杠杆交易，提高美国商品期货交易委员会对场外衍生品交易监管的执行权，同时也授予联邦各州对场外衍生品的监管权；三是加强了对期货交易所的监管，要求期货交易所建立严格的审计制度，建立交易限制和会员的披露制度，建立防止利益冲突的制度，要求美国商品期货交易委员会随时对市场风险和交易所及会员的财务风险进行评估。

到了20世纪90年代，华尔街认为监管太严，影响了美国的金融创新活动。格林斯潘也多次说，场外金融衍生品市场是机构间的交易，它们的专业知识和市场本身的调节作用，能够让它们很好地控制风险，政府监管部门不应介入。利益集团推动国会对期货法进行了大幅度修订。因此，2000年《商品期货现代化法案》修改的条款主要体现了放松监管的内容。一是强调发挥交易所自律管理作用。二是强调扩大市场参与者范围，增强美国金融机构和金融市场的竞争力。三是在原来列举的期货品种外增加了大量可交易的金融衍生产品。四是减少法律对期货交易所或相关机构的不当限制，并建立电子交易平台，为合格机构投资者提供交易设施。五是对场外市场衍生工具和杂交工具交易给予监管豁免。合格投资者可以参与不受监管的场外金融衍生品的交易。六是场外衍生品市场交易可以通过自己的结算机构进行结算。

这些放松金融监管的改动，导致场外金融衍生品市场的爆发性发展，从而对2007年次贷危机以及次年的金融危机起到了推波助澜的作用。金融危机使美国金融机构和实体经济的实力都受到极大削弱。美国人反思后认为，放松金融监管是发生这次金融危机的重要原因。因此，出台了2010年《多德－弗兰克法案》，并将其中涉及金融衍生品市场的内容加入了2011年颁布的《商品交易法》。该法强化了政府对场内外金融衍生品市场的监管。

关于场外衍生品市场的管辖权

2011年《商品交易法》一个最大的特点就是，把场外衍生品市场作为调整范围，纳入美国商品期货交易委员会的监管。《多德－弗兰克法案》中关于场外互换市场、证券互换市场监管的许多内容都分别加入了《商品交易法》不同的条目中。《多德－弗兰克法案》第7编第711条，明确了场外衍生品市场互换交易的监管者是美国商品期货交易委员会。接着，在第712条第1部分明确规定，"互换交易市场涉及的所有市场主体，其定义皆以《商品交易法》第1a条的定义为准"。《商品交易法》第2条（1）规定，美国商品期货交易委员会对在期货交易所或者其他互换交易执行设施进行的互换交易具有管辖权。

以上六个方面的概括仅仅是本阅读者的个人之见，加上非法律专业人士，也无美国市场直接经验，难免井底观天。美国的情况和中国不一样。不过，我们的期货市场是向美国学习后建立的，市场基本框架借鉴了美国市场，同时也融入了20多年来中国期货市场实践的成功经验。这些美国模式与中国经验不同程度地体现在我国《期货交易管理条例》中，规范了我国期货市场的发展，取得了很大成绩。中国商品期货市场已经在世界上名列前茅，因此，不断跟踪学习研究美国期货法的变迁，有利于我们在起草期货法时对背景有大致的认识。它们的许多经验和做法，仍然值得在期货法的起草过程中结合国情进行学习与借鉴。所谓"他山之石，可以攻玉"，大致如此。

中央对手方是守住风险底线的保障

2013年12月,第十二届全国人大常委会成立期货法起草组,再次启动期货法起草工作。

该轮期货法起草组由全国人大财经委副主任尹中卿委员任组长,相关部委的负责人为成员。我代表中国证监会担任该组的成员。在2007年、2012年我都主张把"中央对手方"制度写入《期货交易管理条例》,无奈两次法规的修改中各方共识难以达成。作为妥协,只好在2012年修订《期货交易管理条例》的说明中表述了中央对手方的意思,但正文中没有。有立法者提出,不写入的原因主要是各方争论较大,也没有国外系统的理论和实践作为支撑。希望我们继续研究,提供国外这方面的研究与案例,争取在起草期货法时写入正文。有鉴于此,2014年第十二届全国人大起草期货法时,我认真地寻找这方面的资料。2013年,英国人彼得·诺曼写的《全球风控家——中央对手方清算》一书中文版出版。仔细拜读此书,这部近60万字的巨著把中央对手方的理论和实践都写得非常清楚、非常全面,欣喜之余写下读书随笔。同时,我将文章分送期货法起草组的所有成员,并于2014年3月16日在《期货日报》上发表。在大多数市场参与者和立法者的支持与努力下，中央对手方制度终于写入了期货法草稿。

· · ·

利用春节假期，我看完了英国人彼得·诺曼写的《全球风控家——中央对手方清算》一书。书中将大量笔墨放在期货市场中央对手方清算制度的研究上。我不由想起前几年在修改《期货交易管理条例》时，涉及中央对手方的讨论：一是什么是中央对手方，为何期货市场要采用中央对手方制度；二是国外期货市场中央对手方是何模样；三是它的理论依据如何；四是中央对手方制度为何在法律上要有安排。看了该书，发现四个问题都能找到答案。当时，我们把中央对手方制度的意思写入了《期货交易管理条例》。在后来公布的条例中表述为"期货交易所……为期货交易提供集中履约担保"，同时在《期货交易管理条例》的草案说明中写上"按照条例的规定，期货交易所在统一组织结算中，作为交易各方的中央对手方的地位是明确的"这样的话。由此，我国期货法规体系中，第一次有了"中央对手方"的表述。

仔细研究彼得的书，对修改《期货交易管理条例》时各方关于在法律中写入中央对手方制度提议的理解更加深刻，觉得这一制度对夯实市场基础设施，防范和化解系统性风险，促进市场稳定健康发展意义重大。该书从200多年前的情况开始写起，到2010年加强金融监管的美国《多德-弗兰克法案》出台收尾，对中央对手方制度的历史源流抽丝剥茧，洋洋58万言，是一本研究中央对手方制度的专业性著作。此外，作者是记者出身，文字流畅、通俗，有故事性、可读性。

系统性风险防范需中央对手方保障

《全球风控家——中央对手方清算》书中有话:"有些制度,在危机时人们才发现它的重要作用,比如中央对手方制度。"此话并非妄言,金融危机发生不久,芝加哥商业交易所终身荣誉主席梅拉梅德在北京告诉我,雷曼兄弟在场外衍生品市场违约,造成众多的金融机构出现风险,但在芝加哥商业交易所,雷曼兄弟没有违约,对手方安然无恙。梅拉梅德接着说:"这主要得益于芝加哥商业交易所的中央对手方清算制度。"可以说,中央对手方制度是金融市场防范系统性风险的重器,是牢牢守住不发生系统性风险底线的制度保障。该书在这方面不惜笔墨,重彩描摹。作者认为,"中央对手方清算所如断路器般牢牢地保护着我们的金融系统"。从上百年的中央对手方历史看,这套制度能够及时发现、及时处置、及时化解风险。在雷曼兄弟破产的2008年9月15—23日这8天时间内,期货市场的中央对手方清算所风险敞口缩小了90%,剩余风险敞口也在保证金覆盖范围内。中央对手方制度成功管理了雷曼兄弟破产带来的风险,较好地防范了风险的无序蔓延与扩散,让美国、欧洲、亚洲的期货市场安然渡过了难关。2011年,在中国证监会组织的一次演讲中,美国商品期货交易委员会前代理主席卢肯说,中央对手方风险防控机制的核心内容是相应的保证金水平和逐日盯市制度,在2008年金融危机中,美国期货市场上没有一家清算所发生过违约。他说:"一天两次的逐日盯市操作降低了扩散效应的风险。"由于中央对手方制度在风险控制方面的表现闪亮耀眼,在2009年G20匹兹堡峰会上得到一致肯定。在与会各国首脑签署的协议中,一个过去仅仅在期货交易所实行的清算制度被推广到庞大的场外衍生品市场。中央对手方清算被列为期货衍生品市场，尤其是场外衍生品市场必须采取的制度。

该书回顾了历史。它说，中央对手方制度是为了抵消商品期货交易中的对手方风险而发展起来的，它破土萌芽自日本，发展成形在欧洲，改革创新于美国，并以美国模式为当今世界的主流模式。现代意义上的中央对手方机制主要指美国模式。一般认为，美国模式的中央对手方清算制度是指清算所介入金融合约交易的对手方之间，成为买方的卖方、卖方的买方，从而使期货合约买卖双方的对手都被替换成了作为中央对手方的清算所。按专业说法，中央对手方主要有四个功能：重新分配合约对手方风险，防止多边净额结算失败；降低结算参与人的风险；提高结算效率和资金使用效率；提高市场流动性。

法律规定是中央对手方实现的基础

法律规定是中央对手方实现的基础。书中对美国和欧盟交易所的中央对手方制度在相关法律中的体现多有研究和表述。由于中央对手方制度涉及多个民事主体，在防范和化解风险时清算所会采取事前与各方约定的措施来进行处理，清算所的这些权利和义务必须有法律上的授权，否则清算所会面临巨大的法律风险。我细查了2013年修订的美国《商品交易法》，其中对中央对手方的规定很明确："衍生品结算组织……在处理协议、合约或交易时，通过更替或其他方式，使协议、合约或交易各方的信用能被衍生品结算组织的信用所替代；对于衍生品结算组织参与者执行协议、合约或交易产生的债务，衍生品结算组织以多边的方式为其安排或提供结算或净额结算；或以其他方式提供结算服务或安排，使衍生品结算组织参与者执行的该等协议、合约或交易产生的信用风险能在参与者之间进行风险分摊或转移。"同时还规定，只有衍生品结算组织才是中央对手方。[①] 该法还用较多的条款，对衍生品结算组织的财务资源、会员和参与者的适格性、风险管理、结算程序、资金处理、违约处理规则和程序、规则执行、技术系统保障以及内部治理、法律风险和监管等方面进行了详细规定。2009 年 G20 匹兹堡峰会鼓励并要求各个国家建立和完善中央对手方清算的法律制度。

　　监管对于中央对手方清算所是重要的。对书中关于"中央对手方清算所是具有系统重要性的金融机构"的观点，我国业界大多数人表示认同。中央对手方制度使场内交易能在瞬间处理好过度复杂导致的金融系统脆弱性问题，它通过消除违约导致连锁反应的威胁，降低了金融市场的系统性风险，同时也将风险集于自身，变成了金融体系中的潜在风险环节。它的行为受到公共政策与政府监管部门的高度关注，所以应处于严格监管之中。书中提到了国际证监会组织要求成员的中央对手方制度应有法律安排，同时提出了中央对手方的 15 项标准。简化通俗地说有几大部分：一是要有法律对中央对手方制度进行规定；二是中央对手方要对参与者的资质、保证金有明确规定，要有一定的财务能力、运营能力，要有清晰的制度安排来维持充足的财务资源，以保证履

[①] 中国证券监督管理委员会编译，《美国商品交易法（中英文对照本）》，法律出版社，2013 年版，第 9~10 页。

约；三是中央对手方应有较高的自我风险管理能力和严格的风险控制制度；四是在跨境和跨市场交易中，中央对手方之间应该有良好的合作与协调；五是中央对手方清算所必须遵循法律法规和监管要求等。

由于中国证监会是国际证监会组织的成员，按照国际标准，把我国期货市场实践行之有效的中央对手方制度上升为法律是必然的。从2009年开始，国际金融组织按照以上15项标准，对我国以中央对手方为标志的期货市场风险控制系统进行了评估，结果为大部分达标。不达标的主要是我国期货市场中央对手方制度是行政法规规定的，法律层级较低，具有较大的法律风险。它们建议中国立法机关将这一涉及系统重要性的制度上升为法律。同时，危机评估组的外国专家对我国这套制度在处理2008年金融危机冲击波时的抗风险作用很感兴趣。2008年9月下旬至月底，雷曼兄弟的破产使国际期货市场商品期货价格大幅跳水（一般在25%以上，有的品种下跌超过50%），我国国庆节后期货市场连续暴跌。事前中国期货保证金监控中心的压力测试说明，一个跌停板全市场会有40多亿元、三个跌停板会有上百亿元出现违约，三家商品期货交易所同时面临国际金融市场风险传递导致的系统性风险。通过综合分析国际国内情况，在中国证监会的统一协调下，三家商品期货交易所紧密配合、步调一致，统一执行中央对手方制度中的强制减仓条款，化解了可能出现的结算风险，全市场无违约。中央对手方制度在中国经历了一次严峻的考验，事后各方对这次风险化解给予了较高评价。因此，市场参与各方积极要求将中央对手方制度从行政法规上升为法律。

中央对手方需要跨境合作与监管协调

《全球风控家——中央对手方清算》一书中谈到了中央对手方清算所跨境监管协调与合作的重要性问题。还是以雷曼兄弟破产作为案例。金融危机时，雷曼兄弟在美国、欧洲和亚洲的期货交易所都有未平仓头寸。因为破产，全球相关交易所和清算所都行动起来，采取措施防止雷曼兄弟事件带来的冲击。由于法律管辖的国家和地区的不同，在执行制度的操作上遇到了一些困扰。由此引发了两个问题：一是在全球化的今天如何协调和监管跨国（地区）的交易清算引发的系统性风险，二是如何适用和协调各个主权国家的法律管辖权问题。比如，美国破产法的重点在于维持受困公司的持续经营，而英国法律规定，破产管理人的主要职责是保护和变现公司资产、为债权人利益负责，并且对所有债权人一视同仁。书中说，当伦敦清算所的专业人员意欲在雷曼兄弟破产后的第一个星期一冲进雷曼兄弟欧洲投资银行（伦敦）的办公楼处理和对冲数万亿美元的未平仓合约时，被破产管理人普华永道挡在了门外，并将处理时间延误了一整天，直到监管当局介入后，清算所才得到管理人的配合。前者声称按照英国法律行事，后者则说要按照美国法律处理（雷曼兄弟总部在纽约）。按照雷曼兄弟公司的规定，全球所有子公司的现金在当天交易结束后要全部返回美国，集中在雷曼兄弟纽约公司存放，第二天再返回境外，所以每天早上所有的子公司都得靠美国那边发放的资金来应付当天的支出。而雷曼兄弟在2008年9月15日寻求破产保护之后，没有将上周末集中到美国的80亿美元放回英国，而这80亿美元正是雷曼兄弟伦敦公司星期一在期货交易所开盘后急需用到的。后来通过两国监管部门之间的紧急协调，虽然耽误了一些时间，但最后雷曼兄弟的问题在欧洲期货交易所的清算没有造成违约事件，保证了市场的稳定。又比如，美国制度规定，清算所必须把客户和会员自营的资金账户与头寸分开管理，进行"客户账户隔离"。而英国的监管要求与美国不一样，英国不要求金融机构的自有资金与客户资金在清算所内隔离。

由于各国法律和监管方式不同，如果国家间的风险控制和监管协调与合作处理不好，就可能把一国国内的风险传递到他国，从而导致全球的系统性风险蔓延与扩大。随着我国原油期货国际交易平台的建设，我们的期货市场对外开放是早晚的事情，跨国交易遇到的清算风险是绕不开的问题，因此也应该积极面对，及早研究，有所安排。尤其是正在起草的期货法中，对跨境风险控制、监管与其他国家的合作与协调方面应有清晰的制度安排。同时，在证监会层面与相关国家监管机构间的合作备忘录的条款应该越来越具体，另外在境内外交易所和清算所层面都应有具体的合作协议和清晰的条款安排。

中央对手方和期货交易所不是必然一体

中央对手方是清算所的必然机制而不是交易所的必然机制。交易所和清算所是功能不同的两个机构。该书研究了期货交易所和中央对手方清算所各自独立发展的历史。二者关系紧密，可分可合。该书还认为，交易所属于交易处理行业，而清算所则属于风险管理行业。中央对手方可以是存在于期货交易所外的专门清算机构，也可以是存在于期货交易所内和交易等部门同在一个屋檐下的结算部门或全资子公司。独立者如英国、法国的交易所，欧洲的清算所大都是独立于期货交易所的，是在期货交易所之外的公司，伦敦金属交易所、伦敦国际金融期货期权交易所都靠独立的清算所提供服务。混合者如美国芝加哥商业交易所、洲际交易所，我国的上海期货交易所、大连商品交易所、郑州商品交易所等都有自己内部的清算部门。这就是平行和垂直两种模式的表现，两种模式各有利弊。

　　由于美国、中国等国家的大部分交易所把结算置于交易所一体内，模糊了二者的界限，有人简单地把交易所当作风险管理中心，其实不然。交易包含两部分，即交易和交易后的服务。交易即买卖双方意愿的达成，但交易指令完成后的服务包括算账和结清货物与钱款，这就是清算与结算，可以是另一个机构来完成的事。书中详细地描述了交易和中央对手方清算是如何分成两个不同的机构来完成的历史。如果能够拆分，结算所才是风险管理中心，所谓具有系统性风险的金融机构，应是指中央对手方清算所。我国中央对手方清算是独立设立公司，还是维持现在垂直于交易所的部门，一直有争论。目前，我国期货交易所的意见比较倾向于清算所属于交易所内垂直的部门或子公司，认为这样可以把交易所做大做强，以便更好地参与国际竞争；而结算参与者和投资者的意见是，希望清算所成为独立于交易所的机构，认为这样可以节约交易成本、提高效率、优化服务。多数人的看法是，后一种意见涉及的利益体更广泛，应被关注。

中央对手方是防范场外市场风险的新安排

雷曼兄弟场内场外冰火两重天的际遇，让人看到中央对手方在控制风险方面具有不可替代的作用。人们说，雷曼兄弟持有的大量场外信用衍生品头寸违约是破产的一个重要原因。书中提到，小布什总统在 G20 峰会期间，强调了要加强场外衍生品市场的基础设施建设以降低系统性风险的重要性。美国总统对这样一个专业性、技术性的制度发表这么微观的意见，说明这个制度对危机控制和防范的作用已经被国家领导人放到政治层面来考虑了。

该书认为，无论是场外还是场内衍生品都有如下几个共同特点。第一，都是为满足某种需要所产生的合约，买卖双方关于义务细节达成一致。标准化合约在交易所挂牌交易，双方谈判议价的衍生品在柜台市场中交易。第二，采用保证金交易制度，即在注册交易时，投资者只需要向清算所支付交易额的一定比例资金即可。第三，衍生品合约与股票不同，都是远期交割的，一般少至几周，多至几个月、几年等才会到期，并且很少持有到期交割的合约。第四，与证券融资投资不一样，衍生品提供的是套期保值与管理风险。这些特点突出了中央对手方清算机制介入交易的必要性。因此，如果把场内场外衍生品都放到同一部法律中，如美国《商品交易法》那样，对我国市场进行规范，将是一件合情合理、有凭有据、低投入高产出的事情。

其实，美国在 2008 年金融危机之前的几年，就开始探讨在柜台衍生品市场引入中央对手方清算所机制的可能性，拟将其写入美国《商品交易法》。2000 年，克林顿总统任期届满前，通过修改的《商品期货现代化法案》对场外衍生品进行了监管豁免。但2001年安然事件后（祸起场外能源衍生品，因此被称为"安然漏洞"），美国期货和衍生品的主要监管机构商品期货交易委员会已经意识到柜台衍生品市场可能引发系统性风险，当时的商品期货交易委员会主席坚决要求将场外衍生品纳入监管，并着手推动中央对手方清算介入柜台市场，但因阻力太大，尤其是当时美联储的掌门人格林斯潘认为市场会自己调整自己，管理自己的风险，坚持市场比监管者更聪明的论断，使这一行动受到极大影响。随着雷曼兄弟的崩塌，场外衍生品市场引发的系统性风险扩散，由流动性危机触发金融危机，金融危机触发经济危机并波及全球。场外市场纳入中央对手方清算又回到了政治家和监管者的议题中。危机后，在场外衍生品市场交易中引入中央对手方制度得到大力推进，2009年G20峰会各国首脑的公报中也列入这一内容，欧美的监管部门将其作为一项监管的重要事项列入了重要议程，目前欧美正在逐步实施。我国柜台衍生品市场尚处于初期，法律制度是否应有所安排值得思考。

言已尽而意不止。阅读《全球风控家——中央对手方清算》，管中窥豹，见仁见智，权当自表。不过，该书确实是金融市场从业者系统了解期货市场中央对手方清算制度的专业著作，有志于这个行业的从业者可以读一读。

期货和证券分开立法的必要性

2022年,《中华人民共和国期货和衍生品法》已经颁布施行。它将与施行多年的《证券法》一起对我国资本市场的健康稳定发展产生深远影响。两法有许多相同之处,比如都是规范标准化产品的公开集中交易,都要防范内幕交易、市场操纵、维护稳定、防控风险等。然而,由于期货市场的功能与证券市场不同,两法在立法上也出现较大差异。

2013年12月10日,全国人大财经委员会在人民大会堂召开证券法(修改)起草组和期货法起草组成立暨第一次全体会议,正式启动证券法(修改)和期货法立法工作。会议宣布,全国人大财经委副主任委员吴晓灵、尹中卿分别为证券法(修改)起草组组长和期货法起草组组长;中国证监会副主席庄心一、姜洋分别担任证券法(修改)起草组和期货法起草组成员。中国证监会为这两部法律的修订和起草投入了大量的资源,市场也有许多人为之努力,大家都在为两法的尽快出台出谋划策。

有观点认为,期货合约是和证券一样的契约凭证,可归类为证券,没有必要单独立法。期货可以作为证券的一种放到证券法修订稿中去,这样可以提高立法效率。这种观点,不仅在社会上,在中国证监会系统内部也存在较大争论,当时中国证监会内部分别成立了证券法(修改)起草组和期货法起草组,我是期货法起草组组长。2014年夏天,全国人大财经委来函,就期货是作为证券的一种放入《证券法》修订稿中,还是将其单独立法,请中国证监会提出明确意见。中国证监会党委在做出决定前,召开了系统内所属派出机构、会管单位等负责人和专业人士参加的立法研讨会,集思广益。我是期货单独立法的坚定支持者,并在研讨会上陈述了我的观点。在充分听取各方面意见的基础上,中国证监会党委会议决定将期货单独立法,并随后将此意见反馈给了全国人大财经委。下面是我在这个研讨会上的发言。

. . .

中国期货市场20多年的实践形成了一套较为完整的法规规章制度,这些制度促进了期货市场稳定健康发展,促进了期货市场功能积极发挥,法律应该提炼和固化这些来之不易的探索成果,而不是改变之前市场运行有效、已经习惯的做法,另起炉灶,把期货交易作为证券标的加入《证券法》修订稿中,如果那样做,将会对期货市场本身和实体经济利用期货市场产生一系列不良后果。

期货交易与证券交易存在本质区别

期货交易,是指以期货合约或者标准化期权合约为交易标的的交易活动。期货合约是指期货交易场所统一制定的、约定在将来某一特定的时间和地点交割一定数量标的物的标准化合约。与现货交易对象是实实在在可即时交付的货物不同,期货交易的对象则是由交易所统一制定的期货合约或期权合约,而非现实存在、立即可交付的货物。与现货交易相比,由于期货交易的只是合约,而非实物,因此期货交易的达成并不意味着卖方必须转移实物所有权,也不要求买方立即交付全部价款,期货交易具有与现货交易不同的独特的交易结算机制,如保证金制度、每日无负债结算制度以及对冲机制等。

证券交易,是指以证券为标的的交易活动。证券,是证明某项权利的凭证,该权利凭证具有财产属性,如股票代表着持有者对股份公司的所有权,债券则代表着持有者因其对发行人出借了资金而享有的债权。无论是股票还是债券,它们都是证券的现货形式,与商品现货一样都是需要交付的货物。

期货交易和证券交易的区别有以下几点。

一是从法律性质上看,期货交易的对象是一种合约,而证券交易的是一项权利凭证。期货合约或期权合约作为期货交易的对象,是一种标准化合约,必须由买卖双方持有,且同时承载着双向性的权利和义务。而证券的本质是权利凭证,持有人仅为一方,具有单向性,直接表征着持有人的某项财产权,证券持有人不承担任何义务,据此,在证券持有者将证券出售给他方从而退出的交易过程中,存在证券权属的实际移转,交易机制上仍属于现货交易;期货合约的持有者则是通过对冲平仓退出交易,在该过程中,只存在新旧合约中债权债务的相互抵销,不存在基础资产的实际移转。

二是从程序上看,期货交易不存在发行环节,而证券交易必须以发行环节为前提。发行是指政府、企业、金融机构等以募集资金为目的向投资者出售代表一定权利的有价证券的活动。比如，公司基于投资者的投资或向投资者借入资金，会向投资者发行相应的股票或债券，以证明其所持有的股份或债权。在经过上述发行程序后，才会产生第一批证券持有者，当这批持有者将所持有的股票、债券在证券市场上转让时，证券交易便开始了。正是由于证券交易必须以其发行环节为基础，因此，无论证券交易如何活跃，其市场总量是以其发行总量为限的。由于期货合约只是交易所统一制定的标准化合约，任何市场参与者均可直接通过期货交易达成期货合约，因此，期货交易不存在发行环节，若不考虑限仓制度等风险控制制度，其市场总量在理论上是无限的。

三是从市场功能上看，期货交易功能在于发现价格、风险管理，而证券交易功能主要在于投资融资。证券市场的股票发行人通过发行股票募集公司资本，债券发行人通过发行债券筹措资金，投资者相应获得股息或利息。期货市场不具备投资融资功能，其主要功能在于通过交易者的频繁交易来发现价格，或是交易者进行套期保值，以管理价格波动风险。期货交易场所是发现价格和套期保值的场所，它是为解决企业生产经营活动中对远期价格信息的需求、管理远期商品的购销价格波动风险而存在的。

期货和证券在发行环节上有根本的不同

有一种观点认为，证券的标准化衍生品仍然属于证券交易的范畴，应该纳入证券法规范，因此修订证券法时，应该把期货交易标的作为相关内容纳入其中，没有必要再搞一个独立的期货法。这种观点有其片面性。标准化合约产品即期货或期权等产品，其设计原理是将基础资产——不管是商品还是金融产品——作为标的物设计的衍生品。100多年的期货市场是由商品期货发展起来的，20世纪70年代后才有金融期货，而证券期货则是更晚的时候出现的。形成的惯例是，大豆期货是以某个地区的大豆现货为基础资产设计的衍生品，外汇期货是以外汇为基础资产设计的衍生品，原油期货是用特定地区的原油现货作为基础资产设计的衍生品，证券衍生品是以证券或证券指数等基础资产设计的金融产品。场内交易的证券衍生品通常包括股指期货、股指期权、股指期货期权、个股期货、个股期权、个股期货期权以及权证、可转换公司债等，它们应以是否具有发行环节为标准分别归为证券或期货交易标的。

就国内资本市场实践看，证券法和期货法应该分开来立法。

前面提到的证券交易与期货交易的几点主要区别说明，由于证券衍生品既具有风险管理功能，又兼具投融资功能，这与商品期货不同，较难从功能上确定其属于证券交易标的还是期货交易标的，但仍然可以通过其他两点区别予以解答，即法律属性上是权利凭证还是合约，是否具有发行环节。由于只有某项权利实现了证券化，成为权利凭证后，才可能作为发行的内容交付给投资者，即存在发行程序本身就意味着相关品种是权利凭证，而非合约。因此，判断某证券衍生品属于证券交易还是期货交易标的时，应重点考察其是否具有发行环节，存在发行环节的证券衍生品为证券交易标的，反之则为期货交易标的。依据此标准，股指期货、股指期权、股指期货期权、个股期货、个股期权、个股期货期权均为交易所统一制定的标准化合约，不具备发行环节，应纳入期货交易标的。

同时，权证、可转换公司债券属于证券交易标的。权证作为以股票为基础的衍生品，与个股期权存在相似之处，也意味着买方享有未来按约定价格买进股票的选择权，但与个股期权有本质区别。权证是该选择权的证券化，不包括义务，而个股期权本身是合约，同时承载着双方当事人的权利义务（买方付权利金，有选择权；卖方付保证金，须依买方要求交付股票，有权收取权利金）；权证可以直接转让，而个股期权合约只能通过反向开仓后平仓对冲了结；权证具有发行环节，个股期权则无发行环节；权证总量以其发行量为限，而个股期权总量理论上并无上限。总体看，以是否具有发行环节为标准，对其属性可以做出较为清晰的定位，即权证具有发行环节，符合证券特征，应属于证券标的。可转换公司债券属于以债券为基础的衍生品，其持有人有权在特定时间范围内将其购买的债券转换为股票，实际上包括了两种权利，一是发行公司的债权，二是将债权转换为股权的选择权。可转换公司债券即这两种权利的表征。作为债券的一种，可转换公司债券本身具有发行环节，亦以证券形式存在，与权证相似，也应纳入证券交易标的。

国际立法经验大多偏向期货独立立法

基于证券交易与期货交易的本质性差异，境外相关立法基本可以归纳为三种模式，即分别立法模式、统一立法模式以及混合立法模式。

分别立法模式：将证券交易、期货交易分属于不同法律来调整，以美国为代表。美国证券法与期货法的调整对象重叠导致管辖权之争。根据美国证券相关法律的规定，"证券"的含义被不断扩大，除债券、股票外，还包括了投资合同、个股期货、窄基股指期货和以证券为基础资产的期权。美国《商品交易法》中的"商品"则涵盖了所有货物、服务、权利以及利益。两法调整范围重叠，导致美国商品期货交易委员会与美国证券交易监督委员会长期以来存在涉及标的为股票的衍生品的管辖权之争。美国2000年《商品期货现代化法案》明确了两家在股票类衍生品上的管辖权，即单一股票期货和窄基股指期货由美国商品期货交易委员会和美国证券交易监督委员会共同监管，宽基股指期货和期权则由商品期货交易委员会专属管辖。而在其他金融产品上，比如外汇、债券上则没有争议。

统一立法模式：将证券交易与期货交易归属于同一部法律调整，以德国、英国、韩国和澳大利亚为代表。多数国家能够基于是否存在发行环节清晰界定证券与期货交易的标的。德国、韩国、澳大利亚均以是否具有发行环节为标准，只将权证纳入证券范畴，其他不具有发行环节的证券衍生品一概置于期货交易标的或衍生品范畴。韩国、澳大利亚在立法表述中甚至明确以"发行"字样界定证券。

混合立法模式：将证券衍生品与证券在一部法律中统一规制，将全部或部分商品衍生品排除在外单独立法的模式，以日本、新加坡为代表。日本有《金融商品交易法》和《商品期货交易法》，前者在"金融商品"定义中将有价证券与金融衍生品并列，有价证券是一系列表示相关权利的证券或证书，金融衍生品则包括了衍生于有价证券、货币等基础资产、相关指标的期货合约、期权合约、互换合约等；后者则是适用于农产品、林产品、矿物等大宗商品的期货交易。新加坡也是既有《证券期货法》也有《商品交易法》，二者分开立法。两法都明确，在期货市场上交易的期货合约不是证券，同时还在后者中明确，该法适用于除证券、能源外的其他商品类衍生品。可见，即使立法将证券衍生品从商品期货中分离出来与证券置于同一部法律中，一般也会对证券与证券衍生品区别界定。

我国期货市场单独立法的必要性

首先，从生产流程看，期货合约的生产流程是，期货交易场所对标的物商品的生产、流通、交割、仓储、质检等环节进行调研，然后根据相关法规规定，风险控制要求，创设出期货合约，并在广泛征求市场意见后，向监管机构申请注册或准许，并直接在期货交易场所挂牌交易。因此，期货交易场所是期货合约的设计生产者，它主导了期货合约的设计生产、挂牌交易、合约结算、合约交割的全过程。

证券的生产流程是，先由一个有融资需求的主体，比如企业向监管机构提出公开发行证券的申请，通过注册或核准后发行，然后到证券交易所申请上市交易。它存在发行市场和交易市场。从这里看出，交易所是一个证券交易的挂牌场所，它在证券的生产流程中是一个被动的接受者与法律赋予权力的自律管理者，它没有介入证券生产本身。这和期货市场有非常大的区别。因此，二者合在一起立法会出现许多问题。

其次，国内期货市场已习惯独立立法。如果把期货纳入证券法规范，将与我国期货市场的立法沿革与市场习惯相脱节。我国证券与期货市场长期以来采用的是分别立法模式，证券交易受《证券法》调整，期货交易受《期货交易管理条例》调整。期货交易经过 20 多年的发展，已经摸索出一套较为成功的制度安排。同时，现行法规体系多年运行下来，已被实践证明是平稳有效的，且为市场所习惯。这些成功经验都亟待上升到法律层面固定下来。我国期货市场目前亟待解决的是法律层级较低的问题，需要出台一部期货相关法律，在此背景下，放弃已有经验、脱离市场发展背景与习惯的立法尝试既不科学，也不利于提高立法效率。因此，无论从理论上分析，还是从实践角度考虑，期货交易标的均不宜纳入证券范畴，正如澳大利亚 1986 年《期货业法案》的注释备忘录中的一段话："试图将期货立法合并到证券规定里是不可行的。这样做没有考虑到期货与证券市场的不同。证券市场关注财产所有权的转移，而期货市场的主要功能是便于风险管理，并非使财产中的所有权可以转移。"

最后，把期货纳入证券法会产生市场混乱和监管套利。若不顾证券交易与期货交易的差异性，将期货合约、期权合约等期货交易标的人为列入证券定义中，由《证券法》同时调整证券与期货市场，可能导致两个方面的问题。一方面，会使证券与期货交易标的模糊化，导致法律适用混乱。若将股票、债券等权利凭证与期货合约、期权合约统一归于证券项下，那么《证券法》中所有适用于证券的有关发行上市、信息披露、上市公司的收购、以权利转移为内容的登记结算等条文均对期货交易有约束力，但期货交易需要法律重点规制的对冲平仓、每日无负债结算制度、保证金制度等内容在《证券法》中却无相关条文可依，这将使期货交易在《证券法》中处于有名无实的尴尬境地。另一方面，可能导致监管套利问题。在将期货合约、期权合约纳入证券范畴后，期货市场参与者很有可能到《证券法》中寻找有利于自己却与期货交易机制不符的规定，从而引发监管套利问题。

建议在《证券法》修改中厘清期货和证券的界限

理由一：证券交易与期货交易的本质差别决定了两者需要在立法上分别界定，证券范畴中不宜包括合约或合同。证券与期货交易在其标的的法律属性、市场功能、上市程序等多方面存在差异，并且各自有相对独立的交易机制，这决定了它们是两种不同的金融工具。证券作为权利凭证，不宜包括合约或合同，否则会导致证券与期货混淆。境外主要国家相关立法在证券定义中很少使用"合约"字样。唯一将"合约"纳入的是美国，美国证券法将"投资合同"作为证券定义的兜底条款。但美国证券定义中的"投资合同"的本质仍为一项收益权凭证，对其持有者而言并非通常理解的兼具权利义务的合约，我国《证券法》修订时不宜简单效仿。

理由二：证券交易与期货交易应分别纳入证券法与期货法调整。大部分采取统一立法模式的国家，包括从分别立法模式转变为统一立法模式的国家（如韩国、新加坡），大多由同一监管主体监管证券市场、期货市场，同时，这些国家的商品期货市场不甚发达。期货市场以证券衍生品为主，甚至只有证券衍生品。由于其他衍生品市场与证券高度相关，因此证券、期货合并于统一法律中规范是与其市场自身发展特征相适应的。而拥有世界上最发达的大宗商品期货市场的美国，即使证券、期货法律交叉适用问题广受诟病，也仍然坚持分别立法模式。这同样与期货市场发展的特殊背景有关。美国期货市场源于商品市场，自始即与证券市场具有相对独立性，证券与期货两个市场的立法也是自始至终相对独立的。长期以来存在的美国证券与期货法律的适用冲突根源，在于没有清晰界定证券与期货交易标的的边界，而非其分别立法模式。

与美国市场特征类似，我国商品期货市场也较为发达。作为众多大宗商品的生产国、消费国和贸易国，我国商品期货的发展具有天然优势，以证券为基础资产的金融期货发展空间也很大，期货市场具有独立立法的先天条件。同时，考虑到我国证券与期货市场也是自始就采用了分别立法模式，期货市场已经形成了一套有保证金、限仓、涨跌停板等制度构成的相对独立的交易机制，无论基础资产是证券还是商品。所有期货的内在逻辑是一致的。因此，建议在我国采用分别立法模式，通过一部专门的期货法，为期货市场稳定健康发展提供法律保障。

因为期货合约的基础资产不同于证券市场，期货合约对标的基础资产是具体的商品或金融资产等。期货合约尤其是商品期货合约，是由期货交易场所依据商品的产供销、仓储物流、市场参与者等进行了充分调研后创设的，期货合约包含商品品质、数量、保证金比例、交货日期、交货地点等要素，其基础资产是具有物理性状的商品，其中仅有物理化学等自然确定的指标和交易所对商品包装、仓储等的要求。比如，依据铜、原油、大豆、棉花、股指、国债等商品或基础资产设计的衍生品。每一个期货合约，都是在公开透明的环境中设计，广泛征求市场意见后在期货交易场所上市交易的。期货合约，除了价格外，其他要素都是确定的。因此，《期货和衍生品法》没有对期货合约的基础资产进行内幕信息规定，仅是规定了外部环境产生的影响期货交易价格的内幕信息。

证券则不同。证券对标的基础资产是上市公司。上市公司是一个有组织地进行生产经营活动的商业机构，比如茅台集团、中石油、工商银行、腾讯等上市公司。上市公司是一个信息量非常大的市场主体，能够产生许多内幕信息从而影响证券市场交易价格。因此，《证券法》对证券交易的内幕信息规范，是围绕着上市公司进行的。从中国证监会多年的监管执法实践看，利用内幕信息进行交易，是证券市场主要的违法行为之一。据统计，2016年至2021年9月，在已经实施行政处罚的案件中，有262件是内幕交易案件，占到中国证监会行政处罚案件总数的37%。其中，期货市场内幕交易案件仅有一件，少于证券市场200多倍。其实内幕交易在期货及衍生品的市场上，是争议最为激烈的法律问题之一，发达的市场，比如美国长期以来对期货及衍生品市场上到底存不存在内幕交易一直有争论，直到近些年才有第一个美国商品期货交易委员会的执法案例出现。期货市场的合约是期货交易所统一制定的衍生品，事前广泛征求意见，其对内幕信息的定性与证券市场产品上市公司不一样，一般是发生在国家政策与交易所影响市场的重要政策上。

理由三：以是否具有发行环节来区分期货法与证券法的调整范围。现行《中华人民共和国证券法》将证券界定为股票、债券以及证券衍生品。从立法本意考虑，其所规范的"证券衍生品"仅指权证、可转换公司债券等具有发行环节的证券衍生品。境外以是否具有发行环节为标准界定证券、期货的立法经验已比较成熟,如前文所述的德国、韩国、澳大利亚等。考虑到该标准能够较好地避免证券与期货交易标的的界定中的交叉问题,又较为直观、容易操作,因此,建议在确定期货法与证券法的调整范围时,充分运用该标准,即具有发行环节的证券衍生品,如权证、可转换公司债券仍纳入证券法范畴,而将不具有发行环节的证券衍生品,如个股期货、个股期权、股指期货、股指期权、个股期货期权、股指期货期权等均纳入期货法范畴。

加快立法推进期货市场法治化进程

2013年9月，经党中央同意，第十二届全国人大常委会印发了《十二届全国人大常委会立法规划》。其中期货法作为"推动经济发展方式转变，完善社会主义市场经济体制"的立法规划主要内容之一，被列为第二类立法项目，并纳入2014年度立法工作计划。2013年12月，全国人大财经委召开期货法起草组成立暨第一次全体会议，成立了期货法起草组，全国人大财经委副主任尹中卿为组长，相关部委的有关负责人为成员，从而正式启动了期货法起草工作。为了配合全国人大财经委的期货法立法起草工作，中国证监会于2014年3月向全国人大财经委报送了《中华人民共和国期货法（草案）》建议稿。全国人大财经委吸收过去人大的期货法草稿并在参考中国证监会建议稿的基础上，起草并形成了《中华人民共和国期货法（草案）》第一稿。为了配合期货法的起草工作，2014年5月28日，上海期货交易所在每年一度的上海衍生品市场论坛上增加了一个专题——"法治论坛"，与期货法起草组合作研讨期货法立法问题。期货法起草组组长尹中卿做了以"我国期货立法的难点问题"为题的演讲，我做了关于"加快制定期货法，推进期货市场法治化进程"的发言。2014年6月18日，全国人大期货法起草组在《期货法立法工作简报》第11期上刊登了我的发言整理稿。2014年7月21日,《人民日报》也刊登了我的这篇经过编辑删减的发言稿。下面是具体内容。

····

2014年5月,《国务院关于进一步促进资本市场健康发展的若干意见》(简称"新国九条")发布,明确提出要营造资本市场良好的发展环境,推进期货法制定工作。作为期货市场监管者,从促进市场发展和做好监管工作出发,我着重就加快制定期货法,推进期货及衍生品市场的法治化进程,谈点看法与大家交流。

期货市场20多年来的制度建设取得了长足进展

期货市场是一个涉及国计民生的重要经济领域,交易机制相对复杂,市场敏感度较高,社会影响面较广,与包括交易者在内的众多市场参与者的利益密切相关,迫切需要健全市场法律制度,规范市场秩序,维护市场各方权益,更好地发挥期货市场服务实体经济的功能和作用。

多年来常有一些人觉得期货市场有一些负面影响,认为是零和游戏,是赌博。不是这个行业的人很难理解期货市场的功能,其实期货市场有两个方面的作用,一是价格发现,二是套期保值。价格发现的作用首先体现为一种社会效益。期货市场价格发现的运作过程,表面上是一种赌博形态,"你输我赢,我输你赢"。

但在这个博弈过程中产生了社会效益,因为在输赢各占50%的零和游戏中,为我们的套期保值企业提供了机会。同时,期货市场价格发现的作用还体现为一种社会福利。期货市场的价格不是随意产生的,它是通过连续不断的集中公开竞价,真实地反映经济生活当中的供求变化关系,是引导供给与需求、进行资源配置非常好的机制。许多人,以及社会的方方面面,不管是否参与期货交易都在享受着期货市场价格发现带来的经济便利性。期货市场对国民经济的促进作用是隐形的和间接的,其重要性常常被忽视。

需要强调的是,不要把期货市场仅仅看作一种零和游戏或赌博。期货市场有一个作用是赌博永远产生不了的,那就是它产生的流动性给交易者提供了套期保值机会,这本身就产生了巨大的国民经济效益,为工农业生产企业、贸易商等提供了便利的远期价格参考,规避价格风险,是实实在在地为实体经济服务,这给社会经济发展带来了非常大的贡献。

我国期货市场经过20多年的发展,从幼稚、不成熟到趋于成熟,从混乱到比较规范。在法治建设方面,形成了以《期货交易管理条例》为核心的期货市场基本法律制度。1999年,国务院制定了《期货交易管理暂行条例》,2007年国务院对暂行条例进行修改,出台了《期货交易管理条例》,2012年再次修改了该条例。《期货交易管理暂行条例》修改的演变过程,反映了中国期货市场由乱到治的进程。

我国期货市场的发展离不开法律法规的出台与完善。在20世纪90年代初期的探索过程中,在缺乏经验、缺乏统一法规制度和统一管理的情况下,各地区各部门纷纷创办各种各样的期货交易所，出现了一哄而上、盲目发展、风险频发的状况。国务院分别于1993年、1998年两次发出通知对期货市场进行清理整顿。经过两次清理整顿，期货交易所由原来的50多家调整为3家，期货交易品种由40多个大幅度调整为7个，期货经营机构从几千家减少至100多家。按照1998年发布的《国务院关于进一步整顿和规范期货市场的通知》的精神，1999年出台了《期货交易管理暂行条例》，当时的立法出发点以整顿规范为主。经过一段时间，到了2001—2004年，期货市场逐步走向规范。2004年《国务院关于推进资本市场改革开放和稳定发展的若干意见》的发布，肯定了期货市场，提出推出为大宗商品生产者和消费者提供价格发现和套期保值功能的商品期货品种，研究开发与股票和债券相关的新产品及其衍生品。期货市场迎来了发展机遇。2006年国务院批准中国金融期货交易所成立，并积极准备推出股票指数期货，这是中国期货市场在经历清理整顿后准备推出的第一个金融期货产品，但法律上没有依据，就可能成为期货市场改革发展的障碍。因此，在2007年修改暂行条例的时候，增加了金融期货的内容，使股指期货的推出具备法律依据。经过2007年的修改，把金融期货、金融期权、商品期货、商品期权都纳入了《期货交易管理条例》的调整范围。

　　我国实体经济发展，对期货市场提出了新的需求，2007年的新条例已经适应不了实践发展的需要了。一是一些地方出现了非法期货交易。一些地方设立的交易场所，不同程度地出现了利用期货交易机制进行期货或类期货交易的问题。在缺乏规范和监管的情况下，出现了较大风险。因此，从2008年就开始酝酿规范整顿这些交易场所，2011年国务院下发有关文件厘清了期货与现货的边界，分清了两个市场的管理责任，并组织开展了对各类交易场所的清理整顿。二是随着我国原油进口量的逐年增加，广大实体企业和社会各界提出了加快我国原油期货市场建设的要求。国务院把建设我国原油期货市场作为一项重点工作，要求中国证监会及相关部门加大推动力度。因此，2012年对2007年的条例再次进行修改，以适应为扩大对外开放建设国际性原油期货市场的需求。

期货市场法规的出台紧跟中国改革开放实践，紧跟期货市场实践需要，既提供了期货市场规范发展的制度供给，又将经过实践检验的成功经验固化为法条，支持了期货市场进一步规范发展和创新。在这样的形势下，形成了目前期货市场的法律制度体系。

一是形成了以《期货交易管理条例》为核心的期货市场基本法律制度。二是中国证监会部门规章和规范性文件成为期货市场基本制度的主体。三是期货交易所、期货业协会的业务规则是期货市场法律制度的重要补充。四是最高人民法院、最高人民检察院及公安部等的相关司法文件为期货市场的发展提供了重要的制度支持。目前，与期货市场相关的行政法规、法规性文件有8件，司法解释11件，证监会规章60余件，其他部委的相关规章和规范性文件100多件，形成了以《期货交易管理条例》为核心、规章和规范性文件为主体、业务规则为补充、相关司法文件为支持的统一的期货市场法规制度体系，对于维护期货市场运行秩序、保护期货交易参与各方的合法权益、促进期货市场的健康稳步发展发挥了重要作用。

加强监管执法有力地推动了期货市场规范有序发展

期货市场历次清理整顿的经验告诉我们,实现期货市场的规范有序发展,需要加强期货市场的集中统一监督管理,需要监管机构加强执法、严格监管。长期以来,在国务院的领导下,中国证监会严格履行监督管理职责,不断创新期货市场监督管理体制机制,积累了一些监管经验,形成了一套既借鉴国际经验又反映中国国情的监管制度,比如,期货保证金安全存管和监测监控制度,期货开户实名制和统一开户制度等。特别是2007年以来,中国证监会建立了"五位一体"的期货监管协调工作机制,证监会机关、派出机构、期货业协会、期货交易所以及中国期货保证金监控中心五方相互配合、相互协调,形成分工明确、协调有序、运转顺畅、反应快速、监管有效的期货监管工作体系,对期货市场的风险基本做到了可测、可控,对期货市场的违法违规行为能够早发现、早制止。实践证明,这是一套比较成功的监管体制,有效地守护在防范系统性金融风险的底线上,震慑了期货市场的违法违规行为,特别是避免了挪用客户保证金这类恶性事件的发生。

期货市场的运行经验表明,一些我国独具特色的制度,如保证金安全存管监控制度、一户一码制度等,实现了对市场的可测可控,对市场规范发展起到了重要作用。因此,建议期货法把这些好的制度吸纳进去。

在各方的共同努力下,期货市场实现了健康有序发展,市场体系日益完善,期货品种日益丰富,市场功能作用凸显。一是形成了以4家期货交易所为龙头,155家期货公司、400多家期货交割仓库、78万名交易者为参与主体的市场格局。二是期货品种达到42个，其中商品期货40个，金融期货2个。三是商品期货成交量连续5年位居世界前列，市场功能得到发挥，国际影响力日益增强。我国期货市场在交易量、交易规模、国际影响力、功能发挥方面都取得了长足进展。

期货市场发展对法治建设提出了新需求

回顾中外期货市场发展的历史，可以发现，不论是全球最为发达的美国期货市场，还是我国正在发展中的期货市场，都体现出市场发展与法治建设的良性互动关系。我们不仅要看到期货市场曲折发展、经济功能逐步深化的历史轨迹，也要看到通过法律支持引领市场发展创新，固化市场发展成果，完善期货市场监管，防范和化解风险的制度变迁之路。期货市场的任何发展都离不开法治的健全与完善。正是有了法规制度的不断供给和完善，我国期货市场才能取得今天的发展成就。当前，我国期货市场的规模越来越大，今后也将对国际开放。原油期货作为对外开放的第一个试点品种，我们争取2014年推出。如果没有法律的保障，期货市场的发展可能会遇到一些障碍或困难。期货市场的发展提出了尽快制定期货法，进一步完善期货市场法律制度的新需求。

一是为了使期货市场更好地为实体经济服务，需要制定期货法。制定期货法，能够使我们按照服务实体经济发展的要求，全面梳理现有制度、机制，消除观念上、政策中和制度安排方面对利用期货市场的限制，大力支持鼓励包括国有企业在内的各类经济实体积极参与期货市场进行套期保值、管理风险，增强服务实体经济的能力。

二是期货市场一些行之有效的制度需要通过制定期货法提升法律层级。《期货交易管理条例》囿于行政法规的层级，对期货交易涉及的基本民商事法律关系的规定不够，市场法、交易法的内容较少。《期货交易管理条例》中规定的一些行之有效的风险控制制度，如强行平仓、强制减仓、中央对手方制度，属于基本民事制度和基本金融制度，按照《中华人民共和国立法法》的规定，应当上升为法律。国际金融组织在对我国金融体系稳定性进行评估时，在充分肯定我国期货市场的基本制度的同时，明确指出了我国期货市场基本法规的法律层级不高、存在风险。因此，迫切需要制定期货法，把已有的成功有效的制度用法律的形式固定下来。

三是维护交易者权益需要制定期货法。交易者权益的维护，离不开法律的保障。虽然此前的《期货交易管理条例》已做了许多规定，但是作为行政法规，对于期货交易涉及的基本民事法律关系、民事法律责任等内容难以做出全面的规定。同时，境外成熟期货市场有许多行之有效的交易者保护措施，比如销售适当性义务、对产品与服务进行充分说明的义务等，需要在法律中借鉴吸收，为我国期货市场交易者的合法权益提供更多的法律保障。为了保护交易者的合法权益，美国《商品交易法》明确规定，容易被市场操纵的标的物资产，不得设计为期货产品上市交易。典型的案例是1958年以来到现在，美国《商品交易法》规定，洋葱不得作为期货合约的标的物，因为之前洋葱期货被市场操纵，导致洋葱现货价格大幅波动，给农民利益带来极大伤害。

四是期货市场对外开放提出了制定期货法的需求。期货市场对外开放需要有相应的开放政策、良好的法律环境、完善的跨境监管执法安排，而《期货交易管理条例》对这些内容涉及很少。从境外成熟市场的期货立法看，针对市场开放、跨境监管问题，多从法律层面做出明确规定，有的甚至对其他国家的对外开放提出要求。现在上海期货交易所的黄金、白银、铜、铝、铅、锌等有色金属期货品种已经推出连续交易，除在白天交易外还开始了夜盘交易，在交易时间上逐步与国际接轨。大连商品交易所、郑州商品交易所也向中国证监会上报了即将开展昼夜连续交易的报告。再加上原油期货的推出，我国期货市场对外开放的步伐会逐步加快，这些需要在法律层面做出规定。

五是场外衍生品市场发展需要通过制定期货法提供依据和帮助。近年来，我国场外衍生品市场发展势头较快，除了汇率、利率等场外衍生品交易外，许多大宗商品的生产者与贸易商在利用期货市场的标准化合约规避风险的同时，也在探索利用商品场外衍生品市场来为自己的客户和中小微企业规避经营风险。同时，证券公司也在积极进行场外衍生品创新。但法治建设滞后，从而影响了场外衍生品市场服务实体经济的能力。

据统计，我国整个场外衍生品市场规模大概20万亿元，包括商品、证券等柜台衍生品交易以及利率、汇率等场外衍生品交易。虽然我国场外衍生品市场规模不大，但它是基于实体经济需要发展起来的。场外衍生品市场是基于实体经济的强烈需求发展起来的，不是主观臆想。无论是利率、汇率衍生品，还是证券衍生品、商品衍生品。都是经济活动中企业提出的强烈需求。国际经验是期货市场和场外衍生品市场共同发展，才能更好地满足实体经济需要，企业在场外衍生品市场的交易产生的风险敞口需要期货市场进行风险对冲，这样就把期货交易所标准化产品的风险管理服务，通过场外衍生品市场拓展到了一些不能或不愿意到期货市场进行风险管理的企业，尤其是一些比较弱小的中小微企业。鉴于场外衍生品交易已经客观存在，且企业又有强烈需求，因此，需要在期货法中确定一些基本原则、主要规则，使场外衍生品交易活动有法可循。

制定期货法的几点建议

第一，建议坚持将期货法制定成为统一规范期货、期权及其他衍生品市场的基本法。将期货市场和场外衍生品市场一并纳入期货法调整范围，对期货市场和场外衍生品市场实施集中统一监管，有利于避免监管套利，有效防范系统性风险，符合成熟市场的主流做法，应当予以坚持和继续完善。

第二，建议坚持现行期货市场运行有效的基本制度。期货市场20多年来的制度建设所形成的期货市场法规制度体系，对我国期货市场进行了有力的规范调整，对于维护期货市场秩序和促进期货市场持续健康发展发挥了重要作用。这些行之有效的制度规定是我们立法的重要基础，应当进一步总结归纳和提炼，在期货法中予以确认和固化，使这些规则和成熟做法成为期货法的制度规范。

第三，建议进一步完善有关期货市场功能发挥的制度安排。党中央、国务院高度重视期货市场服务实体经济功能的发挥。期货法要将服务实体经济摆在十分重要的位置上，细化相关制度安排，鼓励利用期货及衍生品市场从事套期保值等风险管理活动，允许符合条件的机构交易者以对冲风险为目的使用期货及衍生品工具，大力支持包括国有企业在内的各类经济实体参与期货市场交易，促进期货市场服务实体经济功能的发挥。同时，我还想专门建议，针对我国是农业大国，农业在国民经济中具有基础性地位的国情，应借鉴美国《商品交易法》中对农业生产者利用期货市场的保护性规定，在我国的期货法中做出专门的制度安排，以更好地支持"三农"发展。

第四，建议进一步完善纠纷处理、监督管理及法律责任。在法律中建立多元化纠纷解决机制。可参考一些新近出台法律的做法，将纠纷处理相关内容集中至专章进行规定，以便对期货市场纠纷处理机制做出更为全面、系统、充分的安排。

第五，进一步充实场外衍生品交易及期权交易相关规定。

推进期货法立法的三次政协"提案"与有关部门的三次回应

2022年4月,全国人大常委会会议通过了《中华人民共和国期货和衍生品法》,并决定于8月1日起施行。期货立法一路蹉跎。从立法的时间看,从20世纪90年代初期开始期货立法工作到现在近30年,由于21世纪之前我国期货市场试点中出现一些问题,通过两次清理整顿,期货市场近10年时间都是作为试点,因此立法工作没有如证券法立法那样进展快,期货市场的规范主要是靠国务院《期货交易管理条例》。到了21世纪初,党中央、国务院对期货市场提出了规范发展的要求,2004年《国务院关于推进资本市场改革开放和稳定发展的若干意见》对期货市场的发展进行了部署,期货立法再次被提了出来。2006年,全国人大财经委牵头开始第二次期货立法工作。我作为中国证监会的代表成为期货法起草组的成员。但由于期货市场的实践仅有商品期货,没有金融期货,仅有期货产品,没有期权产品,因此立法工作在出了一个初稿后,暂停下来。党的十八大后,中国期货市场进入创新发展时期,多个金融期货产品相继上市交易,商品期货品种迅速增加,市场在规模和质量上都有很大的提高。期货市场的功能逐步得到发挥,实体经济对期货市场的需求迫切。2013年,第十二届全国人大财经委再次启动了期货立法工作,我作为中国证监会的代表再次成为起草组成员。2014年底,起草组拿出了期货法草稿,并在2017年11月的第十二届全国人大财经委全体会议上通过。遗憾的是,还没有进入最后程序,全国人大换届,立法工作移交到第十三届全国人大。2018年,第十三届全国人大财经委重新启动了期货法起草工作,并经过三读后在2022年4月由全国人大常委会会议通过,成为正式法律,全名为《中华人民共和国期货和衍生品法》。在这个过程中,我离开中国证监会的岗位,担任第十三届全国政协委员。虽然没有再次参与期货法起草工作,但我从2018年起连续三年在"两会"期间,都提交了关于加快期货法立法的提案,都被全国政协采纳并转交相关部门处理,并且得到了相关部门的回复。下面将三次"提案"及有关部门的回应内容记录于后。

. . .

我的第一次"提案"及其回应

2018年3月6日,政协第十三届全国委员会第一次会议第2123号提案,题目是《加快制定期货法,推进期货市场法治化进程》。全文如下:

我国期货市场经过20多年的发展,交易品种日益丰富,市场规模稳步扩大,影响力不断提升。期货市场在形成相关行业定价基准、整合产业资源、促进商品流通、稳定企业生产经营等方面发挥了积极的作用,有力地促进了实体经济的发展。当前,期货市场已经成为中国特色社会主义市场经济体系的重要组成部分。与期货市场的发展相比,期货市场法治化进程明显滞后,期货法曾先后被列入第八届、第十届、第十一届、第十二届全国人大常委会的立法规划,并形成了相应的草案。但出于各种原因,相关草案未能提交审议,期货法至今没有出台。目前,期货市场的主要法律法规依据仍是《期货交易管理条例》,缺乏一部专门的法律。有必要加快制定期货法,以推动期货市场持续稳定健康发展。

一是贯彻落实党的十九大和第五次全国金融工作会议精神的要求。党的十九大报告提出,要"深化金融体制改革,增强金融服务实体经济能力"。第五次全国金融工作会议更是明确提出了加快期货立法的要求。党中央对期货市场的发展提出了更高的要求,当务之急就是深入贯彻落实党中央、国务院的要求,加快推进期货法的立法进程。

二是促进期货市场发展的需要。期货市场是规则先行的市场,价格发现和套期保值等经济功能的发挥,有赖于具体的制度规则,而缺乏法律保障使我国期货市场的功能发挥和竞争能力受到限制。突出表现是,如大宗商品领域,全球大宗商品的定价遵循"一价定律",中国要抓住经济崛起、大宗商品"大进"的战略机遇期,建立起全球有影响力的大宗商品定价中心,商品期货市场对外开放非常紧迫。但由于缺乏法律层面对期货市场跨境交易和监管的安排,影响了境外交易者参与的积极性。这在我国国际化原油期货市场建设上已经有所体现,由于缺少一部法律，境外机构对参与我国原油期货交易心存顾虑。《期货交易管理条例》囿于效力层级，不能对期货期权交易涉及的民事法律关系进行调整，难以为期货期权交易中复杂交易关系的处理，特别是纠纷解决提供充足的依据。近年来，"保险+期货"场外期权业务模式受到市场的普遍欢迎，但由于缺乏法律保障无法全面推广。因此，有必要在法律上对期货市场的改革开放做好顶层设计，更好服务国家战略和实体经济。

三是防范金融风险的需要。在发挥期货市场价格发现和套期保值等功能的同时，需要做好市场风险防控。经过多年的实践，我国期货市场已经形成了一套包括强行平仓、持仓限额、强制减仓、大户报告等在内的风险防控体系，但也面临规则层级不高、风险处置时法律依据不足的问题。国际货币基金组织和世界银行两次对中国进行金融部门评估规划，都指出中国期货市场法律层级太低，没有期货立法，是风险源之一。此外，目前我国场外衍生品市场也初具规模，但其所依赖的基本交易制度在法律上却是空白，甚至一些交易惯例与现行法律冲突，如得不到有效的监管，极易诱发系统性风险，亟须出台法律加以规范。因此，建议加快制定期货法，补足法律短板，推进期货市场法治化进程。

作为回应，全国人大常委会办公厅秘书局以《关于政协十三届全国委员会第一次会议第2123号提案答复》（秘〔2018〕95号）回答了我的"提案"。全文实录于后。

姜洋委员：

关于《加快制定期货法，推进期货市场法治化进程》的提案，我们请全国人大财政经济委员会（以下简称财经委）结合证监会的会办意见进行了认真研究，现将财经委办事机构的答复意见函告如下。期货法立法多次列入全国人大常委会立法规划和年度立法工作计划。2013年财经委会同证监会等部门成立起草组，组织起草期货法，经过调研论证，形成了草案稿，其内容主要涉及期货交易、结算、交割规则，市场主体，交易场所，监督管理以及跨境管辖与协作，其他衍生品交易等。2017年11月，期货法草案稿已经十二届全国人大财经委全体会议审议并原则通过。根据全国人大常委会2018年立法工作计划，财经委正在继续推进期货法起草工作，进一步调研论证，结合提案所提建议和有关参考意见，修改完善草案，正在征求有关部门意见，条件成熟时正式形成议案提请全国人大常委会审议。

我的第二次"提案"及其回应

2019年2月27日，政协第十三届全国委员会第二次会议第0608号提案，题目是《关于加快推进期货法立法工作的提案》。全文如下：

经过20多年的发展，期货市场已经成为我国金融体系的重要组成部分。然而，迄今为止，期货市场的主要规则仍是《期货交易管理条例》，缺乏专门法律。随着我国期货交易国际化的不断发展，现有基础性法律制度不能完全满足资本市场改革开放及防范风险的有关要求，期货市场迫切需要加快期货法立法进程，主要体现在以下几点。

一是《立法法》的规定。《立法法》第八条第（九）项规定，"基本经济制度以及财政、海关、金融和外贸的基本制度"只能制定法律，第六十五条规定，"应当由全国人民代表大会及其常务委员会制定法律的事项，国务院根据全国人民代表大会及其常务委员会的授权决定先制定的行政法规，经过实践检验，制定法律的条件成熟时，国务院应当及时提请全国人民代表大会及其常务委员会制定法律"。作为金融体系的重要组成部分，期货市场理应由法律进行规制。目前我国上市期货品种达到64个，市场发展兼顾期货与期权、场内与场外、国内与国外、商品期货与金融期货，市场功能日益明显，为期货法的制定提供了丰富的市场规范经验、明确的制度设计内容和重要的制度完善方向，制定法律的条件已经成熟。

二是现行行政法规存在局限性。现行《期货交易管理条例》囿于效力层级，主要从行政规范的角度对市场进行规制，对于关系期货市场长远发展的期货交易基础民事法律关系和相关法律责任以及场外衍生品市场、期货交易者保护、期货市场对外开放等重要问题都缺乏规定，需要期货立法做出相应的制度安排。

三是出于国家战略的需要。从境外发达期货市场相关立法看，针对市场开放、跨境监管问题，多从法律层面做出明确规定，有的甚至对其他国家的对外开放提出了要求，给我国期货市场的对外开放带来相当大的困扰，亟须通过制定期货法对长臂管辖问题进行制度安排，明确法律境外适用的效力，为我国争夺全球商品和资本的定价权提供依据。此外，国际货币基金组织和世界银行两次对中国金融体系进行评估（FSAP），都指出期货市场法律层级太低，没有期货法，是风险源之一。

作为回应，中国证监会2019年7月12日以证监函〔2019〕274号答复于我。回答内容如下：

姜洋委员：

我会一直将期货法立法作为加强资本市场基础性制度建设的一项重要工作来抓，并积极配合立法机关推动期货法出台。十二届全国人大常委会期间，全国人大财经委员会（以下简称财经委）专门成立期货法起草小组，为协助财经委期货法立法相关工作，我会对期货市场进行了专门调研，深入研究借鉴境内外期货立法经验，充分吸收各方意见和建议，并草拟了《期货法（草案）》建议稿。2017年11月，财经委第68次全体会议审议通过了以我会建议稿为基础的《期货法（草案）》（送审稿），为推动期货法的出台打下较为坚实的基础。2019年初，全国人大常委会办公厅已将草案送国务院办公厅征求意见。近日，我会了解到，国务院办公厅已就草案组织征求了相关部委的意见，将按程序反馈给全国人大。

我的第三次"提案"及其回应

政协第十三届全国委员会第三次会议第1769号提案，题目是《加快推进制定期货法，完善期货市场法律制度体系》。全文如下：

经过近30年的发展和规范，我国期货市场交易品种逐渐丰富、交易规模稳步扩大、功能作用日益显现、国际影响力逐步增强。伴随着期货市场的发展壮大，我国期货市场基础制度建设也取得了长足进步，形成了以《期货交易管理条例》为核心，中国证监会部门规章和规范性文件为主体，以及交易所自律规则为重要补充的期货市场法规制度体系。但由于期货市场法规制度体系整体效力层级相对较低，致使期货市场发展的法治基础仍显薄弱，建议加快推进制定期货法，进一步完善期货市场法规制度体系。

一是制定期货法是促进期货市场规范发展、更好地保障期货市场安全的需要。期货交易是一种特殊的民商事交易，与传统的一对一交易相比，期货交易的缔约形式、交易方式、结算方式，特别是风险控制方式都有显著的不同。为了确保期货交易的效率和安全，期货领域创设了特有的风险控制制度。比如，结算机构介入合约双方以"中央对手方"进行结算，期货交易所对期货公司合约进行强制平仓，当日无负债结算制度等。这些制度多涉及交易双方的基础合同关系、基本交易权利等，有些可以适用《合同法》《民法通则》基本原则和相关规定，有些则需要适用期货的特别法。因此，制定期货法可以将已为期货市场实践证明有效的风险控制制度以法律的形式固定下来，提高其法律效力，可以更好地保障期货市场的安全，实现期货市场长远健康发展。

二是制定期货法是保障期货投资者合法权益的需要。期货交易是一种高风险的交易，需要投资者能够正确理解投资规则，认识交易风险。从境外期货市场看，投资者以合格的机构投资者居多。但我国期货市场具有以散户居多的特点，投资者权益保障至关重要。比如，要求期货公司应严格执行合格投资者制度；在期货公司破产时，客户资产能够享受"破产隔离"保护，免于司法强制执行；对于市场主体实施内幕交易、价格操纵等违法行为，投资者可以提出民事赔偿等。这都需要法律做出相应的制度安排。因此，制定期货法可以均衡配置不同主体之间的权利与义务，合理设定相关主体法律责任，切实保障期货投资者的合法权益。

三是制定期货法是加快期货市场的对外开放的需要。期货是市场经济高度发达的产物，本质上要求市场开放、国际化。我国期货市场要发展成为国际重要商品的定价中心，必须加快对外开放。对外开放应有良好的法律环境、完善的跨境监管执法安排，而《期货交易管理条例》对此涉及较少。从境外发达期货市场的期货立法看，针对市场开放、跨境监管问题，也多从法律层面进行规定。因此，制定期货法可以为期货市场对外开放以及跨境监管提供法律依据。

作为回应，2020年10月19日，全国人大常委会办公厅秘书局以《关于政协十三届全国委员会第三次会议第1769号提案答复的函》（秘〔2020〕122号）回复了我。全文于后。

姜洋委员：

您提出的关于《加快推进制定期货法，完善期货市场法律制度体系》的提案收悉，现答复如下。提案从促进期货市场规范发展、保障期货市场安全、保障期货投资者合法权益、加快期货市场对外开放等方面阐述了制定期货法的必要性，并提出了具体意见和建议。

　　全国人大常委会高度重视期货法立法工作。第十三届全国人大第三次会议通过的全国人大常委会工作报告提出，今后一个阶段的主要任务是加强重要领域立法，围绕推动高质量发展，制定期货法等。期货法已列入全国人大常委会2020年度立法工作计划，由全国人大财政经济委员会牵头，相关工作正在抓紧推进。一是调整充实了起草组成员，考虑到人大换届后起草组人员变动较大，经发函征求起草组成员单位意见，调整充实了起草组人员。二是开展委托课题研究，委托相关单位和研究机构就该法的调整范围、期货市场结算体系、期货市场对外开放与期货法的域外适用、股指期货与股票市场的关系等重大问题开展课题委托研究。三是总结以《期货交易管理条例》为核心的现行期货法规制度规范实践经验，研究期货市场的新形势、新情况、新问题；梳理国务院办公厅关于法律草案的反馈意见；研究起草组第一次全体会议上提出的重大问题和修法建议；研究委托课题中的重要问题；做好与证券法等相关法律的衔接协调；关注相关部门特别是涉及监管职能的部门提出的意见。目前，正在围绕以上方面的问题进行重点研究。

　　下一步，财经委将结合提案所提建议，在研究论证各方面意见的基础上，做好修改完善法律草案及其说明等准备工作，争取尽快提请全国人大常委会会议审议。

至关重要的三个关键性表述

从 2006 年到 2018 年，我两次参与期货法（第十三届全国人大常委会通过的法律名为《期货和衍生品法》）的起草工作。我了解到，在多次调查研究和文稿起草的讨论中，大家对交易者、中央对手方结算制度、期货市场监控中心等关键问题的表述存在分歧和争论。尤其是期货法在 2013 年到 2017 年的文字形成过程中，中国证监会投入了大量资源，组织了许多专家，撰写了有关这三个问题的大量背景性资料，充分阐述国外经验与国内实践成果，以期向参与立法的各方全面介绍期货市场的特点和情况，那几年，我和中国证监会的起草组参与了第十二届全国人大期货法起草调研、讨论、撰写的全过程。在经过无数次争论、争取后，这些内容总算写到《期货和衍生品法》的有关条款中。外界看来普普通通、平平淡淡的文字条款，却是关乎中国期货市场生死攸关的大事情。正如网上评论所言："不看这篇文章，还真不知道一个法律条款背后有这么多跌宕起伏的故事。"2022 年 4 月 20 日，第十三届全国人大常委会通过了《期货和衍生品法》，我应邀为《清华金融评论》和《上海证券报》撰写了相关文章，两家报刊分别在 2022 年 5 月 6 日和 5 月 16 日刊载此文。

······

本文从交易者、中央对手方结算制度、期货市场监控中心三大关键点的表述来解读《期货和衍生品法》，这三个方面覆盖了期货市场功能发挥的主要元素：交易者作用与市场流动性紧密相关，中央对手方结算制度与市场信用和风险防范紧密相关，监控中心制度与保障市场功能发挥紧密相关。这三个关键问题的表述是期货和衍生品市场健康稳定发展不可或缺的制度供给。

《中华人民共和国期货和衍生品法》最近颁布。这是一部借鉴国际先进经验、紧密结合中国国情，通过相关各方博弈，在兼收并蓄多种意见、求同存异平衡各方的基础上完成的法律。其颁布实施基本能够适应当前市场发展需要，是深化金融供给侧结构性改革，强化社会主义市场经济体制的一件大事，将会对建设规范、透明、开放、有活力、有韧性的资本市场产生巨大的促进作用，更加有力地提高期货和衍生品市场服务我国经济高质量发展的能力。

从 20 世纪 90 年代初全国人大开始酝酿起草这部法律至今耗时 30 余年，历经四次起草，终成正果。我就工作体会，着重从交易者、中央对手方结算制度、期货市场监控中心三大关键点的表述来谈谈感受。我认为，这三个方面覆盖了期货市场功能发挥的主要元素，交易者作用与市场流动性紧密相关，中央对手方结算制度与市场信用和风险防范紧密相关，监控中心制度与保障市场功能发挥紧密相关。这三个关键问题的表述是期货和衍生品市场健康稳定发展不可或缺的制度供给。

明确"交易者"概念,有利于体现期货市场的功能特点

《期货和衍生品法》为期货交易者单设一章。开头一条就是"期货交易者是指依照本法从事期货交易,承担交易结果的自然人、法人和非法人组织"。这种表述不同于我国现行金融法律法规一般采用"投资者"来表述交易主体的方式。如《证券法》中称市场交易主体为"投资者",《期货交易管理条例》则交叉使用"投资者""客户""参与者"来称呼交易主体。我理解,把期货市场的交易主体称为"交易者",是因为期货市场功能区别于证券市场功能。传统上期货市场的功能是价格发现、风险管理,证券市场的功能是投资融资、资源配置。期货市场功能的存在与交易的流动性密切相关,如同证券市场没有投资者就没有投资融资功能一样,没有流动性的提供者,期货市场的价格发现和套期保值功能就是无源之水、无本之木。

《期货和衍生品法》把期货市场的交易主体统一规范为"交易者",而不使用习惯上的"投资者""客户""参与者"等概念,把握住了交易者提供流动性决定期货市场生死存亡这一特点。

从理论上看,交易者创造的流动性是期货市场功能发挥的前提。投机者是期货市场的主要交易者,是流动性的主要贡献者。他们推动价格发现,提供风险管理机会。美国芝加哥商业交易所终身荣誉主席利奥·梅拉梅德在其所著的《利奥·梅拉梅德:逃向期货》一书中提出,"一张期货合约是一个风险管理工具,就像一张保险单。投机者们提供流动性,使得把买卖双方集聚起来的竞争性市场机器处于润滑状态。失去投机者,套期保值者将缺乏把他们所面对的风险进行转移的对象"。流动性产生于交易主

体的交易行为，期货市场的高杠杆，吸引许多投机者成为频繁的交易者。投机者提供源源不断的流动性交易，为价格发现和套期保值贡献了可能性。这种流动性与证券市场进行投资活动需要的流动性有本质区别。依靠投机者流动性，实现价格发现、完成套期保值，是期货市场存在的社会意义。证券市场的流动性是为了解决投资者的市场进退问题，以便更好地吸引发行市场投资者，从而增强投资者对市场的信心。

尽管期货市场上也有部分交易者从交易中实现了风险管理或投机价差收益，但二者都不能称为投资者。用"投资者"概念不能涵盖期货市场交易主体；"客户"概念则是相对于期货公司提供中介服务而言的，无法囊括交易所自营会员、其他直接入场交易的主体。同时，交易者表述的是正在参与交易的主体，期货公司的客户，许多处于无交易状态，是潜在的交易者，他们提供不了流动性，不能称为交易者；"参与者"概念过于宽泛，把没有参与期货交易，但为期货市场服务的保证金存管银行、会计师事务所、律师事务所、交割库等中介服务机构等也包括进来，它们没有直接交易，没有提供流动性，仅仅是为流动性的产生提供支持。《期货和衍生品法》使用"交易者"概念，非常明确地向社会传递了交易者的流动性是期货市场功能发挥的前提条件这一特点。因此，《期货和衍生品法》在第一章总则中，开宗明义规定，交易中要"保障各方合法权益"。另外，法律还在其他部分对交易者的权利和义务进行了特殊的制度安排。这种表述，在制度层面上和《证券法》的"投资者"概念进行了有意义的区分。这种区分，有利于引导人们去正确看待这两个市场的不同特点和观察问题的视角。《证券法》把交易主体称为"投资者",是因为证券市场的功能为投资融资。而期货市场的功能是价格发现和套期保值,交易是一种零和博弈,它的设计者把产品的交易成本设计得比证券市场低很多,就是鼓励交易者频繁交易,利用交易产生的充足流动性来促进期货市场功能发挥。交易是期货市场的特点,而不像证券那样把市场分成发行和交易两个部分。期货没有发行市场,交易所设计出产品,直接在市场上交易。交易市场是期货的唯一。《期货和衍生品法》中明确规定了市场各方的平等地位,对市场参与各方的地位进行了平衡性安排,明确规定"期货交易所业务规则应当体现公平保护会员、交易者等市场相关各方合法权益的原则",体现了期货市场的功能特点。

从实践看,交易者的流动性促进了期货市场功能发挥。《期货和衍生品法》对交易者一视同仁的表述,是结合国内30年期货市场的经验教训和借鉴国际惯例而做出的安排,表现出对期货市场特点的尊重。交易者的流动性,在期货市场上产生连续不断、公开透明、迅速及时的远期价格信息,帮助各类企业生产经营活动在进行决策时参考;交易者的流动性,使经济实体能够便捷自如地进入期货市场,实现套期保值和风险管理。根据中国期货市场监控中心的统计,截至2022年3月31日,我国期货市场资金总量已突破1.36万亿元,比2020年末增长近55%。2021年,场内期货期权累计成交量和成交额分别达到75亿手和581万亿元,同比分别增长22.13%和32.84%。从市场广度和多元化程度来看,目前我国场内期货期权品种达94个。越来越多的企业通过交易者中的大多数——投机者提供的流动性进行套期保值,实现了风险管理。期货市场合约的平均持仓量(日均持仓/日均成交）从2007年的25%上升到2021年的90.41%，截至2021年底，期货市场产业和机构客户权益、成交量、持仓量占比分别为72.17%、40.73%、63.44%。对比美国等成熟市场，它们产业套期保值需求的持仓占比在40%~60%之间。中国期货市场的数据，显示了我国实体经济的套期保值需求得到了较好的满足。实体经济的套期保值者在10多年时间里增长了近3倍，其中，以投机者为主的交易者功不可没。

明确中央对手方制度，有利于加持市场信用、防范风险

期货市场最大的风险在结算环节。健康的市场需要有防控风险制度安排，中央对手方制度就是解决这一问题的重要保障。发达国家期货市场在法律层面都有中央对手方制度安排。我国在《期货和衍生品法》中明确规定："期货结算机构作为中央对手方，是结算参与人共同对手方，进行净额结算，为期货交易提供集中履约保障。"这从供给侧为期货市场提供了有力的制度支持，有利于期货市场信用体系建设，有利于防范市场风险。

从理论上看，中央对手方制度有其逻辑性和合理性。期货市场是"以小博大"的"零和博弈"交易。低保证金、高杠杆率、资金及货物不是即时交付，交易最终能否履约主要依赖对手方的信用，而对其信用状况进行全面细致的调查，费时费力，成本高，这使交易者长期暴露于对手方违约风险之下。为使这种高风险交易能够正常进行，期货交易所（结算所）采取以自己为中央对手方的方式，来抵消期货交易对手方的风险，从而建立起市场的信用机制。这种制度机制解决了交易对手之间的不信任。交易所（结算所）通过为交易双方的信用加持，成为市场所有交易者的共同对手方。从历史上看，从建立交易所（结算所）单纯依赖交易所会员信用到利用交易所（结算所）自身信用来确保合约履行，在这一过程中人们逐渐发现，由交易所作为所有买方的卖方和所有卖方的买方，以合约当事人身份直接承担合约义务的方式能够给市场交易安全提供最有力的保障。建立这种制度后，交易者从此不再担心付了钱拿不到货，或者交了货拿不到钱的问题。它促进了期货市场的发展壮大和功能发挥。因此，它诞生100多年来已逐渐被世界上许多期货市场所采用。在发达国家期货市场里，中央对手方都有明确的法律地位。期货交易所（或结算机构）作为中央对手方，承担交易的担保履约职能。中央对手方制度中包含的合约更替、担保交易、多边净额清算等核心内容，涉及多个民事主体之间的法律关系变动。这些主体之间的法律关系以及中央对手方结算所拥有的权利和义务，必须在法律上有明确的界定，否则交易所（结算所）会面临巨大的法律风险。

从实践看，法律中明确中央对手方制度有其必要性和紧迫性。通过期货市场长期实践，国际上已经总结出一套关于中央对手方较为成熟的标准。国际证监会组织和国际支付结算体系委员会发布的相关规则中，对各成员实行中央对手方制度提出了原则规定。中国证监会是国际证监会组织的成员，我国理应在法律层面建立中央对手方制度。中央对手方制度产生于19世纪末的美国，是美国期货市场首创的一种信用制度。20世纪90年代初，我国引入期货市场时各期货交易所规则不统一，交易结算制度五花八门。在它们的结算规则里，有的有中央对手方制度，有的没有。这给交易所处置市场风险带来了困扰。无论是在政府层面还是人大层面，都没有法律法规规定作为交易所规则的上位法。由于没有上位法的保障，期货交易所在利用中央对手方制度化解风险时理直而气不壮。比如，上海期货交易所的结算规则中虽然明确了中央对手方制度，但由于没有上位法的统一规定，给交易所风险化解带来了无尽的麻烦与困扰。2004年，上海期货交易所根据结算规则，用中央对手方制度化解当时的橡胶期货风险。但由于相关各方认识不一，一些人对上海期货交易所处理风险的方式提出疑问，导致一部分交易者告状不断，造成了社会隐患。这在一定程度上干扰了风险化解进程和市场健康稳定发展。为了改变这种状况，2007年首次修订《期货交易管理条例》时，有人建议把中央对手方制度写进法规，因各方意见不一而作罢。2008年发生金融危机时，期货市场中央对手方制度在增强市场信心、防范化解风险方面发挥了很好的作用。比如，雷曼兄弟在期货市场的头寸就受到中央对手方机制的保护而无违约现象，场内会员相安无事。而在没有中央对手方制度保护的场外衍生品市场上的交易却彻底崩盘，最终导致雷曼兄弟破产。2009年，G20匹兹堡峰会上，中央对手方制度受到一致肯定。2012年，我国《期货交易管理条例》修订时，许多人再次提出加入中央对手方制度，意见仍然不一，在我们的坚持下，作为一种妥协，修订后的《期货交易管理条例》不是在正文，而是在修改说明中对中央对手方制度进行了表述，算是为交易所的中央对手方制度提供了上位法依据。但由于是行政法规，法律层级不高，交易所在处置风险时还是畏首畏尾。2007年和2012年国际证监会组织等国际金融组织两次对中国期货市场进行风险评估，都认为中央对手方制度在法律层面缺失是中国期货市场的风险隐患，建议中国尽快在法律层面做出规定。这次中央对手方制度写入了《期货和衍生品法》，为期货市场健康稳定发展提供了极大的法律支持。

明确市场监测监控机构的地位，有利于提高监管质量

期货市场的主要功能是价格发现和套期保值，监管的主要目标是围绕保障功能的实现来进行的。监管的重点是打击市场操纵、防止价格扭曲、杜绝内幕交易和市场欺诈等。但要实现这些监管目标，拥有得心应手的监管工具是一个重要条件。我国已经存在10多年的期货市场监控中心是一个非常好的监管工具，多年来对防范期货市场风险和提高监管质量起到了巨大作用。《期货和衍生品法》中对这个制度和机构进行了明确，在第十章第一百一十五条规定："国务院期货监督管理机构应当建立健全期货市场监测监控制度，通过专门机构加强保证金安全存管监控。"这一条款，固化了中国多年来期货市场监管探索的创新成果，将我国期货市场借鉴国际、立足国情的实践内容进行了制度化安排。为消除我国期货市场全面国际化后期货监测监控机构可能遇到的国际法律风险和诉讼隐患，解除了后顾之忧。

2006年，经国务院同意，中国证监会批准成立了这个监测监控机构。当初该机构的主要任务是监测监控客户保证金安全。2007年发布的《期货交易管理条例》中有"期货保证金安全存管监控机构"的内容。中国证监会授权这个机构，收集期货公司、期货交易所、保证金存管银行的交易数据，进行每日三方核

对，以便及时发现和制止期货公司挪用客户保证金的行为。这一制度的建立，有效医治了我国期货公司长期以来挪用客户保证金"屡禁不绝"的顽症。2008年，中国证监会又扩大授权范围，要求该机构除监测监控保证金外，还需要对整个市场交易运行进行监测监控。

多年来，期货市场监控中心利用信息技术，通过交易的各个环节，收集了全市场资金、交易结算，中介机构财务、业务，交易商场外交易等数据，构建起了跨市场、跨机构、跨场内外衍生品交易的大数据平台。它在保护交易者资金安全、及时分析市场风险隐患、提前发现市场操纵苗头、发出风险预警报告方面，为监管机构采取有针对性的措施、及时化解风险隐患起到了不可替代的作用。在处理2008年国际金融危机、2020年国际原油市场动荡、2022年伦敦金属交易所"镍期货"等几次输入性风险的过程中，这个机构为交易所和证监会保护市场资金安全、防范结算风险、打击市场操纵提供了有力的数据分析支持，有效防止了国际期货市场风险对国内的冲击，保障了中国期货市场的稳定健康发展。随着我国期货市场国际化进程的加快，这个机构在监管中的作用越来越重要，对保护客户资金安全、防范市场操纵、打击市场违法违规起到了"四两拨千斤"的作用，实现了对期货市场"看得见、说得清、管得住"的监管工作目标。它是期货市场的"电子眼"，监管机构须臾不可离。该机构已成为监管机构加强监管、防范风险的重要抓手，是我国期货市场监管制度的一大特色。

同时，这个机构在保障保证金安全、市场监测监控"穿透式"监管等方面，在国际同行中引发了关注与极大兴趣，并获得了认可。国际证监会组织多次在国际会议上向成员推荐中国的这套做法。我国也多次在国际组织会议上介绍经验,获得国际同行的认可与赞赏。《期货和衍生品法》顺应时代要求,明确了中国期货市场监控中心的法律地位,是对金融监管工具创新的一大肯定与支持。

一本理解《期货和衍生品法》的好读物

2022年5月3日下午,中国人民大学法学院叶林教授发来信息说,他最近组织了来自学术界、交易所和律师界的十几个人,共同编撰了一本关于《期货和衍生品法》的条文释义,有30多万字,目前基本完稿,近日准备出版,书名定为《中华人民共和国期货和衍生品法理解与适用》。他说作者们都希望我为这本释义的书作序。

当日我即回信叶教授:"应该支持,但可否把书的简介给我看看?"5月4日,我收到30多万字的书稿电子版,随即在电脑上认真拜读。读后觉得释义很好,很有意义,第二天完成了下面这篇序言。

. . .

2022年4月20日,业界期盼已久的《期货和衍生品法》终于颁布了。全国人大网站的消息说,该法将于2022年8月1日起施行。此法的出台,是党中央、国务院坚定不移推进改革开放,促进期货和衍生品市场规范创新发展的成果;是我国立法机关、司法部门、监管机构、市场主体、行业协会、市场服务机构和广大利用期货市场和衍生品市场的实体企业多年来推动的结果。可贺可赞！

产生于20世纪90年代，经过30多年的探索发展，中国期货市场从无到有，由小到大，尤其是党的十八大以来更是蓬勃发展，商品期货的交易总量连续多年位居全球第一。场外衍生品市场也持续平稳发展。随着资本实力、服务质量、规范水平和市场竞争力等方面取得了长足进步，期货和衍生品市场已逐渐成长为我国现代经济体系的重要组成部分，通过市场价格发现、风险管理功能，为服务实体经济添砖加瓦。

习近平总书记在党的十九大报告中明确提出，我国经济已由高速增长阶段转向高质量发展阶段。期货市场作为现代经济体系的重要组成部分，有能力、有条件为经济高质量发展做出更多、更大的贡献。参与期货市场交易，是工商、能源、农业、金融等领域的企业利用期货和衍生品市场进行定价和风险管理，提高经营管理水平，走高质量发展之路的一种好的选择。

当前，新冠肺炎疫情影响叠加俄乌冲突，全球经济正经历百年未有之大变局，期货市场的高质量发展、可持续发展需要更加良好的环境。纵观30余年的发展历史，期货市场和衍生品市场运行质量和效率的提升，离不开规范的法治化建设保驾护航，其中法律的引领和保障尤为重要。

从20世纪90年代开始，我国正式开启了期货行业的立法工作，先后启动了四次起草。第一次、第二次期货立法起草工作启动时，市场自身发展的实践条件不充分，比如，当时期货市场交易的产品仅有商品、没有金融，仅有期货、没有期权等，由于没有丰富而广泛的期货产品交易实践支撑，同时，场外衍生品市场也还没有发展起来，使前两次期货立法在争论中半途而废。党的十八大后，期货市场产品创新进入新时代，随着以股指、国债期货等为代表的一批金融期货，以及以原油、铁矿石、铜、股指等为代表的场内期权产品相继上市，场外衍生品市场也得到长足发展，丰富多彩的实践活动变化，亟须法律提供保障。在这种背景下，第十二届全国人大财经委在2013年春天开始了第三次期货立法工作。10多年来期货市场相关的行政立法和司法实践，如《期货交易管理条例》，证监会部门规章和规范性文件，最高人民法院、最高人民检察院发布的期货市场司法解释等成果，成为这次人大立法参考的主要内容。结合大量调查研究和充分讨论，第十二届全国人大财经委期货法起草组在2014年底形成了期货法的草案，并于2017年11月在第十二届全国人大财经委全体会议上获得通过。在此成果基础上，2018年，第十三届全国人大财经委继续开展了期货立法工作，将第十二届全国人大财经委起草的期货法草案进行了进一步的修改、充实、扩展和完善，并改名为《期货和衍生品法（草案）》。2022年4月20日，十三届全国人大常委会第三十四次会议表决通过了《期货和衍生品法》。该法律根据中国衍生品市场发展的实际情况，在重点规范期货市场的同时，也照顾到近年来场外衍生品迅速发展的实际，对场外衍生品市场做了原则性的制度安排。另外，我们还看到《期货和衍生品法》中，对于交易者制度、中央对手方结算、监测监控中心等几个在法律起草过程中争论较大的问题，已经在条文中有了明确的肯定性表述。这体现出立法者对改革开放以来我国期货市场借鉴成熟市场经验，结合国情进行探索创新实践成果的肯定。这一切将对促进期货市场风险控制水平和监管质量的提高,以及更好发挥市场功能,起到积极促进作用。

《期货和衍生品法》将场内场外衍生品纳入一个法律管理,即不仅将场内产品——期货、场内期权,还将场外产品——远期、场外期权、互换等一起纳入了管理范围,对提升行业法治化、市场化和国际化具有重大意义。

一是提升期货和衍生品市场法治化水平。《期货和衍生品法》的出台补齐了我国金融法律制度体系,期货和衍生品市场的法治化程度进一步提高,有利于保障市场参与各方的合法权益,为实体经济利用价格发现、风险管理机制提供了制度支持,同时为期货市场对外开放以及跨境监管提供了法治保障。

二是促进行业的市场化程度。法律的出台,将极大地规范和促进期货和衍生品交易,促使其更好地发挥价格发现、风险管理和资源配置功能,能够增强交易者和套期保值者的市场信心,积极参与市场交易,使用市场定价并入市进行风险管理。对于活跃商品流通,防控金融风险,提高企业经营管理水平,增强市场竞争力,促进经济高质量发展具有重要意义。

三是提升行业的国际化水平。基本法律制度的确定能够推动我国期货市场对外开放和国际化进程,增强国际交易者对中国期货市场的信心,吸引更多的国际交易者参与中国期货市场,通过市场交易机制,形成中国在大宗商品贸易方面的定价影响力。

《期货和衍生品法》的落地,意义重大,影响深远。我国期货市场发展将进入新的历史阶段,站在新的起点上,在更高层次上服务好实体经济和社会生活。在此背景下,对《期货和衍生品法》进行全面解读,宣传解释工作需要紧紧跟上。通过释义解读，让更多的人了解这部法律是一项非常重要的工作，是一桩很有意义的事情。不久前，中国人民大学法学院教授叶林先生发信息给我说，他正在组织一些专家学者，撰写《中华人民共和国期货和衍生品法理解与适用》一书，想请我在书的前面写几句话，我回信说，积极支持，但希望把稿子给我看看。我很快看到了书稿全文。曾经，我和叶林教授一起参与了第十二届全国人大财经委组织的期货法草案的起草工作，作为法学学者，他一直关注着期货立法的进程。叶林教授对证券法、期货法的研究功底在学界是有一定影响力的，不然，第十二届全国人大财经委期货法起草组不会聘请他担任顾问。他告诉我，2021年10月第十三届全国人大常委会《期货和衍生品法》"二读"后，他就组织专家学者开始了撰写《中华人民共和国期货和衍生品法理解与适用》一书的工作，10多人动笔，半年左右，算不得是急就章。认真拜读书稿后，我觉得作者是用了心的。该书有三个明显特点。

特点一，尊重我国期货立法的历史。行文中处处体现出我国期货立法的过程。书里对20世纪90年代初期货市场建立以来的国务院相关部委规范性文件和规章、地方性法规、交易所规则、司法解释、国务院法规、全国人大法律等，梳理得十分详尽。通过阅读法律条文的释义，读者可以了解到不同层级、不同阶段我国期货市场法治建设的主要内容，这些释义呈现出了我国期货和衍生品市场立法由粗疏到精细、由限制到支持、由实践到理论、由具体到抽象的历史过程。字里行间缓缓流淌着学者和专家对这些历史碎片的专业精神及梳理功夫，为读者了解我国30多年的期货市场法治建设历程提供了一个很好的索引。值得一提的是，在立法背景和沿革中，该书屡屡运用1999年《期货交易管理暂行条例》、2007年《期货交易管理条例》来阐述《期货和衍生品法》的大量条文，说明多年前的行政法规，成为制定《期货和衍生品法》的重要基础。

特点二，相关法律的对比性研究。通过期货市场和场外衍生品市场、证券市场和期货市场、国际市场和国内市场的对比，画出了一幅国际、国内金融市场不同子市场之间的差别路线图。比较了不同市场、不同地域的立法考虑。比如，在内幕交易问题上，比较了期货市场和证券市场的不同点，国际、国内期货市场在认定上的差异，期货市场和场外衍生品市场的区别等，引证的法规，集期货和衍生品市场法律法规和相关法律法规之大成。作者通过法学家而不是实务操作者的视野，以及对法律、法规、规章以及自律规则等进行多层次、多维度、广视角的对比，期望在法制层面拓宽读者的知识面。这种写法，有利于读者进行不同市场、不同地域之间的法律法规学理比较与思考，尤其对于教学和研究人员，通过阅读能够得到期货市场法律法规的汇集性索引指导，有利于教学和研究工作。

特点三，有比较强的学术味。从书的结构看，每一章有一个导引，随后是逐条解释。从法律条款的解释看，分为条文原文、立法背景、条文解读、关联法条等，强调逻辑、周延和扩展，俨然是做学问的架势。从撰写的严谨性看，对条文释义引证的论据都注明了原文出处和来源（全书共有引文464条），这点往往也是实务操作人员写作时容易忽略的，这是做学问的功夫。从罗列不同的观点看，也体现出学术讨论的开放性。从撰写的作者看，16名作者中大学教师居多，来自中国人民大学、中国政法大学、同济大学、北方民族大学、外交学院等研究期货法的教师占多数,还有少量在读博士研究生,相较而言,市场实务操作者则少了点。这种作者结构,难免在一些章节和条文的释义上露出对期货和衍生品市场实践了解不足的痕迹。

正如叶林教授在微信中告诉我的那样:"这本书,更像是偏学术的解释,不像是严格意义上的适用解释,未必能很好地对接实务。"尽管如此,瑕不掩瑜。这是一本帮助读者从多个角度理解《期货和衍生品法》不可多得的读物,值得关心期货和衍生品市场的人一读。

以上文字,是我学习《中华人民共和国期货和衍生品法理解与适用》一书的粗浅体会,仅为期货和衍生品业务上的一家之言,权当为序。

后 记

2023年3月，待第十四届全国政协产生，我的第十三届全国政协委员任期届满，5年的全国政协工作便结束了。这5年里，大部分时间都笼罩在新冠肺炎疫情的阴影下。从2020年初到现在，疫情反反复复，我们5年的"两会"，有3年是在封闭环境中戴口罩参加的。欲参加的调研活动不能如愿开展，所以有许多空闲时间看书学习。其间，全国政协开展了"委员读书活动"。因此，我陆陆续续读了一些过去没时间阅读的大部头，其中有一部分是财经类书籍。读到精彩处，有点想法，就随手标注在书页边上，看完一本，就将这些零零散散的文字收集起来，不连贯地敲入电脑，加上一些思考，理顺逻辑后整理成文。多则五六千字，少则两三千字，相继在国内的财经类报纸杂志上发表。3年下来也积累了10多万字。疫情期间，我动了一个念头：把在此期间写的阅读笔记和过去的读书感想整合，汇成文集出版，为我5年的全国政协委员任期届满、彻底退休做一个纪念。

2022年夏天，北京天气炎热，我们夫妻二人双双把家还，来到川黔交界处赤水河畔的深山里度夏。40多年前，我们俩在这座大山里当了几年上山下乡的知青，虽然上大学后我们都离开了，但乡情依旧。80多年前，这里是毛泽东主席指挥红军四渡赤水出奇兵、突破蒋介石围追堵截的战场。在这里，常常能见到当时红军留下的一些足迹。这里是有名的乌蒙山连片特困地区，在党的脱贫政策的推动下，目前这里的人民已经脱贫。大山里茂林修竹，鸟语花香，重峦叠嶂，云遮雾绕，寂静异常；空气好，溪水甜，食材鲜，无干扰，有时间，心安定，是修身养性、读书写作的好地方，也是我整理和编辑这部文章汇集本的最好保障。在山上的3个月里，我整理出了40多万字。边整理边想这几个问题：第一，是以发表文章的时间先后顺序排列文稿，还是以内容相关性来组织和编辑？第二，是把已经发表的读后感都编入，还是仅限于编入财经内容？第三，如何选取书名？这些困惑，通过与中信出版社的黄静女士的多次电话和微信沟通，在红军化险为夷的赤水河畔与新中国建政之地的北京之间妥善地解决了。

她建议：一是按相关性内容组织编排比较好，二是删除其他非财经内容的文章，三是书名可调整得更为准确。我照单全收。重新组织了本书的篇章结构，删去了10多万字，确定书名为《读书与实践》，至此，此书进入正规的编辑审校流程。2022年11月底，我们夫妻离开北京去西双版纳过冬。冬至之前，收到黄静发给我的排版好的书稿电子版，希望我再次修改审校后在12月底前将意见反馈给出版社。11月底，北京感染奥密克戎毒株的人比较多，一波"阳"情，汹涌滔滔，许多工作不能正常进行，听说中信出版社也有许多人"阳"了。在此，要感谢中信出版社仍然正常运转，为我们这些作者默默付出。尤其要特别感谢"阳"情中，仍然为我的书稿细心编排、把关文字、费心费力的中信出版社灰犀牛分社的总编辑黄静女士，责任编辑程璞玉、李亚婷女士。此外，还要感谢中国证监会市场一部的鄢鹏，他在"阳"倒卧下时，仍然还与我探讨书稿修改和编辑之事。之前，他还帮助我收集整理了我发表在各种报纸杂志上的文章，协助我完成了文章归类编辑、书籍出版等具体事务。

　　这篇后记完成之时，新冠病毒仍在肆虐，据报道，北京、上海、重庆、广州、成都等许多大城市感染率极高，处于感染高峰的第一波，我的许多亲朋好友在这些城市生活，看到他们发来的微信，几乎全"阳"。2023年新年元旦即将来临，我欲将修改好的书稿从景洪快递至北京，没想到此前这个对疫情波澜不惊的边陲小城，由于大量外地人涌入，几天里"阳"者陡然上升，快递小哥也一个个"中招"倒下，取书稿的小哥换了一个又一个。"中招"显"阳"者由远及近，徐徐而来，先是外地亲朋好友，继而是快递小哥，然后是小区物业工人，再然后是邻居，最后闯进我家，把夫人和我也先后"撂倒"了。还好，书稿在我"阳"之前已被快递小哥取走，我则要跨"阳"过新年了。新的一年，我们似乎仍然要面对疫情。祝愿新年新气象，"阳"者早日恢复健康，未"阳"者提高警惕，多多保重。疫情快快过去，人们重新正常工作、正常生活。

2022年12月31日于西双版纳景洪